南海與西域

考古、艺术与文化交流

姚崇新——著

中華書局

图书在版编目(CIP)数据

西域与南海:考古、艺术与文化交流/姚崇新著. —北京:中华书局,2025.4. —ISBN 978-7-101-16898-3

Ⅰ.K86-53;G125-53

中国国家版本馆 CIP 数据核字第 2025823S6G 号

书　　名　西域与南海——考古、艺术与文化交流
著　　者　姚崇新
责任编辑　葛洪春
封面设计　刘　丽
责任印制　韩馨雨
出版发行　中华书局
(北京市丰台区太平桥西里 38 号　100073)
http://www.zhbc.com.cn
E-mail:zhbc@zhbc.com.cn
印　　刷　河北新华第一印刷有限责任公司
版　　次　2025 年 4 月第 1 版
2025 年 4 月第 1 次印刷
规　　格　开本/920×1250 毫米　1/32
印张 17¼　插页 10　字数 450 千字
国际书号　ISBN 978-7-101-16898-3
定　　价　88.00 元

木雕十一面观音像（9页）

木雕地藏菩萨像（13、74页）

吐鲁番木头沟出土《观音经变》绘画及送子观音局部放大图（87页）

龙门万佛沟北崖第2133号龛所雕千手观音像(139页)

莫高窟第113窟主室东壁南侧千手观音经变(139页)

大理国张胜温等绘《梵像卷》第93页《千手观音》（141页）

大理国张胜温等绘《梵像卷》第102页《大悲观世音菩萨》（141页）

合川钓鱼城十一面千手观音造像（150页）

夹江千佛岩第83号龛千手观音（161页）

夹江千佛岩第84号龛千手观音（161页）

敦煌莫高窟第148窟主室东壁门上千手观音经变（183页）

宝顶大佛湾第8号龛千手观音像全景(186页)

平武报恩寺木雕千手观音及供养人像(191页)

赵奕《南海观音绘画》（210页）

法国集美博物馆藏《十一面观音与地藏、十王组合绢画》及细部图（216页）

大英博物馆藏《地藏、六道及普门菩萨组合幡画》及细部普门菩萨图（226页）

拜占庭皇帝列奥六世的皇冠（350页）

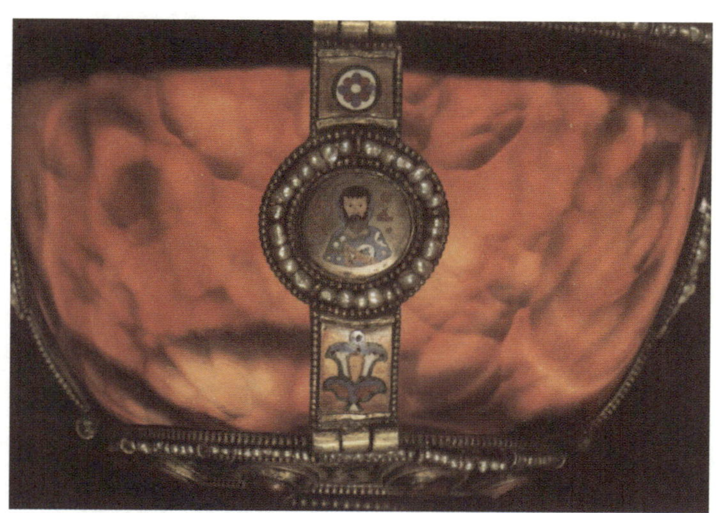

拜占庭君士坦丁堡大主教的圣餐杯（350页）

带有基督祷告和圣母祈祷像的圣书封面（351页）

泉州石笋公园石笋现状（393页）

洛阳桥江心岛西侧阿育王石塔（410页）

P.4518(24)敦煌祆教白画(425页)

吐鲁番出土摩尼教粟特文书信写卷A插图(441页)

敦煌藏经洞所出《炽盛光佛并五星神图》（局部）绢画（439页）

序:马丁堂的读书灯

朱玉麒

西域与南海是古代中国走向世界的传统出口,也是域外世界向中国传递信息的必经之路。中西文化交流史上熙来攘往、形形色色的人物和事件,经由西域、南海,开启了我们瞻仰文明印迹的通衢大道。民国初年,冯承钧先生翻译法国汉学家研究中西交通史的论著,其中被誉为"碎金片玉"的短篇论文,以"西域南海史地考证译丛"命名,三十年间陆续出版,竟达九编之多;其个人著作汇集成编,亦以"西域南海史地考证论著汇辑"命名,由向达先生序而表之。一时之间,"西域南海"遂成中国学界研治中外关系史的代称。由于学科的分化,当代学林以一人之力而身兼两地、卓有成就者,世难其选。今年元宵刚过,姚崇新教授以《西域与南海——考古、艺术与文化交流》征序,我恍悟其新世纪以来的学术征途,因为特殊的契机,而穿梭于西域、南海之间。他正是这样一位在西北、东南巨大的研究跨度中奋勇的跋涉者!

崇新教授的学术道路,始于西域。他本科受业于新疆师大,得到新疆考古学家侯灿教授亲炙,并推荐其毕业后到吐鲁番文物局工作。数年艰辛的基层历练之后,他于1994年考入北京大学历史学系,师从荣新江教授攻读硕士学位,以《试论高昌国的佛教与佛教教团》的论文开始了他对西域佛教史的研究。1998年,他考入北京大学考古文博学院,师从马世长教授攻读博士学位,从事唐代巴蜀地区佛教石窟造像研究,其研究的地域从西域而进巴蜀,研究的对象也从文献层面的宗教思想传播进入到物质层面的考古文物印证,最后以《巴蜀佛教石窟造像初步研究》的论文获得博士学位。此后他执教中山大学,在岭南从事考古研究。多年前我出差广州,他已经可以在南越王宫署遗址的考古工地上就南海船行的往事跟我侃侃而谈了。

人类思想与文化的交流,本自如万斛泉源,不择地而出。西域、南海跨越千山万水,虽有瀚海沧溟、舟车往还之差异,而其间文化传播,也必有万川映月之共性。崇新教授顺应其人生历程之迁移,不断将其学术触角由西北而向东南延伸,也正是基于中外交流在本质上异地而存的无数关联性。正如他在之前两部论著后记中的夫子自道:“研究巴蜀地区的佛教造像,自然要研读巴蜀地区的文献以及有关巴蜀地区的文献,阅读中不时见到流寓西南地区的粟特、波斯人及其宗教信仰的信息,对中外文化交流方向潜在的感情和以往相关知识的积累,使我对这些信息欲罢不能,同时我也注意到考古材料中有可以利用的信息,所以最终形成了几篇探讨流寓西南地区的西域胡人及其宗教信仰的文字。”(《中古艺术宗教与西域历史论稿》)“收入本书的这些专题研究很大程度上是对课堂教学的关照,……域外的视角从西域延伸到了南海。”(《观音与神僧》)这些学术历程的叙述,说明了他的研究不主故常,而是在文化交流的层面上顺其自然地扩大了研究领域。“西域与南海”的跨地域研究,其实在他从事《巴蜀佛教石窟造像初步研究》之际就已经开展,并在之后的书稿中付诸实践,如《观音与神僧》一书,副标题虽然是“中古宗教艺术与西域史论”,其中一组以“南海佛教”为专题的论文,则已经深入开展了海路佛教传播、东南亚佛教艺术的问题。

我读崇新教授的这部书稿，除了“西域与南海”标示的地域跨度外，一个突出的印象是他处理学术问题方法论的多样性。这部论著的副标题中也有一个“与”字——“考古、艺术与文化交流”，体现了他由中外关系史步入佛教考古领域后逐渐形成的学术观念：“在研究视角上，我一直希望将石窟造像研究纳入佛教社会史的视野，关注佛教造像与佛教信仰变迁以及佛教传播之间的互动关系……在研究方法上，我一直尝试多元互补，即以考古学研究为基础，将图像资料、石刻资料以及传世文献（包括世俗的和宗教的）有机地结合起来，并充分吸收图像学的研究方法。”（《巴蜀佛教石窟造像初步研究》后记）这些观念，在本书的专论中，得到了很好的体现。如其开篇《从西域到中亚——汉地佛教艺术的西渐》，在以往讨论较多的译经、写经之外，着重以造像、造塔、造寺、立碑等考古文物的分析为对象，勾画出汉地佛教思想沿着丝绸之路回传的特殊景观。又如《景教艺术中的珍珠元素》，则以十字架造型艺术中的珍珠缀饰为考察对象，描述了波斯文化在景教传播中的主导作用；这与他之前发表的《十字莲花——唐元景教艺术中的佛教因素》有异曲同工之妙。这种多元互补的研究思路，不但可以避免单一方法的局限，也使得他的表述具有了精神与物质互相辉映的趣味性。

我读崇新教授的书稿，另一个突出的印象是在资料使用上非常注重竭泽而渔的搜集与互相比较的梳理。读他的文章，可以发现每一个专题都会详细罗列和陈述以往的资料和前期研究。从他以往参与翻译的海外考古、艺术史的著作来看，这些多语种文字的资料，并非转手炒作，而是采铜于山，是经他搜集、消化后成为其参考文献的。所以他所编集的相关专题成果，可以大胆引用。而他个人在处理相关文献时，也都能本着实事求是的原则，通过史料排比、细心甄别，谨慎叙述历史过往的可能性史实。如《广州光孝寺研究》的系列文章，对于后世层累地记载的光孝寺创建沿革、外国高僧驻锡事迹，都做了去伪存真的考证。陈寅恪先生言：“真伪者，不过相对问题，而最要者在能审定伪材料之时代及作者而利用之。”（《冯友兰中国哲学史审查报告》）崇新教授的考证，在这里不是一般的辨伪，恰是要说明光孝寺在中古时期因为中外僧人的驻锡而成就：“光孝寺在中古中外佛教文化交流中扮演了重要角色。”他如《关于咸阳成任东汉墓出土金铜佛像的几个问题》一文，在比勘中外不同时期的金铜佛像、墓葬文化、工艺、成分的基础上，得出了“它们应是十六国时期的盗墓者随身携带的用于护佑平安的便携式微型佛像，有护身符性质，最后不慎遗落在墓室中”的结论，这一说法，不是否定金铜佛像本身具有的历史价值，而是还原其在历史中的应有地位。

总之，崇新教授的《西域与南海》书稿，在中外关系史特别是中古宗教传播研究的区域关联、多元方法、资料综合等多个方面，都有着引人入胜、予人启迪的学术创造。从其一贯以来的成果看，后续的研究都将在这些特色中形成不断进步的系列。

正如我在前面所提及的，学科分化背景下的这种跨区域、跨学科的综合研究，并非人人都可企及，崇新教授何以能够取得如此成绩？我以为，除了求学过程中的机缘以外，更多的是他对于学术生命般的热爱和劳模般的勤奋。之前，崇新教授和孟宪实教授和我都曾在天山脚下的新疆师范大学拥有过青春时代的记忆，后来又都负笈京师，并一直从事中古时期的学术研究。出于这样的情谊，宪实教授和我都固辞不获地成为他的著作的序言作者。关于勤奋的话题，宪实教授在《观音与神僧》的序言里曾经提及他在吐鲁番博物馆背诵英语的真实传说。而我，则在某一年的广州之行里，听到他的学生如是说：老师研究室的灯光，每天晚上总是最后熄灭。如果哪天没亮，那一定是老师去了工地，或者出差了。

耿耿星河欲曙天！马丁堂里焚膏继晷的勤奋，是崇新教授走向其学术巅峰的不二法门。

2024年4月30日，北大朗润园

目录

壹　专论

贰 书评

专　论

从西域到中亚
——汉地佛教艺术的西渐

引　言

对汉地佛教艺术西渐的探讨，可以丰富我们对丝绸之路上的中华文明传播的认识。超过一个世纪的考古发掘表明，佛教渗入到了整个中亚地区，造像遗存、寺院遗址和不同语文的佛典古写本的发现构成了直接证据，因此尽管该地区的古代宗教呈多元性，但佛教在古代中亚地区仍然具有十分重要的地位。这一重要地位与中亚流行的其他宗教一样，随着阿拉伯对中亚的征服和伊斯兰教的传播，逐渐消失了。从8世纪末开始，佛教在中亚南部、西部地区的重要作用基本停止，但值得注意的是，在中亚北部（谢米列契）佛教中心的活动一直持续到了10世纪[①]。这是一个值得注意的现象，而谢米列契正好包含了本文将要讨论的区域——楚河流域。20世纪以来的考古发现业已证明，位于吉尔吉斯斯坦楚河流域的托克玛克（Tokmok）西南8公里处的阿克·贝希姆（Ak Bešim）遗址（即唐代碎叶城）及其周围地区曾经是汉地佛教与佛教艺术在中亚的传播中心。这些考古发现包括汉式佛寺遗址、汉式佛教造像残碑以及零星的极度残损的汉式佛教

---

①参看［俄］B. A.李特文斯基主编、马小鹤译《中亚文明史》第三卷第十八章《宗教与宗教运动（二）》（M. I. 沃罗比耶娃—捷夏托夫斯卡娅执笔），北京：中国对外翻译出版公司，2003年，369页。

造像(包括彩塑和青铜造像)等,已不同程度地引起国内外学术界的关注,其中包括对这些遗址及造像的专门讨论,但更多是把它们作为研究唐代安西四镇特别是碎叶镇的政治军事的辅助材料加以利用①。由于以往的研究者大多不专攻佛教与佛教艺术,对这批造像缺乏艺术层面的深度考察,甚至存在误读,结合本文的主题,本文拟从汉地佛教艺术回传的角度对这批造像资料重新加以审视。不过,种种迹象表明,汉地佛教艺术的西渐大体经历了从内地到西域再到中亚的传播过程,因此为明晰汉地佛教艺术西渐的历史轨迹,本文首先考察汉地佛教艺术回传西域的情况②。以往学界虽然对西域地区的汉地佛教艺术有所关注,但多是围绕某石窟群进行探讨,鲜有从"回传"的视角进行整体考察③。

---

①较重要的成果,参看S. G. Hmelnickiy, "Opyt Rekonstruckcii Buddiyskogo Hrama Gorodiše Ak-Bešim", *Trudy Kirgizskoy Arheologo-Etnografičeskoy Ekspedicii*, II, Moskva, 1959; L. P. Zyablin, *Vtoroy Buddiyskiy Hram Ak-Bešimskogo Gorodiše*, Frunze, 1961; Antonino Forte(富安敦), "An Ancient Chinese Monastery Excavated in Kirgiziya", *Central Asiatic Journal*, Vol.38, No.1, 1994, pp.41-57; V. D. Goryačeva, S. Ya. Peregudova, "Buddiyskie Pamyatniki Kirgizii", *Vestnik Drevney Istorii*, No.2, 1996, CC. 167-189;[日]内藤みどり《アクベシム发现の杜怀宝碑をめぐつて》,载《シルクロード学研究》Vol.4, 1997年, 151—158页(于志勇编译文题《吉尔吉斯斯坦发现杜怀宝碑铭》,载《新疆文物》1998年第2期,102—108页);[日]加藤九祚《中亚アジア北部の仏教遗迹の研究》(《シルクロード学研究》, Vol.4)第6章《セミレチエの仏教遗迹》,1997年;周伟洲《吉尔吉斯斯坦阿克别希姆遗址出土唐杜怀宝造像题铭考》,荣新江主编《唐研究》第6卷,2000年, 383—394页;K. Š. Kubatbek, "Buddiyskaya plita iz Ak-Beshima", *Buddizm i hristianstvo v kulturnom nasledii Centralnoy Azii: Materialy mejdunarodnoy konferencii*, *Bishkek*, 2003, CC.19-27;K. D. Zhusaev, "O Kitayskom vliyanii na razvitie buddizma v Semireč'e", idem, CC.122-127;努尔兰·肯加哈买提《碎叶》第六章《碎叶宗教遗迹》,上海:上海古籍出版社,2017年,202—230页(以上俄文资料,均转引自该书)。

②本文的"西域"取其狭义,即指我国古代新疆地区。

③格伦威德尔(A. Grünwedel)大概是最早注意到西域汉式佛教艺术的学者,他称之为"中国风",参看氏著《新疆古佛寺:1905—1907年考察成果》一书中对库车库木吐喇石窟汉风洞窟的调查报告,赵崇民、巫新华译,北京:中国人民大学出版社,2007年,32—64页。但由于格氏偏好印度—伊朗风、犍陀罗—希腊因素,对中国风兴趣不大,所以并未认真研究过中国风。而另一位对德国探险队所获新疆、中亚宗教艺术品付出极大心力的学者瓦尔德施密特(E. Waldshmidt)也与格伦威德尔有相似的偏好,因此也未措意古代西域佛教艺术中的汉风问题,通过他与勒柯克(A. v. Le Coq)合著的《新疆佛教艺术》(转下页)

一、汉地佛教艺术的回传西域

佛教最初最有可能是由陆上丝绸之路入华[①]，佛教造像艺术伴随而入。约自4世纪以后，海上丝绸之路也逐渐成为佛教与佛教艺术入华的另一重要通道。不过，早在3世纪末4世纪初，汉地佛教与佛教艺术便开始沿着丝绸之路逆向传播，形成了世界宗教与宗教艺术传播史上的奇特景观。具体而言，沿陆上丝绸之路逆向传播的时间明显早于沿海上丝绸之路逆向传播的时间，前者大约始自高昌郡建立（327）以前，即3世纪末4世纪初，最直接的证据是近世吐峪沟出土的一件写于西晋元康六年（296）的汉文写经[②]，后者大约始自萧梁时期，即6世纪前期[③]。可见汉地佛教与佛教艺术沿陆上丝绸之路逆向传播的时间比沿海上丝绸之路传播的时间要早得多。

（接上页）（管平、巫新华译，乌鲁木齐：新疆教育出版社，2006年）可以充分感受到这一点，书中几乎没有讨论汉风问题。黄文弼先生是最早关注库木吐喇汉风洞窟的中国学者，相关信息参看氏著《塔里木盆地考古记》，北京：科学出版社，1958年，13—19页。20世纪60年代初，阎文儒先生对库木吐喇汉风洞窟进行了较深入的考察，参看氏著《龟兹境内汉人开凿汉僧住持最多的一处石窟——库木土拉》，《现代佛学》1962年第4期，收入新疆社会科学院考古研究所编《新疆考古三十年》，乌鲁木齐：新疆人民出版社，1983年，582—587页；又《新疆天山以南的石窟》，《文物》1962年7、8合期，50—55页。系统研究库木吐喇汉风洞窟的是马世长先生，参看氏著《库木吐喇的汉风洞窟》，原载《中国石窟·库木吐喇石窟》，北京：文物出版社，1992年，收入氏著《中国佛教石窟考古文集》，台北：觉风佛教艺术基金会，2001年，124—164页。随着20世纪末阿艾石窟的新发现，学者又围绕相关议题进行了探讨，参看霍旭初《敦煌佛教艺术的西传——从新发现的新疆阿艾石窟谈起》，《敦煌研究》2002年第1期，26—33页。

①参看拙稿《佛教海道传入说、滇缅道传入说辨正——兼论悬泉东汉浮屠简发现的意义》，原载《西域考古·史地·语言研究新视野：黄文弼与中瑞西北科学考查团国际学术研讨会论文集》，北京：科学出版社，2014年，收入拙著《观音与神僧——中古宗教艺术与西域史论》，北京：商务印书馆，2019年，112—168页。

②即《诸佛要集经》，这也是迄今所见新疆地区最早的汉文写经，参看［日］池田温《中国古代写本识语集录》，东京：东京大学东洋文化研究所，1990年，74页。

③关于萧梁时期中国本土佛教造像艺术在东南亚地区的传播情况，参看拙稿《试论扶南与南朝的佛教艺术交流——从东南亚出土的南朝佛教造像谈起》，原载《艺术史研究》第18辑，2016年，收入拙著《观音与神僧——中古宗教艺术与西域史论》，169—200页。

高昌为西域东部门户，由于特殊的地理位置，此地成为汉地佛教与佛教艺术回传西域的第一站。北凉王族入据高昌前，吐鲁番盆地的佛教大致分为两个系统：一是以交河城为中心的车师前部佛教，其文献当以胡语为主；一是以高昌城为中心的高昌郡佛教，其文献当以汉语为主。前者以东渐的小乘佛教为主；后者则主要以汉地回传的大乘佛教为主[①]。学者倾向于认为吐峪沟石窟始凿于高昌郡时期（327—442）[②]，结合前揭《诸佛要集经》写经的年代及出土地点考虑，这种可能性很大，只是从现存洞窟中辨识出高昌郡时期的洞窟尚存在一定的困难。不过总体上，高昌郡时期只能视为汉地佛教和佛教艺术回传西域的开端。

公元442年，且渠安周统领的北凉余部在高昌重建"大凉"政权，标志着高昌郡的结束，由于安周大力推动佛事活动，汉地佛教与佛教艺术的回传西域因之进入了一个新阶段。这些佛事活动包括译（集）经、写经、开窟造塔、造寺立碑等[③]。开窟是指在吐峪沟开凿石窟，造塔是指造石塔，即所谓的北凉石塔，其形制已不同于西域地区早期佛塔以及中亚佛塔，其塔身部分是多面体和圆柱体的结合（图1），开窟造塔

①参看陈世良《从车师佛教到高昌佛教》，敦煌吐鲁番研究中心编《吐鲁番学研究专辑》，1990年，140页。按这种划分不是绝对的，车师前部亦兼信大乘佛教，据梁僧祐《出三藏记集》卷八载，前秦建元十八年（382），车师前部王弥第来朝，其国师鸠摩罗跋提"献胡《大品》一部"（苏晋仁、萧錬子点校本，北京：中华书局，1995年，289页），《大品》即《摩诃般若波罗蜜多经》的简称。

②参看柳洪亮《高昌石窟概述》，载中国壁画全集编辑委员会编《中国美术分类全集·中国新疆壁画全集》第6册《吐峪沟·柏孜克里克》，沈阳：辽宁美术出版社、乌鲁木齐：新疆美术出版社，2006年，1—22页；李裕群《吐鲁番吐峪沟石窟考古新发现——试论五世纪高昌佛教图象》，载石守谦、颜娟英主编《艺术史中的汉晋与唐宋之变》，台北：石头出版股份有限公司，2014年，95页。

③详拙稿《北凉王族与高昌佛教》，原载《新疆师范大学学报》1996年第1期，此据拙著《中古艺术宗教与西域历史论稿》，北京：商务印书馆，2011年，169—179页。

是延续了北凉在河西的传统[①];造寺是指且渠安周兴造的王家寺院,立碑是指兴造该寺而立的功德碑,即《凉王大且渠安周功德碑》,根据碑文提示,该寺供奉的主尊应为弥勒菩萨,延续了北凉在河西的信仰传统。

吐鲁番的历史进入高昌国时代(460—640)以后,当地的佛教面貌仍然以流行汉地的佛教与佛教艺术为主,特别是麴氏高昌时期,造寺开窟的盛况前所未有。虽然寺院及寺院造像早已荡然,但是在吐鲁番的吐峪沟、柏孜克里克等石窟群中仍保留了一定数量的麴氏高昌时期的石窟[②]。

贞观十四年(640)唐灭高昌国建立西州,自此唐朝的佛教与佛教艺术开始进入西域,当地随之出现了一批新洞窟[③],这是西域最早一批新式汉风(即唐风)洞窟,当地的佛教造像风格也随之开始转向唐式。

图1 吐鲁番出土北凉石塔之一:宋庆塔,高昌故城E遗址出土(采自A. von Le Coq, *Chotscho*,图版60)

如果说从高昌郡时期到高昌国时期开凿的洞窟中,无论洞窟形制、壁画内容还是绘画技法,尚不同程度地存在西域本土影响的话,那么由唐代汉人军民在龟兹地区开凿的新式汉风洞窟则属于纯粹

①一般认为,以武威天梯山石窟为代表的"凉州石窟遗迹"属北凉时期;同时,学界多倾向于认为,莫高窟一期洞窟(即第268、272、275窟三窟)也属北凉时期(参看樊锦诗、马世长、关友惠《敦煌莫高窟北朝洞窟的分期》,载敦煌文物研究所编《中国石窟·敦煌莫高窟》第一卷,文物出版社,1982年,186—188页)。目前出土和征集到的北凉石塔共有14座,其中武威1座,酒泉6座,敦煌5座,吐鲁番2座,关于北凉石塔的综合研究,参看殷光明《北凉石塔研究》,台北:觉风佛教艺术基金会,2000年。

②参看阎文儒《新疆天山以南的石窟》,55—58页;柳洪亮《柏孜柯里克石窟年代试探——根据回鹘供养人像对洞窟的断代分期》,《敦煌研究》1986年第3期,58—65页;宋肃瀛《古代高昌佛教石窟述略》,《西南民族学院学报》1990年第1期,73—77页;林立《高昌早期石窟的分期和年代》,《文博》2019年第3期,90—91页。

③参看林立《高昌早期石窟的分期和年代》,92—93页。

的汉地佛教艺术，因为它们几乎完全呈现出唐朝的“基因”。

随着唐朝势力向西域的全面推进，特别是长寿元年（692）唐大破吐蕃、克复四镇，并派三万汉军镇守四镇以来，唐朝的佛教与佛教艺术开始突破西州地区，对西域全境产生影响，这种影响至盛唐时期达到顶峰。主要表现在汉化佛寺系统在西域腹地的确立[①]、由汉僧充任的掌管四镇佛教事务的僧官“四镇都统”的设立[②]，以及龟兹地区汉风洞窟的出现等[③]。而汉化佛寺系统在西域腹地的确立，特别是由汉僧充任的“四镇都统”的设立，势必进一步强化唐代佛教与佛教艺术对西域的影响。

但就佛教造像而言，唐朝对西域的影响是全方位的，从造像的题材内容、造像的风格到绘画技法乃至制作方式，无不体现唐朝的传统。毫无疑问，这些题材都是唐代十分流行的题材，可视为唐代流行题材向西域的延伸，这从开凿于8世纪的库车阿艾石窟1号窟的壁画内容即可见一斑。阿艾石窟壁画内容十分丰富，从榜题可知，佛像有阿弥陀佛、药师佛、卢舍那佛和不明尊号的坐佛（榜题漫漶），菩萨像有观音菩萨、文殊菩萨、大势至菩萨、弥勒菩萨、地藏菩萨等，几乎包含了所有唐代内地大乘佛教主要尊奉的佛与菩萨[④]。以下以西域地区最为流行的几种唐代造像（绘画）题材为抓手，略加综合分析。

---

①参看荣新江《慧超所记唐代西域的汉化佛寺》，载《冉云华先生八秩华诞寿庆论文集》，台北：法光出版社，2003年，399—407页；同作者《唐代西域的汉化佛寺系统》，原载新疆龟兹学会编《龟兹文化研究》第1辑，香港：天马出版有限公司，2005年，收入氏著《丝绸之路与东西文化交流》，北京：北京大学出版社，2015年，153—160页。

②参看前揭马世长《库木吐喇的汉风洞窟》，151页。

③最早注意到龟兹汉风洞窟的是阎文儒先生，参看前揭阎文儒《龟兹境内汉人开凿汉僧住持最多的一处石窟——库木土拉》，582—587页。

④参看前揭霍旭初《敦煌佛教艺术的西传——从新发现的新疆阿艾石窟谈起》，27页；同作者《阿艾石窟信仰探察》，收入氏著《滴泉集——龟兹佛教文化新论》，乌鲁木齐：新疆美术摄影出版社，2008年，207页。

1. 观音

唐代的观音信仰有显、密之分，因此流入西域的唐代观音信仰也有显、密之分。显教观音信仰所依据的基本经典是《法华经·观世音菩萨普门品》，图像表现为圣观音形象；密教观音信仰所依据的主要经典有《十一面观世音神咒经》以及智通、伽梵达摩等翻译的有关千手千眼观音的密教经典，图像表现为十一面观音、千手千眼观音等密教观音形象。迹象表明，随着西州的建立，唐代的观音信仰也迅速跟进。

迹象表明，唐西州显、密观音信仰均流行。大谷文书4442号唐写本佛教文献第3行尚存"千眼千[臂]"四字[①]，由此可知此种佛教文献与千手千眼观音有关。旅顺博物馆藏吐鲁番出土的编号为LM20-1454-22-02的佛典为唐写本伽梵达摩译《千手千眼观世音菩萨广大圆满无碍大悲心陀罗尼经》[②]。那么，西州时期当地无疑存在千手千眼观音信仰，只是这一时期的相关图像资料尚未发现。不仅如此，西州还流行密教的十一面观音信仰，这已为造像资料所证实。德国吐鲁番探险队在吐峪沟曾获得一尊十一面观音木雕像，从造像风格看，属唐代无疑（图2）。

而随着唐朝势力向西域纵深推进，特别是长寿元年克复四镇后，唐式的显、密观音造像（绘画）也随之出现在西域各地。

图2 木雕十一面观音像，德国吐鲁番探险队所获，吐峪沟出土，编号MIK III 7204，9世纪（采自网络）

① [日]小田义久编《大谷文书集成》贰，京都：法藏馆，1990年，255页及图版76。"臂"字系笔者根据残笔划补录。

② 旅顺博物馆、龙谷大学编《旅顺博物馆藏新疆出土汉文佛经选粹》，京都：法藏馆，2006年，137、229页。

图3 阿艾石窟1号窟左壁绘观音菩萨像，由其化佛冠而得以确定其身份，8世纪（采自霍旭初《阿艾石窟信仰探察》，217页图9）

图4 观音菩萨像，出自敦煌藏经洞，绢本设色，8世纪末—9世纪中叶（采自《西域美术：大英博物馆藏斯坦因收集品》卷一，图13）

库车阿艾石窟1号窟左壁绘有一身立式观音菩萨像，虽然面部、腿部已剥落，但从其身姿、手势、璎珞、帔帛等表现上仍能感受到典型的唐代圣观音气象(图3)，与敦煌唐代绢画中的观音菩萨如出一辙(图4)。技法上也主要是汉式的，与西域以晕染为主的做法明显不同。

库木吐喇汉风洞窟第42、45窟内绘有数身观音菩萨像，并留有榜题，如第42窟南甬道外侧壁题"南无大慈大悲救苦观世音菩萨"、第45窟东甬道外侧壁题"南无观世音菩萨"[①]，

---

①榜题录文参看前揭马世长《库木吐喇的汉风洞窟》，133页。

这正是唐人对观音菩萨的习惯称谓。

德国吐鲁番探险队在库车库姆阿里克（Kum Arik）佛寺遗址的大窣堵波内发掘出几片唐代写经和一尊美丽苗条的观音菩萨木雕像，惜头、手已残失，观其风格，应属盛唐时期的作品（图5）。值得注意的是，德国探险队在该窣堵波还发现了一尊体量颇大的泥塑千手千眼观音残迹[①]，而由所出唐代写经和木雕观音造像可知，该窣堵波应属唐代遗存，因而此千手千眼观音像无疑也属于唐代作品。

图5 木雕观音像（残），德国吐鲁番探险队所获，库车库姆阿里克佛寺遗址出土，编号MIK III 7648，8世纪（采自京都国立博物馆等编《ドイツ・トゥルファン探险队西域美术展》，图版77）

上述密教范畴的唐代千手千眼观音造像在西域并非孤例，和田达玛沟喀拉墩1号佛寺遗址出土的壁画千手千眼观音像与其应属同一类型，只不过一为彩塑，一为绘画。该残壁画仅存观音的头、胸和身体左侧的部分正大手手臂。由于画面过残，此身千手千眼观音的姿势（坐或立）已不明，但其基本构图形式可以确定，即一面千手，这也是内地千手千眼观音造像中最为流行的构图形式。整个画面色彩温润典雅，晕染技法娴熟，着色深浅有致，层次分明，笔触流畅，线条刚柔有致，因而在绘画技法上充分融合了于阗绘画的基本特征（图6）[②]。

如果将这幅千手千眼观音壁画与敦煌同类绘画

---

① ［德］勒柯克著，齐树仁译《中国新疆的土地和人民》，北京：中华书局，2008年，98页。

② 对这幅壁画的详细考察，参看拙稿《和田达玛沟佛寺遗址出土千手千眼观音壁画的初步考察——兼与敦煌的比较》，原载《艺术史研究》第17辑，2015年，收入拙著《观音与神僧——中古宗教艺术与西域史论》，91页。

图6 达玛沟喀拉墩1号佛寺出土千手千眼观音壁画，编号06CDKF：001，图片由新疆维吾尔自治区博物馆提供

图7 MG.17659敦煌绢绘千手千眼观音局部（采自《西域美术：集美博物馆伯希和藏品》第一卷，图版98）

作品作进一步比较，就会发现二者高度相似，如与法国集美博物馆收藏的一幅出自敦煌藏经洞的一面千手式千手千眼观音绢画（编号MG.17659，绘制于981年）高度相似（图7）[①]。

2. 地藏

地藏信仰在初唐兴起，之后历久不衰，与之相应地，地藏造像也开始广泛流行。晚唐以前，地藏造像有两种基本形式：一种是单体的地藏菩萨像，一种是地藏与六道相结合[②]。迹象表明，唐代的这两种地藏造像形式随地藏信仰均传到了西域地区，前一种的传入略早于后一种。

西域唐代单体地藏造像的实例，见德国吐鲁番探险队在

①二者的详细比较参看前揭拙稿，96—97页。

②张总《地藏信仰研究》第三章《地藏菩萨的造像与绘画图像》，北京：宗教文化出版社，2003年，173—352页；拙稿《广元的地藏造像及其组合》，《艺术史研究》第4辑，广州：中山大学出版社，2002年，310—311页。

高昌故城曾获得的一尊僧人形象的微型木雕像。该件造像通高只有11.2厘米,高浮雕,光头,脑后有桃形头光,面相丰圆,着交领袈裟,青年沙门形,舒相坐于舟形龛中,左手当胸托宝珠。木龛原有盖,已失,但固定龛盖的金属合叶尚存(图8)。以往或将这身雕像识作僧人或罗汉①,其实是错误的,该尊雕像应是地藏菩萨。按青年沙门形、舒相坐、手托宝珠是沙门形地藏的基本造型特征,如果同时考虑其丰圆的面相,则可以认为这是盛唐时期地藏菩萨的典型样式(图9)。因而笔者倾向其年代为8世纪,而通常将其年代定为9世纪。

图8 木雕地藏菩萨像,德国吐鲁番探险队所获,高昌故城出土,编号MIK III 4722,8世纪(采自《ドイツ・トゥルファン探险队西域美术展》,图版133)

图9 鎏金地藏菩萨像,故宫博物院藏,7世纪后期—8世纪前期(采自张总《地藏信仰研究》,黑白图13)

---

①参看京都国立博物馆等编《ドイツ・トゥルファン探险队西域美术展》,东京:朝日新闻社,1991年,191页,图版133说明文字。

图10 库木吐喇第75窟地藏与六道图中的饿鬼道线图（采自马世长《库木吐喇的汉风洞窟》，图12）

图11 敦煌绢画地藏与六道图中的饿鬼道（画面左侧中部，放大），法国集美博物馆藏，编号：MG17664，8—9世纪（采自张总《地藏信仰研究》，彩图11）

地藏与六道结合的构图遗存见于西域汉风洞窟中，且不止一处。阿艾石窟1号窟中保留有地藏与六道轮回的残壁画，残画面可见一朵祥云，云端的熊熊烈火上放一釜，釜旁立一仅穿短裤的饿鬼，这应是六道轮回图中饿鬼道的表现①。通过细部比较不难发现，西域地藏与六道构图的粉本来自内地。除了上述阿艾石窟1号窟壁画中保留的饿鬼道的表现手法外，还如库木吐喇汉风洞窟第75窟正壁绘地藏与六道轮回图，其中的饿鬼道的表现手法，与敦煌绢画地藏与六道图中的饿鬼道的表现手法高度相似（图10、11）。

---

①参看霍旭初《阿艾石窟信仰探察》，218页及图11。

3. 经变画

经变画是汉地佛教艺术的创新，唐代是其大流行时期。在西域地区，经变画主要出现于唐人开凿的汉风洞窟中，有《观无量寿经变》（即《观经变》）、《药师经变》、《法华经变》、《弥勒经变》、《降魔变》等。经变画的构图形式与中原内地的同类经变画如出一辙，是典型的汉式；经变画中的人物形象、建筑、装饰等，与中原内地流行的同类壁画也几乎完全一致，加之有汉文榜题，可以肯定壁画出自汉人画工之手，因此库木吐喇汉风洞窟中的经变画是中原内地经变画的原样移植①。如库木吐喇第16窟北壁残留的经变画，根据汉文榜题，可知是《药师经变》，榜题文字内容是"十二大愿"。其构图的基本形式是中间为横长方形的中堂式画面，两侧配以立轴式的条幅，这是敦煌莫高窟唐代经变画中一种常见的构图形式，常见于《观无量寿经变》和《药师经变》（图12）②。再如，阿艾石窟1号窟正壁绘着一幅《观无量寿经变》，应是该洞窟最重要的壁画，正壁中央为长方形的中堂式法会图，法会图正中央是西方三圣阿弥陀佛及其胁侍观音菩萨和大势至菩萨（图13）。霍旭初先生指出，这幅《观经变》无论是绘画风格、构图形式、人物造型，都明显受到敦煌壁画的影响，甚至采用的就是敦煌传来的样本③。

另外，难以从图像上得到印证、但却曾流行于西域地区的唐代经变画还包括《维摩变》、《文殊变》。吐鲁番阿斯塔那29号墓出土的咸亨三年（672）《新妇为阿公录在生功德疏》中，所录阿公在生所修功德包括"于安西悲田寺佛堂南壁，众人出八十疋帛练，画维摩、文殊等

---

①参看马世长《库木吐喇的汉风洞窟》，145页。

②同上注，129页。

③参看前揭霍旭初《敦煌佛教艺术的西传——从新发现的新疆阿艾石窟谈起》，27页；同作者《阿艾石窟信仰探察》，207—208页。

图12　敦煌莫高窟第148窟《药师经变》线图（采自网络）

图13　阿艾石窟1号窟《观无量寿经变》（采自霍旭初《阿艾石窟信仰探察》，图1）

菩萨变一捕(铺)”[①]。这里所谓的“维摩、文殊等菩萨变”应是指《维摩变》和《文殊变》。这里的“安西”当然是指唐安西都护府所在地龟兹,由此可知当时的龟兹还有一座叫“悲田寺”的汉化佛寺,寺壁绘有彼时内地流行的经变画。

从西域经变画的题材看,西方净土信仰在西域地区尤其流行,这与学者从文献、文书的角度观察到的情形正相一致[②],也与彼时中原内地的情况正相一致。

4. 汉式千佛

虽然千佛是龟兹石窟晚期洞窟壁画的常见题材,但汉风洞窟中千佛的表现形式完全是汉地的传统,与龟兹风洞窟中的千佛迥然有别。根据马世长先生的观察,龟兹风格的千佛,每身佛像外围有方形或长方形边栏,在用色上,千佛的袈裟、头光、背光色彩变化较多,整体上看千佛壁画的装饰效果明显;而汉风千佛大多不画方形边框,仅以千佛的形体形成竖成行、横成列的布局,千佛的形象比较一致,用色雷同统一,缺少变化,但清淡典雅,反映的是汉地的绘画技法,追求的是汉地的绘画情趣[③]。

5. 卢舍那法界像

根据笔者的观察,西域地区的卢舍那法界像可分为两个系统,一个是本土系统,较集中出现于古代和田地区[④],另一个是内地系统,两

---

①唐长孺主编《吐鲁番出土文书》第7册,北京:文物出版社,1986年,67页。

②参看王素《吐鲁番出土〈功德疏〉所见西州庶民的净土信仰》,荣新江主编《唐研究》第1卷,北京大学出版社,1995年,11—35页;霍旭初《善导与唐西州阿弥陀净土信仰》,《吐鲁番学研究》2008年第1期,98—109页。

③参看前揭马世长《库木吐喇的汉风洞窟》,145—146页。

④参看Joanna Williams,“The Iconography of Khotanese Painting”, *East and West*, Vol.23, No.1/2 (1973), pp. 117-124, Figs. 1-22.

图14　库木吐喇第9窟卢舍那佛像（采自马世长《库木吐喇的汉风洞窟》,图22）

图15　敦煌莫高窟第428窟卢舍那佛像（采自网络）

个系统在构图形式和构图内容上有明显差异,内地系统的构图主要是佛身现须弥山和六道。内地系统存在于库车地区的汉风洞窟中,包括库木吐喇和阿艾石窟。如库木吐喇第9窟北甬道外侧壁西端绘一身卢舍那佛立像,像高1.6米以上,佛身画面已漫漶,尚依稀可辨须弥山、六道等形象(图14)。正如马世长先生指出的那样,此身卢舍那佛像与莫高窟第428窟南壁上的卢舍那佛像十分近似(图15)[①],似表明库木吐喇石窟卢舍那法界像的粉本或直接来自于敦煌。阿艾石窟左壁的佛和菩萨侧旁存竖写墨书榜题若干条,其中第4身佛像右侧上方榜题为"清信佛弟子寇庭俊敬造卢舍那佛",可知第4身佛为卢舍

① 参看前揭马世长《库木吐喇的汉风洞窟》,141页。

那佛，而其造型也高度接近莫高窟第428窟的卢舍那像，因此霍旭初先生将阿艾石窟界定为“敦煌佛教艺术的西传”①，不无道理。

作为唐朝的重要文化遗产，西域的汉传佛教与佛教艺术得到回鹘的很好继承，因此西域的汉传佛教与佛教艺术并没有因为唐朝势力的退出西域而随之消退。如西州时期兴起的唐代观音信仰及其造型艺术后来被高昌回鹘所继承②；再如库木吐喇石窟第75窟为9世纪回鹘人骨禄氏家族出资开凿的汉风洞窟，无论是造像内容还是造像风格，都是回鹘对唐风的继承③。这与回鹘对唐朝佛教文化的认可有很大关系④。虽然随着时间的推移和回鹘外部世界的变化，汉风并非回鹘佛教与佛教艺术的唯一来源⑤，但汉地佛教与佛教艺术对回鹘的影响因回鹘与中原王朝一直保持密切的联系而经久不衰，历晚唐五代宋元，其影响一直持续到了吐鲁番地区的回鹘部族完全皈依伊

①榜题参看前揭霍旭初《敦煌佛教艺术的西传——从新发现的新疆阿艾石窟谈起》，27页。

②柏孜克里克石窟回鹘时期的洞窟中不乏观音菩萨的绘画与塑像，既有显教的圣观音像，也有密教的千手千眼观音像（参看［德］A.格伦威德尔著，赵崇民、巫新华译《新疆古佛寺——1905—1907年考察成果》第七章《伯孜克里克寺庙》，北京：中国人民大学出版社，2007年，425—429、543、555页）。这些绘画与塑像的风格皆有唐代余风，说明是对唐代汉风的继承。最近，陈爱峰的博士论文对高昌回鹘时期的观音图像资料进行了系统梳理，可以参看（陈爱峰《高昌回鹘时期吐鲁番观音图像研究》，武汉大学博士学位论文，2018年）。

③前揭马世长《库木吐喇的汉风洞窟》，135—137页。

④北宋太平兴国六年（981）至雍熙元年（984），供奉官王延德奉命出使高昌回鹘王国，据其《行记》记载，其时高昌有“佛寺五十余区，皆唐朝所赐额。寺中有《大藏经》、《唐韵》、《玉篇》、《经音》等……有敕书楼，藏唐太宗、明皇御札诏敕，缄锁甚谨”（《宋史》卷四九〇《外国传·高昌传》，北京：中华书局，1985年，14112页；又，王明清《挥麈录·前录》卷四所收王延德《使高昌记》，上海：上海书店出版社，2001年，30页）。可见，高昌回鹘全盘接收了唐西州的佛教文化遗产。学者将此记载作为论证高昌回鹘文化源于汉文化的根据之一（荣新江《王延德所见高昌回鹘大藏经及其他》，《庆祝邓广铭教授九十华诞论文集》，石家庄：河北教育出版社，1997年，267—269页），甚是。从本文的角度看，此记载实际上反映了高昌回鹘对唐朝佛教文化的高度认可。

⑤如蒙元时期，喇嘛教一度传入吐鲁番地区，对高昌回鹘的佛教产生了一定的影响，其时回鹘高僧中通西番语（吐蕃语）、熟悉藏文佛经者不乏其人，如迦鲁纳答思、必兰纳识里、舍兰兰等。参看李进新《新疆宗教演变史》，乌鲁木齐：新疆人民出版社，2003年，312页；田卫疆主编《吐鲁番史》，乌鲁木齐：新疆人民出版社，2004年，356—357页。

斯兰教之时，即15世纪中后期[①]。

二、汉地佛教艺术的进一步西渐：楚河流域的证据

汉地佛教与佛教艺术的进一步西渐楚河流域当然与唐朝势力向中亚的拓展息息相关，那么从历史背景的角度，碎叶镇自然成为本文关注的焦点，因此有必要首先综合文献记载，对碎叶镇的历史概要归纳：

调露元年(679)，唐安抚大使裴行俭平定匐延都督阿史那都支的叛乱后，在碎叶设军镇，着波斯军副使、检校安西都护王方翼筑碎叶城，以碎叶代焉耆，与龟兹、疏勒、于阗成为新的四镇；垂拱二年(686)，唐朝放弃龟兹、疏勒、于阗、碎叶四镇；长寿元年(692)，武威军总管王孝杰大破吐蕃，克复于阗、龟兹、疏勒、碎叶四镇，以三万汉兵镇守安西四镇；延载元年(694)，碎叶镇守使韩思忠击破孰俟斤等万余人；久视元年(700)，世居碎叶川的西突厥阿悉吉薄露叛，田扬名率军进讨，与阿史那斛瑟罗合兵围攻阿悉吉薄露，并诱斩之，武后以阿史那斛瑟罗为平西军大总管，还镇碎叶；长安三年(703)，突骑施乌质勒占领碎叶，阿史那斛瑟罗归朝；开元七年(719)，唐朝应允西突厥十姓可汗提出的移居碎叶城的请求，遂以焉耆镇代碎叶镇，安西四镇重新恢复到调露元年以前的格局。此后，碎叶地区相继为突骑施、葛逻禄所据。

由此可见，唐朝对碎叶川直接控制的时间并不太长，不到四十年，但唐朝的势力介入该地区更早。早在显庆二年(657)，唐朝平定阿史那贺鲁叛乱，在西突厥本土设立羁縻府州，即宣示了其在碎叶川

---

①关于吐鲁番地区完全伊斯兰化的时间，参看李进新《新疆宗教演变史》，310—316页；田卫疆主编《吐鲁番史》，399—402页。

的存在。而且，碎叶镇历史的结束，并不意味着唐朝的势力完全退出了中亚地区，也并不意味着唐朝在中亚的影响完全消失，否则天宝十载（751）唐与大食的怛罗斯之战以及天宝十二载（753）封常清率军攻打吐蕃控制的大勃律就不会发生了。唐朝势力完全退出中亚是在安史之乱爆发以后，因此，唐朝对该地区的影响，保守地讲，在百年以上。

迹象表明，唐朝在碎叶建镇不久，汉地的佛教与佛教艺术便随之而来，这已为文献记载和考古发现所证实。

造像的出现并不是孤立的，其往往伴随的是寺院和僧团的建立。根据文献记载，设镇不久，碎叶就出现了汉式佛寺，而且是官寺。杜环《经行纪》记载，碎叶城建有"大云寺"："又有碎叶城。天宝七年（748），北庭节度使王正见薄伐，城壁摧毁，邑居零落。昔交河公主所居止之处，建大云寺犹存。"[①]碎叶大云寺的建立，标志着唐朝的汉化佛寺系统从西域进一步延伸到了楚河流域。一般认为，碎叶大云寺建于长寿元年唐朝收复安西四镇之后，这与武则天于天授元年（690）敕令天下诸州各建一所大云寺的时间正相合。

目前在阿克·贝希姆发掘的寺院遗址主要有三座：伯恩施塔姆佛寺遗址、碎叶第一佛寺遗址、碎叶第二佛寺遗址。另外，在碎叶城西北的克拉斯纳亚—列契卡古城遗址（Krasnaya-Rečka，即唐代的"新城"），也发现了两座佛寺遗址，其中第一佛寺遗址还出土了中式造像碑（详后文）。上述这些寺院建造的年代大体相当，均为7—8世纪[②]。除碎叶第二佛寺外，其他佛寺遗址出土的造像，从风格看，以汉式为主，但也有非汉式系统的造像，如铜牌式造像，无论是造像风格

①杜环著，张一纯笺注《经行记笺注》"碎叶国"条，北京：中华书局，2000年，39页。

②关于碎叶城佛寺遗址及其周边地区佛寺遗址的基本情况的介绍，参看努尔兰·肯加哈买提《碎叶》第六章《碎叶宗教遗迹》，202—230页。

还是制作方式，都是非汉式的，这似乎表明，这些寺院属于汉式佛寺，同时也有中亚因素的渗透。又或者，在唐朝势力完全退出中亚之后，这里的汉式佛寺为入主该地其他族群所有，因而带入了其他造像风格。杜环的记载表明，唐朝势力完全退出楚河地区之后，当地的汉式佛寺有的仍然存在。同时也表明，碎叶城及其周边地区，汉式佛寺远不止一座。

由于碎叶第一佛寺大殿发现倚坐弥勒像双脚残迹，以往学者倾向于认为，该寺就是碎叶的大云寺（大云寺奉弥勒佛为主尊）①。最近有学者提出异议，认为碎叶大云寺更可能是伯恩施塔姆佛寺遗址，因为该遗址不仅出土了杜怀宝造像碑，还出土了大量典型的唐代建筑材料②。此说有一定道理。唐代建筑材料应该受到重视，因为迹象表明，汉唐以来，移居西域的内地人的重要建筑仍然因循着汉地的建筑传统，近期发现的最典型的实例莫过于新疆奇台县石城子遗址出土的建筑遗存，该遗址是迄今新疆地区发现的唯一一个年代明确的典型汉代城址，出土了大量的板瓦、筒瓦、瓦当、方砖等汉式建筑材料，瓦当当面为云纹，具有明显的汉式风格③。因此笔者推测，作为碎叶最重要的官寺的大云寺，其建筑布局乃至建筑材料，都应采用唐代传统的做法。至于第一佛寺遗址中出现的弥勒佛，也未必只能对应于大云寺，因为在当时的政治背景下，碎叶的其他汉式佛寺中也完全有可

---

①参看 G. Clauson, “Ak Beshim-Suyab”, *Journal of the Royal Asiatic Society of Great Britain and Ireland*, No.1/2, 1961, p.8；张广达《碎叶城今地考》，原载《北京大学学报》1979年第5期，收入氏著《文书、典籍与西域史地》，桂林：广西师范大学出版社，2008年，19—21页；Antonino Forte, “An Ancient Chinese Monastery Excavated in Kirgiziya”, p.51. 只是富安敦补充强调，大云寺中除了供奉弥勒佛外，还应供奉释迦牟尼佛。

②参看张建林《吉尔吉斯楚河流域出土的唐代佛教遗存》，提交“丝绸之路上的中华文明”会议论文，北京大学，2019年11月8—11日。

③参看田小红、吴勇等：《新疆奇台石城子遗址2016年发掘简报》，《文物》2018年第5期，13—15页。

能以弥勒佛为主尊。不过，如果认定伯恩施塔姆佛寺遗址为碎叶大云寺，也存在一个问题。据《唐会要》的记载，武则天诏两京及天下诸州建大云寺的时间是天授元年（690）[1]，而杜怀宝造像碑的建造时间据考应在天授元年以前（详下文）。那么就有两种可能：一种可能是该寺建于天授元年以前，则与大云寺无关；考虑到造像碑是可移动的，另一种可能是，杜怀宝造像碑是后来从别处移入该寺的，则该寺仍然可能是大云寺。总之，以现有考古资料证据，建立阿克·贝希姆现存佛寺遗址与碎叶大云寺的对应关系仍有困难。

至于碎叶第二佛寺遗址，最新的观点是，该寺可能系吐蕃所建[2]。不过，即便是吐蕃所建，遗址内也出土有典型的唐式造像（如图32、37所示），同样，另两座汉式佛寺遗址中也出土有非汉式造像，如第一佛寺遗址出土的铜牌饰式佛像（关于铜牌饰式造像的归属问题，下文还将讨论），这提醒我们，当地的佛教艺术也是多元的，存在汉风、中亚风、草原风甚至吐蕃风共存的情况。

囿于本文的侧重，以下重点考察碎叶地区出土的汉式佛教造像。尽管碎叶大云寺与寺院遗址的对应目前还存在分歧，但并不影响我们对上述佛寺遗址出土的造像的考察。由于该地区的佛教壁画、彩塑多已荡然，现存的汉式佛教造像遗存主要有造像碑和单体造像两大类。

1. 造像碑

（1）造像碑A（杜怀宝造像碑）

该造像碑1982年出土于伯恩施塔姆佛寺遗址，红色花岗岩质，

---

①王溥《唐会要》卷四八《寺》："天授元年十月二十九日，两京及天下诸州，各置大云寺一所。"上海：上海古籍出版社，1991年，996页。

②参看努尔兰·肯加哈买提《碎叶》第六章《碎叶宗教遗迹》，216—222页。

造像已全部损毁，仅余造像以下部分，即造像碑偏底部的位置，所以其上部尚可见佛座最底部的两层叠涩，其下部尚可见连接基座的榫卯。造像碑残高约13厘米，宽约32厘米，厚约11厘米（图16）[①]。宽、厚的尺寸即是原碑的尺寸，由此可见该碑的体量不是很大，属小型造像碑。造像以下基座以上这部分空间的正面，按照汉地造像碑惯常的做法，是雕刻供养人像、香炉狮子等或镌刻造像记（如下文所见造像碑C），或二者兼而有之。造像虽已全毁，然而令人欣慰的是，造像记文字大部分保存了下来，因其内容涉及碎叶镇守使的信息，从而引起学界广泛关注。兹据周伟洲先生录文并参考摹写文本复录造像记如下（图17）[②]：

安西副都/护、碎叶镇压/十姓使、上柱国/杜怀宝，上为天子□□□，下/为□□□考妣/见□□使□/法界□众

图16　楚河流域出土唐式造像碑A（杜怀宝造像碑），碎叶古城伯恩施塔姆佛寺遗址出土（采自加藤九祚《中亚アジア北部の仏教遺迹の研究》，图6-37）

图17　造像碑A题记摹写，何晓摹写（采自内藤みどり《アクベシム发现の杜怀宝碑をめぐつて》中译文，103页插图）

①参看努尔兰·肯加哈买提《碎叶》，184页。以下涉及阿克·贝希姆遗址出土的造像、碑碣的基本数据信息，除特别注明外，均参考该书，不再出注。

②周伟洲《吉尔吉斯斯坦阿克别希姆遗址出土唐杜怀宝造像题铭考》，《唐研究》第6卷，2000年，384页。

生，普/愿平安，获其暝福，敬造一佛/二菩萨。

该造像记无年款，据周伟洲先生考证，造像的时间应在碎叶设镇之后不久，即调露元年至垂拱二年（679—686）之间[①]。由造像记内容可知，造像者身份非同一般，为唐安西副都护、碎叶镇压十姓使杜怀宝，因而以往的研究主要侧重于通过铭文所提示的信息对安西四镇特别是碎叶镇的政治军事考察，因此对杜怀宝的身份已有详细考察[②]，不复赘述。这里只从唐代造像记书写范式和造像范式的角度对其内容略加分析。

只要将其内容与唐代造像记稍加比较，不难发现该造像记使用的完全是唐代造像记的程式化语言，如"上为天子（皇帝陛下）……下为（及）七世父母……"。造像记中不提造的究竟是什么像，只提造的是"一佛二菩萨"，这种做法也符合当时唐朝的造像传统。如龙门石窟唐贞观十五年（641）岑文本、岑嗣宗造像记中就只提造"一佛二菩萨"："大唐贞观十五年/六月五日，岑文本/敬造西塔一佛二/菩萨，岑嗣宗敬造/东坩一佛二菩萨。/仰愿一切含识，同/登正觉。"[③]从更大范围来观察唐代造像组合，不难发现，"一佛二菩萨"一铺三尊式造像，是唐代比较流行的造像范式之一，特别受造中小规模佛像的造像主的青睐。

按北朝隋唐时期的造像记中，只提造佛像或菩萨像而不具体指明是何佛何菩萨的情况比较多见，说明部分功德主只关心功德本

---

① 见前揭周伟洲文，389—390页。

② 参看［日］内藤みどり著，于志勇编译《吉尔吉斯斯坦发现杜怀宝碑铭》，102—108页；周伟洲《吉尔吉斯斯坦阿克别希姆遗址出土唐杜怀宝造像题铭考》，383—394页；刘子凡《瀚海天山——唐代伊、西、庭三州军政体制研究》，上海：中西书局，2016年，188—191页。

③ 录文及拓片参看龙门石窟研究所编《龙门石窟碑刻题记汇录》上卷，北京：中国大百科全书出版社，1998年，38页。

身，对造像的内容并不关心。不过，受一时造像风气和信仰内涵的影响，其所言的“一佛二菩萨”究竟是何佛何菩萨也不是全然不可捉摸。具体到这一时期的唐代造像，“一佛二菩萨”大多是指由阿弥陀佛和观音菩萨、大势至菩萨组成的“西方三圣”组合。从以下所举龙门石窟唐代前期造西方三圣造像记的表达形式看，“一佛二菩萨”应是西方三圣造像记“阿弥陀佛并二菩萨”的简化表达形式：贞观十八年（644）洛阳宫留守阎武盖造像记：“……敬造阿弥陀□□一区并二菩萨。”[①]贞观二十年（646）杨叔察（？）妻王氏造阿弥陀像记：“……敬造阿弥陀像一龛并二菩萨……”[②]贞观二十二年（648）赵才为亡妻公孙造阿弥陀像记：“……敬造阿弥陀像一躯并二菩萨……”[③]永徽三年（652）清信女乐婆造阿弥陀像记：“……敬造阿弥陀像一龛并二菩萨……”[④]实例甚多，不赘举。正因为“一佛二菩萨”表达就是“阿弥陀佛并二菩萨”，因此表述为“一佛二菩萨”的造像记中有时流露出的终极愿望也是“往生西方安乐国”，如岐州岐山县武都乡罗仁师造像记：“……敬造石像一坩一佛二菩萨，并同愿往生西方安乐国，一心供养诸佛功讫。”[⑤]还有一种情况是，造像的内容为一佛二菩萨，但造像记只表达为“敬造阿弥陀像一铺”，“一铺”已包含了二菩萨，所以不必再提“二菩萨”[⑥]。

吐鲁番阿斯塔那4号墓所出唐咸亨四年（673）《左憧熹生前功

---

①录文参看《龙门石窟碑刻题记汇录》上卷，40页。

②同上，48页。

③同上，49页。

④同上，50页。

⑤同上，73页。

⑥如近年邺南城北吴庄佛教造像埋藏坑出土的唐上元二年（675）张弘亮造像碑，造像内容为一佛二菩萨，而造像记仅表述为“敬造阿弥陀像一铺”，参看中国社会科学院考古研究所邺城考古队《河北邺城遗址赵彭城北朝佛寺与北吴庄佛教造像埋藏坑》，原刊《考古》2013年第7期，此据中国社会科学院考古研究所等编《邺城考古发现与研究》，北京：文物出版社，2014年，108页。

德及随身钱物疏》谓佛教信徒左憧熹"身在之日",曾"造壹佛贰陪(菩)萨"[①]。可见"造一佛二菩萨"这一当时内地造像的习惯用语已传入西域地区,其具体所指,王素先生认为,若非"弥勒三尊",即是"弥陀三尊"[②],这是很有见地的判断。不过笔者更倾向于指"弥陀三尊",因为唐代造像记中,鲜见"一佛二菩萨"指代"弥勒三尊"的例证。

如果上述判断不误,同时结合前文已谈到的西域地区净土信仰的流行情况,那么似乎可以进一步认为,彼时唐代十分流行的西方净土信仰也随着碎叶镇的设立从西域迅速向西推进到了楚河流域。

(2)造像碑B

1987年出土于碎叶古城遗址,具体出土地点不明,红色花岗岩质,残高67厘米,宽42厘米。造像碑主尊头部以上、佛座以下以及右侧部分均残失,尽管残损严重,但仍然可以看出完全具有唐式造像碑的结构、布局和组合特征,年代应在7—8世纪。主尊右侧胁侍像已不存,左侧胁侍像尚余残痕,比照彼时唐代造像碑的组合特征,该造像碑应为一佛二弟子二菩萨一铺五尊组合[③]。主尊头部已损毁,着垂领袈裟,内着僧祇支,结跏趺坐于仰覆莲座上,左手扶膝,右手施无畏印。主尊左侧立一着袈裟、双手当胸合十者,当是弟子。主尊莲座下方正中与一根粗大的莲梗相连,暗示其上方的莲座其实就是一朵盛开的莲花。在大莲梗的两侧又分别引出两根较细的莲梗,呈W形伸向主座两侧,并在末端形成两个较小的莲座(即狮子背后的带柄圆形物),二胁侍菩萨立于其上(左侧胁侍菩萨仍留足部残痕)。主尊莲座下方两侧各雕一蹲狮(左侧狮子尚存),相向而望(图18、19)。

---

①唐长孺主编《吐鲁番出土文书》第6册,北京:文物出版社,1985年,402页。

②王素《吐鲁番出土〈功德疏〉所见西州庶民的净土信仰》,30页。

③努尔兰·肯加哈买提将其识读为一佛二菩萨或一佛二罗汉组合,显然有误,参看《碎叶》第六章《碎叶宗教遗迹》,226页。

图18 楚河流域出土唐式造像碑B，碎叶古城遗址出土（采自《碎叶》，图6-16左图）

图19 造像碑B线图（采自《碎叶》，图6-16右图）

这种一铺造像全部使用莲座，且下部出莲梗、所有胁侍的莲座的莲梗均与主尊莲座的主莲梗相连的做法在唐代前期造像碑式造像中十分流行（图20、21），这种做法应是继承了北周以来的传统（图22）。因此造像碑B的做法完全可以认为是唐朝内地模式的照搬。

图20 一佛二菩萨三尊像，约唐长安年间，日本东京国立博物馆藏（采自杨效俊《武周时期的佛教造型》，彩版十四）

图21 一佛二菩萨三尊像，唐开元七年（719），西安碑林博物馆藏（采自赵力光主编《长安佛韵：西安碑林佛教造像艺术》，160页图版）

图22 一佛二菩萨三尊像，北周天和二年（567），西安碑林博物馆藏（采自赵力光主编《长安佛韵：西安碑林佛教造像艺术》，60页图版）

（3）造像碑C

该造像碑20世纪60年代出土于克拉斯纳亚—列契卡古城（新城）第一佛寺遗址，是楚河流域迄今所见最完整的唐式造像碑，年代为7—8世纪，现存吉尔吉斯—俄罗斯斯拉夫大学博物馆。红色花岗岩质，碑座已失，碑身高64厘米，宽33—36厘米，厚12—16厘米，属小型造像碑。碑顶呈椭圆形，碑正面、侧面及背面均雕像，正面为高浮雕，侧面及背面为线刻。碑正面尖拱浅龛中高浮雕一佛二菩萨三尊像，主尊头残，服式、手印、坐姿一如造像碑B，佛座及胁侍菩萨足踏也一如造像碑B的做法，即莲座加莲梗形式。主龛之下复刻一横长方形龛，正中雕博山炉，两侧各雕一蹲狮。正面碑身最底部的位置正中留出竖长方形碑面刻造像记，其两侧各雕供养人二身①，其中内侧二人相向胡跪，均双手持供物，左侧为男性，右侧为女性，应为造像主夫妇；外侧二人立式，应是造像主夫妇的侍者（图23a、23b）。碑两侧面各线刻一身天王像（图24a、24b、24c），碑背面线刻一身坐佛，磨损严重，虽然线条已比较漫漶，但火焰状头光仍清晰可见（图25）。碑正面额部及正面两侧边缘，以及碑两侧面天王下部空白处、天王上部至碑顶空白处，线刻卷草纹、宝相花等边饰纹样（图26）。造像记已严重漫漶，仅能识读出“佛弟子”、“公敬造”、“年五月

图23a 楚河流域出土唐式造像碑C，正面，克拉斯纳亚－列契卡古城（新城）遗址出土，7—8世纪（采自加藤九祚《中亚アジア北部の仏教遺迹の研究》，图6-46）

图23b 造像碑C正面线图（采自努尔兰·肯加哈买提《碎叶》，图6-18）

①努尔兰·肯加哈买提将其识读为罗汉，误，参看《碎叶》第六章《碎叶宗教遗迹》，227页。

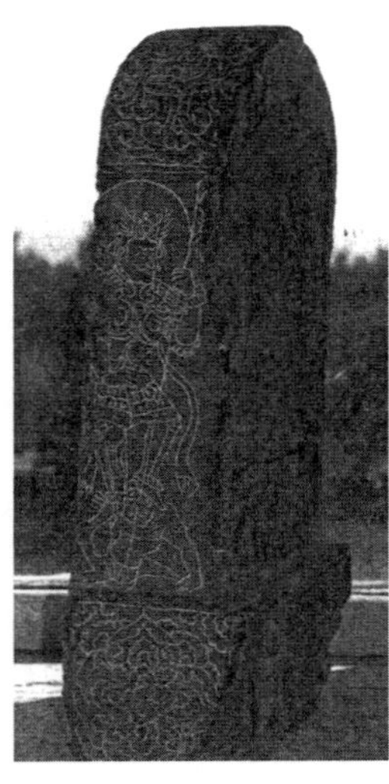

图24a 造像碑C，侧面（采自加藤九祚《中亚アジア北部の仏教遗迹の研究》，图6-48）

图24b 造像碑C，侧面线图之一（采自努尔兰·肯加哈买提《碎叶》，图6—18）

图24c 造像碑C，侧面线图之二（采自努尔兰·肯加哈买提《碎叶》，图6—18）

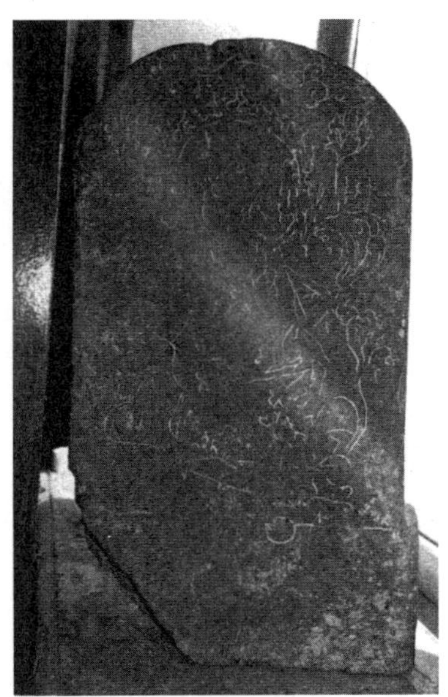

图25 造像碑C背面（采自加藤九祚《中亚アジア北部の仏教遗迹の研究》，图6-47）

图26 造像碑C碑顶线刻卷草纹纹线图（采自努尔兰·肯加哈买提《碎叶》，图6—18）

造”等汉字[①]。

参考上文对一佛二菩萨组合的分析，该通造像碑的主题造像很可能为弥陀三尊，而作为护法神的天王，虽然6世纪中期以后已在佛教造像系统出现，但唐以后才在佛教造像系统中多见起来。此种碑顶呈椭圆形、正面开圆拱浅龛的做法，在同时期的内地不乏其例，如前揭北吴庄佛教造像埋藏坑出土的唐上元二年张弘亮造像碑[②]。因此该通造像碑无疑属于典型的唐式造像碑，不仅造像内容、造像布局一仍唐式，在造像碑各部分的雕刻方式上也保持着当时内地的传统。唐代造像碑一般采用高浮雕和线刻相结合的技法，这是对北朝造像碑做法的继承。具体而言，正面一般采用高浮雕方式，而侧面及背面一般采用线刻方式。该通造像碑完全遵循了这一逻辑。不仅如此，就连装饰纹样也完全采用唐式。卷草纹、宝相花、团花、茶花等是唐代佛教艺术中最为流行的装饰纹样，广泛见于唐代造像碑和唐代石窟壁画中。该通造像碑的装饰纹样主要是卷草纹（见图26）和宝相花（见图24b下部）。

迹象表明，唐代的装饰艺术的西渐也经历了从内地到西域，再到中亚的过程，而这一过程又与汉地佛教艺术的西渐息息相关。上述纹样在西域汉风洞窟中比较常见，又被回鹘所继承[③]。如果将敦煌、西域两地的宝相花图案纹样（图27、28），与该造像碑上的宝相花图案加以比较，这一过程一目了然。

---

①识读文字参看张建林前揭文。

②该造像碑图版参看《邺城考古发现与研究》，彩版八：3。张建林先生首先注意到了该造像碑与碎叶出土造像碑C在形制上的相似性，参看张建林前揭文。

③参看马世长《新疆石窟中的汉风洞窟和壁画》，原载《中国美术全集》绘画编16《新疆石窟壁画》，北京：文物出版社，1989年，收入作者著《中国佛教石窟考古文集》，165—166、175—176页；李丽《库木吐喇石窟概述》，载龟兹石窟研究所编《库木吐喇石窟内容总录》，北京：文物出版社，2008年，20—21页。

图27 敦煌莫高窟第372窟窟顶藻井正中央的宝相花图案，初唐（采自《中国石窟·敦煌莫高窟》第三卷，图版57）

图28 吐鲁番柏孜克里克石窟第23窟窟顶宝相花图案，9—10世纪（高昌回鹘时期）（采自马世长《新疆石窟中的汉风洞窟和壁画》，图19）

（4）造像碑D

伯恩施塔姆佛寺遗址出土的这件仅余一菩萨上半身的石刻残块，张建林先生正确识别出它其实是一通造像碑的一部分，而这身菩萨是该造像碑的左胁侍菩萨[①]。该胁侍菩萨面相丰腴，挽唐式菩萨发髻，即束发至头顶，并于头顶形成高发髻（图29），高髻并非呈馒头状，而是自前而后呈椭圆状。总之，其面相发式与初盛唐时期的菩萨造型完全一致（图30），仅从这身菩萨的造像特征看，该造像碑属于唐代造像碑无疑，年代应在7—8世纪。当然，这类菩萨像在碎叶地区不可能是孤例，因为无论是以胁侍菩萨的身份出现，还是以特殊的菩萨身份单独出现（如观音），其基本造型特征都是一致的。在碎叶第二佛寺遗址出土的一件菩萨头像的造型特征与这身胁侍菩萨基本

①参看张建林前揭文。

29　造像碑D，伯恩施塔姆佛寺遗址出土，7—8世纪
采自张建林《吉尔吉斯楚河流域出土的唐代佛教遗存》，
6）

图30　出自龙门石窟某小洞中的菩萨头部，唐高宗后期（674—684）（采自东山健吾《流散于欧美、日本的龙门石窟雕像》，图18）

图31　阿克·贝希姆第二佛寺遗址出土的彩塑菩萨头部线图，7—8世纪（采自努尔兰·肯加哈买提《碎叶》，图3-56）

一致（图31），唯一的差异在表现方式，一为高浮雕，一为圆雕。

除以上四通造像碑外，近年阿克·贝希姆古城遗址又发现了一块唐式残碑额，现存吉尔吉斯斯坦布拉那博物馆。红色花岗岩质，碑额形式系中国本土常见的螭首，宽约82厘米，高约60厘米，厚约15厘米（图32）[①]。观其形制，与立于唐建中二年（781）的大秦景教流行中国碑碑首基本一致，只是景教碑有更多细部表现（图33）。不过，碎叶残碑额磨损较为严重，或许原本也有一些细部表现。

该碑有纪功碑和造像碑两种可能，笔者更倾向于前者，因为如上文所见，该地出土的唐式佛教造像碑的规格一般都比较小，而根据该碑额的尺寸，该碑的规格要大得多，其复原后

① 对该碑最新的介绍参看努尔兰·肯加哈买提《碎叶：一座西陲重镇与唐朝的渊源》，载《澎湃新闻·私家历史》2017年10月19日。但作者将“螭首”视为“双狼”，误，汉地没有以双狼为碑额的做法。

图32 阿克·贝希姆遗址出土唐代残碑额，吉尔吉斯斯坦布拉那博物馆藏，7—8世纪（采自努尔兰·肯加哈买提《碎叶：一座西陲重镇与唐朝的渊源》）

图33 大秦景教流行中国碑碑额，西安碑林博物馆藏，781年（作者自摄）

的高度，保守地估计，加上碑座应在2米以上，因此纪功碑的可能性更大。如果是纪功碑，根据唐朝的碑碣制度，使用“螭首龟趺”的可能性较大。《旧唐书·裴行俭传》载：“于是将吏已下立碑于碎叶城以纪其功，擒都支、遮匐而还。”①张说《赠太尉裴公神道碑》亦谓裴行俭破阿史那都支之后，“华戎相庆，立碑碎叶”②。可见裴行俭确曾在碎叶树碑纪功，但碑体至今尚未发现③。

虽然该碑不属于佛教造像碑，但佛教造像碑无疑是我国

---

①《旧唐书》卷八四，北京：中华书局，1975年，2803页。《新唐书》卷一〇八《裴行俭传》所载略同。

②文载《张燕公集》，此据周绍良主编《全唐文新编》（第1部第4册）卷二二八《张说》，长春：吉林文史出版社，2000年，2548页。

③1997年春，当地居民在碎叶第二佛寺遗址不远处又发现了一块汉文残碑，残长约30厘米，残宽约16厘米，原厚约4厘米，残留汉字50余个，但不能成句。有学者认为此即裴行俭纪功碑，也有学者认为只是一方墓志，还有学者认为它只是陈放于室内的某种雕刻品（相关讨论参看努尔兰·肯加哈买提《碎叶》，187—197页）。笔者倾向于墓志说，因为纪功碑的厚度不可能只有4厘米，保守地讲，应该在10厘米以上（这件残碑额的厚度可以参照），而若视为室内陈列品，也不太符合当时汉地的传统。

中古时期传统碑制改造而来，变化主要在碑身的内容，而碑首、碑座往往仍然沿用传统碑制的做法。从这个意义上讲，此种螭首碑仍然可能会对当地佛教造像产生间接影响。

2. 单体造像

单体造像包括石雕、彩塑和鎏金铜像三种类型。

图34 阿克·贝希姆伯恩施塔姆佛寺遗址出土石雕佛肉髻，7—8世纪（采自努尔兰·肯加哈买提《碎叶》，图3-31）

唐式单体石雕造像，目前仅发现一件佛肉髻，通过其发式的制作特点可以确定为唐式。该件佛肉髻出土于伯恩施塔姆佛寺遗址，肉髻残高11厘米，宽18厘米，据此推测该件如果是一身立佛的话，接近等身的高度，这在当地已属较大体量造像。肉髻呈馒头状，高低适中，发为波发（图34）。肉髻符合唐代造像特点，波发的处理则更体现出唐代的特色。唐代佛像既流行波发也流行螺发，螺发似乎更流行一些，不过无论波发还是螺发，都有自己的制作特点。就波发的处理而言，往往在额际和肉髻前部形成旋涡状，其他部位则呈波浪状，典型者如年代与之相近的龙门万佛洞正壁坐佛之发式（图35）。因此，单就发髻的形状及头发的处理方式而言，特别是后者，该件无疑属于典型的唐式佛像。

图35 龙门万佛洞正壁坐佛头部，唐永隆元年（680）（采自《中国石窟·龙门石窟》第二卷，图版65）

彩塑造像仅发现一件残佛头和一件菩

萨头，菩萨头像即图31所示，前文已有所交代，这里重点考察这件残佛头。这件残佛头出土于阿克·贝希姆第二佛寺遗址，形体颇大，有学者称其为"巨佛头像"①，可惜笔者暂时不清楚它的尺寸，有可能是该寺的主尊造像之一。佛头肉髻已残失，面部也已漫漶，仅余后脑部分，后脑上的螺发颗粒部分保留了下来(图36)。螺发的制作方式具有唐代特征。唐代螺发的做法继承了北周以来的传统，螺发颗粒呈螺旋状，成排整齐分布，颗粒大小适中，颗粒顶端无尖状突起(图37)。两相比较可以看出，这件残佛头螺发的制作方式明显有唐代影响的痕迹，因而推测这身佛像也应是唐式的。

图36　阿克·贝希姆第二佛寺遗址出土泥塑佛头，7—8世纪(采自努尔兰·肯加哈买提《碎叶》，图3-55)

阿克·贝希姆出土的青铜造像，又可分为两种类型，即唐式和非唐式。非唐式是指"铜牌饰式造像"(笔者暂且如此称呼此类造像)，这种铜牌饰式造像集中出土于阿克·贝希姆第一佛寺遗址，凡18件，体量很小，很容易让人联想到小挂饰。铜牌饰皆镂空、鎏金，外轮廓略呈圆形，佛像或佛像组合居中，周围由花卉连接藤蔓组成的图案环绕。佛皆结跏趺坐，手结定印，既有单尊佛像，也有组合造像，组合造像为一佛二供养人组合，二供养人皆面向主尊胡跪，双手当胸合十，佛、供养人的面相皆呈现胡貌(图38、39)。此种铜牌饰式造像显然不是唐代的传统做法，在唐代中原内地罕

图37　西安唐礼泉寺遗址出土石雕佛头，7—8世纪(采自西安市文物保护考古所编《西安文物精华·佛教造像》，图版160)

①参看努尔兰·肯加哈买提《碎叶》，131页。

图38 阿克·贝希姆第一佛寺遗址出土铜牌饰式佛造像之一，7—8世纪（采自努尔兰·肯加哈买提《碎叶》，图3-46）

图39 阿克·贝希姆第一佛寺遗址出土铜牌饰式佛造像之二，7—8世纪（采自努尔兰·肯加哈买提《碎叶》，图3-47）

见这种样式的青铜造像，而且佛像的造型特征与唐代风格迥异，造像组合也堪称奇特，因为一佛二供养人组合在中原内地十分罕见。按青铜牌饰特别是动物纹青铜牌饰是欧亚草原游牧民族的传统，这已广为人知，同时考虑到突厥各部在楚河流域长期栖居的事实，笔者因此推测，这些铜牌饰式造像可能属于楚河流域突厥佛教徒的遗物。这种做法可能来自动物纹青铜牌饰的启发，用佛像置换动物母题。

阿克·贝希姆出土的唐式青铜造像应该包括佛、菩萨像等，但现在仅能见到完整的菩萨像，铜佛像仅见残件。阿克·贝希姆第一佛寺遗址除了出土上述铜牌饰式佛造像外，该寺的主要佛像应为青铜佛像，但仅剩残件①。虽然我们已无法判断该青铜佛像的造像风格，但既然阿克·贝希姆附近遗

① 参看张广达、陈俊谋《阿克别希姆城址》，载《中国大百科全书·考古学卷》，北京：中国大百科全书出版社，1986年，3页；努尔兰·肯加哈买提《碎叶》，127页。前文将第一佛寺称为“西大寺”。

址已发现保存完好的唐式青铜菩萨像，这就意味着唐朝佛像制作传统中的青铜铸造传统也已传至碎叶，这是伴随造像碑制作传统进入碎叶的另一唐朝佛像制作传统。佛像铸造自然是青铜造像的首选，因此推测第一佛寺遗址的这身铜佛像属于唐式。

唐式青铜菩萨像共3件，比什凯克市东郊诺瓦巴克诺夫哇遗址出土，均为鎏金立像，体形较小，身高11—15厘米不等①。这3身立菩萨像都是圣观音像，造型风格比较一致。观音头束高髻，面相长圆，呈女相，一手提净瓶，一手执莲蕾或杨柳枝，身肢修长，呈S形扭动，呈现出女性的婀娜之态。总体上妆饰比较简洁，头冠为简洁的三珠冠，瓔珞仅一道斜跨于肩部（图40、41、42）。均配有座，有的座已残失（如图40），有的座、像一体（如图41），有的座、像分离，榫卯尚存（如图42）。这是典型的唐代圣观音造型，其年代应在7—8世纪。净瓶—杨柳枝或净瓶—莲蕾，特别是前者，是唐代圣观音的标配。如果将图41与下列西安出土的一件唐代鎏金圣观音像（图43）相比，二者的相似度应该在95%以上。

这类体量较小的金铜造像，从属性和功能上讲，应属于便携式造像，满足普通信众的随时性需求。这批金铜观音像的发现，表明唐代风靡内地的观音信仰不仅传到了西域地区，还传到了中亚的楚河流域。

值得注意的是，这类唐式的金铜观音像在西域地区也并不罕见，如于阗观音造像遗存中还有一种金铜观音像，体量很小，通高只有10厘米左右，也应该是一种便携式造像，而且类似的造像还有一定

---

①以上信息参看张建林前揭文。

图40 诺瓦巴克诺夫哇遗址出土鎏金青铜菩萨像之一，7—8世纪（采自张建林《吉尔吉斯楚河流域出土的唐代佛教遗存》，图13）

图41 诺瓦巴克诺夫哇遗址出土鎏金青铜菩萨像之二，7—8世纪（采自加藤九祚《中亚アジア北部の仏教遗迹の研究》，图6-67右图）

图42 诺瓦巴克诺夫哇遗址出土鎏金青铜菩萨像之三，7—8世纪（采自加藤九祚《中亚アジア北部の仏教遗迹の研究》，图6-67左图）

图43 唐鎏金观音像，西安市长安县出土，像高10.9厘米，7—8世纪（采自西安市文物考古所编著《西安文物精华·佛教造像》，图版134）

数量，观其风格，应是唐代圣观音样式，其年代当在8世纪以后[①]。这似乎表明，唐代的金铜观音像和观音信仰的西渐，也同样经历了由内地而西域而中亚的过程。

唐朝的势力大约8世纪初退出七河地区，之后，碎叶相继为突骑施和葛逻禄所据，前者占据的时间相对较短，约半个世纪。从8世纪中期开始，葛逻禄占领碎叶，并在此建都，此后，葛逻禄继突骑施统治七河流域近200年（756—940），直到10世纪中期喀喇汗王朝的兴起。值得注意的是，在唐朝势力退出之后、喀喇汗王朝兴起之前的二百多年里，七河地区乃至中亚北部地区并没有像中亚南部地区那样被伊斯兰化浪潮所席卷[②]，大体仍延续着唐朝统治时代的宗教文化面貌。楚河流域甚至一度成为异教徒的避难所[③]。因此，唐治时代该区域所流行的宗教，如佛教、景教、祆教、摩尼教等，仍在这一地区延续着，这已部分地被碎叶遗址的考古发现所证实，如，如前所述，在中亚北部地区的佛教传播也一直持续到了10世纪[④]，再如，碎叶第二景教堂遗址的年代为9—10世纪[⑤]。这其中的原因，固然与伊斯兰教的征服活

---

①参看Erika Forte, “A Journey to ‘The Land on the Other Side Buddhist’: Pilgrimage and Travelling Objects from the Oasis of Khotan”, in Patrick Mc Allister, Cristina Scherrer-Schaub, and Helmut Krasser, eds., *Cultural Flows across the Western Himalaya*, India: Shimla, 2009, fig.6.11-12. 作者指出，这两件造像可与中国4—5世纪常见的单体鎏金青铜佛造像相比较。的确，像座部分因袭了中国十六国至北朝前期金铜佛造像的一般样式，不过造像的风格则属于唐代，因此它们无疑都属于唐代作品。另参前揭拙稿《和田达玛沟佛寺遗址出土千手千眼观音壁画的初步考察——兼与敦煌的比较》，109页。

②该地区宗教文化面貌的彻底改观是10世纪中期以后，据阿拉伯史学家伊本·阿西尔（1161—1234）《全史》记载，公元960年，喀喇汗王朝治下的巴拉沙衮和喀什噶尔的20万帐突厥人首次皈依伊斯兰教。这一记载被中亚史学者和伊斯兰教史学者广泛采信，被认为是突厥部族大规模皈依伊斯兰教之始。

③努尔兰·肯加哈买提《碎叶》，269页。

④一种观点认为，碎叶的佛教在8世纪中叶已进一步衰落（参看杨富学《突厥佛教杂考》，原载台湾中华佛学研究所编《中华佛学学报》第16期，2003年，收入氏著《回鹘文佛教文献研究》，上海：上海古籍出版社，2018年，364页），现在看来，这一判断显然疏忽了考古材料所提供的证据。

⑤同上注，236页。

动一直未越过怛罗斯河，以及对突厥诸部的征服不依仗武力有关[①]，但也不能说与继唐朝之后统治该地区的突厥诸部对唐朝文化遗产的继承完全无关，至少不能忽视唐朝的佛教与佛教艺术在该地区存在的后续影响。俄罗斯学者指出，楚河流域的考古调查清晰地表明，新疆绿洲和中国政府在七河流域的佛教传播中起了决定性作用[②]。现在看来，这的确是一个事实。

结　论

汉地佛教与佛教艺术在西域、中亚传播的历史表明，宗教文化艺术传播伊始，有时的确与政治势力的推进相关联，但宗教文化艺术的持久传播，却不能完全依靠政治势力。因为宗教文化艺术归根结底属于"软实力"，因此，其内涵的先进与否以及传播区域的"接受度"成为传播是否"可持续"的关键所在。从这个角度看，笔者认为汉地佛教与佛教艺术在上述地区的成功传播归功于以下两点：一是由于西域、中亚都是佛教早期的传播区域，因此在汉地佛教与佛教艺术传入之前，这些地区已经奠定佛教传播的基础；二是在上述地区，以唐朝佛教与佛教艺术为代表的汉地佛教与佛教艺术的"比较优势"比较明显。西域、中亚地区的佛教传播基础已属于佛教传播史的常识，无须再赘，而所谓的"比较优势"需稍加归纳。概而言之，这些"比较优势"主要表现在汉地佛教与佛教艺术的创新方面：宗派佛教如净土宗、禅宗、密宗、华严宗等的传入进一步丰富了西域、中亚地区的佛教

---

① 巴托尔德（W. Barthold）认为，在突厥诸部的历史上，通过贸易关系而渗透进来的伊斯兰教文明的影响，要远较伊斯兰教军队的成就重要得多。参看［俄］巴透尔德著，赵俪生译《七河史》，北京：中国国际广播出版社，2013年，21页。

② B. Ya. Staviskiy, *Sudby Buddizma V Sredney Azii*, Moskva, 1998, C.167. 转引自努尔兰·肯加哈买提《碎叶》，230页。

思想内涵，向这些地区呈现出一套全新的汉地大乘佛教思想体系；汉化佛寺系统的出现则为西域、中亚地区带来了全新的汉地僧纲制度和僧团修行实践；汉地流行的某些特殊信仰如地藏信仰、观音信仰、弥陀信仰、法界像信仰等，特别是内容已有较大发展变化的汉地观音信仰的传入，进一步丰富了西域、中亚地区的佛教信仰内涵，并与这些地区的某些固有的佛教信仰，如固有的观音信仰、法界像信仰等，形成交流与碰撞；经变题材、汉式千佛题材、造像碑、青铜造像等的传入则进一步丰富了上述地区佛教艺术的内涵与表现形式；而独具特色的汉风艺术在技术、技法以及表现方式等方面的“比较优势”亦显而易见。有了第一点，就使得上述地区具有了“接受”汉地佛教和佛教艺术的社会心理基础；而正是有了第二点，即正是因为有了这样的“比较优势”，在唐朝势力退出西域、中亚之后，汉地佛教与佛教艺术在这些地区又延续了很长时间。即如我们所看到的那样，在西域地区，唐朝的佛教与佛教艺术几乎完全被回鹘所继承，继而继续吸收宋元佛教与佛教艺术，致使西域地区汉地佛教与佛教艺术绵绵不绝，直至15世纪中后期西域东部地区畏兀儿的完全伊斯兰化；而中亚北部地区的佛教传播之所以能持续到10世纪，某种程度上说，也与汉地佛教与佛教艺术曾经在当地的流传不无关系。

周一良先生在研究不同文化之间的文化交流现象时，认为文化交流的成功与否取决于以下两点：一、交流的内容本身是否属于某个国家或民族的文化中有长远价值、经得起考验的精华；二、这种影响是否适应对方国家或民族的政治、经济、社会变化发展的需要①。此诚所谓“夫子言之，于我心有戚戚焉”。本文的研究对象，即回传西域、中亚的汉地佛教艺术，根据以上观察，堪称“精华”；而西域、中亚民族

①周一良《魏晋南北朝史十二讲》附录一《学术自述》，北京：中华书局，2016年，221页。

对它们似乎也确有“需要”，回鹘—畏兀儿对汉地佛教与佛教艺术的态度即是明证。

最后需要补充说明的是，来自楚河流域的证据并不是汉地佛教和佛教艺术西渐的极西证据，考古发现表明，汉译佛典西传最远的地方已到达高加索地区了。在高加索山区的谢瓦亚·巴勒卡（Moshchevaya Balka）墓葬中，曾出土过三件唐代汉文文书残片，其中一件是义净翻译的《根本说一切有部苾刍尼毗奈耶》卷十五，是标准的唐人写经[①]。这是迄今所见汉译佛典西渐最远的地方。

（本文原载荣新江主编《丝绸之路上的中华文明》，商务印书馆，2022年）

---

① 仝涛《北高加索的丝绸之路》，载罗丰主编《丝绸之路上的考古、宗教与历史》，北京：文物出版社，2011年，102—114页。

汉地观音信仰在西域的初传
——以高昌地区为中心

对汉地佛教和佛教艺术沿丝绸之路回传情况的探讨，可以丰富我们对丝绸之路上的中华文明传播的认识。汉地佛教和佛教艺术沿丝绸之路回传的情况以往学界从宏观角度措意不多，主要是围绕唐代西域地区的汉风石窟和汉化佛寺而展开讨论①，时间和空间均有待进一步拓展。事实上，早在3世纪末4世纪初，汉地佛教与佛教艺术便开始沿着陆上丝绸之路逆向传播，7世纪后半达到中亚的楚河流域②；而至迟自6世纪前期开始，南朝的佛教艺术也开始沿着海上丝绸之路逆向传播，影响远达今湄公河三角洲和金边地区③。值得注意的是，种种迹象表明，汉地的观音信仰和观音造型艺术在沿丝绸之路回传的汉地佛教和佛教艺术中扮演了重要角色，无论是陆上丝绸之

①较重要的成果，参看马世长《库木吐喇的汉风洞窟》，原载《中国石窟·库木吐喇石窟》，北京：文物出版社，1992年，收入氏著《中国佛教石窟考古文集》，台北：觉风佛教艺术基金会，2001年，123—156页；同作者《新疆石窟中的汉风洞窟和壁画》，原载《中国美术全集》绘画编16《新疆石窟壁画》，北京：文物出版社，1989年，收入氏著《中国佛教石窟考古文集》，157—176页；荣新江《慧超所记唐代西域的汉化佛寺》，载《冉云华先生八秩华诞寿庆论文集》，台北：法光出版社，2003年，399—407页；同作者《唐代西域的汉化佛寺系统》，原载新疆龟兹学会编《龟兹文化研究》第1辑，香港：天马出版有限公司，2005年，收入氏著《丝绸之路与东西文化交流》，北京：北京大学出版社，2015年，153—160页。

②参看拙稿《从西域到中亚——汉地佛教艺术的西渐》，载荣新江主编《丝绸之路上的中华文明》，北京：商务印书馆，2022年，157—200页。

③参看拙稿《试论扶南与南朝的佛教艺术交流——从东南亚出土的南朝佛教造像谈起》，原载《艺术史研究》第18辑，2016年，收入拙著《观音与神僧——中古宗教艺术与西域史论》，北京：商务印书馆，2019年，169—200页。

路还是海上丝绸之路都是如此①，因此考察汉地观音信仰和观音造型艺术沿丝绸之路的回传情况可以使我们更好地了解汉地佛教和佛教艺术在丝绸之路上传播的轨迹。限于篇幅，本文首先拟集中考察汉地观音信仰在西域的初传情况。

一、汉文佛籍所见西域早期的观音信仰踪迹

西域虽然不是观音信仰的原生地，但却是观音信仰最早流行的区域之一，只是流行程度不及内地。而且，在内地观音信仰兴起的过程中，《法华经》而外，还得到了西域观音类经典的助力。

早在高昌郡时期，北凉居士安阳侯沮渠京声就曾在此地求得胡本《观世音经》，据《出三藏记集》（以下简称《祐录》）卷一四记载：

> 沮渠安阳侯者，其先天水临成县胡人，河西王蒙逊之从弟也。……少时尝度流沙，到于阗国……既而东归，于高昌郡求得《观世音》、《弥勒》二《观经》各一卷。及还河西，即译出《禅要》，转为汉文。居数年，魏虏托跋焘伐凉州，安阳宗国殄灭，遂南奔于宋……初出《弥勒》、《观世音》二《观经》，丹阳尹孟顗见而善之，请与相见。②

又同书卷二载：

---

①参看前揭拙稿《试论扶南与南朝的佛教艺术交流——从东南亚出土的南朝佛教造像谈起》;《从西域到中亚——汉地佛教艺术的西渐》;又拙稿《和田达玛沟佛寺遗址出土千手千眼观音壁画的初步考察——兼与敦煌的比较》，原载《艺术史研究》第17辑，2015年，收入拙著《观音与神僧——中古宗教艺术与西域史论》，75—111页。

②［梁］释僧祐著，苏晋仁、萧錬子点校《出三藏记集》卷一四《沮渠安阳侯传》，北京：中华书局，1995年，551页。

《观弥勒菩萨上生兜率天经》一卷，或云《观弥勒菩萨经》，或云《观弥勒经》。

《观世音观经》一卷。

《禅要秘密治病经》二卷，宋孝建二年（455）于竹园寺译出。

《佛母般泥洹经》一卷，孝建二年于钟山定林上寺译出，一名《大爱道般泥洹经》。

右四部，凡五卷。宋孝武帝时，伪河西王从弟沮渠安阳侯于京都译出。前二《观》先在高昌郡久已译出，于彼赍来京都。[①]

沮渠安阳侯即沮渠京声，其在西域求法的时间或在5世纪前期。根据上述记载，他既在高昌郡得胡本《观世音观经》，则约可推知高昌地区在高昌郡时期（327—442）已流行观音信仰。京声遍游西域，所获胡语经典当不在少数，但在高昌郡获二《观经》后，即在当地译为汉文，体现了他对二《观经》的重视。北凉有弥勒信仰的传统[②]，因此他重视《观弥勒经》可以理解，但北凉的观音信仰似乎并不显著，因此他重视《观世音观经》可能主要是受到了西域地区特别是于阗、高昌等地观音类经典和观音信仰的流行这一氛围的影响（于阗的情况详下文）。

沮渠京声南奔刘宋时，仍携带着这两部已翻译的《观经》，进一步显示出其对这两部经典的重视，不过客观上对南方地区东晋以来兴起的观音信仰应有一定的推动作用。我国的观音信仰虽然后来地无分南北，都很兴盛，但在信仰发育的初始阶段，南方地区似乎更为重要，这从观音感应类文献的编纂情况即可见一斑。最早的观音感

---

① 《祐录》卷二，61页。

② 参看拙稿《北凉王族与高昌佛教》，原载《新疆师范大学学报》1996年第1期，收入拙著《中古艺术宗教与西域历史论稿》，北京：商务印书馆，2011年，171页。

应类文献的编纂始自东晋士族文人谢敷，现存最早的此类文献《光世音应验记》也出自东晋傅亮之手，现存第二部观音感应类文献《续光世音应验记》则编纂于5世纪中叶，即刘宋时期[①]。因此东晋至刘宋是我国观音信仰形成的重要时期，沮渠京声携新译《观世音观经》南奔正当其时，且新译很快引起江南士大夫的兴趣，其对南朝观音信仰的推动作用是可以想见的。

我们知道，观音信仰的流行一定是与《法华经》的流行正相关的。随着大乘佛教的东渐，《法华经》最迟3世纪初即已传入我国新疆地区，自19世纪末以来，新疆地区相继出土了为数可观的《法华经》梵文写本，且在公元266年之前，西域可能已有当地语言的译本流传[②]。而吐鲁番也发现了《法华经》的梵文写本[③]，可见与西域其他地区一样，胡本系统的《法华经》也同样很早就在高昌地区流行，因而笔者推测，沮渠京声在高昌郡所获的胡本《观世音观经》应该与胡本《法华经》存在某种联系。

地处丝路南道的于阗是西域大乘佛教的中心，因此当地应该有宣扬大乘菩萨道精神的基础，而且《法华经》在于阗也十分流行，不仅有梵文本，也有于阗语本，所谓喀什本梵文《法华经》写卷其实出自和田的哈达里克（Khadalik）[④]。斯坦因（A. Stein）在哈达里克还发现了更多的梵文《法华经》写本，此外，他还在和田的铁提克日木（Farhad Beg Yailaki）以及达玛沟（Domoko）一带发现了若干梵文《法

---

①参看Chünfang Yü, *Kuan-yin: The Chinese Transformation of AvalokiteŚvara*, New York: Columbia University Press, 2001, pp.158—159.

②参看杨富学《〈法华经〉胡汉诸本的传译》，《敦煌吐鲁番研究》第3卷，北京：北京大学出版社，1998年，24—28页。

③参看E. Waldschmidt, *Sanskrithandschriften aus den Turfanfunden*, Teil I, Wiesbaden, 1965, Cat. No. 622, S. 278—279.

④参看杨富学前揭文，24—25页。

华经》写本[1]，这与文献的记载正相一致，《祐录》即记载南齐僧正法献曾从于阗携回《妙法莲华经·提婆达多品》胡本（见下引文）。因此，如果于阗是西域观音信仰出现最早的地区，完全在情理之中。事实上，综合僧传文献和出土文献的零星记载来看，古代于阗的观音信仰的确出现得比较早，且长期保持着这一信仰传统，这在西域其他地区并不多见。

《祐录》卷二载：

> 《观世音忏悔除罪咒经》，一卷，永明八年（490）十二月十五日译出。
>
> 《妙法莲华经·提婆达多品》第十二，一卷。
>
> 右二部，凡二卷。齐武皇帝时，先师献正游西域，于于阗国得《观世音忏悔咒》胡本。还京都，请瓦官禅房三藏法师法意共译出。[2]

按被僧祐称为先师的“献正”即南齐僧正法献，《高僧传》对其西行求法事迹记载更为详细：

> （法献）以宋元徽三年（475），发踵金陵，西游巴蜀，路出河南，道经芮芮，既到于阗，欲度葱岭，值栈道断绝，遂于于阗而返。获佛牙一枚，舍利十五身，并《观世音灭罪咒》及《调达品》，又得龟兹国金锤鍱像，于是而还。[3]

---

①参看杨富学前揭文，26—31页。

②《祐录》，63—64页。

③［梁］释慧皎著，汤用彤校注《高僧传》卷一三《齐上定林寺释法献传》，北京：中华书局，1992年，488页。

这是迄今所见与于阗观音信仰有关的最早记载。据此可知，于阗的观音信仰的初传不晚于5世纪后半期，但这显然是比较保守的估计，综合考虑上文提到的《法华经》在西域地区特别是于阗地区的流行情况，我们推测，观音信仰在于阗地区的初传可能可以早到4世纪前后，与内地观音信仰兴起的时间大体相当。法献所处的时代正是我国观音信仰的勃兴期，因此他从于阗携归的胡本《观世音忏悔（灭罪）咒》对内地特别是南朝的观音信仰应当有一定的推动作用。

法献获自于阗的《观世音忏悔（灭罪）咒》经录称之为《观世音忏悔除罪咒经》，其译本虽然隋时尚存[①]，但今已佚，内容不明。不过，隋天竺三藏阇那崛多译有《种种杂咒经》，其中包括与法献所获于阗咒经名称高度相似的《观世音忏悔咒》，观其内容，主要为陀罗尼，即咒，并称"右咒，观音像前，烧香、发露忏悔，至心诵三遍，灭无始已来罪，求愿必果"[②]。于阗的《观世音忏悔除罪咒经》的内容与功用或与《观世音忏悔咒》相似，即经的主要内容为陀罗尼，主要目的是通过念诵陀罗尼忏悔除罪、祈愿。在整个于阗语佛教文献中，观世音菩萨经常作为祈求的对象出现[③]。

早在刘宋初年，内地求法僧人就在罽宾求得梵本《观世音受记经》一部，归国后并将其译出。据《祐录》记载：

> 释法勇者，胡言昙无竭……幽州黄龙国人也。……尝闻沙门法显、宝云诸僧躬践佛国，慨然有忘身之誓。遂以宋永初之元，

---

① ［隋］费长房《历代三宝纪》卷十一载："《观世音忏悔除罪咒经》一卷，《妙法莲华经提婆达多品》第十二。右二经合二卷。……（齐）永明年……（法）献于扬州瓦官寺译出。……经译流行，相传至今。"（《大正新修大藏经》［以下简称《大正藏》］卷四九，95页c。）可见法献所译于阗经典《观世音忏悔除罪咒经》等隋时尚存。

② 《大正藏》卷二一，638页c。

③ J. Williams, "The Iconography of Khotanese Painting", *East and West*, vol. 23, no. 1/2, 1973, p. 131.

招集同志沙门僧猛、昙朗之徒二十有五人，共赍幡盖供养之具，发迹北土，远适西方。……进至罽宾国，礼拜佛钵。停岁余，学胡书竟，便解胡语。求得《观世音受记经》梵文一部。……后于南天竺，随舶泛海达广州……其所译出《观世音受记经》，今传于京师。①

如果将这条记载与上述京声、法献所获综合考虑，内地早期观音信仰与西域及葱岭以西关系密切，而内地观音信仰的直接源头或在葱岭以西；通过这条记载约可推知，西域早期的观音信仰也应是直接传自葱岭以西；不过，在汉地观音信仰特别是唐代的观音信仰传入之前，西域地区的观音信仰似乎并没有形成"面"的规模，比如彼时丝路北道的龟兹、焉耆等地难觅观音信仰的踪迹，当然，这跟龟兹一带盛行小乘佛教也有一定的关系。但无论如何，西域早期的观音信仰的传播为汉地观音信仰在西域的推进奠定了一定的基础。

二、高昌国时期（460—640）

高昌作为西域东部的门户，由于特殊的地理位置以及高昌郡设立以来持续的汉文化影响，此地自然成为汉地佛教与佛教艺术回传西域的第一站，因此我们在这里发现了汉地佛教回传西域的最早证据，即近世吐峪沟出土的一件写于西晋元康六年（296）的汉文写经《诸佛要集经》②，这是迄今所见新疆地区发现的最早的汉文写经。不

① 《祐录》卷一五《释法勇传》，581—582页（《高僧传》卷三《释昙无竭传》所载略同）。

② 该写本系日本大谷探险队所获，现藏旅顺博物馆，图版参看旅顺博物馆、龙谷大学共编《旅顺博物馆藏新疆出土汉文佛经选粹》（以下简称《选粹》），京都：法藏馆，2006年，2—3页；写经题记参看［日］池田温《中国古代写本识语集录》，东京：东京大学东洋文化研究所，1990年，74页。

过，现存最早的《法华经》汉译本《正法华经》此时刚刚译出不久[①]，因此此时内地的观音信仰尚处于萌发阶段，回传西域更无可能。内地观音信仰之传入高昌地区应是在汉译《法华经》回传高昌以后。吐鲁番出土的汉文佛典表明，当地最为流行的法华类经典是《妙法莲华经》，该经系鸠摩罗什于后秦弘始年间（399—415）译于长安。迹象表明，该经译出之后不久就传到了高昌地区，因为吐鲁番出土的最早的汉文法华类经典就是《妙法莲华经》，年代为5世纪前期，且写本数量可观，而《正法华经》写本只是偶见[②]。因此推测汉地观音信仰的始传高昌约在5世纪前期，在此之前，当地的观音信仰应属于西域本土系统，即以与观音信仰有关的胡语或梵语经典为依托的信仰系统。

不过，尽管早在高昌郡时期西域本土系统的观音信仰在当地已有流行，尽管汉地的观音信仰可能在5世纪前期已传入，但吐鲁番文书和当地的石窟寺遗存表明，进入麴氏高昌时期（502—640）以后，当地的观音信仰才逐渐发展起来，而且信仰内容属于汉地的观音信仰系统。不过这样的发展节奏与内地也能大体合拍，综而观之，内地的观音信仰虽然自东晋十六国以来开始勃兴，南北朝时期也未尝稍息，观音造像活动也在持续，但是内地观音信仰的跨越式发展是在唐代以后。一个突出的标志是，自唐代开始，石窟中开始大量出现单造（单绘）观音像的情况，同时在石窟中出现的还有观音经变，而隋代以前的石窟中几乎见不到单造（单绘）观音像的情况，高昌石窟亦是如

---

① 《正法华经》系月氏国三藏竺法护于西晋武帝太康七年（286）于长安译出，见《大正藏》卷九，No.263。该经将观音菩萨译作“光世音菩萨”，因而早期的观音感应类文献均称“光世音菩萨”。

② 根据《选粹》提供的写本编目，出自吐鲁番的年代为5世纪前期的《妙法莲华经》写本共39件，参看《选粹》，214—215页。另外，20世纪80年代初吐鲁番柏孜克里克石窟出土一批汉文佛教典籍中也包含若干5世纪前期的《妙法莲华经》写本，整理者定为“十六国时期”，参看吐鲁番研究院、武汉大学合编《吐鲁番柏孜克里克石窟出土汉文佛教典籍》（以下简称《典籍》），北京：文物出版社，2007年，473、477页。

此，隋代以前的观音造像以造像碑及单雕单刻单铸为主。唐代观音造像范围的这一突破，其背后的基本逻辑当然是普通信众对观音菩萨的热情空前高涨，从而实现了唐代观音信仰的跨越式发展。

高昌国流行汉地回传的大乘佛教，高昌国佛教的发展主要集中于麴氏高昌时期，这一时期达到了高昌佛教发展史上的第一个高峰，这当然与麴氏政权持续时间较久有一定关系，也与麴氏高昌王国深厚的汉文化背景有关[①]。最新的统计数据表明，麴氏高昌时期有名可查的寺院多达170多所，而高昌国的人口不过三四万人，其时当地佛教的兴盛情况可见一斑[②]。上述背景当然可以视为汉地观音信仰在当地继续传播的重要基础，不过，相关造像数据早已荡然，我们只能依靠吐鲁番出土的汉文佛教文献特别是汉文写经来追寻高昌国时期观音信仰的蛛丝马迹。

首先，我们能感受到《法华经》特别是《妙法莲华经》在高昌国时期仍然十分流行。日本学者三谷真澄编的《大谷队ドイツ队收集汉字佛典断片目录》是目前对日本、德国所藏吐鲁番出土汉文佛典的最全面的编目，从中可以看出《妙法莲华经》在当地的流行情况[③]。笔者据其总编号统计，《妙法莲华经》多达5491号，而《添品妙法莲华经》只有125号，《正法华经》最少，只有23号，可见在古代吐鲁番地区的汉译法华经典系统中，《妙法莲华经》的流行占压倒性优势。

---

①关于麴氏高昌佛教发展的总体情况，参看拙稿《试论高昌国的佛教与佛教教团》，原载《敦煌吐鲁番研究》第4卷，北京：北京大学出版社，1999年，收入拙著《中古艺术宗教与西域历史论稿》，183—230页。

②高昌国寺院的最新统计资料，参看拙稿《从高昌到西州——中古吐鲁番佛教寺院社会功能的转变》，原载《西域文史》第10辑，2015年，收入拙著《观音与神僧——中古宗教艺术与西域史论》，4—13页。

③［日］三谷真澄编《大谷队ドイツ队收集汉字佛典断片目录》（*A Catalogue of Chinese Buddhist Fragments Collected by Otani and German Turfan Expedition*，以下简称《目录》），京都：龙谷大学世界佛教文化研究中心，2018年，159—325页。该文献系郑燕燕博士提供，谨此致谢。

虽然该目录所收并不是吐鲁番所出汉译法华类经典残片的全部，但其显示的总体趋势应该不会有变[①]。从写本年代看，虽然唐代的占了绝大多数，但高昌国时期的仍有一定数量[②]，而且笔者相信它们中的大多数属麴氏高昌时期。

其次，迹象表明，麴氏高昌时期汉译《妙法莲华经》的《观世音菩萨普门品》已作为单独的佛经即《观世音经》或《观世音菩萨普门品经》在当地单抄单行。

将《法华经》中的《普门品》单独念诵、单抄单行的做法在东晋十六国时期就出现了，名之为《观世音经》，这当然是观音信仰流行的结果。诵读此经特别是诵念观世音名号，可以消灾降福，甚至可以免牢狱之灾、杀身之祸[③]。该经现存最早的著录见《祐录》，其卷四云"《光世音经》一卷"，注云"出《正法华经》，或云《光世音普门品》"；又同书同卷"《观世音经》一卷"，注云"出《新法华》"[④]。这里所谓的《新法华》当即5世纪初鸠摩罗什新译的《妙法莲华经》，可见《正法华经》的《光世音菩萨普门品》和《妙法莲华经》的《观世音菩萨普门品》在内地早已作为单经流行，其具体称谓，或称《光世音经》，或称《观世音经》，《妙法莲华经》译出后，基本都称《观世音经》。又《历代三宝纪》卷八"《观世音经》一卷"，注云"出《新妙法莲华经》"[⑤]。这里所谓的《新妙法莲华经》应是隋代新译的《添品妙法莲华经》。由此可见，隋代以后，单出的《观世音经》或出自《妙法莲华经》，或出自《添品

---

①《典籍》反映的情况也是如此，该书中包含法华类经典共119号，其中《正法华经》只有2号，《添品妙法莲华经》只有1号，其余均为《妙法莲华经》，参看《典籍》"目录"，8—13页。

②这一点除了可以参考《目录》所反映的情况外，还可以参考《典籍》所反映的情况。《典籍》中的《妙法莲华经》虽然大多数属于唐写本，但高昌国时期的写本仍占有相当数量，约在30—40号之间，参看《典籍》，467—478页。

③参看周一良《魏晋南北史札记》"观世音经"条，北京：中华书局，1985年，114—115页。

④《祐录》卷四，128页。

⑤《大正藏》卷四九，78页c。

妙法莲华经》。然就高昌地区汉译法华类经典的流行情况而言，即如上文所述，《正法华经》只是偶见，《添品妙法莲华经》发现的数量也十分有限，因此当地的单抄单行《观世音经》应主要对应于《妙法莲华经》的《观世音菩萨普门品》。

1980年，在柏孜克里克石窟出土了一件写于麴氏高昌建昌五年（559）的《妙法莲华经·观世音菩萨普门品》（编号80TBI:003），并保存了珍贵的写经题记5行，兹移录并附图版如下(图1)：

1.□□□寂，位超形（此处原文疑脱一字）之表；至道

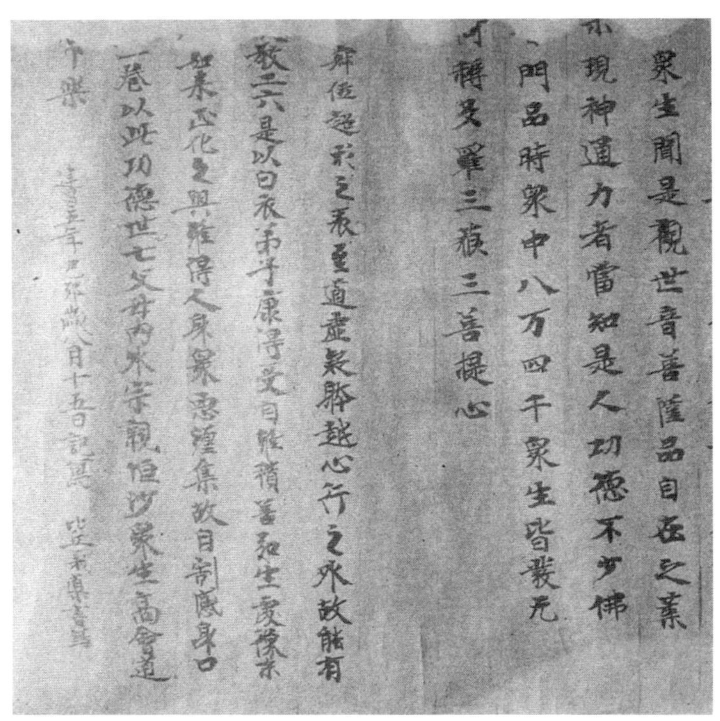

图1 高昌建昌五年比丘义导写《妙法莲华经·观世音菩萨普门品》（局部），柏孜克里克石窟出土，编号80TBI:003（图版采自《典籍》，180页）

虚疑，体越心形之外。故能有

2.□□□教二六。是以白衣弟子康德受，自虽积善弘生，处像末

3.□□□如来正化之兴。虽得人身，重恶缠集，故自割感（“感”应为原文笔误，当作“减”）身口，

4.□□□一卷，以此功德，七世父母，内外宗亲，恒沙众生，高会道

5.□，□□常乐。建昌五年己卯岁八月十五日记写　比丘义导书写。[①]

由“□□□一卷”可知，该件只是对《普门品》的专门抄写，并不涉及《妙法莲华经》的其他内容，那么这件单抄单行的《普门品》可以冠名为《观世音经》或《观世音菩萨普门品经》。值得注意的是，该件写经的供养者名叫康德受，他很可能是高昌著籍的粟特人，看来他已放弃粟特人传统的祆教信仰，皈依佛教，成“白衣弟子”了。其实从高昌到西州，当地粟特人特别是康姓粟特人的佛教信仰有迹可寻。高昌国时期有名为“康寺”的家寺，当是当地康姓粟特大姓所立的家寺，而且该寺在西州建立伊始整饬当地佛教教团和佛教寺院时并未被省并，一直持续到了西州时期[②]，显示其有相当的社会地位。又大谷探险队曾在吐鲁番高昌故城中购得《武周康居士写经功德记》残碑[③]，在吐峪沟还获得一件写有“康家一切经”字样的写经题签[④]。这里的“康

①原录文（见《典籍》，180页）有若干讹误，兹据该书第180页提供的图版重新录出，并加标点。

②参看前揭拙稿《从高昌到西州——中古吐鲁番佛教寺院社会功能的转变》，7、26页。

③参看荣新江《胡人对武周政权之态度——吐鲁番出土〈武周康居士写经功德记碑〉校考》，原载《民大史学》第1期，1996年，收入氏著《中古中国与外来文明》，北京：生活·读书·新知三联书店，2001年，204—221页。

④［日］井ノ口泰淳《西域出土佛典之研究》，京都：法藏馆，1980年，图版LXXXIX。

图2 《妙法莲华经·观世音菩萨普门品》写经残片，柏孜克里克石窟出土，麴氏高昌时期，编号80TBI:099（图版采自《典籍》，180页）

居士”、“康家”应是康姓粟特人和康姓粟特家族。能立功德碑、写“一切经”的家族，经济实力不可小觑，因此康姓粟特家族应是高昌大族。上件写经题记表明，汉地的观音信仰在麴氏高昌时期已传至当地的粟特族群中，而上述高昌—西州康姓粟特家族佛教信仰的轨迹提供了最好的注脚。

1980年在柏孜克里克石窟还出土了另一件《法华经·普门品》写经，编号为80TBI:099，整理者将年代定为高昌至唐①，断代似嫌宽泛，比照上件建昌五年写经的书法，二者高度相似（图2），因此笔者认为该件也应属于麴氏高昌中期写经。其性质，很可能与上件一样，属于单抄单行的《观世音菩萨普门

①该件图版及断代参看《典籍》，180、478页。

品经》或《观世音经》。

既然将这些《普门品》都视为单抄单行的《观世音菩萨普门品经》或《观世音(菩萨)经》大致不误,那么文书整理者将它们定名为《观世音菩萨普门品经》是合理的[①],尽管有的抄经者为图方便省事,有时将经的抬头仍然依原经照抄为"妙法莲华经观世音菩萨普门品第二十五",如旅博藏编号为LM20_1478_32_02的回鹘高昌时期的写本[②]。

旅博藏编号为LM20_1455_09_10的佛经残片系另一件高昌国时期的《妙法莲华经·观世音菩萨普门品》写经,整理者将其定名为《观世音菩萨普门品经》[③]。

大谷4187号是一件唐写本佛经残片,仅存1行,为佛经的题名,题作"《观世音菩萨经》"[④],这是吐鲁番出土汉文佛典中仅见的《观世音经》题名。又阿斯塔那201号墓所出《唐咸亨五年(674)皃为阿婆录在生及亡没所修功德牒》中所列阿婆所做功德包括写"《观世音经》一卷"[⑤]。上述信息为我们了解当地对该经的具体称谓以及该经在高昌国之后的流行情况提供了重要参考。

再次,南朝观音类经典开始在高昌国流传。兹举二例,一是汉译《观世音菩萨受记经》的流入高昌,二是汉译《请观世音菩萨消伏毒害陀罗尼咒经》的流入高昌。

《观世音菩萨受记经》,一卷,一名《观世音受决经》,据前文所引

---

①笔者曾认为整理者这样定名没有根据,这是因为当时笔者对吐鲁番地区出土的法华类经典的情况缺乏全面了解所致,现特予纠正。参看拙稿《和田达玛沟佛寺遗址出土千手千眼观音壁画的初步考察——兼与敦煌的比较》,104页。

②《选粹》,178、233页。

③《选粹》,41、220页。

④[日]小田义久编《大谷文书集成》贰,京都:法藏馆,1990年,214页及图版74。

⑤唐长孺主编《吐鲁番出土文书》(图录本)第三册,北京:文物出版社,1996年,259页,编号72TAM201:33。

《祐录》记载可知，该经系黄龙国沙门昙无竭先于罽宾得其梵本，昙无竭自海路携归后将其译出，并流传于京师建康；又据隋法经《众经目录》，该经具体的译时译地为：刘宋时期译于扬州①。此经的主要内容是，诸佛世尊为观世音菩萨、得大势菩萨以及八万四千那由他众生等授记，未来当得阿耨多罗三藐三菩提②。“阿耨多罗三藐三菩提”意为无上正等正觉，即最高的智慧觉悟。佛教文献中，该经经名中“受”、“授”二字往往交互使用，但依此经的内容，当用“受”字为妥。

新疆维吾尔自治区博物馆藏吐鲁番出土的汉文佛经中就包含一件《观世音菩萨受记经》，编号59TSF，1959年出土于胜金口佛寺遗址，整理者将其年代断为5—8世纪③。年代跨越整个高昌国和西州，断代似乎过于宽泛。值得注意的是，《观世音菩萨受记经》译于江南，首先流行于建康等地；同时需要注意的是高昌与江南的佛教文化交流，早在北凉王族入据高昌时期，就有来自丹杨郡的吴客张烋祖为凉王沮渠安周写所供养经④，而吐鲁番出土的高昌国时期的佛典中，也不乏来自南朝的写经，且写经者的身份非同一般，如有后为萧齐开国皇帝的萧道成于刘宋末年的写经，有萧梁王族南平王萧伟的写经等⑤。因此，笔者怀疑这件写经的年代很可能属于高昌国时期，系高昌国时期来自南朝的佛典之一。

尽管从内容上看，《观世音菩萨受记经》并没有像《观世音菩萨普门品》那样完全聚焦、完全凸显观世音菩萨，但在具有观音崇拜的氛围中，仅看经名就足以夺人眼目。该经在当地一直到回鹘时期仍

---

①《大正藏》卷五五，117页c。

②《大正藏》卷十二，353页b—357页c。

③相关介绍参看伊斯拉菲尔·玉素甫、殷福兰《新疆维吾尔博物馆藏佛经》，载旅顺博物馆、龙谷大学编《旅顺博物馆藏新疆出土汉文佛经研究论文集》，京都：龙谷大学，2006年，261页。该文系王振芬女史提供，谨致谢忱。

④写经题记参看池田温《中国古代写本识语集录》，86页。

⑤写经题记参看池田温《中国古代写本识语集录》，91页。

在流行[①]。

《请观世音菩萨消伏毒害陀罗尼咒经》，一卷，一名《请观世音经》，为东晋天竺居士竺难提译，主要内容是，观世音菩萨应佛陀之请，为众生说破恶业障消伏毒害陀罗尼等神咒，从而为众生消除一切业障、一切怖畏、一切毒害[②]。

吐鲁番出土的该经的最早写本是旅博藏LM20_1466_32_04号，日本学者判定其年代为C1，即高昌国末期至唐代[③]。但细审该写本书法，尚带隶意(图3)，因此笔者更倾向于将该写本的年代定为7世纪前半，即麴氏高昌末期。既然该件属于高昌国时期，它不应该是一个孤立的存在，无独有偶，在柏孜克里克新出土的佛典中又发现了3件该经高昌国时期的写经，书法与上件高度相似[④]。该经在唐西州时期仍然流行[⑤]，吐峪沟出土了一件约7世纪中至8世纪末的近乎完整的《请观世音菩萨消伏毒害陀罗尼咒经》写经，珍贵的写经题记也因而得以保留：

---

①德国收集品中包含8件吐峪沟出土的刻本《观世音菩萨受记经》，属高昌回鹘时期，编号分别是Ch3412r、Ch2697r、Ch/U7399、Ch/U7438、Ch/U7463等，另有一件大谷收集品，属唐写本，编号LM20_1519_11_08。参看荣新江主编《吐鲁番文书总目·欧美收藏卷》（以下简称《欧美收藏卷》），武汉：武汉大学出版社，2007年，436、439、441页；《目录》，357—358页。

②《大正藏》卷二十，34页b—37页c；《祐录》卷四，128页。

③参看《选粹》，136、229页。

④这3件的编号分别是：80TBI：097、80TBI：455-15、80TBI：213，其中前两件可以缀合，整理者定为高昌国时期，第三件整理者定为唐写本，但笔者观其书法，与前两件高度相似，如"菩萨"的写法，因此认为应当定为高昌国时期。图版及整理者的初步断代信息，参看《典籍》，280—281、498页。

⑤笔者根据《目录》所列编号统计，该经共有33个编号，除部分编号属于C1外，其余均属C2、C3，也就是说除部分属于高昌国末期以外，其余均属于西州至高昌回鹘时期（参看《目录》，557—558页）。另外，柏孜克里克石窟新出土的佛典中也有该经的唐写本，如80TBI：148，参看《典籍》，279、498页。

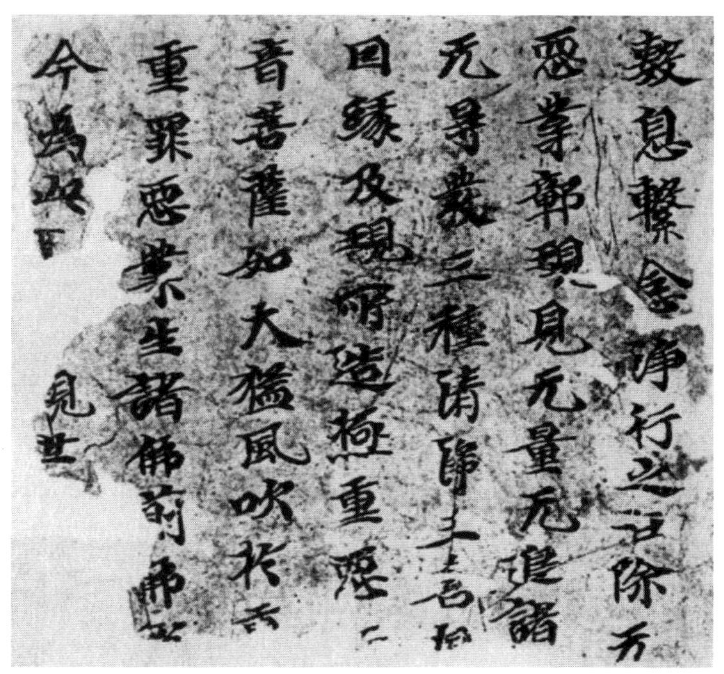

图3　旅博藏吐鲁番出土《请观世音菩萨消伏毒害陀罗尼咒经》写经残片，编号LM20_1466_32_04，麴氏高昌末期（图版采自《选粹》，136页）

> 盖闻夫真如果，大士投岩，思闻半偈之指（旨）。今正信佛弟子倩（清）信女晕台，割咸（减）资财，敬写《消伏毒经》一卷，愿读诵者发无上之心，愿法界众生，一时成佛。①

可见在当地该经又被简称为《消伏毒经》。这里的“大士”并非指观音大士，而是指释迦牟尼佛的前身，“大士投岩，思闻半偈之旨”的典故出自北本《大般涅槃经》卷十四，讲的是释迦牟尼佛前世曾为婆罗门，在雪山中修行，为闻半句偈舍身投

① 该件编号Ch5545，著录及题记录文，参看《欧美收藏卷》，324页。

岩，结果超越弥勒十二劫而先成佛的故事[①]。题记中用此典无非是想强调佛弟子一定要像释迦牟尼前世那样有正信、有正心，才能早日成佛。题记内容虽未直接涉及观音信仰，但是选择此经书写做功德，本身就体现了对观音类经典的重视。

以上两种东晋南朝观音类经典之流入高昌，固然与上述高昌与江南的佛教文化交流活动有关，但从彼时内地观音信仰的大背景看，也应与东晋南朝以来江南地区渐趋浓厚的观音信仰背景更有关系。当然也同时表明，高昌国的观音信仰与南朝的观音信仰存在一定的联系。

值得注意的是，《请观世音菩萨消伏毒害陀罗尼咒经》传入高昌不久，《请观世音菩萨消伏毒害陀罗尼三昧仪》也开始在高昌流传。此《三昧仪》属于天台宗文献，系天台国清始集，隋灌顶所编《国清百录》题作《请观音忏法》，现存传世本系北宋东山沙门遵式再治本[②]。吐鲁番出土佛典中共发现2号汉文写本，系大谷收集品，即LM20_1507_1165、LM20_1458_19_05，其年代，一件定为高昌国末期至唐，另一件定为唐[③]。这似乎表明，高昌与江南地区联系的历史惯性在南朝结束后还在延续。

第四，内地新译出的观音类经典能迅速传至高昌地区，给高昌国的观音信仰及时增加新内容。

据《历代三宝纪》，《佛说十一面观世音神咒经》系北周武帝（560—577年在位）时，耶舍崛多共阇那崛多，为大冢宰宇文护译于四天王寺[④]。此经系《陀罗尼集经》之略出，系该经第四卷“十一面观

---

①故事梗概参看《大正藏》卷十二，450页a—451页a。

②《大正藏》卷四六，968页a。

③参看《目录》，665页。

④《历代三宝纪》卷十一，《大正藏》卷四九，100页c。《历代三宝纪》称作“《十一面观世音咒经》”。

世音"一品[1]。该经强调了经中所包含的陀罗尼神咒的巨大威力和神奇功效,"此咒神力说不可尽",同时详细交代了十一面观世音的造像仪轨[2]。十一面观音属杂密类观音,是中国最早出现的密教类观音,其信仰及图像是伴随着《佛说十一面观世音神咒经》的翻译而逐渐形成和出现的。不过,直至7世纪中叶以前,由于密教在中土尚未形成气候,十一面观音信仰并没有兴盛起来。

值得注意的是,该经译出之后不久就传到了高昌地区。日本大阪四天王寺的佛典藏品中有一件出自吐鲁番的《佛说十一面观世音神咒经》汉文写经,《高昌残影》编号为第128号。四天王寺佛典藏品系出口常顺购自土耳其学者阿合买提·阿拉特,阿合买提曾在柏林从事吐鲁番文献研究,故这批藏品实属德国吐鲁番收集品。该件共存36行,内容对应于《大正藏》卷二十,151页c—152页a。藤枝晃根据纸质将其年代定为北朝晚期[3],这上距该经译出时间并未多久,而对应于高昌地区的历史,此时恰当麴氏高昌时期。不过比照当时内地的情况,十一面观音信仰在麴氏高昌恐怕并未真正流行,其在当地的真正流行是在当地历史进入西州时期以后(详后文)。

三、唐西州时期(640—792)

唐贞观十四年(640),唐太宗结束了麴氏高昌国近一个半世纪的统治,在当地建西州,高昌地区正式纳入唐帝国的版图。伴随着唐

---

①参看[明]智旭《阅藏知津》卷十四,《嘉兴藏》第32册,No.B217,45页b。

②《大正藏》卷二十,150页c。

③该件写经的图版、录文及解说,参看[日]藤枝晃编著《トルファン出土佛典の研究——高昌残影释录——》京都:法藏馆,1978年,No.128,PL.XXI D8,54、84页;著录情况又可参看陈国灿、刘安志编《吐鲁番文书总目·日本收藏卷》(以下简称《日本收藏卷》),武汉:武汉大学出版社,2005年,579页;《目录》,560页,编号18847。

朝的各种制度在当地的推进，唐朝的宗教文化如佛教、道教等，也随之而来，因此我们能感觉到，历史进入西州时期以后，当地的观音信仰的发展几乎与内地是同步的。检视吐鲁番出土佛典中的唐写本，可以发现，一方面，上文提到的这些流行于高昌国时期的观音类经典或与观音信仰关系密切的经典在西州时期继续流行①，另一方面，内地新译的观音类经典（甚至包括仪轨）通常很快就能在西州地区流通起来，这些经典及仪轨包括《千眼千臂观世音菩萨神咒经》、《千手千眼观世音菩萨广大圆满无碍大悲心陀罗尼经》、《千手千眼观世音菩萨姥陀罗尼身经》、《观世音菩萨秘密藏如意轮陀罗尼神咒经》、《观世音如意心轮最胜秘密无碍陀罗尼别行》、《观自在菩萨如意轮念诵仪轨》、《十一面神咒心经》、《不空羂索神变真言经》、《不空羂索神咒心经》等。

《千眼千臂观世音菩萨神咒经》（《大正藏》卷二十，No.1057），二卷，唐总持寺沙门智通共梵僧译于贞观年间（627—649）②，《开元释教录》（以下简称《开元录》）首次著录③。吐鲁番出土的该经写本《目录》共著录13号，遗漏1号，年代跨度为西州至高昌回鹘时期④。另外，大谷4442号也是一件极度残缺的唐写本佛教文献，第3行尚存“千眼千臂”四字⑤，笔者推测，这件极度残缺的佛教文献很可能也是《千眼千臂观世音菩萨陀罗尼神咒经》。

---

① 如前所述《观世音菩萨受记经》、《请观世音菩萨消伏毒害陀罗尼咒经》高昌国之后仍流行，兹不赘；而西州时期《妙法莲华经》更为流行，前文统计的5000多号写经中，西州时期的占绝大多数；《佛说十一面观世音神咒经》西州时期也仍在流行，《目录》所收该经编号中至少有4件属于C2，即西州时期的写本，参看《目录》，560页。

② 译出年代，参看智通《千眼千臂观世音菩萨陀罗尼神咒经序》，《大正藏》卷二十，83页b—83页c。

③《开元录》卷八，《大正藏》卷五五，562页b。

④ 参看《目录》，558—559页。遗漏的1号编号为Ch/U6866b，参看《欧美收藏卷》，398页。

⑤［日］小田义久编《大谷文书集成》贰，255页及图版76。“臂”字系笔者根据残笔划补录。

《千手千眼观世音菩萨广大圆满无碍大悲心陀罗尼经》(《大正藏》卷二十，No.1060),一卷,唐天竺沙门伽梵达摩译于高宗永徽年间(650—655),《开元录》首次著录[①],从国内现存最早的纪年千手千眼观音造像遗存看,此经很可能译于唐高宗时期[②]。吐鲁番出土的该经写本,笔者根据《目录》著录信息统计,共18号,年代跨度为西州至高昌回鹘时期[③]。

《千手千眼观世音菩萨姥陀罗尼身经》(《大正藏》卷二十，No.1058),一卷,唐景龙三年(709)天竺三藏菩提流志译于西崇福寺,与上述智通译《千眼千臂观世音菩萨神咒经》为同本异译,《开元录》首次著录[④]。《目录》著录2号,即MS04442、LM20_1454_09_10,但有误，MS04442实即上文提及的大谷4442号,当是《千眼千臂观世音菩萨陀罗尼神咒经》,因此《目录》著录的真正此经的编号只有1号,即LM20_1454_09_10,属于高昌回鹘时期[⑤]。可见此经在当地并不太流行,这大概是因为智通译本更为流行的缘故。

《观世音菩萨秘密藏如意轮陀罗尼神咒经》(《大正藏》卷二十，No. 1082),一卷,唐于阗国三藏实叉难陀译于武周时期[⑥],元王古《大藏圣教法宝标目》卷四首次著录[⑦]。《目录》著录2号,即Ch0541r、

---

①《开元录》卷八,《大正藏》卷五五,562页b。

②迄今所见国内最早的纪年千手千眼观音造像是1986年河北省新城县南方中村小学出土的一尊白石千手千眼观音立像,造于武周证圣元年(695),参看刘建华《唐代证圣元年石雕千手千眼大悲菩萨石雕立像》,载重庆大足石刻艺术博物馆编《2005年重庆大足石刻国际学术研讨会论文集》,北京:文物出版社,2007年,469—476页。

③参看《目录》,559—560页。

④《开元录》卷九,《大正藏》卷五五,569页b;彭金章《千眼照见　千手护持——敦煌密教经变研究之三》,《敦煌研究》1996年第1期,12页。

⑤参看《目录》,559页。

⑥实叉难陀的译经活动主要集中于武周时期,参看[宋]赞宁著,范祥雍点校《宋高僧传》卷二《唐洛京大遍空寺实叉难陀传》,北京:中华书局,1993年,31—32页。

⑦《乾隆大藏经》第143册,579页a。

Ch0441r,均属于唐写本[1]。

《观世音如意心轮最胜秘密无碍陀罗尼别行》,历代大藏及经录均未见收录著录,吐鲁番出土汉文佛典中发现1号,即Ch3095v,吐峪沟出土,题马鸣菩萨造译,其正面为道经《太上洞玄灵宝升玄内教经》卷七,为唐初写本,该经抄写年代在道经之后[2]。从该经未见历代大藏及经录(包括日本入唐求法目录)收录著录以及造译题名综合来看,该经殊为可疑。按密教确有陀罗尼别行法,如不空译有《北方毗沙门多闻宝藏天王神妙陀罗尼别行仪轨》(《大正藏》卷二一,No.1250),日本元庆九年(885)沙门安然所集《诸阿阇梨真言密教部类总录》卷上著录有《佛顶尊胜陀罗尼别行法》一卷(《大正藏》卷五五,No.2176),因此笔者怀疑该件属于密教陀罗尼别行法疑伪经类,若然,则其属于极为罕见的与密教观音信仰相关的疑伪经。如果这一判断不误,那么此件是迄今所见最早的密教色彩的观音疑伪经,这类疑伪经到明代还有造作[3]。

《观自在菩萨如意轮念诵仪轨》(《大正藏》卷二十,No.1085),一卷,唐大兴善寺沙门不空译,《日本国承和五年(848)入唐求法目录》(《大正藏》卷五五,No.2165)等数个日本入唐求法目录著录。吐鲁番出土佛典中发现1号该经的汉—婆罗谜文双语写经,系德国收集品,编号MIK III 84,交河故城出土,双面书写[4]。

《十一面神咒心经》(《大正藏》卷二十,No.1071),一卷,唐高宗显庆元年(656)玄奘译于大慈恩寺,《大唐内典录》最早著录[5],

---

① 参看《目录》,561页。

② 著录情况参看《欧美收藏卷》,250—251页。

③ 如明代人造的《白衣大悲五印心陀罗尼经》,参看于君方《"伪经"与观音信仰》,《中华佛学学报》第8期,1995年,121—123页;拙稿《白衣观音与送子观音》,原载《唐研究》第十八卷,2012年,收入拙著《观音与神僧——中古宗教艺术与西域史论》,334页。

④ 著录情况参看《欧美收藏卷》,页776。

⑤ [唐]道宣《大唐内典录》卷五,《大正藏》卷五五,282页b。

该经是《十一面观世音神咒经》的同本异译[①]。吐鲁番出土佛典中共发现3号该经的汉文写经，系大谷收集品，即LM20_1460_06_11、LM20_1450_30_22、MS07197，为唐至高昌回鹘时期写本[②]。

《不空羂索神变真言经》(《大正藏》卷二十，No.1092)，三十卷，唐中宗景龙三年(709)天竺三藏菩提流志译于西崇福寺，《开元录》最早著录[③]。此经主要宣扬不空羂索观世音菩萨崇拜和《不空羂索心王陀罗尼真言》的威力。吐鲁番出土佛典发现3号该经的汉文文本，其中2号为印本，1号为写本，即LM20_1520_03_05[④]，属唐西州时期。

《不空羂索神咒心经》(《大正藏》卷二十，No.1094)，一名《不空羂索神咒经》，一卷，玄奘译于唐贞观年间，与隋阇那崛多所出《不空羂索观世音心咒经》同本，《大唐内典录》最早著录[⑤]。吐鲁番出土佛典共发现4号该经的汉文写本，均为唐西州时期[⑥]。

通过以上简要梳理不难看出，较之高昌国时期，内地新出观音类经典流向西州的速度明显加快，无疑加速了唐代观音信仰在当地的普及，因而当地观音信仰的内涵也必将伴随着内地新出观音类经典的到来而与内地保持高度一致。同时也不难看出，流入西州的内地新出观音类经典全部属于密教类经典，甚至可能包括密教类观音疑伪经，那么显然，密教类观音信仰的全面跟进是高昌地区观音信仰的重大发展，也是西州观音信仰需要关注的变化之一。

依理度之，西州的观音造型艺术也应该与内地是同步的，即西州一定新出现了千手千眼观音、十一面观音等密教观音造像，但遗憾

---

①《开元录》卷七，《大正藏》卷五五，545页a。
②参看《目录》，560页。
③《大正藏》卷五五，569页b。
④参看《目录》，561页。
⑤《大正藏》卷五五，291页c、318页b。
⑥参看《目录》，561页。

的是，我们迄今尚未发现西州时期千手千眼观音的造像遗存。所幸尚存一件西州时期的十一面观音造像，可视为十一面观音信仰在当地真正兴起的证明。德国吐鲁番探险队在吐峪沟曾获得一尊十一面观音木雕像，从造像风格看，属唐代无疑（图4），其身体呈直立状和头顶的十个面分三层迭垒的做法与长安光宅寺七宝台武周时期的十一面观音石雕颇有几分相似（图5），但体态已无七宝台造像的丰腴，且身体也较七宝台造像僵硬，因此其年代大约为中唐时期或9世纪前后。内地7世纪中叶以后密教转盛，因此随着《十一面神咒心经》的翻译，十一面观音信仰开始真正兴起。造像记显示，玄奘重译此经五年后的龙朔元年（661），即出现了十一面观音的造像[①]。从现存造像遗存看，武周时期十一面观音造像在京师已比较流行，武则天的重视可能起了一定的推动作用[②]。高昌地区出现的这件造像肯定不是当地最早的十一面观音造像，最早的造像应与内地开始流行的时间相去不会太远。

综合以上对相关经典的梳理，不难看出，西州既流行显教的圣观音信仰，也流行密教类观音信仰，包括十一面观音信仰和千手千眼观音信仰等，而它们均来自中原内地唐朝的观音信仰系统。

密教观音信仰在西州的兴起应与唐代密教的传入西

图4 木雕十一面观音像，德国吐鲁番探险队所获，吐峪沟出土，编号MIK III 7204，9世纪（采自京都国立博物馆等编《ドイツ・トゥルファン探险队西域美术展》，图版154）

---

①造像题记参看［日］大村西崖《支那美术史雕塑篇》，东京：国书刊行会，1915年，430页。

②史载针对对契丹的军事失利，武则天曾委托高僧法藏入内廷设十一面观音道场，为国祈福，结果突厥出兵败契丹，武则天大喜，遂改年号为"神功"。参看颜娟英《唐长安七宝台石刻的再省思》，载《远望集——陕西省考古研究所华诞四十周年纪念文集》，西安：陕西人民美术出版社，1998年，833页。

州密切相关，而吐鲁番文书中也留下了唐代密教在西州传播的痕迹。大谷4444号唐写本佛教文献残片，仅余十余字，整理者称为“佛书断片”[①]，但经笔者比定，实为唐永淳二年（683）佛陀波利所译《佛顶尊胜陀罗尼经》的唐写本残片。这件写本在当地并非孤例，近年在交河故城佛寺遗址再次发现了佛陀波利译《佛顶尊胜陀罗尼经》的唐写本[②]。此经汉译本多达8个，均为唐代译本，但以佛陀波利译本最为通行，流传最广[③]。佛陀波利译本在吐鲁番的发现，再次证明此译本流传之广，也可见唐密传入西州之迅速，同时也再次显示西州的佛教与唐朝的佛教若合符节。笔者根据《目录》、《典籍》、《选粹》等著录的信息，初步统计出吐鲁番出土的唐写本佛典中密教类经典近60种[④]，既包括胎藏部文献，也包括杂咒部文献，且绝大部分为初盛唐时期新译密典，唐密在西州的流行情况可见一斑。

图5 唐长安光宅寺七宝台石雕十一面观音像之一，现藏美国弗利尔美术馆，武周长安年间（701—704）

西州时期，内地流行的佛教经变画也开始传入高昌地区，虽然图像数据难觅，但吐鲁番文书中仍留下了蛛丝马迹。吐鲁番阿斯塔那29号墓出土的咸亨三年（672）《新妇为阿公录在生功德疏》中，所录阿公在生所修功德包括“于安西悲田寺佛堂南壁，众人出八十疋帛练，画维摩、文殊等菩萨变一捕（铺）”[⑤]。这里所谓的“维摩、文

①《大谷文书集成》贰，256页及图版76。

②荣新江、李肖、孟宪实主编《新获吐鲁番出土文献》下册，北京：中华书局，2008年，241页。

③参看刘淑芬《灭罪与度亡：佛顶尊胜陀罗尼经幢之研究》，上海：上海古籍出版社，2008年，12页。

④参看《目录》，560—586页；《典籍》，496—498页；《选粹》，229、233页。

⑤《吐鲁番出土文书》（图录本）第三册，335页，编号64TAM29：44。

殊等菩萨变”应是指《维摩变》。这里的“安西”当然是指唐安西都护府所在地龟兹，由此可知当时的龟兹有一座叫“悲田寺”的汉化佛寺，这可能是龟兹地区出现的最早的汉化佛寺，时间约当唐高宗时期，该寺佛堂南壁有这位阿公参与布施绘制的彼时内地流行的经变画《维摩变》。虽然墓主人阿公生前参与布施绘画的地点不在西州，但我们有理由相信此时经变画也已在西州流行，否则阿公何以知之？

值得注意的是，在西州经变画绘制风气的影响下，当地也开始出现根据《观世音经》（即《妙法莲华经·观世音菩萨普门品》）绘制的《观音经变相》。德国柏林印度艺术博物馆即收藏有一件吐峪沟出土的有汉语榜题的《观音经变相》残丝绸幡画，编号MIK III 6588①。这件幡画的图像部分虽然已经残失，但在其中间位置残留有数行与绘画主题相关的墨书题记，包括“有持是观世音菩萨”、“误入大火不能”、“烧由是菩萨威神力”、“若为大水所漂”、“名号即得□处”等残字句②。这是《观世音菩萨普门品》即《观世音经》的内容，由此可知，这幅幡画是根据《观世音经》的情节绘制的，可视为《观音经变相》。高昌回鹘时期，密教类《观音经变相》十分流行，其基础，当然是唐西州时期打下的。

西州时期，内地流入的观音类疑伪经更为流行，兹以《观世音三昧经》和《高王观世音经》为例略加说明。

《观世音三昧经》，又名《观音三昧经》，《众经目录》最早著录，列

---

① 著录情况参看 Ch. Bhattacharya-Haesner, *Central Asian Temple Banners in the Turfan Collection of the Museum für Indische Kunst, Berlin. Painted Textiles from the Northern Silk Route*, Berlin: Dietrich Reimer Verlag, 2003, pp. 175-176, No. 178;《欧美收藏卷》，794页。此英文文献由荣新江先生提供，谨致谢忱。

② 解题和录文参看 Rong Xinjiang, “Chinese Inscriptions on the Turfan Textiles in the Museum of Indian Art, Berlin”, *Appendix II to Central Asian Temple Banners in the Turfan Collection of the Museum für Indische Kunst, Berlin. Painted Textiles from the Northern Silk Route*, pp. 475-476.

为“疑伪”部分[①]，又智顗（538—597）《法华玄义》已引此经，则此经约形成于6世纪中期以前。此经中，佛陀声称自己尚为菩萨时就常见过去佛读诵此经，自己成佛后，亦复读诵，未曾休息，且说“我今成佛，良由此经”；且声称此经“正是良药，救人苦难，拔除烦恼，千劫万劫不堕恶趣……得闻必离恶道”云云[②]。既然此经是佛陀成佛之所由、得闻必离恶道，那么此经对普通信众的吸引力是可以想见的。该经现存完整的日本古写经2件，敦煌写本有5个编号，而旅顺博物馆藏出自吐鲁番的写本则有16个编号（LM20_1517_198、LM20_1454_10_06等），可见该经在高昌地区颇为流行[③]。从目前敦煌吐鲁番两地发现的该经写本看，主要为唐写本。

大阪四天王寺藏出口常顺收集品中有一件有关观音的疑伪经，即《观世音折刀除罪经》[④]。该经与另一疑伪经《宝车菩萨经》合抄为一卷，唐写本，牧田谛亮推定其年代为8世纪左右[⑤]。经比对，该件写经内容与《佛说高王观世音经》（《大正藏》卷85，No.2898）大同小异，因此可以确定《观世音折刀除罪经》是《佛说高王观世音经》的异名[⑥]。

一般认为《高王观世音经》造于北齐时期，该经现存最早的文本见于一通现藏美国旧金山亚洲艺术博物馆的北齐造像碑的下部；这部经有若干异名，除了上述异名外，还有《佛说观世音经》、《大王观世

---

① 《众经目录》卷一《五分疑伪》：“《观世音三昧经》一卷。”《大正藏》卷五五，172页b。

② CBETA电子文献《国家图书馆善本佛典》第11册，No.8817，页2a。CBETA据敦煌本录入。

③ 曹凌《中国佛教疑伪经综录》，上海：上海古籍出版社，2011年，132—135页；荣新江《旅顺博物馆藏新疆出土佛典的学术价值》，载王振芬、荣新江主编《丝绸之路与新疆出土文献——旅顺博物馆百年纪念国际学术研讨会论文集》，北京：中华书局，2019年，31页。

④ 该件写经的图版、录文及解说，参看前揭［日］藤枝晃编著《トルファン出土佛典の研究——高昌残影释录》，No.232，PL.XLII C16，131—132、157—158页；著录情况又可参看《日本收藏卷》，583页。

⑤ ［日］牧田谛亮《六朝古逸观世音应验记の研究》，京都：平乐寺书店，1970年，161—166页。

⑥ ［日］藤枝晃前揭书，132—133、157—158页。

音经》、《救生观世音经》、《小观世音经》等[①]。不过，直到初唐时期，佛教经录和其他佛教文献才提到它，《大唐内典录》称其为《救生观世音经》[②]，《法苑珠林》称其为《高王观世音经》[③]。

《大周刊定众经目录》卷十五著录有伪经"《折刀经》一卷"[④]，又《开元录》卷二十著录"《高王观世音经》一卷"，后注云"或云《折刀经》"[⑤]。现由吐鲁番写本的提示可知，上述经录中的《折刀经》当即《观世音折刀除罪经》的简称。《大周刊定众经目录》是《观世音折刀除罪经》的最早著录，而《大唐内典录》又未见著录，则约可推知《观世音折刀除罪经》这一异名出现于7世纪后半期，8世纪左右即出现在西州地区，其流传速度之快可见一斑。

顺带一提的是，吐鲁番出土的汉文佛典中，跟观音有关的典籍还有作为一种《观世音经》注疏的唐写本《观世音经赞》。该写本的若干残片最近由"旅顺博物馆藏新疆出土汉文文献整理与研究"项目组从该馆藏吐鲁番出土佛典中首次检出，共39号，属同一写本，但不能直接缀合[⑥]。《观世音经赞》属于北宗禅的重要典籍[⑦]，但尽管如此，考虑到它归根结底还是可以归入《观世音经》注疏类文献，因此以理度之，它客观上应该可以助力当地观音信仰的发展。

以观音菩萨命名的寺院的出现是西州时期观音信仰取得重大发展的重要标志，因为这在高昌地区属于首次。在阿斯塔那206号墓

---

①参看Chünfang Yü, *Kuan-yin: The Chinese Transformation of Avalokiteśvara*, pp.110–111.

②《大唐内典录》卷十，《大正藏》卷五五，339页a。

③［唐］道世《法苑珠林》卷一四，《大正藏》卷五三，389页c。

④《大正藏》卷五五，474页b。

⑤《大正藏》卷五五，699页c。

⑥参看严世伟《新见旅顺博物馆藏〈观世音经赞〉复原研究》，载王振芬、荣新江主编《丝绸之路与新疆出土文献——旅顺博物馆百年纪念国际学术研讨会论文集》，304—332页。

⑦参看［日］伊吹敦《北宗禅の新资料——金刚藏菩萨撰とされる〈观世音经赞〉と〈金刚般若经注〉について》，《禅文化研究所纪要》第17号，1991年，183—212页。转引自荣新江《旅顺博物馆藏新疆出土佛典的学术价值》，35页。

出土的一件唐《质库帐历(?)》中出现了“观音寺”字样[①],应是西州时期新出现的寺院,因为根据笔者对高昌国寺院的全面统计,没有发现观音寺寺名[②]。不难想象,这座寺院供奉的主尊应是观音菩萨。该墓出土的纪年文书下限为武周光宅元年(684),可以作为该寺建造年代下限的参考。

窥诸内地的情形可以看到,唐以前罕闻观音寺寺名,唐以后这样的寺名逐渐多了起来,这当然与唐以后观音信仰的进一步升温有关。有的是旧寺改名,如长安新昌坊的隋代废寺灵感寺,龙朔二年(662)新城公主奏立为观音寺[③];有的是新建,如大名府府城内有唐元和二年(807)立的《观音寺碑》(《宝刻丛编》卷六)。受唐朝的影响,日本也出现了观音寺(圆仁《入唐求法巡礼行记》卷四)。由此可见,西州出现观音寺并非偶然,与其时内地新出现的建观音寺、以观音为寺名的风气息息相关。

唐代的观音信仰与地藏信仰出现了整合的趋势,这在造像方面往往表现为观音地藏同造[④]。值得注意的是,这一趋势在西州也有所反映。大谷2917号《佛像经典修造文》为西州时期文书,系某人造像、写经的功德记录,第1行记作“观世音菩萨一,地藏菩萨一”[⑤],这似乎暗示观音菩萨像与地藏菩萨像同造。果如此,则表明西州完全因袭了唐代的观音、地藏同造同拜的信仰传统。

按唐代西州地藏信仰的流行得到了经典和图像资料的印证。经典方面,吐鲁番出土的唐写本佛典中,《地藏菩萨本愿经》、《大乘大集

---

①唐长孺主编《吐鲁番出土文书》(图录本)贰,北京:文物出版社,1994年,330页,编号73TAM206:42/10-8。

②参看拙稿《从高昌到西州——中古吐鲁番佛教寺院社会功能的转变》,4—13页。

③[宋]王溥《唐会要》卷四八《议释教下》,上海:上海古籍出版社,1991年,990页。

④姚崇新、于君方《观音与地藏——唐代佛教造像中的一种特殊组合》,《艺术史研究》第十辑,广州:中山大学出版社,2008年,467—506页。

⑤[明]小田义久编《大谷文书集成》壹,京都:法藏馆,1984年,136页及图版111。

地藏十轮经》并不鲜见[①]，这两种是地藏信仰的基本经典，在唐代十分流行；图像方面，德国吐鲁番探险队在高昌故城曾获得一尊僧人形象的微型木雕像，通高只有11.2厘米，高浮雕，光头，脑后有桃形头光，面相丰圆，着交领袈裟，青年沙门形，舒相坐于舟形龛中，左脚踏带梗覆莲足踏，左手当胸托宝珠。木龛原有盖，已失，但固定龛盖的金属合叶尚存(图6)。以往或将这身雕像识作僧人或罗汉[②]，其实是错误的，该尊雕像应是地藏菩萨。按青年沙门形、舒相坐、手托宝珠是沙门形地藏的基本造型特征，如果同时考虑其丰圆的面相，则可以认为这是盛唐时期地藏菩萨的典型样式(图7)，因而笔者倾向其年代为8世纪，而通常将其年代定为9世纪。这种微型且带盖的木龛应是一种便携式佛龛，是信徒用来随身携带的圣像，西州地藏信仰的流行程度可见一斑。事实上，结合当时观音地藏同祀同拜的背景考虑，信徒也完全可以按同样的规格、同样的外形结构雕一尊观音像，与地藏像一起随身携带，达到观音地藏同祀同拜的目的，只是今天同样的观音像已无缘得见。

图6 木雕地藏菩萨像，德国吐鲁番探险队所获，高昌故城出土，编号MIK III 4722，8世纪（采自京都国立博物馆等编《ドイツ・トゥルファン探险队西域美术展》，图版133）

图7 鎏金地藏菩萨像，故宫博物院藏，7世纪后期—8世纪前期（采自张总《地藏信仰研究》，黑白图版13）

① 检视《目录》著录情况，《地藏菩萨本愿经》2号、《大乘大集地藏十轮经》21号，均为唐写本，参看《目录》，472—473页。

② 参看京都国立博物馆等编《ドイツ・トゥルファン探险队西域美术展》，东京：朝日新闻社，1991年，191页，图版133说明文字。

四、结论

在汉地观音信仰传入之前，西域地区的观音信仰并没有形成“面”的规模。由于特殊的地理位置以及较好的汉文化基础，高昌成为汉地佛教与佛教艺术回传西域的第一站。汉地观音信仰始传高昌约在5世纪前期，经过高昌国特别是麴氏高昌国的发展，打下了一定的基础。高昌国时期的观音信仰兼有南朝、北朝观音信仰的特点。历史进入唐西州以后，当地的观音信仰逐渐转盛，主要表现在内地新译观音类经典（特别是新译密教类观音经典）的实时传入、西州观音信仰内涵与内地观音信仰出现的新变化与新发展（如密教观音信仰、观音地藏共同崇拜等）的高度趋同、西州观音造型艺术与内地的高度趋同，以及当地首次出现以观音命名的寺院等。另外，从唐朝中后期开始，中国本土类型的观音开始形成，如水月观音、白衣观音等，虽然目前我们没有证据证明这些新兴本土观音信仰及其造型艺术是否传入了西州，但上述观音的高昌回鹘时期的图像遗存似可作为间接证据。

如果从纵、横两个视角观察，能更加清晰地看出高昌地区汉地观音信仰在西域、中亚地区汉地观音信仰的传播中扮演的角色：

从横的视角看，扮演了前码头的角色。放眼西域其他地区甚至中亚北部地区，唐代以后，均能发现汉地观音信仰和观音造型艺术流行的踪迹，库车库木吐喇汉风洞窟和阿艾石窟中的唐式圣观音壁画、库车库姆阿里克佛寺遗址出土的唐式木雕观音像、丝路南道和丝路北道唐人所造观音疑伪经《观世音菩萨劝禳灾经》的流行、和田达玛沟佛寺遗址出土的唐式千手千眼观音壁画、和田地区发现的唐式圣观音鎏金青铜像，以及楚河流域诺瓦巴克诺夫哇遗址出土的唐式圣观音鎏金青铜像等，都是实物证据[①]。诚然，不排除上述地区流行的汉式观音信仰及汉式观音图像艺术以及相关经典直接来自内地的可能性，但我们仍然不能忽视高昌地区的中介和桥梁作用，因为有两点不容置疑：其一，从整个西域地区汉译佛典的发现情况看，高昌地区无疑是西域地区汉译观音类佛典最为集中的地区，因此西域其他地区乃至中亚地区对高昌地区相关经典的依赖可以想见；其二，高昌地区是西域地区汉地观音信仰最早流行的区域，且自传入伊始未曾中断，而从上举西域其他地区以及中亚地区的遗迹遗物的年代，并结合这些地区汉化佛寺建立的年代来看，这些地区汉地观音信仰及汉地观音图像艺术的流行兴起于长寿元年（692）唐破吐蕃、克复四镇之后，流行期主要集中于武周至开元年间[②]，因此高昌地区流行的汉地观音信仰在整个西域地区乃至中亚地区扮演了先导角色。

从纵的角度看，高昌地区早期的观音信仰为高昌回鹘的观音信仰打下了坚实的基础。西州时代结束后，回鹘全面继承了唐西州的佛教文化遗产。北宋太平兴国年间王延德出使高昌回鹘时，时高昌有“佛寺五十余区，皆唐朝所赐额。寺中有《大藏经》、《唐韵》、《玉篇》、《经音》等……有敕书楼，藏唐太宗、明皇御札诏敕，缄锁甚谨”[③]。此记载反映了高昌回鹘对唐代西州佛教和唐代西州寺院体系的全面继承，这当然也包括了西州的观音信仰。吐鲁番出土的回鹘文佛典表

---

①对上述材料的梳理，参看拙稿《和田达玛沟佛寺遗址出土千手千眼观音壁画的初步考察——兼与敦煌的比较》，75—111页；拙稿《从西域到中亚——汉地佛教艺术的西渐》，见本书。

②关于西域汉化佛寺的详细情况，参看荣新江《唐代西域的汉化佛寺系统》，原载新疆龟兹学会编《龟兹文化研究》第1辑，2005年，收入氏著《丝绸之路与东西文化交流》。北京：北京大学出版社，2015年，154—160页。龟兹地区的汉化佛寺最早可能出现于唐高宗时期，如前文提到的悲田寺，但更多则出现于武周至开元时期。

③《宋史》卷四九〇《外国传·高昌传》，北京：中华书局，1985年，14112页。另可参看，［宋］王明清《挥麈录·前录》卷四所收王延德《使高昌记》，上海：上海书店出版社，2001年，30页。

明，回鹘人使用的观音类经典，直接译自西州汉文佛典，如回鹘文《妙法莲华经·观世音菩萨普门品》（《观世音经》）、《观世音菩萨秘密藏如意轮神咒经》、《千眼千臂观世音菩萨神咒经》、《千手千眼观世音菩萨广大圆满无碍大悲心陀罗尼经》等等[①]。吐鲁番地区高昌回鹘时期的佛教造像遗存还表明，高昌回鹘也全面继承了唐西州时期的佛教艺术，就高昌回鹘时期的观音图像艺术而言，同样如此。迹象表明，无论是造像题材还是造像艺术，高昌回鹘王国前期的观音信仰都直接继承自唐西州，包括圣观音及其图像、密教类观音（如十一面观音、千手千眼观音等）及其图像、密教观音曼陀罗[②]、中国本土创造的观音类型（水月观音、白衣观音等）及其图像[③]等。已有学者对高昌回鹘时期的观音图像数据进行了初步梳理，可以参看[④]。

（本文原载《敦煌学》第36期《张广达先生九秩华诞颂寿特刊》，2020年）

---

①以上诸佛典的著录情况，参看《欧美收藏卷》，706—707、710、812、931—932、938页。一件收藏于德国国家图书馆的出自高昌故城的回鹘文《千手千眼观世音菩萨广大圆满无碍大悲心陀罗尼经》（编号Mainz 231）写经题记直接证实了回鹘文佛典译自汉文。题记云："时幸福的、伟大的桃花石国中有名叫……寺中的洞彻三藏的名叫……的大法师从印度语译为桃花石语。又受赞颂的十姓回鹘后学别失八里人胜光法师再由桃花石语译为突厥语，名之曰《千手千眼观世音菩萨……［经］》第三品终。"（题记参看《欧美收藏卷》，707页）这里所说的"桃花石国"即中国，"桃花石语"即汉语。

②如MIK III 8559a《观音曼陀罗回鹘文题记》，参看《欧美收藏卷》，800页。

③如MIK III 6833《水月观音像回鹘文题记》，参看《欧美收藏卷》，795页。

④参看陈爱峰《高昌回鹘时期吐鲁番观音图像研究》，上海：上海古籍出版社，2020年。

送子观音信仰在西域的初传
——以高昌回鹘佛教文献与图像资料为中心

学界对回鹘佛教文献的整理与研究，已走过百多年的历程，因此已取得较多成果①，但基于信仰内涵的回鹘佛教研究，以及将文献与图像资料相结合来研究回鹘佛教，还有很大的拓展空间。迹象表明，汉地佛教特有的送子观音信仰及其图像在西域的初传是从高昌回鹘开始的。讨论回鹘的送子观音信仰，当然首先需要关注回鹘的观音信仰，因为观音信仰是送子观音信仰的基础。西方学者很早就整理过回鹘文佛典中与观世音菩萨有关的文献②，我国学者也对相关文献

① 对回鹘佛教文献的整理与研究，百年来，拉德洛夫（W. Radloff，最早刊布俄藏回鹘文书的学者）、马洛夫（С. Е. Малов）、缪勒（F. W. K. Müller）、葛玛丽（A. von Gabain）、百济康义、羽田亨、小田寿典、耿世民、庄垣内正弘、皮特·茨默（P. Zieme）、特肯（Ş Tekin）、拉施曼（S. -Ch. Raschmann）、维尔金斯（J. Wilkens）、劳特（J. P. Laut）、毛埃（D. Maue）、牛汝极、张铁山、李经纬等中外学者咸有贡献（参看杨富学《西域敦煌回鹘佛教文献研究百年回顾》，《敦煌研究》2001年第3期，161—171页；同作者《新世纪初欧洲学术界对回鹘佛教文献的研究》，氏著《唐宋回鹘史研究》第二十八章，北京：科学出版社，2022年，356—366页）。而对回鹘佛教的研究，孟凡人先生是国内较早措意者（参看氏著《略论高昌回鹘的佛教》，《新疆社会科学》1982年第1期，58—73页），目前国内学者以杨富学先生用力最勤，除其前揭成果外，尚有《佛教在回鹘中的传播》（郑阿财主编《庆祝潘石禅先生九秩华诞敦煌学特刊》，台北：文津出版社，1996年，325—351页）、《回鹘之佛教》（乌鲁木齐：新疆人民出版社，1998年）等。

② W. Radloff, *Kuan-ši-im Pusar. Ein türkische Übersetzung des XXV. Kaptitels der Chinsischen Ausgabe des Saddharmapundariīka*, *Bibliotheca Buddhica XIV*, St. Petersburg, 1911; Ş. Tekin, *Uygurca Metinler*, *I: Kuanši in Pusar* (ses Işiten Ilâh), Erzurum, 1960. 转引自杨富学《回鹘文佛教文献研究》，上海：上海古籍出版社，2018年，217页。

作过进一步的整理[①]，但从信仰的角度利用相关文献或图像资料研究回鹘观音信仰者不多。台湾学者潘亮文先生在讨论白衣观音时注意到了高昌回鹘的送子观音图像[②]；杨富学先生是较早措意回鹘观音信仰的学者，其在《回鹘观音信仰考》一文中，曾提及一件出自吐鲁番木头沟的高昌回鹘时期的送子观音像[③]；笔者在讨论白衣观音与送子观音的关系时，也曾对几幅高昌回鹘时期的送子观音图像作过一些分析[④]；陈爱峰博士近期出版的专著《高昌回鹘时期吐鲁番观音图像研究》（以下简称《图像研究》）是目前所见高昌回鹘观音图像资料最全面的搜集与整理，也是学界首次对高昌佛教艺术中的回鹘观音图像进行深入的专题研究，该书对高昌回鹘时期的送子观音图像亦作了初步介绍与分析[⑤]。总体上看，目前缺乏对高昌回鹘的送子观音信仰及其图像做专门研究，是以本文尝试对高昌回鹘送子观音信仰及其图像做一专门考察，借以从微观层面观察宋与高昌回鹘之间的佛教文化交流。

---

①张铁山《回鹘文〈妙法莲华经·普门品〉校勘与研究》，《喀什师范学院学报》1990年第3期，55—68页。

②潘亮文《白衣观音像について一考察》，《佛教艺术》第231号，1997年。

③杨富学《回鹘观音信仰考》，原载《观世音菩萨与现代社会——第五届中华国际佛学会议中文论文集》，台北：法鼓文化，2007年，收入作者《回鹘文佛教文献研究》，215—230页。

④拙稿《白衣观音与送子观音——观音信仰本土化演进的个案观察》，原载《唐研究》第18卷，2012年，收入拙著《观音与神僧——中古宗教艺术与西域史论》，北京：商务印书馆，2019年，315—346页。

⑤陈爱峰《高昌回鹘时期吐鲁番观音图像研究》，上海：上海古籍出版社，2020年，39—43页。

一、出土佛典所见高昌回鹘的观音信仰及高昌回鹘送子观音信仰的图像呈现

（一）出土佛典所见高昌回鹘的观音信仰

在回鹘观音信仰兴起以前，汉地观音信仰早在5世纪前期就传入高昌，经过高昌国特别是麴氏高昌国的发展，打下了一定的基础。高昌国时期的观音信仰兼有南朝、北朝观音信仰的特点。历史进入唐西州以后，当地的观音信仰逐渐转盛，主要表现在内地新译观音类经典的实时传入、西州观音信仰内涵与内地观音信仰出现的新变化与新发展的高度趋同、西州观音造型艺术与内地的高度趋同，以及当地首次出现以观音命名的寺院等[①]。从唐朝中后期开始形成的中国本土类型的观音，如水月观音、白衣观音等，也至迟在当地历史进入高昌回鹘时期以后陆续传入。迹象表明，无论是经典、造像题材还是图像表现，高昌回鹘王国前期的观音信仰都直接继承自唐朝，包括显教圣观音及其图像、密教类观音（如十一面观音、千手千眼观音等）及其图像、密教观音曼陀罗[②]、中国本土创造的观音类型（水月观音、白衣观音等）及其图像等[③]，这构成了高昌回鹘观音信仰及其艺术的底色。在此基础上，至蒙元时期，藏传密教的观音信仰在高昌回鹘也有所传播[④]，这

---

①参看拙稿《汉地观音信仰在西域的初传——以高昌地区为中心》，《敦煌学》第36期“张广达先生九秩华诞颂寿特刊”，2020年，290—308页，亦收入本书。

②如MIK III 8559a《观音曼陀罗回鹘文题记》，参看荣新江主编《吐鲁番文书总目·欧美收藏卷》，武汉：武汉大学出版社，2007年，800页。

③如MIK III 6833《水月观音像回鹘文题记》，参看《吐鲁番文书总目·欧美收藏卷》，795页。

④有藏传密教的观音经典在此时期由藏文翻译成了回鹘文，如《观世音本尊修法》、《大乘大悲南无圣观音陀罗尼聚颂经》等，参看杨富学《回鹘观音信仰考》，222—223页；王红梅《回鹘文藏密经典〈观世音本尊修法〉残卷研究》，《河西学院学报》2016年第1期，11—17页。

是这一时期藏传密教在回鹘中传播的反映①。

如所周知,《法华经》是显教观音信仰的最重要的经典。目前发现的回鹘文《法华经》写本共15件,均译自汉文,其中《观世音菩萨普门品》就有5件,占三分之一。而这5件《普门品》中4件出自吐鲁番,另一件也很可能出自吐鲁番②,可见高昌回鹘观音信仰流行之一斑。从回鹘文《观世音菩萨普门品》写本的内容和用词看,应是转译自鸠摩罗什的汉译本《妙法莲华经》③。特别是其中一件回鹘文《观世音菩萨普门品》写本有"观世音菩萨普门品第二十五"字样,而只有《妙法莲华经》将《普门品》列为第二十五品,其余《正法华经》和《添品妙法莲华经》将《普门品》分别列为第二十三品和第二十四品,由此可知这件无疑译自《妙法莲华经》④。研究表明,《妙法莲华经·普门品》曾被不同的回鹘翻译者多次译为回鹘文⑤。值得注意的是,在吐鲁番出土的高昌国至唐西州时期的《法华经》写本中,《妙法莲华经》最为流行⑥,因此高昌回鹘只是对这一传统的继承。

陈爱峰对吐鲁番出土的散藏世界各地的有关观音的经典、赞美诗、修行仪轨、发愿文、功德疏等的胡汉文本(包括汉文/回鹘文双语

①这一时期其他译自藏文的回鹘文佛典并不鲜见,如《圣救度佛母二十一种礼赞经》、《白伞盖佛母》、《佛说胜军王问经》、《文殊师利成就法》等,参看P. Zieme,"Futher Notes on the Uigur Blockprints of the Tara-Ekavimsatistotra",载黄建明等主编《首届中国少数民族古籍文献国际学术研讨会论文集》,北京:民族出版社,2012年,285—295页;A. K. Cengiz, "Two Old Uyghur Sitātapatrādhāranī Fragment from the Berlin Turfan collection", *Journal of Turkish Studies*, Vol.32, 2020, pp.71-84;杨富学《回鹘文佛教文献研究》,292—293页。

②张铁山《回鹘文〈妙法莲华经·普门品〉校勘与研究》,56页;杨富学《回鹘观音信仰考》,216—217页。

③张铁山《回鹘文〈妙法莲华经·普门品〉校勘与研究》,57页;杨富学《回鹘观音信仰考》,217—218页。

④张铁山《回鹘文〈妙法莲华经·普门品〉校勘与研究》,56页。

⑤同上注,57页。

⑥参看拙稿《汉地观音信仰在西域的初传——以高昌地区为中心》,291—295页。

文书）作过全面的梳理，并制成一览表，极便学人[1]。笔者据一览表提供的信息，对回鹘文文本中有关观音的经典及其他文献进一步统计如下：《妙法莲华经·观世音菩萨普门品》，5件；《观世音菩萨赞诗》，1件；《千手千眼观世音菩萨广大圆满无碍大悲心陀罗尼经》，8件；《千眼千臂观世音菩萨陀罗尼神咒经》，11件；《七观世音符陀罗尼》，2件；《观世音本尊修法》，4件；《观音颂》，2件；《千手千眼观世音菩萨赞歌》，3件；《圣观世音大悲心总持功能依经录》，2件；《观音赞歌》，1件；《观世音经》，1件；《七观音菩萨符陀罗尼》，2件。对汉文/回鹘文双语文书中有关观音的经典的汉文文本进一步统计如下：《千眼千臂观世音菩萨陀罗尼神咒经》，6件；《千手千眼观世音菩萨广大圆满无碍大悲心陀罗尼经》，1件；《观世音菩萨授记经》，4件；《不空羂索神变真言经》，1件；《千手千眼观世音菩萨姥陀罗尼身经》，1件。

汉文/回鹘文双语文书中的汉文应该是回鹘人书写的，因为当时将汉文经典译为回鹘文的译者主要是回鹘人[2]，所以汉文/回鹘文双语文书中用汉文书写的经典可计入回鹘观音信仰的经典之内。

从以上统计情况看，高昌回鹘不仅有显教的圣观音信仰（即以《观世音菩萨普门品》为基础的信仰），密教观音信仰（即以密教观音经典为依托的信仰）也很流行，这两类观音信仰都得到了图像的充分印证，事实上，高昌回鹘的观音图像大体可分为显、密两大类。

从经典的角度看，高昌回鹘的观音信仰对唐代的观音信仰有高度继承性，比照唐西州时期流行的汉文观音经典及仪轨不难看出这一点。唐西州时期流行的汉文观音类经典及仪轨包括《千眼千臂观世音菩萨神咒经》、《千手千眼观世音菩萨广大圆满无碍大悲心陀罗

---

① 陈爱峰《图像研究》附录一《吐鲁番出土胡汉诸本观音经典、赞美诗、发愿文、功德疏一览表》，203—210页。

② 陈爱峰《图像研究》，206—207页。

尼经》、《千手千眼观世音菩萨姥陀罗尼身经》、《观世音菩萨秘密藏如意轮陀罗尼神咒经》、《观世音如意心轮最胜秘密无碍陀罗尼别行》、《观自在菩萨如意轮念诵仪轨》、《十一面神咒心经》、《不空羂索神变真言经》、《不空羂索神咒心经》等①。两相比较不难看出，高昌回鹘的密教观音经典及仪轨基本上都出自唐西州佛典。

从以上统计还可看出，高昌回鹘不仅推重《妙法莲华经·观世音菩萨普门品》，而且还有所谓《观世音经》的流传。无独有偶，敦煌回鹘文写本中也发现了《观音经》，即在回鹘文写本《观音经相应譬喻谭》中出现了用汉字书写的“观音经”字样②。又，吐鲁番出土的编号为U4707（T III M187）的回鹘文印本残卷《观音颂》中也提到，1330年，元政府派驻云南的回鹘高级官员跃里帖木儿（Yol Tämür）之妻色拉奇（Šaraki）为保佑丈夫平安，曾出资命人印制了《观世音经》③。

笔者认为，回鹘文《观音经》或《观世音经》，并不是单独的一部有关观音信仰的经典，而只是《妙法莲华经·观世音菩萨普门品》的别称，体现了回鹘人对《普门品》的重视。当然，将《普门品》称为《观音经》也是出自内地的传统。内地早在4世纪初就有将《法华经》的《普门品》单译别行的做法，单译别行的《普门品》往往称《观音经》、《观世音经》，间或称《普门品经》，最早的称《光世音经》；也有将《普门品》从《法华经》中直接抽出，称作《观音经》单独流通的，如在鸠摩罗什译出《妙法莲华经》之后不久，由于北凉河西王沮渠蒙逊的重视，《妙法莲华经·普门品》曾单行于河西地区。以上情况，唐代僧

---

①参看拙稿《汉地观音信仰在西域的初传——以高昌地区为中心》，300—301页。

②杨富学《回鹘观音信仰考》，219页。

③同上注。

人僧祥的《法华传记》(约成书于天宝末期[①])卷一《支派别行第四》均有所载:

> 《光世音经》一卷,西晋永嘉二年(308)竺法护译;《普门品经》一卷,东晋代沙门只多蜜译;《观世音经》一卷,后秦罗什于长安逍遥园译;《观世音经》一卷,宋代安阳侯京生于高昌译。……唯有什公《普门品》,于西海而别行。所以者何? ……河西王沮渠蒙逊,归命正法,兼有疾患,以语菩萨,即云:观世音此土有缘,乃令诵念,病苦即除。因是别传一品,流通部外也。[②]

从敦煌藏经洞出土的《观世音经》和敦煌壁画、绢画中的榜题等来看,敦煌和其他地区流通的《观世音经》是鸠摩罗什的译本[③]。

北凉残余势力入据高昌,将北凉王族重视什公《普门品》的传统从河西带到了高昌地区。迹象表明,麴氏高昌时期《妙法莲华经》的《观世音菩萨普门品》已作为单独的佛经即《观世音经》或《观世音菩萨普门品经》在当地单抄单行[④]。可见高昌回鹘流行的《观音经》或《观世音经》渊源有自。

(二) 高昌回鹘送子观音信仰的图像呈现

高昌回鹘的观音信仰既然以汉地的观音信仰为底色,在其境内出现送子观音造像本不意外,但值得注意的是,目前在中原内地却罕见同时期的送子观音图像遗存。高昌地区乃至整个西域地区最早的

---

①参看徐文明《志远与〈法华传记〉的著作时代》,《正法研究》创刊号,1999年,191页。

②《大正藏》第51册,133页下。

③参看罗华庆《敦煌艺术中的〈观音普门品变〉和〈观音经变〉》,《敦煌研究》1987年第3期,49页。

④参看拙稿《汉地观音信仰在西域的初传——以高昌地区为中心》,292页。

送子观音图像出现于高昌回鹘时期，但未见有独立的送子观音图像，仅出现于观音经变主尊的两侧。高昌回鹘的送子观音图像既出现在显教观音经变中，也出现在密教观音经变中，表明高昌回鹘的送子观音信仰是跨越显、密观音信仰的存在。鉴于高昌回鹘的送子观音图像皆出现于观音经变中，应当将二者作整体观。

迄今所见，有6铺高昌回鹘时期的观音经变画中出现了送子观音，表现形式为壁画、绢麻绘画等。兹先分别观察图像，再作讨论。

图像资料一

《观音经变》绘画，吐鲁番木头沟出土，德国柏林亚洲艺术博物馆藏，编号III8559，麻本设色。画面已比较斑驳，但人物轮廓大致可辨。主尊观音菩萨居中结跏趺坐，头戴化佛冠，有髭须，呈男相。身后配正圆形身光与正圆形头光，上方绘十身禅定坐佛（最左侧一身残失），即十方佛。主尊两侧自上而下各对称绘出三身菩萨，皆面向主尊。其中右侧居中这身菩萨身着白袍，斜披红色披帛，头戴高宝冠，冠上覆白色头巾，头巾自头顶披搭于背部，呈女相，左手托一男婴，应为送子观音。画面下方正中有一方回鹘文题记，题记两侧各绘三身回鹘供养人，左侧三男，右侧三女，均已十分模糊（图1）。根据题记可知，这幅《观音经变》是一位名叫Čäčäk的回鹘公主为其亡故的父母和亲属祈福而作[①]。

图像资料二

《千手千眼观音经变》（亦称《大悲变相》）绘画，吐鲁番高昌故城出土，编号Ty-777，麻本设色，俄罗斯艾米尔塔什博物馆藏，保存完整，绘制精致。主尊千手千眼观音呈立式，居画面正中偏下方的位置，有髭须，呈男相，身后桃形背光中绘出若干正大手，正大手外呈放

①题记内容参看陈爱峰《图像研究》，186—187页。

图1 吐鲁番木头沟出土《观音经变》绘画（左）及送子观音局部放大图（右）（采自东京国立博物馆等编《ドイツ・トウルフアン探险队西域美术展》，朝日新闻社，1991年，图版108）

射状密集绘出千手千眼。足穿高昌回鹘佛教艺术中常见的凉鞋①。主尊头顶上方正中绘一身体量较大的跏趺坐佛，身后正圆背光套正圆头光。坐佛上方左右两侧和下方左右两侧对称绘出四身体量较小的跏趺坐佛，造型与居中坐佛一致。以下背光两侧自上而下对称绘出八身菩萨，皆正圆头光，多面向主尊，其中偏上方的位置为普贤菩萨（左）和文殊菩萨（右）。菩萨以下即主尊腿部以下的位置绘若干观音眷属，画面的左右下角对称绘出回鹘贵族（或王者）男女供养人形象，女左男右，皆戴回鹘冠。画面的空余处绘成排的千佛填充。值得注意的

①这种凉鞋的样式可以参看吐鲁番柏孜克里克石窟回鹘时期的洞窟中的佛本行经变画，画中的佛陀皆着凉鞋，如现藏德国柏林亚洲艺术博物馆的第9、20窟的佛本行经变画（日本学者称誓愿画）等。

图2 吐鲁番高昌故城出土《千手千眼观音经变》绘画(左)及送子观音局部放大图(右)(陈爱峰先生提供)

是,位于普贤菩萨下方的这身菩萨身着白袍,头戴宝冠,宝冠上覆白色头巾,头巾自头顶披搭于肩背部。有髭须,呈男相,但面部丰腴圆润,已非典型的男相。手托一男婴,男婴坐于莲座上。这身菩萨无疑就是送子观音(图2)。

图像资料三

柏孜克里克第41窟右侧壁《千手千眼观音经变》壁画。内容只有部分保存,根据线图依稀可辨部分内容。主尊千手千眼观音呈立式,居画面正中,跣足立于仰莲座上,面相不清,身后舟形背光中绘出若干正大手。主尊左右两侧自上而下各绘三身菩萨，皆正圆形头光，呈女相，面向主尊，其中右侧自上而下第三身菩萨左手托一婴孩，当为送子观音，呈女相，头顶似覆头巾。主尊左右两侧菩萨以下位置绘婆薮仙、功德天、二忿怒金刚以及毗那夜迦、毗那勒迦等观音眷属。画面左右两侧边缘部分以及画面的左、右上角分格画出“得十五种善生”（左侧边缘及左上角）和“不受十五种恶死”（右侧边缘及右上角）内容(图3)[①]。

图像资料四

《观音经变》幡画，吐鲁番吐峪沟出土，韩国国立博物馆藏，麻本设色，左下方部分残失。主尊观音菩萨结跏趺坐，头顶悬华盖。头戴化佛冠，有髭须，呈男相，披帛绕臂垂体侧。椭圆形背光套椭圆形身光，身光头光内缘饰一圈联珠纹。主尊两侧自上而下各对称绘出三身菩萨，左下方二身已不存。菩萨正圆头光，皆面向主尊。其中右侧中间一身着白袍，宝冠上覆白头巾，头巾自头顶披搭于肩背部，呈女相。菩萨左手托一婴孩（仅余轮廓），颔首注视着婴孩，且右手食指指着婴孩。这身菩萨应为送子观音(图4)。

图像资料五

高昌故城α寺遗址出土《千手千眼观音经变》绘画，绢本设色，原藏德国柏林亚洲艺术博物馆，现遗失。绘画的上半部分已残，主尊的头和胸部已不存，仅余胸部以下部分。主尊千手千眼观音跣足立于仰莲座上，璎珞严身，正大手已残失，身体两侧布满千手。主尊足部左侧绘功德天（女相，双手托盘），右侧绘婆薮仙。主尊座下正中为一盛满祭祀品的托盘，托盘两侧两身供养人相向而跪，男左女右。供养人身后各绘一忿怒尊，左侧忿怒尊执索持剑，足前为毗那夜迦，右

---

①参看陈爱峰《图像研究》，70页。

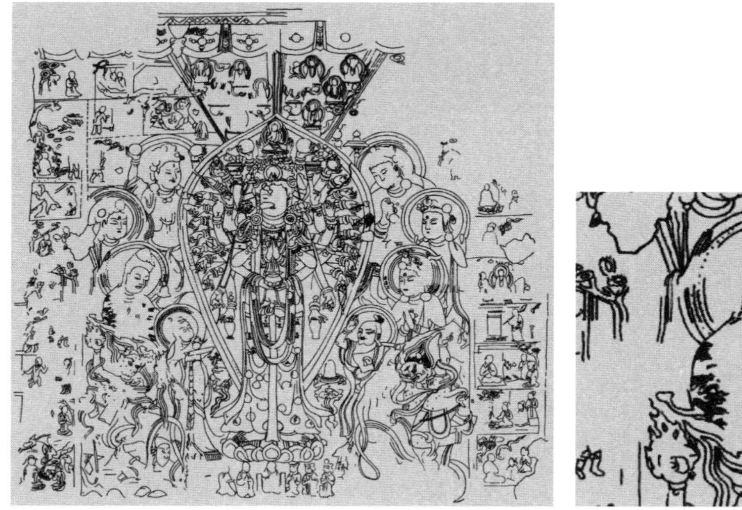

图3 吐鲁番柏孜克里克石窟第41窟右侧壁《千手千眼观音经变》线图（左）及送子观音局部放大图（右）（采自陈爱峰《图像研究》，图2-13）

图4 吐鲁番吐峪沟出土《观音经变》绘画（左）及送子观音局部放大图（右）（采自韩国国立博物馆编《韩国国立博物馆藏宗教壁画》，136页）

图5 高昌故城 α 寺遗址出土《千手千眼观音经变画》线图（左）及送子观音局部放大图（右）（采自格伦威德尔《高昌故城及其周边地区的考古工作报告（1902—1903年冬季）》，图版8）

侧忿怒尊头发上竖，足前为毗那勒迦，当为乌枢沙摩明王（火头明王）。婆薮仙右上方一身菩萨，正圆头光，头戴花宝冠，有髭须，呈男相，面向主尊，璎珞严身。菩萨左手托一朵莲花，莲花中化现出一男婴，双手当胸合十。该菩萨当为送子观音，但这身不同于其他高昌回鹘时期的送子观音，并未着白袍、覆白巾（图5）[①]。

① 格伦威德尔对这幅壁画有初步介绍，观音的眷属基本没有识读出来，送子观音也没有识读出来（参看［德］格伦威德尔著，管平译《高昌故城及其周边地区的考古工作报告（1902—1903年冬季）》，北京：文物出版社，2015年，65页）。

图像资料六

柏孜克里克石窟第29窟左侧壁所绘《六字观音经变》[①]。保存情况不佳，画面正中为主尊四臂观音，结跏趺坐于带梗仰莲座上，座下方有一水池，一龙头探出水面，莲梗自龙口中吐出。四臂观音二手当胸合十，另二手上举两侧，拇指与中指相捻。主尊藏式背光套藏式头光（其形皆如倒置的自底部向口部逐渐内收的环底杯），头顶正中化现两道毫光，毫光正中绘跏趺坐阿弥陀佛，其两侧绘观音势至二胁侍菩萨。主尊两侧自上而下各对称绘出三身菩萨，皆正圆头光，面向主尊。其中右侧居上一身为十一面观音，右侧居下一身菩萨身着白色广袖袍服，头戴高宝冠，冠上覆白色头巾，头巾自头顶披搭于背部，呈女相，面相丰腴，左手托一婴孩，应为送子观音。水池右侧立一童子，正圆头光，披帛绕臂垂体侧，仰视着主尊，双手合拢前伸，作承接状，很可能是善财童子；水池左侧亦一立像，亦正圆头光，披帛绕臂垂体侧，仰视着主尊，裸上身，右手上举，头顶绘一马头，可能是马头金刚或马头明王（图6）[②]。

高昌回鹘时期的送子观音图像遗存的基本情况大致如上，当然，这只是迄今所见，实际上可能远不止这六例[③]，高昌回鹘送子观音信仰之流行可见一斑。

从造型看，除资料五外，其余皆身着白袍、头覆白巾，因此高昌回鹘送子观音的造型可分为两个类型：A型（资料一、二、三、四、六）和B型（资料五）。A型表明，高昌回鹘的送子观音已经与白衣观音结合

---

①定名参看陈爱峰《图像研究》，179—181页。

②陈爱峰推测为马头观音（参看陈爱峰《图像研究》，179页），但从其在画面中所处的位置看，视为明王、金刚等护法一类神祇更合适。

③如柏孜克里克第14窟主尊千手千眼观音右侧下方的菩萨，现仅残存模糊的轮廓，但从其所处的位置和前倾的身姿判断，很可能是送子观音。该窟主体造像为一铺塑绘结合的千手千眼观音经变（参看陈爱峰《图像研究》，57—70页）。

图6 吐鲁番柏孜克里克石窟第29窟左侧壁所绘《六字观音经变》(左)及送子观音局部放大图(右)(采自陈爱峰《图像研究》,图1-17、6-5)

在一起。白衣观音与送子观音以及其他观音的关系问题一直困扰着学界,根据笔者的研究,白衣观音与送子观音都是中国本土创造的两种不同的观音类型,前者初创于中晚唐时期,后者的出现则早得多,至迟在公元6世纪中期已经出现。二者产生伊始本无交集,但后来送子观音在服饰上主动吸收白衣观音的白袍、白巾,约在晚唐五代时期,着白袍、戴白巾的送子观音造型开始出现,宋代开始流行,此后送子观音皆是此种造型,是故至明清时期,人们干脆将送子观音称为“白衣送子观音”[①]。因摩尼教亦着白衣，是以有学者认为，高昌回鹘送子观音着白衣是受到回鹘长期信奉的摩尼教的影响[②]，现在看来，这并非事实。高昌回鹘送子观音着白衣戴白巾的做法显然是出自中原内地的传统，与回鹘摩尼教无关。还有学者认为，资料一的送子观音可能是最早的送子观音像[③]，现在看来，这一判断也显然不正确。

如果不考虑A型送子观音的婴孩元素，其造型特征与莫高窟308、309窟中的白衣观音高度相似。唯一的差异是，A型中的送子观音尚有男相，而莫高窟这两窟中的白衣观音已完全是女相了（图7、8）。

莫高窟308、309窟的年代，据研究在公元1019至1070年间[④]，那么能不能将这两窟的年代作为高昌回鹘A型送子观音年代的参考呢？我认为可以，但不能绝对化。虽然若不考虑A型的婴孩元素，二者的造型特征高度接近，但白衣观音与送子观音结合以后，真正的白衣观音仍然独立存在，与送子观音形成平行关系[⑤]，而莫高窟308、309窟中所表现的无疑是真正的独立的白衣观音，并不是要表现送子观音，因此这里没有看到白衣观音与送子观音的结合，并不代表此时内地没有白衣观音与送子观音结合的形象出现。是以，这两窟不能作为判定高昌回鹘A型送子观音绝对年代的依据，但毕竟二者的造型特征有高度的相似性，因此可以作为高昌回鹘A型送子观音相对

①参看拙稿《白衣观音与送子观音——观音信仰本土化演进的个案观察》，原载《唐研究》第十八卷，2012年，收入拙著《观音与神僧——中古宗教艺术与西域史论》，北京：商务印书馆，2019年，315—346页。

②杨富学《回鹘观音信仰考》，227页。

③［美］葛雾莲著，杨富学译《榆林窟回鹘画像及回鹘萧氏对辽朝佛教艺术的影响》，敦煌研究院编《1994年敦煌学国际研讨会文集·石窟考古卷》，兰州：甘肃民族出版社，2000年，292页。

④参看刘玉权《关于沙州回鹘洞窟的划分》，载段文杰主编《1987年敦煌石窟研究国际讨论会文集·石窟考古编》，沈阳：辽宁美术出版社，1990年，24页。

⑤参看前揭拙稿《白衣观音与送子观音——观音信仰本土化演进的个案观察》，340页。

图7 白衣观音，敦煌莫高窟第309窟西壁，西夏（王惠民先生提供）

图8 白衣观音，敦煌莫高窟第308窟西壁，西夏（采自《中国敦煌壁画全集10·敦煌西夏元》，6页）

年代的参考。

从整体的角度看，上列高昌回鹘时期的六种观音经变，无论显密，在主要内容组合和构图形式上都有共同之处：主要内容是作为主尊的观音和六身菩萨的组合，即“观音+六菩萨”组合，其他元素在各经变中或有增减，并不固定，但该组合是这批观音经变中共同的稳定的元素，因此该组合构成了这批观音经变的主体内容①；构图形式均是主尊观音居中，主尊两

①需要说明的是，资料二中除了这六身菩萨之外，还出现了文殊菩萨与普贤菩萨，但这是个例外，并没有改变观音与六菩萨组合的表达。这只要仔细观察图像的表现差异就可明白这一点：该经变中，六菩萨的造型与图式比较整齐划一，比如皆正圆头光，只出半身等，而文殊与普贤的造型与图式相对独立，比如出全身、配坐骑、背后除了头光外，还有背光等。

侧自上而下各绘三身菩萨的形式，即“观音+六菩萨”的构图形式，这同样成为这批观音经变中共同的稳定的构图形式，有如下图（图9）。

菩萨　　观音菩萨　　菩萨
菩萨　　　　　　　　菩萨
菩萨　　　　　　　　菩萨

图9　高昌回鹘观音经变“观音+六菩萨”构图形式示意图。

若将高昌回鹘的观音经变作全面考察，就会发现“观音+六菩萨”组合及构图形式并不仅限于含有送子观音的观音经变中，至少柏孜克里克第17窟正壁观音经变、第46窟右侧壁观音经变从其造像残迹看①，亦应为此种组合与构图形式。

组合中的“六菩萨”的具体身份，除了送子观音外，还有一些也可以确认，如资料六中的十一面观音，柏孜克里克第46窟右侧壁观音经变中的六臂观音、十一面观音、如意轮观音等，暗示这六身菩萨的身份可能都与观音有关。资料一中的回鹘文题记中有“一起谦卑而又惶恐地请得了这幅拥有七位神圣的……菩萨像”一语，可惜“菩萨”前面的这个词已漫漶，

①这两铺观音经变的具体介绍，参看陈爱峰《图像研究》，188页。

陈爱峰博士请回鹘文专家试读为“观音”,那么就意味着“观音+六菩萨”组合中的“六菩萨”也都是观音菩萨,据此推定该组合为“七观音”组合[①]。这一推定有一定道理,因为根据学者对吐鲁番回鹘文书的释读,可知高昌回鹘流行七观音信仰,流行“七观音菩萨”的护身符,如U3833a背面写道:“这是七观音菩萨的护身陀罗尼……”[②] 此外,在前文所列吐鲁番出土的有关观音的回鹘文经典中有《七观世音符陀罗尼》、《七观音菩萨符陀罗尼》等。不过,为便于从构图形式上与内地比较,这里还是暂时称为“观音+六菩萨”组合。

就吐鲁番地区发现的千手千眼观音经变而言,松本荣一认为与敦煌的千手千眼观音经变在尊像的种类和排列方式上高度相似,也有许多图例相通或极为相似[③]。近期学者将高昌回鹘时期的千手千眼观音经变绘画与敦煌晚唐五代宋初的同类作品作了进一步比较,认为前者受后者影响的确很大,但前者也有自身的一些特点[④]。

而就我们目前讨论的这类高昌回鹘时期的兼跨显密、包含送子观音形象的广义的观音经变而言,无论是内容组合还是构图形式,也同样与敦煌北宋早期的观音经变有许多相似之处。兹举二例。一是大英博物馆藏出自敦煌藏经洞的北宋开宝四年(971)《观音经变》绢画。此图是最典型的“观音+六菩萨”组合,因为画面中除了画面下方的六身男女供养人外,再无其他添加元素;二是法国集美博物馆藏出自敦煌藏经洞的北宋早期的《不空羂索观音经变》绢画。这幅

①参看陈爱峰《图像研究》,74、186—187页。

②Peter Zieme,“Die sieben Guanyin” und Amulette, *Magische Texte des uigurischen Buddhismus (Berliner Turfentexte XXIII)*, Berlin,2005, pp.180—182. 转引自陈爱峰《图像研究》,189页。

③［日］松本荣一著,赵声良等译《敦煌画研究》上册,杭州:浙江大学出版社,2019年,381—382页。不过,如果同时考虑本文所讨论的材料,可以肯定,高昌回鹘的千手千眼观音经变的内容和形式当不止一种。

④参看陈爱峰《图像研究》,72—79页。

也明显是“观音+六菩萨”组合，只是又添加了一些元素，除四身男女供养人外又增加了两身弟子像和两身天部护法像。这两幅观音经变画的构图形式亦全同高昌回鹘，即主尊观音居中，主尊两侧自上而下分别绘出三身菩萨(图10、11)。

尽管我们不能贸然将敦煌的“观音+六菩萨”组合也比定为“七观音”组合，但高昌回鹘的“观音+六菩萨”构图形式显然与敦煌的“观音+六菩萨”构图存在一定的渊源关系，不过二者的差异也显而易见：前者的六菩萨中出现了送子观音而后者的六菩萨中却没有出现，这表明：一、至少在北宋早期的10世纪后半，中原内地尚未制作出带有送子观音形象的观音经变画粉本，也就是说，中原内地的送子观音信仰至少10

图10 《观音经变》，绢本设色，北宋开宝四年(971)(采自《西域美术·大英博物馆藏斯坦因收集品》卷一，图版26)

图11 《不空羂索观音经变》，绢本设色，北宋(10世纪后半)(采自《西域美术·集美博物馆伯希和藏品》，图版78—1)

世纪后半尚未开始较为流行，因此高昌回鹘的送子观音信仰应不早于10世纪后半；二、由第一点可以进一步推知，尽管高昌回鹘的“观音+六菩萨”构图形式与敦煌的“观音+六菩萨”构图存在一定的渊源关系，但高昌回鹘的“观音+六菩萨”图样的粉本并非直接来自敦煌，而是来自中原内地。

现在我们需要再回头看看资料二。资料二中出现了文殊、普贤，有些特殊，其实这体现了密教观音信仰与华严思想的某种融通，这种融通唐代已开始出现，主要表现为十一面观音与文殊、普贤的组合造像。宋以后才开始出现千手千眼观音与文殊、普贤的组合造像，以及其他密教观音与文殊、普贤的组合造像，这是这一时期显密圆融思潮的外在表现①。那么，资料二的年代不能早于宋初。

考虑到以上情况，再综合考虑高昌回鹘A型送子观音的造型特征与莫高窟308、309窟中的白衣观音高度相似的情况，笔者倾向于将这批高昌回鹘送子观音造像的年代的上限判定在11世纪前半。B型送子观音的造型虽然与A型的差异较大，但其所属的观音经变画的构图形式仍与A型一致，因此其年代上限不能早于A型。其造型特征，应是早期送子观音遗风的延续，确切地说，是唐代菩萨装遗风的延续②。

至于这批造像的年代下限，可以参考资料六。资料六所在的柏孜克里克第29窟出现了蒙古服饰的供养人，该窟应开凿于蒙元时

---

①参看陈爱峰《图像研究》，110页。

②在白衣观音与送子观音结合以前，唐代的送子观音造型推测应与唐代普通菩萨造型基本一致，所不同者，惟手托婴孩一项。宋代菩萨的服饰较之唐代，已有很大变化，但在宋代造像中，偶尔也能看到唐代菩萨装的遗风，因此宋代的送子观音偶尔着唐代的菩萨装也可以理解。

期，但不应晚于高昌回鹘王国彻底结束以前[①]，因此其年代应在泰定中（1323—1328）畏吾儿之地归入察合台后王以前。这可以视为这批造像的年代下限，当然也应是高昌回鹘送子观音信仰的年代下限。

综上所述，可以做如下判断：这批造像的年代上限约为11世纪前半，下限约为14世纪早期，这也可视为高昌回鹘送子观音信仰流行的时间跨度，也就是说，送子观音信仰在高昌回鹘流行了近三百年，时间不算短；高昌回鹘送子观音的图像粉本连同承载它的观音经变的粉本应直接来自中原内地，似未经过敦煌的中转[②]。

笔者在《白衣观音与送子观音》一文中曾指出，虽然送子观音信仰及其造像出现得很早，发展却比较缓慢。唐宋时期，观音送子的灵验故事在世俗和佛教文献中虽时有所见，但并不十分普遍。并认为这一信仰长期在中国流行不起来的主要原因，可能还在于国人求嗣的途径一直很多元[③]。现在结合高昌回鹘送子观音的信仰情况，我们对宋代送子观音信仰的流行情况有了进一步的认识。首先，宋代送子观音信仰的流行程度比我们以往估计的要高；其次，比照高昌回鹘的情况，我们可以进一步确定宋代送子观音信仰开始较为流行的时间节点，从而可以进一步确定我国送子观音信仰开始较为流行的时间节点。这两个时间节点都约在北宋中期稍前，即公元11世纪前半。

---

①据《新元史》卷一一六《巴而术阿而忒的斤亦都护传》载，早在元太祖四年（1209），畏兀儿已归服，至元二十二年（1285），高昌王火赤哈儿的斤战死于笃哇叛乱，其子纽林只斤嗣亦都护，但王国已残破不堪，自此衰落。泰定中（1323—1328），畏吾儿之地入于察合台后王，标志着高昌回鹘王国的彻底结束。因此柏孜克里克第29窟的开凿不应晚于高昌回鹘王国的彻底结束。

②当然，这并不是说，所有高昌回鹘观音经变的图像粉本都没有经过敦煌的中转，只是针对包含送子观音形象的那一类。

③参看前揭拙稿《白衣观音与送子观音——观音信仰本土化演进的个案观察》，331—332页。

高昌回鹘送子观音信仰的流行，反映了宋与回鹘佛教文化交流的深度与广度[①]。

三、文献所见宋与回鹘的佛教文化交流

宋代以来，散处西北、西域各地的回鹘普遍信奉佛教，这已为这些地区出土的回鹘佛教文献所证实[②]。中原内地的汉传佛教是回鹘佛教的主要来源，宋代回鹘佛教的信仰内涵深受汉地佛教的影响，蒙元时期，回鹘佛教又受到藏传密教的影响，这些都已是学界的共识[③]。如果将出土文献与传世文献结合考察，有助于深化我们对宋-回鹘佛教文化交流的认识，但传世文献对宋与回鹘的佛教交流缺乏正面的记录，是以学界措意不多。传世文献仅贡使和朝聘记录中留下了一些间接信息，主要保留在《宋会要》中，《宋史》中也有部分记录[④]。兹先依时间先后将《宋会要》和《宋史》中的相关记载列表梳理如下，再作分析。

---

①由于宋与回鹘的交往止于北宋，本文的宋主要指北宋。特此说明。

②Peter Zieme, *Buddhistische Stabreimdichtungen der Uiguren (Berliner Turfantexte XIII)*, Berlin, 1985; Peter Zieme, *Religion und Gesellschraft im Uigurischen Königreich von Qočo. Kolophone und Stifter des alttürkischen Buddhistischen Schrifttums aus Zentralasien*, Opladen, 1992；牛汝极《回鹘佛教文献——佛典总论及巴黎所藏敦煌回鹘文佛教文献》，乌鲁木齐：新疆大学出版社，2000年；杨富学《回鹘文佛教文献研究》。

③参看孟凡人《略论高昌回鹘的佛教》，69—70页；杨富学《汉传佛教影响回鹘三证》，《觉群·学术论文集》第3期，北京：宗教文化出版社，2004年，382—393页；同作者《论汉传佛教对回鹘的影响》，束迪生等主编《高昌社会变迁及宗教演变》，乌鲁木齐：新疆人民出版社，2010年，191—208页；同作者《回鹘文佛教文献研究》，262—270页；牛汝极《回鹘佛教文献——佛典总论及巴黎所藏敦煌回鹘文佛教文献》，112—141页。

④《资治通鉴》、《续资治通鉴长编》、《山堂考索》、《玉海》等也有部分记录，但基本没有超出《宋会要》的范围，兹从略。

文献所见宋—回鹘与佛教相关交聘记录一览表

序号	时间	记载	出处	备注
1	乾德三年（965）十一月	西州回鹘可汗遣僧法渊贡佛牙及琉璃器、琥珀盏。	《宋会要辑稿·蕃夷七·朝贡》，刘琳等校点，上海古籍出版社，2014年，9934页。	《宋史·高昌传》、《宋史·太祖纪》、《玉海·朝贡》所载略同。
2	雍熙元年（984）四月	王延德等还，叙其水程来献云："……佛寺五十余区，皆唐朝所赐额。寺中有《大藏经》、《唐韵》、《玉篇》、《经音》等，居民春月多群聚遨乐于其间。"	《宋史》卷四九〇《高昌传》，中华书局点校本，1977年，14112页。	《宋史》所载出王延德《使高昌记》，后者所记更详，见王明清《挥麈录·前录》卷四，上海书店出版社，2001年，30页。
3	咸平元年（998）四月	甘州回鹘可汗王遣僧法胜等来贡。	《宋会要辑稿·蕃夷四·回鹘》，9768页。	《宋会要辑稿·蕃夷七·朝贡》、《山堂考索·后集》卷六四《财赋门》所载略同。
4	真宗咸平六年（1003）六月	龟兹国僧义修来献梵夹、菩提印叶、念珠、舍利。赐紫方袍、束带。	《宋会要辑稿·蕃夷四·龟兹》，9774页。	《宋会要》《宋史》中的"龟兹"均指龟兹回鹘。
5	景德元年（1004）闰九月	甘州夜落纥遣进奉大使宣教大师宝藏、副使李绪……等百二十九人来贡。	《宋会要辑稿·蕃夷四·回鹘》，9768页。	《宋史·回鹘传》所载略同。夜落纥，又称夜落隔、伊罗勒、耶剌里等，是北宋时期甘州回鹘的可汗。
6	景德元年十月	度龟兹国石报进为僧，从其请也。	《宋会要辑稿·蕃夷四·龟兹》，9774页。	
7	景德四年（1007）十月	甘州夜落纥遣尼法仙等二人来朝，献马十匹，且乞游代州五台山。从之。	《宋会要辑稿·蕃夷四·回鹘》，9768页。	《宋史·回鹘传》、《续资治通鉴长编》卷六七所载略同。

续表

序号	时间	记载	出处	备注
8	景德四年	夜落纥遣僧翟大秦来献马十五匹，欲于京城建佛寺，祝延圣寿，求赐名额。不许。	同上，9769页。	《宋史·回鹘传》所载略同，唯翟大秦《宋史》误作“翟入奏”，参看刘琳等校点本《宋会要辑稿》9769页注［1］。
9	大中祥符二年（1009）二月	时夜落纥本道二尼响慕声教，思欲瞻礼。	同上，9769页。	
10	大中祥符三年（1010）闰二月	僧智圆贡琥珀四十五斤、鍮石四十六斤。	《宋会要辑稿·蕃夷四·龟兹》，9774页。	
11	大中祥符三年十一月	甘州回鹘僧法光来贡。	《宋会要辑稿·蕃夷四·回鹘》，9769页。	
12	大中祥符三年十二月	甘州回鹘宝物公主没孤氏上言：“……又发愿修寺，并无金粉，并求赐妆粉钱……”诏并从其请。	同上，9769页。	
13	天禧五年（1021）七月	殿直白万进上言：“昨龟兹使延福等皆诈为外使，邀冀恩赏及乞赐经藏、金像等物。”诏秦州曹玮诘问延福，具万进所陈。诏免罪，所赐物纳官。	《宋会要辑稿·蕃夷四·龟兹》，9775页。	
14	乾兴元年（1022）五月	龟兹国僧华严自西天至，以佛骨舍利、梵夹为献。	同上，9775页。	《山堂考索·后集》卷六四《财赋门》所载略同。

续表

序号	时间	记载	出处	备注
15	自天圣（1023—1032）至景祐四年（1037）	入贡者五，最后赐以佛经一藏。	《宋史》卷四九〇《龟兹传》，14123页。	
16	天圣三年（1025）三月	秦州回纥紫衣僧法会以乾元节贡马十匹。	《宋会要辑稿·蕃夷四·回鹘》，9772页。	《宋会要辑稿·蕃夷七·朝贡》，9949页。
17	天圣九年（1031）正月	沙州遣使米兴、僧法轮等贡珠玉、名马。	《宋会要辑稿·蕃夷七·朝贡》，9951页。	按沙州归义军政权在同一时期的《宋会要》的记载中称“归义军节度使”，此外，马是回鹘的传统贡品，因此此“沙州”当指沙州回鹘。
18	熙宁元年（1068）七月	回鹘可汗遣使来贡方物，且言乞买金字《大般若经》。诏特赐墨字《大般若经》一部。	同上，9772页。	《宋史·回鹘传》所载略同。按此“回鹘”指代不明，杨富学视为高昌回鹘，但未说明理由（氏著《回鹘之佛教》，22页）。
19	绍圣三年（1096）	使大首领阿连撒罗等三人以表章及玉佛至洮西。	《宋史》卷四九〇《龟兹传》，14123页。	《宋会要辑稿·蕃夷七·朝贡》所载略同。

上表文献所涉范围包括甘州回鹘、西州（高昌）回鹘、龟兹回鹘、沙州回鹘、秦州回鹘等，基本上涵盖了自陇右至西域地区的所有回鹘群落。根据笔者对《宋会要·蕃夷七·朝贡》、《山堂考索·后集》卷六四《财赋门》、《玉海》卷一五四《朝贡》以及《宋会要·蕃夷四·回鹘》、《宋会要·蕃夷四·龟兹》、《宋会要·蕃夷四·高昌》等相关

记载的综合统计，自建隆二年（961）回鹘首次遣使北宋至绍圣三年（1096）的一百三十余年间，各地回鹘政权共遣使67次[①]，其中高昌回鹘是最早遣使北宋的回鹘政权之一，早在建隆三年（962）即遣阿督（一作"阿都督"）使北宋，且使团庞大，达42人[②]。特别值得注意的是，以僧人为使者或使团中包含僧人的情况比较常见，据上表所列，不低于13次，占19%以上。

虽然以僧人为使者或使团中包含僧人的做法在当时并非回鹘独有[③]，但从以上统计数据看，回鹘无疑是最突出的。这种做法在西北地区有更早的传统，在晚唐五代时期，当地僧人也经常被他们所在的政权作为外交使者出使中原王朝[④]，所以回鹘表现突出也有地域传统的影响。事实上，回鹘在对中原王朝的朝聘活动中以僧为使的做法五代时已见。据《旧五代史》，梁太祖乾化元年（911），回鹘遣使入贡，太祖"厚赐缯帛，放令归国，又赐其入朝僧凝卢宜、李思宜、延笺等紫衣"[⑤]。看来，此地域传统得到回鹘的进一步发扬——以僧人为使者成为回鹘与北宋佛教交流的重要形式。这些僧人使者往往具有双重身

---

①建隆二年首次遣使北宋的回鹘为甘州回鹘，西州回鹘紧随其后，次年四月亦来贡（《宋会要辑稿·蕃夷七·朝贡》，9933页；《宋会要辑稿·蕃夷四·回鹘》，9767页；《玉海》卷一五四《朝贡》）。

②《宋会要》作"阿督"（《宋会要辑稿·蕃夷四·回鹘》，9767页），《玉海》作"阿都督"（《玉海》卷一五四《朝贡》），后者是。西州回鹘仍沿用唐朝的"都督"这一官称（参看张广达、荣新江《有关西州回鹘的一篇敦煌汉文文献——S6551讲经文的历史学研究》，《北京大学学报（哲社版）》1989年第2期，29页）。

③在北宋的朝觐记录中，除回鹘外，其他周边政权或外国以僧人为使者或使团中包含僧人的情况亦间或有之，如大中祥符二年（1009）日本国天台山延历寺寂照等八人来朝（《山堂考索·后集》卷六四《财赋门》，但《山堂考索》将时间记作"景德六年"，误。"景德"只有4年，景德六年实即大中祥符二年），大中祥符六年（1013）西天金城国僧悲贤、般尼国僧寂贤来朝（《宋会要辑稿·蕃夷七·朝贡》，9946页），元祐元年（1086）高丽国祐世僧统、求法沙门僧义天等十人朝见等（《宋会要辑稿·蕃夷七·朝贡》，9960页）。此外，还有于阗、沙州归义军、唃厮啰等政权。

④参看Xin Wen, *The King's Road: Diplomacy and the Remaking of the Silk Road*, Princeton University Press, 2023, p.44.

⑤《旧五代史》卷一三八《回鹘传》，北京：中华书局，1976年，1841页。标点笔者稍有改动。

份，如上表所示，他们既是一名使者，又是一名佛教僧侣，因此他们除了要完成使者的常规使命（如纳贡品、献方物）外，还往往肩负特殊的使命，即对宗主国北宋的佛教诉求。而利用使者的特殊身份，更容易达成佛教诉求的愿望。为了达成这样的愿望，如上表所示，包括僧人使者在内的朝宋使者有时也主动贡献佛教圣物，如佛牙、佛像、梵夹、菩提印叶、念珠、佛骨舍利等，从而使双方在佛教方面形成交流的意象。当然，双方的佛教交流，毫无疑问，以宋向回鹘输出佛教与佛教艺术为主。

虽然这些诉求大部分都得到了满足——这也是宗主国应有的气度，但过于频繁的索求也可能使宗主国有些不堪，因此出于某种考虑，北宋朝廷也曾一度禁止蕃僧入贡。如上表第16条所示，天圣三年，秦州回鹘遣僧人法会入贡，但紧接着有诏曰："今后蕃僧进贡，止绝不得发遣。"[①] 但从天圣九年又有回鹘遣僧入贡的情况（见上表第17条）看，这条诏令并未得到很好的执行——这也从一个侧面反映出回鹘对北宋佛教的需求有"刚性"的一面，虽禁不能止。

据上表所示，回鹘僧借朝觐之机对北宋提出的佛教诉求主要包括求瞻礼圣迹（如五台山）、在京师建造佛寺、求赐（甚至求购）经藏、求赐佛像等，显示出回鹘佛教界对宋朝佛教的高度认同。所谓"响慕声教，思欲瞻礼"以及"请度为僧"，正是这种认同心理的反映。回鹘诸政权应该拥有北宋颁赐的大藏经，回鹘对汉文大藏经的高度依赖，已得到吐鲁番出土的回鹘佛教文献的充分印证；五台山信仰在回鹘佛教中的流行与回鹘使宋僧对五台圣迹的瞻礼也形成了对应关系[②]。

---

①《宋会要辑稿·蕃夷七·朝贡》，9949页。

②晚唐五代西北地区前往五台山朝拜文殊菩萨的热潮，是从后唐同光二年（924）沙州归义军节度使曹议金遣使人朝时开始兴盛起来的（参看荣新江《敦煌文献和绘画反映的五代宋初中原与西北地区的文化交往》，《北京大学学报（哲社版）》1988年第2期，55—57页），这一传统为西北地区的回鹘诸政权所继承。

通过王延德《使高昌记》的记载可知,高昌回鹘全面继承了当地唐朝的佛教文化遗产。历史的惯性并未因朝代的更替而改变,入宋,高昌回鹘与中原王朝仍保持着密切的佛教文化交流,其中,以僧为使的做法是重要的方式。是以,宋以后高昌成为西域地区的佛教中心。随着于阗、龟兹等地相继伊斯兰化,这一中心地位更加凸显。而如前所述,回鹘与北宋的佛教交流以回鹘吸收北宋的佛教与佛教艺术为主,而且是深度吸收,从这个意义上讲,高昌回鹘流行送子观音信仰当在情理之中,它与彼时中原内地的佛教信仰形成了严格的对应关系,文献的梳理向我们呈现了其实现的基本途径。

结　论

本文的初步考察表明,高昌回鹘送子观音图像遗存的年代上限约为11世纪前半,下限约为14世纪早期,这也是高昌回鹘送子观音信仰流行的时间跨度,即送子观音信仰在高昌回鹘流行了长达三百年的时间。本文的研究同时表明,高昌回鹘送子观音的图像粉本连同承载它的观音经变的粉本应直接来自中原内地。本文的研究还表明,入宋以后,高昌回鹘的佛教与佛教艺术继续一如既往地将中原内地的佛教与佛教艺术视为最重要的来源,高昌回鹘在对宋朝佛教经典的吸收、信仰内涵的吸收以及造型艺术的吸收方面,甚至达到了同声共振、亦步亦趋的地步,反映了高昌回鹘对汉地佛教的高度依赖和高度认同。因此,本文的考察,从一个侧面揭示出北宋对高昌回鹘佛教信仰内涵更深层次的影响以及北宋与回鹘佛教文化交流的深度与广度,本文通过传世文献的梳理呈现了其实现的基本途径。从中国本土观音信仰研究的角度看,高昌回鹘送子观音图像资料的发现,填补了宋代送子观音图像资料的空白,印证了笔者关于“白衣送子观音”造型图像生成机制的推测，从而进一步完善了我国本土化观音信仰的图像谱系；同时，以高昌回鹘的这批图像资料作参照，进一步明确了我国送子观音信仰开始较为流行的时间节点。从西域佛教史研究的角度看，本文的这一专题考察丰富了晚期西域佛教史的内容，同时，由于高昌回鹘是宋以后汉地佛教与佛教艺术在西域继续传播的主要担当者，本文的这一专题考察也为研究汉地佛教回传西域、中亚的课题增添了新内容。

关于咸阳成任东汉墓出土金铜佛像的几个问题

2021年5月，陕西省考古研究院在陕西咸阳洪渎原发掘了一处东汉家族墓地，具体位于咸阳市渭城区北杜街道成任村东南。从墓葬规模看，这组墓葬均为中型墓，显示该家族的经济实力较强，墓主的社会地位较高，应属于东汉社会的中产阶层。其中编号为M3019的墓中出土了带朱书纪年铭文的陶罐，纪年为东汉延熹元年（158），从而为这处家族墓地提供了较明确的年代标尺。结合纪年铭文和随葬器物的时代特征，可以确定，该家族墓群年代为东汉晚期。该家族墓地最引人瞩目的发现是，在编号为M3015的墓中发现了两件金铜佛像。首次发表的书面报告指出，经专家研判认定，这两件金铜佛像，系目前国内考古出土的时代最早的金铜佛像。报告也同时认定，这是年代最早的独立的、体现宗教信仰意义的佛像[①]。如所周知，以往发现的东汉晚期的佛教造像遗存中，既未见金铜佛像，也未见独立的、体现宗教信仰意义的其他佛像遗存。因此，如果上述判断最终都能完全落实，则无疑是颠覆性的发现，将改写对中国早期佛像的认知。因此报告一经发布，即引起学术界的广泛关注。但是，由于该墓被盗扰过，因此公布伊始，学界就存在不同的声音。从最近发表的正式简报和专题研究看，墓葬发掘者及部分学者仍然将它们认定为该墓的

① 参看李明、赵占锐《咸阳考古发现中国最早金铜佛像》，载“文博中国”微信公众号，2021年12月9日。

随葬品，继续排除由盗洞扰入的可能性，即仍将它们视为东汉晚期遗物，是目前国内考古发现的时代最早的独立金铜佛像[①]。2022年2月下旬，陕西省考古研究院与加州大学洛杉矶分校针对这两件佛像联合举办了线上"发现中国最早的金铜佛像"研讨会，十余位中外学者参加，观点仍有分歧[②]。考虑到这两件造像具有明显的十六国金铜佛像的特征，而与东汉晚期佛像颇不相类，而且汉墓中扰入十六国时期的金铜佛像的情况也有先例，因此笔者认为，这两件金铜佛像的年代仍然需要进一步讨论。另外，即便将它们认定为东汉晚期遗物，说它们是年代最早的独立佛像、年代最早的金铜佛像也是不妥的。

一、出土金铜佛像的基本情况及存在的疑问

这两件金铜佛像出土于M3015主墓室西北角的地面上，体量都不大，属于袖珍型造像，所镀金箔已脱落殆尽。

一件为释迦立像，编号M3015:10，通高10.5厘米，跣足立于覆莲座上，莲座单独制作，通过插榫与佛像结合，座底径4.7厘米。磨光馒头状肉髻，面相方圆，头微颔。着通肩袈裟，衣纹自左肩斜下，于胸腹部呈放射状分布，衣纹密集、凸起，立体感较强，显示出佛衣的厚重感，下摆略外侈。左手握袈裟一角上举，右手残，当是上举施无畏印（图1、2、3）。身体整体上感觉比较浑圆，头身比例稍显失调，腿偏短。该尊佛像仅铸出了身体的前半部分，背部未铸出，仅作空心处理。背部空

① 参看陕西省考古研究院《陕西咸阳成任墓地东汉家族墓发掘简报》，《考古与文物》2022年第1期，27页；冉万里、李明、赵占锐《咸阳成任墓地出土东汉金铜佛像研究》，《考古与文物》2022年第1期，82—93页。后文不仅标题直接标为"东汉金铜佛像"，且有更具体的年代判断："根据墓葬年代，可知这两尊金铜佛像的年代显然也在东汉晚期，即2世纪后半叶，最晚可至3世纪初。"（第82页）如果该墓未被盗扰，这一判断当然没有问题。

② 会议综述，参看雷洁整理《发现中国最早的佛像——考古的推断》，《澎湃新闻·私家历史》，2022年3月7日。

图1 M3015出土金铜立佛像（采自《咸阳考古发现中国最早金铜佛像》）

图2 M3015出土金铜立佛像背面（采自《咸阳考古发现中国最早金铜佛像》）

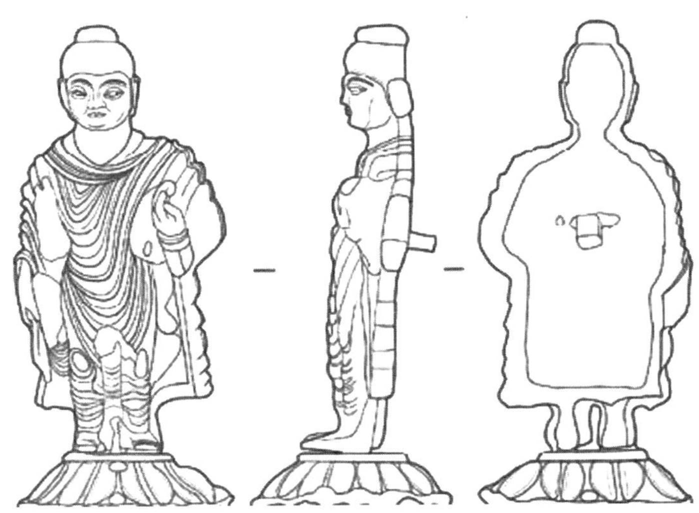

图3 M3015出土金铜立佛像线图（采自《陕西咸阳成任墓地东汉家族墓发掘简报》，图一六:1）

心正中铸有一个向外凸出的扁平状插榫，榫端有一道横向凹槽[①]。插榫应是安插背光用的，背光的相应位置应该有一个跟插榫横截面相同的扁平状穿孔，背光通过穿孔插到榫上，再通过横向凹槽起固定作用，插榫呈扁平状是为了避免背光插到榫上后左右旋转。类似的做法在十六国时期的金铜佛像中也能见到（详后文）。总体上看，该件佛像的佛衣有明显的犍陀罗特征，而面相则已完全本土化。

另一件为五尊佛组合金铜造像，编号M3015:9，通高15.8厘米，宽6.4厘米。呈片状，背面平整，底端正中有一个插榫，因此该件造像应配有底座。铜片大体呈舟形，正中自上而下有三个小残孔，顶部一佛的肩部两侧各有一小穿孔。五尊佛像呈上中下三排排列，舟身部分两排，每排二佛，舟顶部分一排一佛。造像磨损、锈蚀较严重，顶部一佛已完全锈蚀，其余四佛仅余轮廓。五佛的做法类似千佛，体量、姿势及造型特征基本一致。它们是五身禅定坐佛，皆结跏趺坐，双手于腹前皆定印，磨光馒头状肉髻，皆配桃形背光和椭圆形头光。袈裟是袒右式还是通肩式已难以判定，但能感觉到佛衣比较贴体。从下排右佛和中排左佛的面部轮廓来看，仍带有一些高鼻深目的特征（图4、5）。有人认为这件组合造像有残损，因此不确定原本是五佛还是七佛组合，但笔者认为，该件造像虽有残损，但外形轮廓大体完整，应是五佛组合无疑。从佛衣贴体的情况看，这组造像具有秣菟罗的特征。

这两件造像都有厚厚的包浆，包浆凝结成了一层“壳”，紧紧地贴附在佛像身上，说明它们在地下埋藏的时间很久了。特别值得注意的是，这两件造像都有很明显的磨损痕迹，以至于表面凸起的部位磨损得光滑发亮，尤其是中排左佛的头部和膝部磨得十分锃亮，诸佛

---

①插榫呈扁平状以及榫端的这道横向凹槽，正式简报中并未提及，此据冉万里、李明、赵占锐《咸阳成任墓地出土东汉金铜佛像研究》，84页。但作者认为插榫是用来拴绳的，显然不妥。

图4 M3015出土金铜五尊组合佛像(采自《咸阳考古发现中国最早金铜佛像》)

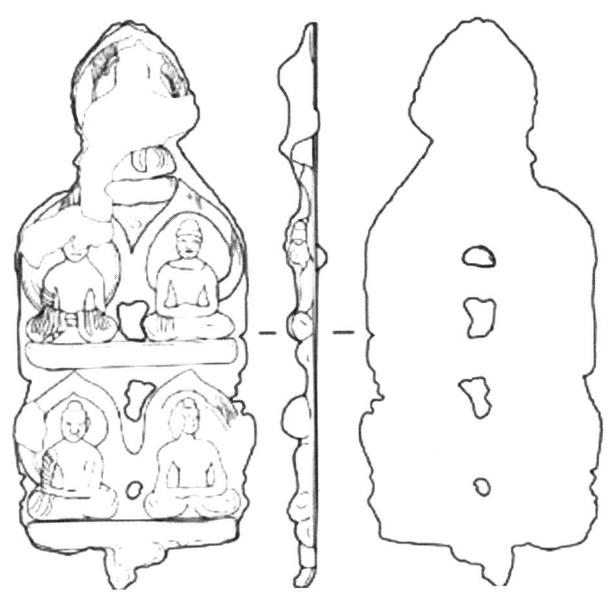

图5 M3015出土金铜五尊组合佛像线图(采自《陕西咸阳成任墓地东汉家族墓发掘简报》,图一六:2)

本来起伏就不大的衣纹被进一步磨平了[①]。结合这两件造像的体量以及磨损情况,可以初步判定,它们是随身携带的便携式造像,磨损是长期携带而造成的,由此也可以看出这两件造像已经使用很长时间了。

通过对造像风格的初步观察,可判定这两件造像的确具有十分明显的十六国金铜佛像的特征。但如果该墓不曾被盗扰,那么毫无疑问,这两件金铜佛像都只能不容置疑地视为该墓的随葬品,也只能认定它们属于东汉晚期,这些质疑声当然就没有任何意义了。但问题是,该墓的确被盗扰过,因此不能

①前揭考古简报和专题研究论文均未注意这一点,但磨损现象背后可能隐含着这两件造像的功能、性质等问题,因此不可忽视。

排除它们属于盗墓者遗落物的可能。

在与书面报告发表同一天举办的“咸阳洪渎原墓葬考古新发现新闻发布会”上，洪渎原墓葬考古队领队、汉景帝阳陵博物院李明先生对这两件金铜佛像的考古发现情况作了专题汇报，称该墓在清理过程中发现了盗洞，因此该墓无疑被盗扰过，但他提示说，盗洞距这两件佛像的位置较远。他同时还认为，金铜佛像在当时是重要的资产，盗墓者没有动机将它们通过盗洞放入墓中[①]。在“发现中国最早的金铜佛像”研讨会上，他进一步指出，虽然此墓被盗，佛像所处位置周边陶器都未经扰动，可以排除盗扰混入的可能[②]。

如果“佛像所处位置周边陶器都未经扰动”属实，那么毫无疑问，佛像属于该墓原有的随葬品。但常识告诉我们，普通盗墓者的主要目标在金银珠宝，因此他们一旦进入墓室，一定会“光顾”整个墓室，会扰动随葬品大加翻找，所以被盗墓者“光顾”过的墓室，很难确定哪件随葬品没有被扰动过，这跟盗洞离这两件造像的距离的远近无关。金铜佛像在当时确实是重要的资产，从表面上看，盗墓者的确没有动机将它们通过盗洞放入墓葬中。但它们有没有可能是盗墓者随身携带的物品，在盗墓过程中不慎遗落在墓室中呢？目前发表的研究成果试图排除这种可能，他们认为，盗墓者携带佛像去盗掘墓葬，从情理上讲不通，因为盗墓者的目的是为了取出器物，而不是将金铜佛像带到墓室中去，并对其盗取墓室内的器物带来不必要的妨碍[③]。这种说法有一定道理，但是他们忽视了盗墓者随身携带佛像的动机和目的，这正是上文提示我们需要注意这两件造像的体量以及

---

①新闻发布会的视频由微博直播台在网上全程直播，见《陕视新闻》微博视频，2021年12月9日。

②参看前揭雷洁整理《发现中国最早的佛像——考古的推断》。

③参看前揭冉万里、李明、赵占锐《咸阳成任墓地出土东汉金铜佛像研究》，83页。

磨损情况的意义所在，一旦认识到它们是随身携带的便携式造像，就不能排除盗墓者将佛像携入墓葬并最终遗落在墓葬的可能，因为便携式佛教造像有其特殊的功用。

随身携带佛教造像的主要目的，一是为了方便礼拜，二是为了保佑平安，后者更重要，所以这些随身携带的微型佛教造像相当于"护身符"。因此盗墓者随身携带佛像便不难理解了——毕竟他们做贼心虚，更需要这特殊的"护身符"加以护佑，以求得心理平安。

中古时期，微型便携式佛教造像一直比较流行，除佛像外，还有菩萨像、神僧像等，如观音菩萨像、地藏菩萨像、泗州僧伽像等均曾制作成便携式造像而随身携带，携带者希望它们能随身护佑。随身携带观音菩萨像的实例在中古观音应验记类文献中多见，据载携带者往往因随身带有观音菩萨像而幸免于灾厄、转危为安；便携式地藏菩萨像的实例见于吐鲁番高昌故城出土的一尊带盒盖的微型木雕地藏菩萨像（东京国立博物馆编《ドイツ・トゥルファン探险队西域美术展》，朝日新闻社，1991年，图版133）；便携式神僧像如南海1号沉船发现的那尊磨损十分严重的微型玉雕僧伽像（其底部一角有一穿孔，当是穿绳用的，用绳子将其系在衣服上）。

二、关于我国独立佛像出现的时间

首先可以确定，这两件造像都是独立的、体现宗教信仰意义的佛像，它们的主要功能是出于佛教信仰的目的而用于膜拜、供奉等，这一点学界并无异议。本文所谓的独立佛像，就是指这类佛像。在佛教初传中国的东汉时期，贵霜帝国境内已开始制作佛像，逐渐形成了犍陀罗和秣菟罗两个佛教艺术中心，佛教已正式进入偶像崇拜时代，因此可以肯定，独立佛像早在佛教初传中国伊始就已传入。而其在中国的本土制作，应是随着寺院、佛塔的建造开始的，原因很简单，佛寺佛塔内必造佛像，而其佛像的性质自然属于独立佛像。从这个意义上讲，我国独立佛像出现的时间其实是很早的，以往普遍认为我国独立佛像出现的时间是东晋十六国时期，这样的认识是有偏颇的。更确切的表述应该是，我国独立佛像的影响力在东晋十六国以后有了根本性的改观，而此前很长一段时间其影响有限。

从传世文献的角度看，我国最早的寺院是洛阳白马寺，建于汉明帝永平年间（公元58—75年）[①]，因此可以认为，我国本土制作的独立佛像最早出现的时间是东汉永平年间。从目前的考古发现来看，我国本土制作的独立佛像的出现，也可以追溯到东汉中期，这与传世文献的记载大体相当，因此二者可以互证。

1990—1992年，甘肃省文物考古研究所对位于敦煌市东64公里处的敦煌市五墩乡汉代悬泉置邮驿遗址进行了大规模的考古发掘，出土了一大批两汉简牍。其中在编号为F13的房址内出土了一枚写有“小浮屠里”字样的木简，学界将这枚简习称为“浮屠简”。

该简虽无纪年，但伴出纪年简，可以确定“浮屠简”的年代在东汉明帝（公元58年即位）以后的半个世纪之内，其下限不晚于永初元年[②]。即便不将“浮屠简”的年代绝对化，将其判定在1世纪后半期至2世纪初期应该没有问题。那么，从文献形成年代早晚的角度看，“浮屠简”无疑是迄今所见有关我国佛教传播的最早的文字信息。

按音译词“浮屠”，或译为“浮图”、“佛图”等，主要有两种含义，

---

①最早关于白马寺的记载见于《牟子理惑论》，云汉孝明皇帝遣使于大月支写佛经四十二章，并于洛阳城西雍门外起佛寺，参看［梁］释僧祐《弘明集》卷一，上海：上海古籍出版社，1991年，5页。洛阳雍门外的这座佛寺即白马寺，参看［梁］释慧皎著，汤用彤校注《高僧传》卷一《汉雒阳白马寺摄摩腾传》，北京：中华书局，1992年，1—2页；《魏书》卷一一四《释老志》，北京：中华书局，2017年，3288页。

②郝树声、张德芳《悬泉汉简研究》，兰州：甘肃文化出版社，2009年，193页。

一指佛陀，一指佛塔，有时也指代佛教。而此简中的“浮屠”，正像学者们正确指出的那样，由于其前有“小”字，指佛塔最为合理[①]。因此，“小浮屠里”应是以“小浮屠”命名的里名，盖因该里中建有佛塔。而佛塔与寺院通常是一体的，且早期寺院绝对以佛塔为中心[②]，所以早期文献中有时也以佛塔（佛图）来指代寺院，如《魏书·释老志》载“晋世，洛中佛图有四十二所矣”[③]，这里显然是用佛塔来指代寺院。那么这个小浮屠里其实应该有一座以佛塔为中心的寺院。据分析，这枚“浮屠简”应属请柬性质，因此小浮屠里应在悬泉附近的敦煌境内[④]。

根据前文的提示，有佛塔、佛寺的存在，必有独立佛像的存在，因为佛塔、佛寺中都必须安放供礼拜的佛像。那么，敦煌小浮屠里中的这座以佛塔为中心的寺院内及佛塔上必然安放或镶嵌或图绘有供人礼拜的独立佛像[⑤]。

如此看来，无论是传世文献，还是考古发现，都可以证实，我国本土制作的最早的独立佛像早在东汉中期就已经出现了。

随着寺院、佛塔的增多，独立佛像的制作无疑也在增多，但值得注意的是，在我国佛教传播的早期阶段，非独立佛像也一直存在。这里所谓的早期阶段，是指东汉至魏晋时期；这里所谓的非独立佛像，

---

①参看张俊民《悬泉汉简所见敬称与谦称》，《秦汉研究》第四辑，西安：三秦出版社，2010年，85页；赵宠亮《“悬泉浮屠简”辨正》，《南方文物》2011年第4期，36页。

②参看宿白《东汉魏晋南北朝佛寺布局初探》，原载《庆祝邓广铭教授九十华诞论文集》，石家庄：河北教育出版社，1997年，此据宿白《宿白集·魏晋南北朝唐宋考古文稿辑丛》，北京：生活·读书·新知三联书店，2020年，288—290页。

③《魏书》卷一一四，3291页。

④参看拙稿《佛教海道传入说、滇缅道传入说辨正——兼论悬泉东汉浮屠简发现的意义》，原刊《西域考古·史地·语言研究新视野：黄文弼与中瑞西北科学考查团国际学术研讨会论文集》，北京：科学出版社，2015年，收入拙著《观音与神僧——中古宗教艺术与西域史论》，北京：商务印书馆，2019年，164页。

⑤在我国供礼拜用的佛教绘画早在佛寺建立伊始就出现了，《牟子理惑论》载白马寺“于其壁画千乘万骑，绕塔三匝”，《魏书·释老志》也载白马寺“盛饰佛图，画迹甚妙”，其实都记载的是白马寺的佛画。宿白先生推测“千乘万骑绕塔三匝”绘画的内容可能是八王分舍利，此题材习见于新疆拜城克孜尔石窟中，参看宿白前揭文，308页注［4］。

是指没有体现佛教宗教信仰意义的佛像，它们的主要功能不是出于佛教信仰的目的而用于膜拜、供奉等，而是异化或曲解了佛像的基本性质与功能，将佛像用于其他目的，甚至用于装饰。

可见在佛教入华后的较长一段时期内，独立佛像与非独立佛像是并存的。这是因为在这个时期内，佛教的影响力还有限，独立佛像的影响力因而也有限，还不足以影响人们彻底改变认知，放弃非独立佛像的制作与使用。中国人正面接触佛教的场所是佛寺，佛寺虽然在中国很早就出现了，但早期佛寺主要还是外来胡僧译经、居留和进行佛事活动的场所，所以佛教在华传播的早期阶段，普通中国人正面了解佛教的机会并不多，这直接影响了中国人对佛教与佛像的正确认知。

现在再回到本文所讨论的这两件佛像。通过上述讨论不难看出，即便将这两件造像认定为东汉晚期遗物，它们也不是我国年代最早的独立佛像。

三、关于我国金铜佛像出现的时间

关于我国金铜佛像的制作最早始于何时，对我国金铜佛像制作工艺素有研究的西方学者保罗·杰特（Paul Jett）认为，早在公元2世纪已经出现[①]。笔者认为保罗·杰特的判断大致可信，并认为3世纪我国已形成金铜佛像制作传统[②]。按《三国志·吴书·刘繇传》载，汉末丹杨人笮融曾斥巨资"大起浮图祠，以铜为人，黄金涂身，衣以锦

①Paul Jett, "A Technical Study of the Kampong Cham Figure Group", Louise Ailison Cort, Paul Jett, eds, *God of Angkor: Bronzes from the National Museum of Cambodia*, Seattle and London: University of Washington Press, 2010, pp.82-83.

②参看拙稿《试论扶南与南朝的佛教艺术交流——从东南亚出土的南朝佛教造像谈起》，《艺术史研究》第十八辑，2016年，276页。

采”[①]，建造规模宏大的佛寺。宿白先生认为，笮融所起浮图祠内安置的是鎏金铜佛像[②]，甚是。“以铜为人，黄金涂身”其实就是鎏金铜佛像，“黄金涂”正是汉代对鎏金工艺的称谓[③]，因此从文献记载来看，我国金铜佛像的制作最晚东汉后期或2世纪后半期已开始。

铜佛像的制作在中亚贵霜帝国时期已经出现，1908年在巴基斯坦白沙瓦近郊的山吉奇德里（Shan-ji-ki-dheri）的迦腻色迦（Kaniṣhka）大塔遗址出土的一件青铜舍利容器器盖上铸造的坐佛像即其例，其年代大致可确定在公元1世纪晚期至2世纪前期[④]。但是制作鎏金铜佛像则是我国对佛教造像艺术的贡献。鎏金是把黄金和水银合成的金汞剂涂在铜器表层，加热使水银蒸发，使金牢固地附着在铜器表面不脱落的技术。我国是世界上最早使用鎏金技术的国家，始于战国时期，汉代技术已非常成熟，这从战国墓、汉墓出土的文物可以得到证实，如河南信阳长台关楚墓出土的鎏金铜带钩、河北满城汉墓出土的长信宫灯等[⑤]。现在看来，铜佛像的制作传统自中亚传入我国后不久，中国工匠就将传统的鎏金工艺用于铜佛像的制作上，从而创造出一种全新的佛教造像形式——金铜佛像。

这一佛像制作传统显然得到了很好的继承，且影响深远，不仅在我国一直延续到了明清时期，也影响到了东北亚地区和东南亚地区。

---

①《三国志》卷四九，北京：中华书局，1982年，1185页。

②参看宿白前揭文，288页。

③《汉书》卷九七下《外戚传・孝成赵皇后传》载，赵皇后所居宫殿“切皆铜沓黄金涂”，颜师古注曰：“切，门限也；……沓，冒其头也；涂，以金涂铜上也。”（北京：中华书局，1962年，3989页）《汉书・霍光传》也有“黄金涂”的记载。

④参看前揭拙稿《佛教海道传入说、滇缅道传入说辨正——兼论悬泉东汉浮屠简发现的意义》，155—156页及图18。

⑤参看曹静楼《传统的“鎏金”工艺》，载杨新主编《故宫博物院七十年论文选》，北京：紫禁城出版社，1995年，798页。

但以往罕见4世纪以前的金铜佛像遗存[①]，现存最早的纪年金铜佛像遗存属十六国时期，即4世纪以后，彼时，我国的金铜佛像的制作活动已十分流行，制作技术因而也已十分成熟。

现在再回到本文所讨论的这两件佛像。通过上述讨论不难看出，即便将这两件造像认定为东汉晚期遗物，它们也不是我国年代最早的金铜佛像。

四、与汉代佛像、十六国金铜佛像的比较

目前所见的汉代佛像遗存，除个别造像外（如连云港孔望山摩崖造像），皆出自墓葬，墓葬中出现佛陀形象，在当时已成为一种习惯做法，这种做法自2世纪中叶的东汉桓帝、灵帝时期，一直持续到魏晋时期。具体表现为，佛陀或准佛陀形象多以雕塑的形式附着在随葬器物上，偶或出现在墓内建筑上，如山东沂南汉墓石八角都柱上雕刻的准佛陀形象，巴蜀地区东汉晚期至蜀汉时期墓葬出土的摇钱树树座、树干上，长江中游地区孙吴至西晋时期墓葬出土的铜镜背面，长江中游地区孙吴至西晋时期墓葬出土的谷仓罐上，武昌孙吴墓葬出土的铜饰件上，甚至南京孙吴墓葬出土的香熏、唾壶上；个别也以单独独立形象出现，如四川乐山麻浩1号东汉崖墓墓壁的浮雕坐佛像、湖北鄂州孙吴墓出土的釉陶坐佛像等[②]。

这里之所以表述为“佛陀或准佛陀形象”，是因为这些佛陀形象

---

①故宫博物院收藏的早期金铜佛像中，有一件微型坐佛（高7.2厘米）的年代被定为公元2世纪，有两件小型禅定坐（高13厘米左右）的年代被定为公元3世纪上半叶（参看李静杰主编《中国金铜佛》，北京：宗教文化出版社，1996年，图1、2、3及说明文字）。但这几件造像均系购藏，具体定年依据不清楚，所以只能谨慎对待。

②对上述材料的系统梳理，参看杨泓《探掘梵迹——中国佛教美术考古概说》第四章《佛教艺术初传中国》，北京：生活·读书·新知三联书店，2022年，94—116页。

中，就其造型而言，有不少与标准的佛陀形象还有差距，仅仅是初具佛陀形象而已，且工艺粗糙简陋。这里略举数例（图6、7、8、9、10）。

如图所示，这些佛像皆为结跏趺坐佛，着通肩袈裟，衣纹在胸腹部呈波状，衣纹起伏较大，显示出佛衣厚重。一般左手上举，把握袈裟一角，右手上举施无畏印（图6—9）；也有结禅定印者（图10）。总体上，这些佛像具有犍陀罗佛像的基本特征，这也是学术界的共识。但仔细观察不难发现，它们离标准的佛陀造型还有较大差距。如对“结跏趺”坐姿的表现就很不到位，特别是图8、图9，一眼望去犹如两条断腿；再如对肉髻的表现更不规范，图7表现为头顶束发，图8、图10交代不清，图9更夸张地表现为柱状；再如对手印的表现有的也不到位，图6、图7的右手手印交代不清，图10对结禅定印的双手则完全没有表现。另外，对衣领的表现有的是错误的，如图8、图9、图10。

这表明，彼时中国人对佛陀形象的基本特征还没有完全掌握，对其中可能包含的特殊宗教意涵（如手印的宗教意涵）更不清楚，仅仅是“依样画葫芦”而已。对衣领的错误表现，表明彼时中国人对“通肩式袈裟”这种特殊的外来“僧服”缺乏基本的了解，因为中国完全没有这样的服式。因此这些佛像作品比较客观地反映了东汉晚期以至魏晋时期，普通中国人对佛像的认知水平，其背后当然隐含的是彼时普通中国人对佛教的认知水平。一言以蔽之，以当时中国人对佛像的认知水平，尚制作不出十分标准的佛陀形象。成任东汉家族墓地出土的这两件金铜佛像，五尊坐佛磨损严重姑且不论，立佛像已完全是标准的佛陀形象，如果将其视为东汉晚期遗物，则与上述造像形成了巨大反差，同时也与当时普通中国人对佛像的认知水平相矛盾。

关于上述墓葬所出佛像的性质，过去学界多有探讨，比较一致的看法是，它们都毫无例外地与汉代传统神仙和神兽等图像掺杂在一起，因此它们并不是真正意义上的作为宗教礼拜的佛像，而被视为一

图6　四川乐山麻浩1号崖墓墓壁的浮雕坐佛像，东汉晚期

图7　四川彭山崖墓M166所出钱树座上的坐佛像，东汉晚期

图8　四川宜宾汉墓出土的陶坐佛像，东汉晚期

图9　云南昭通汉墓出土东汉陶坐佛像，东汉晚期

图10　湖北鄂州塘角村孙吴墓出土陶坐佛像，三国时期

种外来的“神仙”，除此之外，它们甚至有时只起装饰作用[①]，因此毫无疑问，它们属于非独立佛像范畴[②]。因此如前所述，它们的功能已经被异化或曲解了，性质也完全变了。这实际上是我国佛教传播的早期阶段中国人对佛像内涵的误读，从而导致对佛像的误置误用，这种情况从东汉中晚期至魏晋时期一直存在。不过，如上文所言，这也确实客观地反映了当时普通中国人对佛教、佛像的认知水平。

现在看来，从东汉中晚期至魏晋时期，具有真正宗教意义的独立佛像与不具有真正宗教意义的非独立佛像一直并存，前者主要存在于寺院、佛塔中，后者主要存在于墓葬中[③]。

成任东汉家族墓地出土的这两件金铜佛像，如前所述，毫无疑问属于真正意义上的独立佛像，其性质与考古所见东汉晚期以来佛像的性质的差异不言自明。虽然东汉晚期已有独立佛像的存在，但除这两件有争议的金铜佛像外，迄今未发现任何能确切判定为东汉晚期的独立佛像遗存。因此，若将这两件金铜佛像视为东汉晚期遗物，则无疑是孤证。当然，孤证并不意味着完全不能成立，但通过上文的比较，一个不容置疑的事实是，这两件佛像的标准化、规范化程度，明显比东汉晚期佛像要高得多。相反地，通过下文的比较，我们将看到，它们的造像风格特征却与十六国时期的金铜佛像高度相似。

毫无疑问，十六国时期的金铜佛像均属独立佛像。佛像以坐佛为主，也有立佛。坐佛结跏趺坐，双手于腹前结禅定印，着通肩袈裟，衣纹于胸腹部呈波状下垂；立佛亦着通肩袈裟，衣纹自左肩斜下，于

---

①参看杨泓《探掘梵迹——中国佛教美术考古概说》第四章《佛教艺术初传中国》，101、104页。

②虽然在本文所举图例中，不乏单独制作的佛像，但仍然不能视为本文所谓的独立佛像，因为它们都同样出自这一时期的墓葬中，所以从本质上讲，它们与同时期墓葬出现的其他佛像没有根本区别。

③江苏连云港孔望山东汉晚期的佛道混合造像是罕见的存在于墓葬以外的非独立佛像。

胸腹部呈放射状分布，佛衣厚重，下摆略外侈。一般左手把握衣角或施与愿印，右手施无畏印。以磨光馒头状肉髻为主，部分表现出发丝线（如后赵建武四年像[①]）。从现有佛教造像遗存看，磨光馒头状肉髻十六国时期才开始出现。十六国金铜佛像主要来自犍陀罗艺术的影响，而已经本土化，最明显的是面相的本土化，除个别造像的面相尚遗留有犍陀罗的特征外[②]，其他均已是中国人的特征。

有学者已经注意到，成任东汉家族墓地出土的立佛像，与日本私人收藏的一件十六国时期的金铜立佛像（图11、12）和日本京都国立博物馆收藏的一件十六国时期的金铜立佛像（图13）高度相似[③]。这无疑是十分恰当的比较，因为通过比较不难发现，它们之间，特别是与日本私人收藏的这件立佛之间，无论是磨光肉髻、面相体征、佛衣样式，还是制作方法，的确都具有高度的相似性。

成任东汉家族墓地出土的五尊禅定佛组合造像，应是五佛题材造像，五佛题材在东汉至魏晋时期的佛教造像中完全没有任何线索，但从现存的十六国时期的石窟造像遗存中，我们仍能找到五佛题材的蛛丝马迹，而且二者的造像风格也高度接近。另外，虽然以五佛为主尊的造像不见于十六国时期的金铜佛像中，但在十六国时期的金铜佛像的背光图像中，五佛组合并不罕见。

在有西秦建弘元年（420）题记的炳灵寺第169窟保存有我国石窟造像中迄今所见最早的五佛造像，即南壁上部五佛组合造像，年代

---

①参看李静杰《早期金铜佛的谱系研究》，载李静杰主编《中国金铜佛》，北京：宗教文化出版社，1996年，235页插图3。

②如哈佛大学福格博物馆藏禅定佛像，参看李静杰《早期金铜佛的谱系研究》，237页插图13。

③详细的比较分析，参看阳新《关于咸阳东汉墓出土铜佛的年代分析》，载“太阳很大古美术”微信公众号，2021年12月30日。

图11 日本私人藏金铜立佛像（まさき收集品），十六国时期（采自阳新《关于咸阳东汉墓出土铜佛的年代分析》）

图12 日本私人藏金铜立佛像背面（采自阳新《关于咸阳东汉墓出土铜佛的年代分析》）

图13 日本京都国立博物馆藏金铜立佛像，十六国时期（采自阳新《关于咸阳东汉墓出土铜佛的年代分析》）

为4世纪末[①]。五佛为彩塑，造型完全一致：皆着通肩袈裟，佛衣贴体，衣纹自左肩斜下，于胸腹部呈放射状分布，衣纹密集而浅平；皆结跏趺坐，双手于腹前结禅定印，磨光馒头状肉髻；面相方圆、鼻略显高直；身量高低一致，一字排开，唯居中一佛已损毁(图14)。从佛衣贴体的情况看，受秣菟罗的影响较明显，但整体上是犍陀罗与秣菟罗的融合。通过比较不难看出，成任东汉家族墓地出土的这件五尊禅定佛组合造像在风格上与上述炳灵寺第169窟的五佛组合十分接近。

---

①该组合造像的年代判断，参看赖鹏举《丝路佛教的图像与禅法》，桃园：台湾圆光佛学研究所，2002年，132页。

图14 炳灵寺第169窟南壁上部五佛组合造像，4世纪末（采自《中国石窟·永靖炳灵寺》，图版10）

如上所述，五佛组合又见于十六国时期的金铜佛像的背光中，如故宫博物院收藏的一件十六国时期的金铜禅定坐佛的背光中，就有五身禅定坐佛沿背光边缘呈环状分布（图15）。

毫无疑问，这种固定的五佛组合应视为一种造像题材。现存造像遗存表明，我国五佛造像题材最早出现于十六国时期，上举石窟寺及金铜佛造像即可为证。据研究，五佛造像表现的是过去五佛，跟同时期流行的三佛（三世佛）、七佛（过去七佛）、千佛等造像题材有内在联系，是当时禅观思想流行的反映[①]。因此从造像题材的角度看，任成东汉墓出土的这件五佛组

图15 故宫博物院藏金铜禅定坐佛，十六国时期（采自《中国金铜佛》，图版4）

①参看前揭赖鹏举《丝路佛教的图像与禅法》，129—133页。

合造像也是与十六国时期的造像题材和佛教思想高度契合的，但是，没有任何证据表明此种题材在东汉晚期造像中已经出现。

五、河北汉墓的发现

无独有偶，十六国时期的盗墓者将金铜佛像遗落在汉墓中的情况并非孤例。1955年河北省文物管理委员会在石家庄市东郊北宋村清理了两座汉墓，均属东汉晚期墓葬。考古简报称，其中2号墓由两座对称的砖墓组合而成，在其西侧墓中室距地1米高的乱砖中出土鎏金佛及铜佛各一躯（图16、17）、佛座一、鎏金背光一，发掘简报谨慎地说，是否为墓中原物已难确定①。

佛像出土于距地1米高的乱砖中，说明这已不是墓葬原来的填土，而是扰土。从造像风格看，这两尊佛像断非汉代遗物。虽然原图质量不佳，但仍能看出二像皆馒头状高肉髻，头微颔，面相丰圆，着通肩袈裟，手结定印，风格与十六国时期的金铜佛像十分接近，因此应是公元4世纪至5世纪初的作品。这一点学术界已无异议。显然，这两件佛像也是盗墓者扰入的。

中国古代一直存在盗墓活动，虽然盗墓行为于法于理皆不容，但仍难以消弭。主要存在于民间，又不止于民间。其动机，除了少部分是出于政治目的、复仇、泄私愤等以外，大部分是为了攫取墓中财物，民间的盗墓活动尤其如此。十六国时逢乱世，是中国盗墓史上比较猖獗的时期，这一时期盗墓活动的突出特点是执政者或一时执权柄者带头毁坏、盗掘墓葬。如靳准作乱，前赵皇帝刘渊、刘聪的陵墓也遭到破坏；再如后赵皇帝石勒、石虎也曾大肆发掘历代帝王及先贤的

①河北省文物管理委员会《石家庄市北宋村清理了两座汉墓》，《文物》1959年第1期，55页。

图16 石家庄北宋村汉墓封土出铜佛像之一，河北博物院藏

图17 石家庄北宋村汉墓封土出鎏金铜佛像之二，河北博物院藏

陵墓，取其宝货；再如后秦、后燕的统治者姚苌、慕容垂也大肆盗掘古代陵墓，等等。以上盗墓活动《晋书》均有记载[①]。这些例证或可视为十六国时期整个北方胡族政权统治者共同行为的写照。“上有好者，下必甚焉”，可以想象，在这样的风气下，民间的盗墓活动又猖獗到了何种程度！前凉王张骏的陵墓在入葬后不到五十年即被盗掘[②]，足以说明当时盗墓活动的猖獗程度。只是，民间的盗墓活动鲜有记载。种种迹象表明，十六国时期是北方汉墓盗掘最为严重的时期之一。

既然十六国时期盗掘汉墓是很普遍的现象，而且北方汉墓中出土十六国金铜佛像已早有石家庄北宋村汉墓的先例，

---

①对《晋书》有关史实的梳理，参看王子今《中国盗墓史》（插图珍藏版），北京：九州出版社，2011年，119—120页。

②同上注，120页。

所以成任汉墓中的发现并不奇怪。由此可见,类似的发现成任墓地不会是绝响。所以成任汉墓出土金铜佛像鉴定专家说,类似的考古发现以后不会再有,似乎过于绝对。

六、工艺与成分:与十六国金铜佛像的初步比较

科技考古工作者已对这两件造像的制作工艺和金属成分进行了分析,最终认定它们都是中国本土制作的具有犍陀罗风格的金铜佛像①。这一判断无疑是十分正确的,从非科技考古的角度也能找出不少证据证明它们是中国本土制作,如已本土化的面相、磨光肉髻等,但令人遗憾的是,研究者只是将它们与犍陀罗地区的早期铜佛像进行了比较,并没有与中国现存的早期金铜佛像即十六国时期的金铜佛像进行比较。与犍陀罗地区的比较,只能进一步坐实它们是本土制作的事实,但不能回应学术界的关切与质疑。按理,与十六国时期的金铜佛像从科技考古的角度进行比较,便能有效回应学术界的关切与质疑,因此研究者没有这样做也颇令人不解。

古代青铜佛像的铸造方法主要有陶范法和失蜡法两种,上述研究成果指出,这两件造像采用的都是陶范法②,都是单范浇铸成形。而陶范法正是我国十六国至隋以前的青铜佛像的铸造方法,十六国时期的金铜佛像的制作技术已十分成熟,造型已很标准规范,往往将像身、底座、背光、头光、伞盖等单独铸就,再通过榫卯连接在一起,这种铸造方法一般称之为分铸法,是4、5世纪我国金铜佛像的传统制

① 参看李建西、邵安定等《咸阳成任墓地出土东汉金铜佛像科学分析》,《考古与文物》2022年第1期,123—128页。

② 同上注,27页。

作方法[①]。有时也将像身与底座铸在一起。这两件造像中的立佛像，采用的其实就是分铸法，立佛像主体与覆莲座分铸而成，以插榫连接组合，只是单独铸就的背光等已不存，但背部的插榫却提供了明显的线索。事实上，这件立佛像的制作方法与前文所举日本私人收藏的那件立佛像完全一致：它们的背部都作中空处理，背部正中都横出一个扁平状插榫，用于插接背光（参看图2、图12）。

十六国时期金铜佛像的成分，以铜为主，占比较大的还有锡、铅等，铜锡铅合金是十六国金铜佛像成分的基本特征，以此有别于犍陀罗地区的铜佛像，犍陀罗地区的铜佛像除了含有锡、铅外，还普遍含锌。可惜迄今为止，海内外对十六国时期金铜佛像的成分检测工作做得比较少。

北京瑞宝阁收藏的金铜佛像曾做过成分检测，其中一件早期金铜佛像值得注意，从造型风格看，应属十六国时期。为一件禅定佛坐像，佛磨光馒头状肉髻，肉髻的比例明显偏大，双肩窄削，着通肩袈裟，衣纹于胸部呈波状下垂，结跏趺坐于狮子座上，双手前后相叠，于腹前结定印，为十六国时期禅定佛常见的印式（图18）。坐佛高7.6厘米，重108克，亦属于微型金铜佛像一类。这件造像与西安市文物保护与考古研究所收藏的一件十六国时期的金铜禅定佛像的风格十分接近（图19），所以虽然这件造像系拍卖所得，但从整体上观察，笔者对其真伪问题持乐观态度。经检测，该件造像的主要成分为铜，还含有锡、铅等，占比分别为8.4%和6.3%[②]。

美国大都会博物馆收藏的部分中国金铜佛像已做过成分检测，

---

① D. Strahan, "Piece-Mold Casting: A Chinese Tradition for Fourth- and Fifth-Century Bronze Buddha Images", in M. R. Chace, ed., *Metropolitan Museum Studies in Art, Science, and Technology*, Volume 1, New Haven and London: Yale University Press, 2010, pp.133-153.

②参看邢继柱《瑞宝阁藏金铜佛像研究（一）：汉传佛像》，《收藏家》2011年第8期，69页。

图18 北京瑞宝阁藏十六国时期金铜禅定坐佛像（采自《瑞宝阁藏金铜佛像研究（一）：汉传佛像》，图1）

图19 西安市文物保护与考古研究所藏十六国时期金铜禅定坐佛像（采自 *Wisdom Embodied: Chinese Buddhist and Daoist Sculpture in The Metropolitan Museum of Art*, F.6）

图20 美国大都会博物馆藏十六国时期金铜禅定坐佛像（采自 *Wisdom Embodied: Chinese Buddhist and Daoist Sculpture in The Metropolitan Museum of Art*, "Collection Highlights", No.1）

其中包括该馆收藏的最早的一件金铜造像即十六国时期的禅定坐佛像（图20），检测结果显示，其成分主要为铜、锡、铅，其中底座部位铜占87.6%，锡占5.3%，铅占6.2%；头光部位铜占90.2%，锡占4.5%，铅占4.4%，佛身体部位未检测[①]。

经检测，成任东汉墓地出土的这两件金铜佛像的主要成分也同样均为铜、锡、铅。就具体成分占比而言，检测者同时提供了原位分析数据和包埋样品分析数据。但正如检测者指

①参看 Mark T. Wypyski, "Compositional Analysis of Metal Sculpture in the Collection", in D. P. Leidy and D. Strahan, eds., *Wisdom Embodied: Chinese Buddhist and Daoist Sculpture in the Metropolitan Museum of Art*, Appendix D, New Haven and London: Yale University Press, 2010, p.206.

出的那样，铅锡青铜在锈蚀过程中，铜、锡、铅锈蚀产物因化学性质差异存在不均匀迁移和沉积，因此铜佛像表面的原位成分分析数据只能说明两尊造像不同部位的材质均为铜锡铅三元合金，其数据本身参考意义不大。而包埋样品相较于表面原位分析更能真实指示基本原始成分，因此两件佛像的包埋样品的成分数据均可反映其合金成分特征，其中锡、铅含量相当，都在8%—11%之间[①]。

通过比较不难看出，这两件金铜佛像的制作方法与十六国时期金铜佛像的制作方法完全一致，均采用分铸法，通过插榫连接各部分，甚至更细的环节也相似，如背部中空的做法。二者的成分也基本一致，主要元素都为铜、锡、铅，为铜锡铅合金，且铜含量最高。从具体占比看，这两件金铜佛像锡、铅的占比略高于所资参比的两件十六国时期的造像样品，但数据相差并不是很悬殊，变化值的波动范围处于4.4%—11%之间。

结　论

通过本文的讨论可以确定，即便将这两件金铜佛像认定为东汉晚期遗物，它们也不是我国年代最早的金铜佛像，更不是我国年代最早的独立佛像，何况将它们认定为东汉晚期造像存在很多问题。本文从多个角度进行了分析比较，包括与汉代佛像的比较、与十六国佛像的比较，通过比较不难看出：虽然这两件金铜佛像与汉代佛像一样，都受到了犍陀罗的影响，均有犍陀罗佛像的特征，但在具体造型表现上，二者却相差甚远，造型特征巨大差异的背后，隐含的是工艺技术层面的早期阶段和成熟阶段的时间差序，如果将它们视为汉

①参看前揭李建西、邵安定等《咸阳成任墓地出土东汉金铜佛像科学分析》，125—127页。

代晚期遗存，难以理解为何同一时期造像的成熟度差异如此之大；从造像题材和内容看，没有任何线索显示东汉晚期已有五佛造像，相反地，却能找到十六国时期五佛造像的遗存；它们整体上与十六国时期金铜佛像的造型特征、造像风格高度接近，这应当是无可辩驳的事实；它们制作的方式方法也与十六国时期的金铜佛像完全一致，甚至在细部的处理上也完全一致；它们的成分也与十六国时期的金铜佛像基本一致，都是铜、锡、铅的合金，而且，从合金的成分占比看，二者的数值也比较接近。诚如学者所指出的那样，我国早期佛像中，年代越早犍陀罗的因素就越浓，但若说那件立佛除了头部没有波发外其余部位都表现出强烈的犍陀罗特征，有点言过其实，因为至少面相已完全中国化了，如果同时考虑其磨光的馒头状肉髻，可以认为其整个头部已基本没有犍陀罗的特征了，所以，如果按照“年代越早犍陀罗的因素就越浓”的逻辑来审视这件立佛，恰恰相反，不能把它的年代定得太早。总之，目前从传统的佛教考古研究层面，同时参考制作方法、成分分析等科技考古的判断和数据，我们只能将它们视为十六国时期的造像遗存。它们应是十六国时期的盗墓者随身携带的用于护佑平安的便携式微型佛像，有护身符性质，最后不慎遗落在墓室中，无独有偶，汉墓中发现十六国时期的金铜佛像在汉墓考古史上也并非孤例。最后，我们呼吁科技手段的进一步介入，对其制作工艺、技术及成分与十六国时期的金铜佛像进行更详细的比较研究，从而为这两件造像提供更多的年代学证据。

（本文原载《文博学刊》2022年第2期）

重庆大足唐宋时期千手千眼观音造像遗存的初步考察[①]

一、千手千眼观音造像的兴起及其在巴蜀地区的初传

千手千眼观音（以下除引文外，皆简称“千手观音”）又称大悲观音，而“大悲者，观世音之变也”[②]，即它是观音的一种变化身。更确切地说，它属密教系统的一种观音变化身，但随着时间的推移，千手观音造像越来越多地承载着民众信仰的诉求，而其原本的宗教内涵却越来越少，至少在中国内地情况如此。相关经典在宣扬其功能时谓其“千臂庄严普护持，千眼光明遍观照。真实语中宣密语，无为心内起悲心。速令满足诸希求，永使灭除诸罪业……我今称诵誓归依，所愿从心悉圆满”[③]，“以千眼照见，千手护持”，“能利益安乐一切众生”[④]。这些功能颇合民众信仰的心理诉求，因此千手观音虽然属于密教题材，伴随着密教兴起而兴起，但从后来千手观音的信仰和造像

---

① 本文是在旧稿《对大足北山晚唐五代千手千眼观音造像的初步考察》（载《2005年重庆大足石刻国际学术研讨会论文集》，北京：文物出版社，2007年）的基础上扩展、补充而成，为保持内容的连贯性和方便读者阅读起见，保留了旧稿的大部分内容，特此说明。

② ［北宋］苏轼《大圣慈寺大悲圆通阁记》，［明］杨慎编《全蜀艺文志》卷三八，刘琳、王晓波点校，北京：线装书局，2003年，1160页。

③ ［唐］不空译《千手千眼观世音菩萨大悲心陀罗尼经》，《大正新修大藏经》（以下简称《大正藏》）卷二十，115页下。

④ ［唐］伽梵达摩译《千手千眼观世音菩萨广大圆满无碍大悲心陀罗尼经》，《大正藏》卷二十，106页下、108页上。

情况看，多数情况下已脱离密教体系，成为民众佛教信仰万神殿中的一员。

国内千手观音造像当是伴随着有关千手观音经典的翻译而出现的，智通译《千眼千臂观世音菩萨陀罗尼神咒经序》对此交代得很清楚[①]。汉译有关千手观音的主要经典，除智通上译外，还有伽梵达摩译《千手千眼观世音菩萨广大圆满无碍大悲心陀罗尼经》、菩提流志译《千手千眼观世音菩萨姥陀罗尼身经》(《大正藏》卷二十，No.1058)、不空译《千手千眼观世音菩萨大悲心陀罗尼经》、善无畏译《千手观音造次第法仪轨》(《大正藏》卷二十，No.1068)、金刚智译《千手千眼观自在菩萨广大圆满无碍大悲心陀罗尼咒本》(《大正藏》卷二十，No.1061)、苏嚩罗译《千光眼观自在菩萨秘密法经》(《大正藏》卷二十，No.1065)等。它们先后译于初唐至盛唐时期，其中以智通译本为最早，译于太宗贞观年间，其次是伽梵达摩译本，译于高宗永徽年间。而菩提流志译本和不空译本实际上分别是智通译本和伽梵达摩译本的同本异译[②]，内容大同小异。

参诸画史资料，可以发现唐代京师寺院画壁中也很早就出现了千手观音形象。于阗画家尉迟乙僧在长安慈恩寺塔上所绘千手观音，是画史有关千手观音图像创作的最早记载。据画史记载，武周长安年间(701—704)重修长安慈恩寺塔，尉迟乙僧不仅在塔上绘制了密像千钵文殊，还绘制了千手观音。张彦远《历代名画记》卷三《记两

---

①此《经序》云："千手千眼菩萨者，……自唐武德之岁，中天竺婆罗门僧瞿多提普婆，于细氎上图画形质及坛法手印经本，至京进上。太武见而不珍，其僧悒而旋辔。至贞观年中，复有北天竺僧赍《千臂千眼陀罗尼》梵本奉进。文武圣帝敕令大总持寺法师智通共梵僧翻出咒经并手印等。……（神功年中）于妙氎上画一千臂菩萨本经咒进上，神皇令宫女绣成，或使匠人画出，流布天下不坠灵姿。"(《大正藏》卷二十，83页中—下)

②参看彭金章《千眼照见 千手护持——敦煌密教经变研究之三》，《敦煌研究》1996年第1期，12页；宿白《敦煌莫高窟密教遗迹札记》，原载《文物》1989年第9、10期，收入氏著《中国石窟寺研究》，北京：文物出版社，1996年，280页。

京外州寺观画壁·两京寺观等画壁》载:“慈恩寺……塔下南门尉迟(乙僧)画,西壁《千钵文殊》,尉迟画。”[①] 朱景玄《唐朝名画录》也载:“(尉迟)乙僧,今慈恩寺塔前功德。又凹凸花面中间《千手眼大悲》,精妙之状,不可名焉。”[②] 而从实际造像遗存看,要略早于画史记载的创作时间。

我们知道,中原地区现存可以肯定的早期密教遗物,多武周时期遗迹[③],其中包括千手观音造像。我国发现的最早的纪年千手观音造像,迄今所见,是1986年河北新城县(现高碑店市)出土的一尊白石千手观音立像,造于武周证圣元年(695),高浮雕,一面千手(其中8只正大手),立式(图1)[④]。龙门东山万佛沟的两身千手观音雕像,年代也属于武周时期,是现存无纪年造像中最早的遗存。一身位于万佛沟高平郡王窟东侧下方一小窟的东壁,浮雕,一面千手(臂),立式;另一身位于万佛沟北崖,浮雕,一面千手,立

图1 唐证圣元年造千手观音石雕立像,河北新城县出土,695年(刘建华摄)

①俞剑华注释本,上海:上海人民美术出版社,1963年,60—61页。段成式《酉阳杂俎续集》卷六《寺塔记》下亦载:“(慈恩寺)塔西面画湿耳师子,仰摹幡龙,尉迟画。及《花》、《子[千]钵曼殊》,皆一时绝妙。”([唐]段成式著,方南生点校《酉阳杂俎》,北京:中华书局,1981年,262页。按“及《花》、《子[千]钵曼殊》”方氏点作“及花子钵、曼殊”,误,“子”当是“千”的误书)。

②《景印文渊阁四库全书》第812册《子部·艺术类》,台北:商务印书馆,1982年,365页。

③宿白前揭文,280页。

④有关该尊造像的详细情况,参看刘建华《唐代证圣元年千手千眼大悲菩萨石雕立像》,载大足石刻艺术博物馆编《2005年重庆大足石刻国际学术研讨会论文集》,北京:文物出版社,2007年,469—476页;同氏《河北唐代密教雕刻》,载中国考古学会编《中国考古学会第十四次年会论文集2011》,北京:文物出版社,2012年,477—479页。

式，专龛雕出(图2)[①]。综合画史文献记载和现存最早的造像遗存的分布情况约可推知，国内的千手观音造像最早出现于唐朝的两京地区。但从目前唐代千手观音造像遗存的分布情况看，比较集中的首先是敦煌地区，其次是川渝地区，不过，它们的年代普遍晚于两京地区，可见千手观音造像经历了从两京向各地逐渐扩散的过程。

敦煌地区的千手观音造像多以经变的形式出现，还有少量是以曼荼罗的形式出现的[②]。主要分布在敦煌莫高窟、安西榆林窟等石窟壁画中，此外，出自藏经洞的纸绢画中也有一定数量的遗存。据调查统计，石窟壁画中多达70铺，外加纸绢画中的20余铺，总数达90余铺，时代从盛唐一直延续到元代，中唐至宋是其繁盛阶段[③]。

一面千手(臂)是敦煌千手观音造像的主要构图形式，一面千手式也是敦煌出现的最早的千眼观音造像，遗存见于莫高窟盛唐洞窟中(图3)[④]。

值得注意的是，约当8世纪中期前后，中原内地的千手观音造像样式经敦煌传入西域地区，近年在新疆和田策勒县达玛沟喀拉墩1号佛寺遗址出土的千手观音壁画即是很好的证明。据研究，这幅新发现的观音绘画与以往当地发现的观音图像资料差异较大，以往当地的观音造型艺术体现了多方面影响的综合，而这幅千手观音图像则体现了对内地粉本的直接移模，具体而言，粉本来自敦煌的可能性

①参看宿白前揭文，280—281页；李文生《龙门唐代密宗造像》，《文物》1991年第1期，62—63页；李玉昆《我国的观音信仰与龙门石窟的观音造像》，载龙门石窟研究所编《龙门石窟一千五百周年国际学术讨论会论文集》，北京：文物出版社，1996年，161—162页；常青《试论龙门初唐密教雕刻》，《考古学报》2001年第3期，335—360页。

②参看郃惠莉《敦煌版画中的曼荼罗》(图文版)一文图7《千手观音菩萨曼荼罗》，文载中国社会科学院历史所主办《唐史》(tanghistory)网站“敦煌专页”栏目。

③参看王惠民《敦煌千手千眼观音像》，《敦煌研究》1994年第1期，63页；彭金章前揭文，12页。另参敦煌研究院编《敦煌石窟内容总录》，北京：文物出版社，1996年。

④彭金章前揭文，14、28页。

图2 龙门万佛沟北崖第2133号龛所雕千手观音像，武周时期（采自《中国石窟·龙门石窟》第二卷，图版253）

图3 莫高窟第113窟主室东壁南侧千手观音经变，盛唐（图片由敦煌研究院提供）

最大，因为其构图与敦煌绘画高度相似(图4、5)[①]。这是迄今所见中原内地千手观音图样向西北辐射所达最远区域。

千手观音图样向西南地区辐射最远的区域是云南境内的大理国。由大理国画工张胜温等完成于大理利贞三年（1174）的《梵像卷》中，包含了两幅千手观音绘画，一幅是第93页的《千手观音》，另一幅是第102页的《大悲观世音菩萨》。前者无榜题，但据画面菩萨的造型特征可确定为千手观音。观音单面立式，面三只眼，仅绘出四十一只正大手（似漏绘一手，应为四十二只正大手），其余小手未表现。头冠顶现化佛，每手掌中现一只眼，每手或持物，或作手印，其中一双手分别托举汉

---

①参看拙稿《和田达玛沟佛寺遗址出土千手千眼观音壁画的初步考察——兼与敦煌的比较》，《艺术史研究》第十七辑，广州：中山大学出版社，2015年，254—261页。

图4 达玛沟喀拉墩1号佛寺出土千手观音壁画，编号06CDKF:001，约8世纪中期（图片由新疆维吾尔自治区博物馆提供）

图5 敦煌藏经洞出土千手观音绘画，局部，绢本设色，法国集美博物馆，编号MG.17659，981年（采自《西域美术：集美博物馆伯希和藏品》第一卷，图版98）

地样式的日月（日以三足乌表示，月以桂花树、玉兔等表示）。观音左下方面向观音跪着一男子，双手持一张口的袋子，应是贫儿，右下方面向观音胡跪一男子，枯瘦如柴，伸手作乞讨状，应是饿鬼。画面下方左右角各绘一多臂（四臂？）明王，作忿怒相，周身火焰环绕，二明王之间绘两身兽首人身像，一为象首人身，当为频那，一为猪首人身，当为夜迦（图6）。后者有榜题，题"大悲观世音菩萨"，具四十二只手，构图形式与前者基本相同，唯观音作结跏趺坐姿，贫儿和饿鬼分别被婆薮仙和吉祥天女所替代，兽首人身的频那和夜迦已完全人形化，仅头戴兽冠。观音正下方也绘一多臂（六臂？）明王，周身火焰环绕，不过该明王无忿怒相，且身着官服，甚为罕见（图7）。汉式日月图形常见于敦煌千手观音绘画中（参看图5），婆薮仙、吉祥天女以及频那夜迦等也常见于敦煌千手观音绘画中，因此大理的

图6 大理国张胜温等绘《梵像卷》第93页《千手观音》，现藏台北故宫博物院，约1174年（采李玉珉《张胜温〈梵像卷〉之观音研究》，附图1）

图7 大理国张胜温等绘《梵像卷》第102页《大悲观世音菩萨》（采自李玉珉《张胜温〈梵像卷〉之观音研究》，附图1）

千手观音图像传统应源自中原内地[①]。更确切地说，中原内地的图样应是经过四川传入大理的，因此四川大理两地的千手观音图像有着更直接的联系，通过下文对四川地区相关资料的分析将证实这一点。

敦煌及大理地区的千手观音造像遗存以及学者们对其所做的研究为我们研究川渝地区的同类造像遗存提供了很好的参照系[②]。

川渝地区是观音造像遗存比较集中的地区之一，它们既反映出与中原北方造像的联系，又具有地方特色，是研究观音图像变迁和观音信仰变迁的重要资料。川渝地区的千手观音造像，从文献的角度看，与敦煌相同，最早也出现于盛唐时期，地点是成都。段成式《酉阳杂俎续集》卷六《寺塔记》下载云：

> （长安）翊善坊保寿寺，本高力士宅，天宝九载（750）舍为寺……有先天菩萨帧（一作幨），本起成都妙积寺。开元初，有尼魏八师者，常念《大悲咒》。双流县百姓刘乙，名意儿，年十一，自欲事魏尼，尼遣之不去，常于奥室立禅。尝白魏云："先天菩萨见身此地。"遂筛灰于庭。一夕，有巨迹数尺，轮理成就，因谒画工随意设色，悉不如意。有僧杨法成，自言能画，意儿常合掌仰祝，然后指授之，以近十稔，工方毕。后塑先天菩萨凡二百四十二首，首如塔势，分臂如意蔓。……画样凡十五卷。柳七师者崔宁之甥，分三卷往上都流行。时魏奉古为长史，进之。后因四月

① 参看李玉珉《张胜温〈梵像卷〉之观音研究》，载李玉珉编《观音特展》，台北：故宫博物院，2000年，230、233页。

② 关于敦煌千手观音图像的专题研究可参看前揭王惠民文、彭金章文，以及刘玉权《榆林窟第3窟〈千手经变〉研究》，《敦煌研究》1987年第4期。相关研究可参看［日］松本荣一《敦煌画の研究》，东京：开明堂东京支居，1937年；［日］小林太市郎《唐代大悲观音》，《佛教美术》20—22，1953—1954年，收入氏著《小林太市郎著作集7·仏教艺术の研究》，京都：淡交社，1974年；宿白前揭文等；关于大理的千手观音图像研究，参看李玉珉前揭文。

八日，赐高力士，今成都者是其次本。[①]

郭若虚《图画见闻志》卷五《故事拾遗》“先天菩萨”条所载与此大同，可能抄自段书[②]。联系上下文可知，这里所描述的具“二百四十二首，首如塔势，分臂如意蔓”的先天菩萨显然就是被视为观音化身的千手观音[③]，可知千手观音在唐代一度被称为先天菩萨，得名缘由不得而知。这里的“帧”意为画幅，因此所谓的“先天菩萨帧”其实就是千手观音的画样。该画样应是成都形成的千手观音的新画样，后流入京师长安，是新画样的回流。这是有关川渝地区千手观音造像的较早记载，故事发生在开元年间，段成式在蜀地生活有年，想必故事未必全系杜撰[④]。这个故事还暗示彼时成都地区的千手观音造像样本与京师长安同类造像样本之间存在密切的联系。该故事还表明，

---

① [唐]段成式著，方南生点校《酉阳杂俎》，257—258页。按“后塑先天菩萨凡二百四十二首，首如塔势，分臂如意蔓”一句，小林太市郎标点补字如下：“后塑先天菩萨凡二百，四十二[臂]，首首如塔势，分臂如意蔓。”方括号中的“臂”字为小林太市郎补字（参看[日]小林太市郎《唐代大悲观音》，《小林太市郎著作集7・仏教艺术の研究》，108页）依据佛经的说法，千手观音的确存在多首（面）的情况，乃至千面万面（详后文）。在雕塑实践中，雕塑出千面万面绝非易事，但雕塑出二三百面也并非没有可能，若采用圆雕或圆塑的手法就极有可能。因此不应将“凡二百四十二首”点断，这样正好与“首如塔势”相呼应，意为所塑先天菩萨的二百四十余首层层叠叠，形如塔状。此外，若按小林氏的标点，则此次所塑先天菩萨达二百身之多，显然不符合上下文文意。观上下文文意，可以看出此次塑造是先天菩萨样式的初创，不可能一次塑二百身之多。因此学者仍多倾向于点作“后塑先天菩萨凡二百四十二首，首如塔势，分臂如意蔓”（参看王惠民前揭文；[日]滨田瑞美《莫高窟吐蕃时期的千手千眼观音变——以眷属图像表现为中心》，载樊锦诗主编《敦煌吐蕃统治时期石窟与藏传佛教艺术研究》，兰州：甘肃教育出版社，2012年，298页）。

②参看《景印文渊阁四库全书》第812册《子部・艺术类》，555页。

③据《寺塔记》记载，保寿寺内还有善继题辞《先天帧赞连句》，其辞云：“观音化身，厥形孔怪；胣瘤淫厉，众魔膜拜。”极言其诡异怖畏之相（[唐]段成式著，方南生点校《酉阳杂俎》，258页）。

④四库馆臣指出：“是书（指《酉阳杂俎》及《酉阳杂俎续集》——引者按）多诡怪不经之谈，荒渺无稽之物，而遗文秘籍，亦往往错出其中。故论者虽病其浮夸，而不能不相征引，自唐以来推为小说之翘楚，莫或废也。”《四库全书总目》卷一二四《子部・小说家类三》“《酉阳杂俎》并《续集》”条，北京：中华书局，1964年，1214页。在四库馆臣看来，此书虽多不经之谈，但仍有可信的一面。

巴蜀地区千手观音形象的出现不晚于开元年间，这与巴蜀地区千手观音造像遗存年代的上限大体一致。

从造像遗存看，川渝地区最早的千手观音造像遗存的年代与文献记载大体相当，即盛唐时期，中晚唐、五代（即前、后蜀）至两宋，是其流行时期。造像主要以摩崖雕刻的形式分布于成都以外的各地石窟中。从构图形式看，具有经变的特点。据迄今正式发表的资料，川渝地区的千手观音造像遗存，除大足以外，还有如下分布：

夹江牛仙寺摩崖造像第183号龛，中唐①；夹江千佛岩摩崖造像第7号龛、34号龛、83号龛、84号龛，中晚唐②；邛崃石笋山摩崖造像第3号龛、8号龛，中唐③；丹棱郑山摩崖造像第40号龛，盛中唐④；丹棱刘嘴摩崖造像第34号龛、45号龛、52号龛，盛中唐⑤；蓬溪新开寺摩崖造像第1号龛，咸通元年（860）⑥；仁寿牛角寨摩崖造像第25号龛、98号龛，盛中唐⑦；资中北岩（重龙山）摩崖造像第113号龛，中晚唐⑧，

---

①参看周杰华《夹江新发现的唐代摩崖造像》，《四川文物》1988年第2期，27—28页；胡文和《四川道教佛教石窟艺术》，成都：四川人民出版社，1994年，36页。

②参看王熙祥、曾德仁《四川夹江千佛岩摩崖造像》，《文物》1992年第2期，59、65页；前揭胡文和《四川道教佛教石窟艺术》，34页。

③参看丁祖春、王熙祥《邛崃石笋山摩崖造像》，《四川文物》1984年第2期，37—39页；前揭胡文和《四川道教佛教石窟艺术》，23页。

④参看王熙祥《丹棱郑山—刘嘴大石包造像》，《四川文物》1987年第3期，30—33页；前揭胡文和《四川道教佛教石窟艺术》，29页。按《丹棱郑山—刘嘴大石包造像》一文将40号龛编作64号龛；又郑山造像中有两处“天宝”年号的纪年题记，则此处造像始于盛唐，延至中唐，因此整区造像应为盛中唐时期。

⑤参看前揭王熙祥《丹棱郑山—刘嘴大石包造像》，30—33页；前揭胡文和《四川道教佛教石窟艺术》，31页。按此处造像除了有“天宝”纪年题记外，还有“元和”、“长庆”等年号的纪年题记，因此整区造像应为盛中唐时期。

⑥参看邓鸿钧《新开寺唐代摩崖造像初探》，《四川文物》1989年第5期，57页；前揭胡文和《四川道教佛教石窟艺术》，58页。

⑦参看邓仲元、高俊英《仁寿县牛角寨摩崖造像》，《四川文物》1990年第5期，72页。

⑧参看王熙祥、曾德仁《四川资中重龙山摩崖造像》，《文物》1988年第8期，21页；同氏《资中重龙山摩崖造像内容总录》，《四川文物》1989年第3期，38页；前揭胡文和《四川道教佛教石窟艺术》，49页。

资中西岩摩崖造像第4号龛、45号龛，晚唐五代[①]；荣县二佛寺摩崖造像第1号龛，中晚唐[②]；富顺千佛崖摩崖造像第1号龛，宋[③]；安岳卧佛院摩崖造像第45号龛，盛唐[④]；安岳庵堂寺摩崖造像第4号龛，武成二年（909）[⑤]；安岳千佛寨摩崖造像第75号龛及另一龛不具编号的造像，中唐[⑥]；安岳圆觉洞摩崖造像第42号龛，五代宋初[⑦]；等等，实际遗存数量可能还要多一些。从地域分布看，主要分布在成都以东以南地区，大足也在这个区域内。而成都以北，以及川东北地区鲜见。

安岳千佛寨第75号龛和安岳卧佛院第45号龛可作为川渝地区早期千手观音造像遗存的代表，特别是后者。千佛寨第75号龛千手观音呈立姿，立于一并列雕刻的佛和菩萨像之间，头部已损毁，身躯残损较多，34只正大手呈放射状分布于身体两侧，每侧各17只手，身前另见4只手残痕，手中持物可辨者有数珠、杨柳等，身后有椭圆形身光（图8）[⑧]。

安岳卧佛院第45号龛千手观音雕刻于卧佛院最大的三个刻经洞之外的前廊左壁，刻经洞内的刻经题记中有开元纪年，但45号龛应系补刻，因此年代因略晚于洞内刻经。45号龛千手观音亦呈立姿，立于仰莲座上，裸上身，下着贴体羊肠长裙。头部已损毁，但从残痕认可辨识出，有十一面，排列方式为3+4+3+1模式，即最下一排为三面，第二排为四面，第三排为三面，顶部一面，因此呈塔状分布，这不

---

①前揭胡文和《四川道教佛教石窟艺术》，49、51页。

②参看四川文物考古研究院编《四川散见唐宋佛道龛窟总录·自贡卷》，北京：文物出版社，2017年，67页。

③同上注，183页。该书将其年代定为唐宋，但根据该龛千手观音的宝冠的特征，应属宋代。

④参看彭家胜《安岳卧佛院调查》，《文物》1988年第8期，3页；前揭胡文和《四川道教佛教石窟艺术》，63页。关于该龛的年代，有盛唐和中唐两种意见，笔者倾向于盛唐。虽然该龛年代略晚于刻经窟，但观其风格，仍属盛唐时期。

⑤参看前揭胡文和《四川道教佛教石窟艺术》，81—82页。

⑥参看李小强待刊稿《千地绽放——中国千手观音造像遗存》。

⑦参看员安志《安岳石窟寺调查记要》，《考古与文物》1986年第6期，50页；前揭胡文和《四川道教佛教石窟艺术》，48页。

⑧参看李小强待刊稿《千地绽放——中国千手观音造像遗存》。

仅使人想起“首如塔势”的先天菩萨。观音头后有双重圆形头光，雕出六只正大手，其中二手于胸前合十，左上手举齿轮状物，应是宝轮，左下手下伸，掌心有一铜钱，手下方站立一人，双手捧一口袋，正在接撒落的铜钱，应是贫儿；右上手持宝铎，右下手亦下伸，手下方站立一人，裸体，头发倒竖，仰面张口作承接状，应是饿鬼。在观音身体左右两侧的壁面上，阴刻出数以千计的小手，呈扇形分布，手掌中皆有一眼（图9）[①]。达州高观音岩的那身造于中唐时期的观音像，可视为安岳卧佛院45号龛造像的简化形式。该龛造像除了没表现出数以千计的小手外，其余部分与安岳卧佛院45号龛造像基本一致：十一面，排列方式也为3+4+3+1模式；六只正大手；下方两侧有饿鬼与贫儿，只不过二者的位置对调了（图10）[②]。有学者认为该龛造像为十一面观音，但只要将其与安岳卧佛院45号龛造像进行比较，不难发现它其实是安岳卧佛院45号

图8 安岳千佛寨第75号龛千手观音，中唐（采自李小强待刊稿《千地绽放——中国千手观音造像遗存》）

①有学者将包括本龛在内的具十一面的千手观音都视为十一面观音（参看李翎《十一面观音像式研究——以汉藏造像对比研究为中心》，《敦煌学辑刊》2004年第2期，79—81页），其实是混淆了十一面观音与具十一面的千手观音的区别。根据有关千手观音的经典，千手观音可以是一面，也可以是多面、十余面、数十面、上百面，乃至千面万面，实际造像中以一面居多（关于千手观音首数［面数］的考察详后文）；其次，该龛阴刻出的数以千计的小手只能与千手观音相联系；另外，甘露施饿鬼，财宝施贫儿，是与千手观音造像图式或经变相匹配的内容（实例比比皆是，不备举），与十一面观音经典及造像无关。因此十一面观音与具十一面的千手观音不是一回事，不能混为一谈。

②关于该龛造像的详细情况，参看四川省文物考古研究院编《四川散见唐宋佛道龛窟总录·达州卷》，北京：文物出版社，2017年，236页。

图9 安岳卧佛院45号龛十一面千手观音，盛唐（采自刘长久《中国西南石窟艺术》，四川人民出版社，图版37）

图10 达州高观音岩十一面千手观音造像，中唐（图片由刘睿先生提供）

龛造像的简化形式，即略去了小手的表现，所以应是具十一面的千手观音。另外，四川遂宁大埂子摩崖造像中有一龛未完工的立式千手观音像，仅雕出了身体右侧的正大手，身体左侧的正大手尚未雕出，虽然头部已损毁，且整个造像风化严重，但仍可辨出颈部以上有三面，以上还有面，因此这尊千手观音应是十一面千手观音（图11）。因风化毁损严重，该龛造像的年代已难以确定，不过，毗邻该龛的一龛造像有天宝九年（750）纪年题记①，因此推测该龛造像属于中唐当无大误。由此可见，在千手观音造像在川渝地区流行的早期阶段，十一面千手观音造像就比较流行。

---

①参看李小强待刊稿《千地绽放——中国千手观音造像遗存》。

图11 遂宁大堙子摩崖十一面千手观音，中唐（采自网络）

图12 长寿东林寺摩崖十一面千手观音造像，元（采自王玉《重庆地区元明清佛教摩崖龛像》，图版壹：1）

值得注意的是，川渝地区的十一面千手观音雕造传统一直延续到了元明时期，说明此种千手观音在川渝地区有一定的流行度。实例可举重庆长寿东林寺摩崖千手观音造像、重庆合川钓鱼城摩崖千手观音造像以及泸州玉蟾岩摩崖千手观音造像等。

长寿东林寺摩崖千手观音像头部损坏严重，从残损头部的形状可辨造像为十一面千手观音像。千手观音结跏趺坐于仰莲座上，座下雕水波纹。有四十二只正大手，前有六手，即二手向上作托举状，二手当胸合十，另二手于腹前结定印，身体两侧分别有十八只手，执各种法器。左右两侧龛壁雕出眷属若干。该龛有“至大七年（1314）”题记，因知系元代造像（图12）[①]。

合川钓鱼城摩崖千手观音造像，立式，头部、身躯及正大手均已毁坏，手呈内外两种形态，内为近于圆雕的正大手，外为七八层的排列有序的阴刻小手，呈放射状分布（图13）。该尊

---

①参看王玉《重庆地区元明清佛教摩崖龛像》，《考古学报》2011年第3期，411页。

造像虽然损毁严重，但从头部毁损的面积和轮廓判断，应是十一面千手观音。该龛造像原来的崖面是南宋军民和张珏为了纪念王坚的抗元战功而刻的一通“纪功碑”，因碑文中有斥骂蒙元统治者的文字，宋元易代后，被蒙元统治者改刻为千手观音造像，目前在造像的边缘位置仍依稀可识原碑文的只言片语，如“逆丑元主”、“纪厥功被之金石”、“坚以鱼台一柱支半壁”等等[①]。可见该龛系元代造像证据确凿。重庆地区元代佛教造像本来就遗存不多，该龛造像应该是重庆地区最重要的元代佛教造像遗存，可惜近期发表在《考古学报》上的《重庆地区元明清佛教摩崖龛像》一文漏收。

泸州玉蟾岩摩崖千手观音造像是该处摩崖造像中规模最大的一龛造像（观音身高近6米），保存相对完好，观其风格，特别是从其面相呈方形的特点看，造像应属元明时期。该尊千手观音造像也有十一面，排列方式与上述造像有所不同，为3+3+3+1+1模式；立姿，高浮雕出四十二只正大手，其中二手当胸合十，又二手相叠托物于腹际，其余正大手均各有持物。在观音身后正大手以外围的壁面，浅浮雕出数以千计的小手，呈放射状分布（图14），但在下方观音的两侧未雕出饿鬼与贫儿形象。

长寿东林寺、合川钓鱼城以及泸州玉蟾岩的这几尊千手观音摩崖造像的构图虽然与安岳卧佛院第45号龛造像存在一定的差异，但它们无疑属于同一类造像，即均是具十一面的千手观音造像，是千手观音造像的一种类型，与十一面观音不是一回事。玉蟾岩千手观音造像更加证实了这一点。当然，十一面千手观音的流行不能说与十一面观音经典的翻译及其伴生的十一面观音信仰的流行没有任何关系，至少从形式上看，十一面千手观音造像除了可以承载千手观音的

---

①参看李小强待刊稿《千地绽放——中国千手观音造像遗存》。

图13 合川钓鱼城十一面千手观音造像，元（采自网络）

图14 泸州玉蟾岩摩崖十一面千手观音造像，元明时期（采自网络）

信仰内涵之外，似乎还可以兼顾十一面观音信仰的内涵，因此造此种千手观音像可谓一举两得。

二、北山造像

大足是川渝地区的千手观音造像遗存分布最为集中的地区，理应给予较多关注，但实际关注并不多①。现存摩崖龛像共10铺，其中除宝顶大佛湾1铺、圣水寺1铺外，其余8铺均集中于北山区，因此北山造像无疑是本文考察的重点。北山区的8铺造像分别是：北山佛湾第9号、218号、235号、243号、273号龛，北山

①对大足的千手观音造像，除少数学者有所介绍外，迄未见深入的专题研究文字，参看黎方银《大足石窟艺术》，重庆：重庆出版社，1990年，138—144页；Angela F. Howard, *Summit of Treasures: Buddhist Cave Art of Dazu, China,* Weatherhill, 2001, pp.15-16.

营盘坡第10号龛，北山观音坡第27号龛，北山佛耳岩第13号龛，总计8龛造像。兹将北山诸龛千手观音造像基本信息列表如下，再作讨论[①]。

大足北山区千手观音造像信息一览表

龛号	基本信息	年代	备注
佛湾9	内外双重方形平顶龛，龛高2.90米，宽2.70米，深1.42米。 主尊千手观音面西善跏趺坐于金刚座上，高浮雕，头戴花蔓宝冠，冠中一结跏趺坐化佛。胸饰璎珞，帔帛两端自体侧垂于座前。脚踏有梗仰莲足踏，桃形身光，半圆形头光。身光边缘阴刻火焰纹，内侧两边分别浅浮雕出9只手，以示千手（下同），头光中浅浮雕莲瓣一周。身体两侧各高浮雕出21只正大手，多数已残。保存较好者，有上方一双手托举一结跏趺坐佛至冠顶，一双手当胸合十，一双手手指弯曲反置腹际。左右各有一手分置宝瓶，左侧一手托结跏趺坐化佛，一手执锁形物，一手执傍牌。左侧一手执数珠置于左膝，右侧一手执玉环置于右膝。 主尊座左侧一人物面向主尊（头残），跪式，仅穿裤衩，瘦骨嶙峋，双手托钵，正接自主尊一掌中流出的甘露。主尊座右侧一老者胡跪，面向主尊仰首引颈，面相丰圆，头戴唐式软脚幞头，身着唐式圆领窄袖长袍，双手执一袋，作接物状。	晚唐	外龛左侧壁有题记，但大部漫漶，仅能识读出“大悲观世音菩萨”数字[②]。

① 相关信息主要依据笔者2004年12月—2005年1月在大足考察石窟期间所做的考察笔记，同时参考了前揭《大足石刻内容总录》。笔者在大足考察期间，得到大足石刻艺术博物馆黎方银、郭兴建、刘贤高、黄能迁诸先生及其他同仁的多方关照与帮助，在此深表谢忱！关于造像年代的判断，除个别参考了造像题记外，主要参考了黎方银、王熙祥《大足北山佛湾石窟的分期》，《文物》1988年第8期。收入重庆大足石刻艺术博物馆、大足县文物保管所编《大足石刻研究文集》（1），重庆：重庆出版社，1993年，47—74页。

② 按此条题记系笔者2004年12月—2005年1月考察北山造像时所发现，重庆大足石刻艺术博物馆、重庆市社会科学院大足石刻艺术研究所编《大足石刻铭文录》（重庆：重庆出版社，1999年）未见收录。

续表

龛号	基本信息	年代	备注
	自观音双手所托化佛的头顶向龛两侧壁化现出若干朵祥云，每朵云中均有雕像。每朵祥云末梢均指向化佛头顶。两侧壁云朵左右对称，各分四层，每层两朵。 左侧壁上层：内侧云朵中浅雕5身结跏趺坐佛，分两层排列，上二下三；外侧一朵正中雕一猪首（象首?）人身神，环其一周雕鼓十二面，该神双手作击鼓状。鼓圈外左侧一神兽面人身，右手执索。右上角现一人头部及双臂，左手执羽扇。左侧壁中层：内侧云朵正中雕一六臂神骑于孔雀上，应是孔雀王，头残；外侧一朵正中雕文殊菩萨骑于青狮上，两侧各雕一胁侍菩萨，狮尾雕一狮奴。左侧壁下层：内侧云朵正中雕一立菩萨并二童子形侍者；外侧一朵正中雕二立天王，左像持弓，右像丈剑。左侧壁底层：内侧一朵中雕一女侍者，立式，云鬓宽大，双手捧物；外侧一朵正中雕一力士，像已毁。 右侧壁上层：内侧云朵中浅雕5身结跏趺坐佛，布局与左侧壁上层内侧云朵完全相同；外侧一朵正中雕一神，手持风袋，作布风状。右侧壁中层：内侧云朵中雕一神，三头六臂，骑于牛上，应是摩醯首罗天。两手上举各托一圆形物（似为日月），两手当胸合十，另左一手下握金刚圈，另右一手下握牛缰；外侧一朵正中雕普贤菩萨结跏趺坐于白象上，双手当胸合十，两侧各立一胁侍菩萨，象尾雕一象奴。右侧壁下层：内侧云朵正中雕一立菩萨并二童子形侍者，构图与左侧壁下层内侧云朵完全相同；外侧一朵正中亦雕二立天王，左侧一身左手托物上举，右手置腰际，右侧一身已风化。右侧壁底层：内侧一朵中雕波斯仙，长髯赤膊，高鼻深目，左手执杖，右手持物前伸；外侧一朵雕像已风化（图15）。		

续表

龛号	基本信息	年代	备注
佛湾218	外方内圆拱平顶龛，龛高1.31米，宽0.79米，深0.20米。 主尊千手观音面西善跏趺坐于金刚座上，高浮雕，头戴花蔓宝冠，冠中一结跏趺坐化佛。头顶上方悬镂空华盖，盖两侧各有一飞天，体态轻盈。主尊面部风化，胸饰璎珞，脚踏有梗仰莲足踏，圆形身光。部分手臂风化残损，难以确定正大手的数量。保存较好者，有上方一双手托举一结跏趺坐佛至冠顶，一双手当胸合十，一双手手指弯曲反置腹际。前左侧一手执玉环置于左膝，前右侧一手执数珠置于右膝。其他手则分执宝珠、宝瓶、宝印、宝铎等法器。 龛左侧壁有善财童子立云中，双手持棍；龛右侧壁有龙女立云中，双手持物似长幡（图16）。	五代	
佛湾235	方形平顶龛，龛高0.73米，宽0.59米，深0.20米。 主尊千手观音面西善跏趺坐于金刚座上，高浮雕，头戴花蔓宝冠，冠中一结跏趺坐化佛。胸饰璎珞，脚踏有梗仰莲足踏，桃形身光，身光边缘阴刻火焰纹。部分手臂风化残损，难以确定正大手的数量。保存较好者，有上方一双手托举一趺坐佛至冠顶，一双手当胸合十，一双手手指弯曲反置腹际。一双手分执玉环、执数珠置于双膝。其他手则分执宝瓶、宝印、宝铎等法器。 主尊座左侧跪一人物面向主尊，仅穿裤衩，瘦骨嶙峋，双手托钵，正接自主尊一掌中流出的甘露。座右侧一老者胡跪，面向主尊仰首引颈，双手执一袋，作接物状。 龛两侧壁上方各有一飞天，于云端中双手当胸合十。左侧壁下方一侍者捧物而立，已风化；右侧壁下方一老者袒肩跣足，左手捧物，右手执杖，似为波斯仙（图17）。	五代	

续表

龛号	基本信息	年代	备注
佛湾243	方形平顶龛，规模适中，龛及像均损毁风化严重。 主尊千手观音面西善跏趺坐于金刚座上，像已风化剥蚀，仅辨大体轮廓，构图与235号龛基本一致。正壁上方两龛角处各浮雕一飞天，体态瘦削轻盈，其裙尾及飘带相互交织形成主尊头顶上方的镂空华盖。龛两侧壁下方各一侍者立于云头，左侧侍者男性，手扶拐杖，似波斯仙；右侧侍者女性，手持带叶莲蕾（图18）。	天复元年（901）	龛左壁外侧有造像题记："敬［镌］大悲千手观音菩萨壹龛。□□□□□/［右弟子军事押衙蹇知进先为］□□□［寨］□中之际，夫妇惊扰，同/［发愿上造］。贤圣［愿齐加护］，□□安［泰］，与骨肉团圆。今不负前/心，［遂镌造］上件菩萨。［悉己酉年］以天［复］元年五月十五日，就院修/□□［赞，用开鸿泽］，永为供养。"①
佛湾273	内外双重方形平顶龛，龛高1.51米，宽1.10米，深0.73米。 主尊千手观音面西善跏趺坐于金刚座上，高浮雕，头戴花蔓宝冠，冠中一结跏趺坐化佛。胸饰璎珞。脚踏有梗仰莲足踏，圆形身光，身光边缘阴刻火焰纹。主尊头顶上方龛顶悬一覆莲形华盖，华盖两侧各浅浮雕飞天一身，浮于祥云之上，手执莲蕾，面向龛外。主尊身体两侧共高浮雕出40只正大手，其中6只已残。上方一双手托举一结跏趺坐佛至冠顶，一双手当胸合十，一双手手指弯曲反置腹际。左侧一手执数珠置于左膝，右侧一手执玉环置于右膝。身侧各手分执宝瓶，宝塔、宝镜、宝钵、莲蕾、宝经等法器宝物。	五代	

① 录文采自前揭《大足石刻铭文录》，15页。标点系笔者所加。

续表

龛号	基本信息	年代	备注
	主尊座左侧跪一人物面向主尊，双手托钵，正接自主尊一掌中流出的甘露。座右侧一老者胡跪，面向主尊仰首引颈，双手执一袋，作接物状。 内龛左壁近门处雕一女侍，立式，双手捧供盘；内龛右侧壁近门处雕波斯仙，跣足而立，长髯瘦身，着袒右袈裟，高鼻深目，左手执杖，右手握数珠。 外龛门楣上方，雕有十尊小佛，皆并排坐于仰莲座上，手结定印，螺发。 外龛左右侧壁上下对称高浮雕出披帽地藏4身（左右侧壁各两身，左侧壁上方一身已残），风格一致，皆圆形头光，着交领袈裟，右舒相坐于须弥座上，左手托珠反置腹前，右手执锡杖倚靠右肩。右侧壁地藏须弥座左侧分别雕一少年沙门合掌侍立（图19）。		
营盘坡10	方形平顶龛，平面横长方形，后部凿通壁长坛，坛上雕主尊。龛高1.54米，宽1.80米，深1.46米。 主尊千手观音结跏趺坐于束腰仰莲圆座上，桃形身光，光圈周围浅浮雕出手掌若干只。主尊高浮雕，头戴花蔓宝冠，身着对襟轻衫，中有饰带垂于座前。其身体两侧共高浮雕出42只正大手。上方一双手托举一结跏趺坐佛至冠顶，一双手当胸合十，腹前二手捧钵。膝前左侧一手执净瓶，右侧一手执杨枝。身侧各手分执宝塔、化佛、宝铎、宝印等法器宝物。主尊莲座下为如意轮，轮下为基座，有二人面内跪伏座前。 主尊两肩上方，内侧各有一菩萨趺坐于莲台上，身后有圆形背光；外测各有五佛结跏趺坐于祥云内，身后有莲瓣形火焰纹背光，云尾飘向龛顶。外侧佛像，相互对称。主尊两侧正壁，左有文殊结跏趺坐于莲座上，座驮于青狮之背，下有一朵祥云护托；右有普贤结跏趺坐于莲座上，座驮于白象之背，下有一朵祥云护托。狮、象首尾各立一供养菩萨，云尾延向龛顶。	晚唐	

续表

龛号	基本信息	年代	备注
	龛左侧壁上、中部各浮雕祥云一朵，云尾朝向龛顶，每朵云内雕一组像。上部一朵云内雕一神，右手握袋口，左手压袋作布风状；中部一朵云内雕一神将，骑马飞奔，右手执辔，左手扬鞭。 龛右侧壁上、中部亦各浮雕祥云一朵，云尾朝向龛顶，每朵云内亦雕一组像。上部一朵云内雕一神，兽首人身，周围布鼓11面，双手举槌，作击鼓状；中部一朵云内雕孔雀王，骑于孔雀上，双手合十，孔雀展翅欲飞。 龛左右侧壁下部，各雕一护法金刚，皆戴盔着甲。左壁一身左手当胸，右手拄锏而立；右壁一身双手握鞭而立。右壁金刚外侧还雕有三身立像：内二身为护法神将，俱着甲胄，一将双手执剑，一将手持大刀；外一身为女侍，云鬓宽大，身着长裙，双手捧供盘，立莲台上。		
观音坡27	方形浅龛，龛高0.70米，宽0.60米。 仅凿一千手观音像，小巧玲珑，风格极近北山佛湾五代时期的同类作品。（此龛内容有待进一步了解）	五代	
佛耳岩13	方形浅龛，龛高0.80米，宽0.60米，深0.40米。 造像风化残损严重。正壁凿千手观音坐像，腹以下漫漶残缺，坐姿不明。有饿鬼等接甘露造型，但已风化，仅余痕迹。龛口左右一女侍和波斯仙二像残身。	五代	

关于北山摩崖造像开凿的历史，最重要的文字资料是唐昭宗乾宁二年（895）刻于北山佛湾的《韦君靖碑》，碑文有云："公（指韦君靖——引者，下同）睹以海涛未息，云阵犹横……然则士马虽精，其如城栅未固。思大易习坎之义，征王公设险之文，乃于景福元年壬子岁春正月，卜筑当镇西北维龙岗山建永昌寨。"又云："公又于寨内西

图15 佛湾第9号龛千手观音（采自网络）

图16 佛湾第218号龛千手观音（采自网络）

图17 佛湾第235号龛千手观音（作者自摄）

图18 佛湾第243号龛千手观音（作者自摄）

图19　佛湾第273号龛千手观音（作者自摄）

□□□□□□□□□□翠壁，凿出金仙，现千手眼之威神，具八十种之相好。施□□□□□，舍回俸禄，以建浮图。聆钟磬于朝昏，喧赞呗于远近。所谓归依妙门，志求觉道者焉。”①

龙岗山即北山，据碑文可知，韦君靖的永昌寨建于昭宗景福元年（892），建寨之后，又由韦君靖主持，在寨内开龛造像，则约可推知北山摩崖造像肇始于景福元年至乾宁二年（892—895）。北山现存纪年造像题记也支持这一看法，据对北山造像

① 录文引自陈明光《唐〈韦君靖碑〉校补》，原载重庆大足石刻艺术博物馆编《大足石刻研究文集》（2），重庆：重庆出版社，1997年。收入氏著《大足石刻考古与研究》，重庆：重庆出版社，2001年，89—90页。另参前揭《大足石刻铭文录》第一编《尖山子、圣水寺、北山石窟》之“碑碣”部分，37—43页。《铭文录》录文实采自陈氏校补录文，标点系笔者所加。按碑本无题名，首、次行署有昌州刺史、静南军节度使韦君靖累衔，方志文献据此称《韦君靖碑》，今从。

题记的全面调查，迄未发现一条早于景福元年的纪年题记[①]。

值得注意的是，据上引《韦君靖碑》碑文“现千手眼之威神”一语判断，在韦君靖主持开凿的北山最早一批龛像中已镌有千手观音造像，由此可知北山最早的千手观音造像当不晚于乾宁二年。可见千手观音造像在北山一开始就受到当地高层韦君靖集团的重视，影响及于后世的造凿，这可能是北山千手观音造像出现频率较高的原因之一。

关于韦君靖僚属造千手观音的情况，我们在北山佛湾造像题记中有发现，即上表所示佛湾第243号千手观音造像龛题记。据此条题记，该龛造于天复元年，造像者蹇知进署衔为“军事押衙”，此应是大顺元年至光化二年间（890—899）静南军节度使韦君靖、王宗靖军中的官衔[②]，当即《韦君靖碑》中所谓的“节度押衙”。但《韦君靖碑》末将校名衔中未列此人，可能是因为他得衔的时间稍晚。

但由于题记缺乏或漫漶，由韦君靖主持开凿的千手观音造像不能确定，现只能作些推测。从崖面情况以及造像的崖面分部情况和造像规模来看，笔者推测，韦君靖主持开凿的千手观音造像很可能就是北山佛湾第9号龛造像（该龛本有造像记，惜已漫漶，参看上表）。理由主要有二：其一，从整个北山的崖面情况看，佛湾区无疑是最好的区域，而从佛湾的崖面情况看，最显要的位置应该是佛湾的南端，所以这里很有可能成为北山造像最早的开凿地点。而事实上，这里不仅镌有最重要的韦君靖像、《韦君靖碑》，还有北山规模最大的一龛造像——毗沙门天王像（5号龛）。从造像题记看，这一区域有造像题

---

①参看前揭《大足石刻铭文录》第一编《尖山子、圣水寺、北山石窟》之“造像龛刻铭文”部分，11—36页。事实上，北山现存最早的纪年造像题记没有早于乾宁元年的。

②参看前揭《大足石刻铭文录》第一编《尖山子、圣水寺、北山石窟》之“造像龛刻铭文”部分，15页。又，目前学术界就王宗靖是否即韦君靖的问题有所争论，笔者以为，在没有获得确切证据之前，还是不要将他们视为同一人为好。

记的造像多早期纪年，主要为乾宁纪年，最早者为乾宁二年①。而9号龛恰在该区域内。其二，从造像规模来看，9号龛无疑是北山千手观音造像中规模最大的一龛，这从列表信息可以看出，这符合韦君靖的身份。造像规模虽然与造像者的身份不能完全对应，但作为造像者身份的参考还是可以的。

下面结合列表信息，参照有关经典，对北山千手观音造像略作具体分析。

1. 姿势

北山千手观音造像均采取坐姿，8龛造像中除1龛坐姿不明、1龛为结跏趺坐外，其余均为善跏趺坐，可见当地的千手观音造像流行善跏趺坐。此种姿势在川渝地区造像中是有先例的。前揭造于中唐时期的资中北岩第113号龛，造于中晚唐的夹江千佛岩第34号龛、第83号龛（图20）、84号龛（图21）以及造于咸通元年的蓬溪新开寺第1号龛等，主尊均为善跏趺坐。此外，造于晚唐五代的资中西岩第45号龛、造于宋的资中北岩第113号龛、造于五代宋初的安岳圆觉洞第26号龛和第42号龛等，主尊亦为善跏趺坐。可见善跏趺坐姿的千手观音造像在川渝地区有一定的传统。

按千手观音造像的姿势，经轨中并无统一的规定。经轨中仅明确了结跏趺坐一种姿势；善无畏译《千手观音造次第法仪轨》谓千手观音“上首正体身大金色，结跏趺坐大宝莲华台上”②。不空译《摄无碍大悲心曼荼罗仪轨》及苏嚩罗译《千光眼观自在菩萨秘密法经》亦

---

① 如第26号龛题乾宁二年造，第58号龛题乾宁三年造，第50号龛、52号龛题乾宁四年造，等等。参看前揭《大足石刻铭文录》第一编《尖山子、圣水寺、北山石窟》之“造像龛刻铭文”部分，11—14页。

② 《大正藏》卷二十，138页。

图20 夹江千佛岩第83号龛千手观音，中晚唐（采自网络）

图21 夹江千佛岩第84号龛千手观音，中晚唐（采自网络）

称千手观音为结跏趺坐①。其他经轨中并未言及其姿势②。而在实际的雕塑绘画作品中，千手观音有立式、结跏趺坐、善跏趺坐乃至游戏座等姿势。可见创作时并不一定拘泥于仪轨，要求得今天的造像遗存与仪轨完全对应也是不可能的。前揭河北证圣元年像及龙门的两铺千手观音雕刻均为立式；敦煌石窟中的千手观音壁画以结跏趺坐式和立式为主，中晚唐五代以结跏趺坐式为主，北宋至元以站立式为主③；敦煌藏经洞所出纸、绢画千手观音作品多立式，另有结跏趺坐式、游戏坐式④；陕北延安地区宋金时期石窟中的千手观音雕刻多呈站立

---

①参看《大正藏》卷二十，129页；《大正藏》卷二十，119页 。

②参看王惠民前揭文，66页；彭金章前揭文，12—13页。

③参看彭金章前揭文，13页。

④立式者如P. 4518之一、之二、之三、之四、之五，P. 4067之一，P. 4030，P. 3958；跏趺坐者如P. 4518之六、之七、之八，P. 3969；游戏坐者如P. 4518之十。参看林世田、申国美编《敦煌密宗文献集成续编》，全国图书馆文献缩微复制中心，2000年，492—509页。

式[1];《大正藏·图像部》所附千手观音图像既有结跏趺坐式也有立式[2]。而川渝地区的千手观音雕刻除善跏趺坐、结跏趺坐等姿势外,亦有立式的[3],只不过善跏趺坐的姿势在川渝地区占主流。此外,千手观音采取善跏趺坐式在川渝以外的地区似乎也比较少见,故初步判断此种坐式可能是川渝地区的一种特色。

2. 面(首)数

关于千手观音的面(首)数,前文注释中已略有提及。总体上看,经轨的说法并不统一。可以是一面,也可以是多面,多面的具体数额经轨的说法也不尽相同。具体而言,经轨中有言及十一面者,有言及五百面者,有言及一面三面五面七面九面十一面乃至千面万面者[4]。但在实际的雕塑绘画中,表现出十数面并非难事,数十面已然不易,遑论百面千面万面!当然,若是圆雕或圆塑,雕塑出百首以上也并非绝不可能,前揭先天菩萨即据称有二百四十二首(面)。所以在千手观音的造像遗存中,我们看到的较多的是单面、数面及十数面的形象,不过面数更为复杂。我们在《大正藏·图像部》不仅可以看到三面五面十一面千手观音,还可以看到四面十二面十三面十四面千手

①见于延安万佛洞、子长钟山、志丹石坬庄、黄陵千佛寺等石窟中。参看何利群《延安地区宋金时期石窟分期研究》,北京大学考古文博学院硕士学位论文,2001年,10页,及图版肆:3、图版肆:4;齐鸿浩《延安地区石窟寺密宗造像》,《文博》1991年第6期,56—57页,及图版贰:2。

②结跏趺坐式者如《大正藏·图像部》卷三《诸尊图像》卷上,图64;《大正藏·图像部》卷三《图像卷》第六(观音上),图55等。立式者如《大正藏·图像部》卷三《别尊杂记》卷十七,图56。

③如仁寿牛角寨第25号龛千手观音,参看前揭邓仲元、高俊英《仁寿县牛角寨摩崖造像》;安岳卧佛院第45号龛十一面千手观音、达州高观音岩十一面千手观音以及泸州玉蟾岩十一面千手观音等,参看本文图9、图10、图11。

④参看王惠民前揭文,64页;彭金章前揭文,14页。

观音[1];日本曾流行过二十七面千手观音[2];敦煌石窟中的千手观音壁画有一面者、三面者、七面者、十一面者、五十一面者,其中一面者数量最多,其次为十一面者[3]。

包括北山造像在内的大足地区的千手观音造像均为一面。值得注意的是,在川渝地区,不唯大足如此,川渝地区的千手观音造像也多为一面,仅个别为多面[4]。如此接近整齐划一的做法似乎暗示,川渝地区的千手观音造像的内在联系比较密切。事实上,川渝地区的千手观音造像的相似性还表现在其他方面。

根据经轨,单面者往往头戴化佛宝冠,璎珞严身。智通译《千眼千臂观世音菩萨陀罗尼神咒经》所载千手观音画像法云:“次说画像法。谨按梵本,造像皆用白氎,广十肘,此土一丈六尺,长二十肘,此土三丈二尺。菩萨身作檀金色,面有三眼一千臂,一一掌中各有一眼。……菩萨头着七宝天冠,身垂璎珞。”[5] 又菩提流志译《千手千眼观世音菩萨姥陀罗尼身经》云:“若画千手千眼观世音菩萨摩诃萨像变者,当用白氎纵广十肘或二十肘。是菩萨身作阎浮檀金色,面有三眼,臂有千手,于千手掌各有一眼,首戴宝冠,冠有化佛。……身服着以天妙宝衣,咽垂璎珞。”[6] 比照上表所列信息,北山千手观音造像一

① 三面者参看《大正藏·图像部》卷十二《诸观音图像》,图8、9;五面者参看《大正藏·图像部》卷十二《诸观音图像》,图7;十一面者参看前揭《大正藏·图像部》卷三《诸尊图像》卷上,图64;十三面者参看《大正藏·图像部》卷十二《诸观音图像》,图6;十四面者参看前揭《大正藏·图像部》卷三《图像卷》第六(观音上),图55、《大正藏·图像部》卷四《曼陀罗集参考图》,图68、71,以及前揭《大正藏·图像部》卷三《别尊杂记》卷十七,图56等。

② 日本《白宝抄·千手观音法杂集》上引《胎藏记》云:“千手千眼观自在,通身黄色,有二十七面。”又引《大原记》云:“圆堂本黄金色,二十七面。”又引《观自在莲花顶瑜伽法》云:“又有莲花顶轮成就法,行者于顶观置二十七面。”(《大正藏·图像部》卷十,800—801页)按此形象在日本极为流行,曾御版印行过,参看王惠民前揭文,64页。

③ 参看王惠民前揭文,64—65页;彭金章前揭文,14页。

④ 如安岳卧佛院第45号龛千手观音为十一面,参看前揭彭家胜《安岳卧佛院调查》。

⑤《大正藏》卷二十,87页。

⑥《大正藏》卷二十,101页。

般头戴花蔓宝冠,冠中现化佛,胸饰璎珞,比较符合经轨。此种表现风格,与川渝其他地区的造像也比较接近。

3. 正大手及千手

关于千手的表现,北山千手观音造像以表现数量有限的正大手为主,其他手只是在身光中象征性地浅雕若干,如佛湾第9号龛在主尊身光两边分别浅浮雕出9只手。这与宝顶大佛湾第8号龛南宋时期的千手观音千手俱足的情况有很大差异,不过川渝其他地区中唐至五代的同类造像也多如此表现,但正大手的数量不尽相同。

北山千手观音的正大手能判明者有两种,一种是40只(如佛湾第273号龛),一种是42只(如佛湾第9号龛、营盘坡第10号龛)。40只或42只正大手是最接近经轨的做法。

按诸佛典,可以看出,从千手观音的普世原则出发,教义希望它的手眼数量无限,多多益善,不仅限于千手千眼,千手千眼只是一个约数,极言其多。所以有些经轨干脆就把千手观音的臂数无限放大了,如般剌蜜帝译《首楞严经》在述及千手观音的臂数时云:"二臂、四臂、六臂、八臂、十臂、十二臂、十四、十六、十八、二十至二十四,如是乃至一百八臂、千臂万臂八万四千母陀罗臂。"①

但无限放大的臂数在图像上毕竟无法表现,所以有的经轨还是以千臂为限。如菩提流志译《千手千眼观世音菩萨姥陀罗尼身经》在述及千手观音的臂数时云:"其正大手有十八臂。……其余九百八十二手,皆于手中各执种种器仗等印,或单结手印皆各不同。"②这里18只正大手与其余982只手相合,正好是1000只。

但无论雕刻或绘画,表现1000只手并非易事,所以经轨中往往

① 《大正藏》卷十九,105页。
② 《大正藏》卷二十,101页。

更多强调的还是表现正大手，故而上引经文中不厌其烦地将18只正大手的印相及执物一一罗列。既然表现千手非易，此经下文又提出了折中的做法："又一本云……图画其菩萨身，当长五尺而有两臂，依前第五十臂印法亦得供养，不要千手千眼。此依梵本，唯菩萨额上复安一眼。"[①]据此，绘画时只需表现出两臂，并于额际复安一眼，就可代表千手观音。

而经轨中又以40或42只正大手的提法较普遍，所以40或42只正大手在造像中是比较通行的做法，当然它们主要还在于自身的象征意义，即象征着千只乃至无限多的手臂。这种提法较早的出处见于伽梵达摩译的《千手千眼观世音菩萨广大圆满无碍大悲心陀罗尼经》，此经罗列的正大手有如意珠手、羂索手、宝钵手、宝剑手、跋折罗手、金刚杵手、施无畏手、日精摩尼手、月精摩尼手、顶上化佛手、葡萄手等[②]。按其所列手的数目，刚好是40。与伽梵达摩本同本异译的《千手千眼观世音菩萨大悲心陀罗尼经》（不空译）所载手数和名称与伽梵达摩译本基本一致[③]。故而经轨中又称为"四十手法"[④]，四十手分五部可成千手千眼[⑤]。但合掌手和顶上化佛手实际上分别是两只（一双）手，所以实际手的总数应是42只，也就是说，造像中表现出42只手才是比较符合经轨的。但表现为40只手亦与经轨相去不远，毕竟经轨中有"四十手法"的提法。"四十手法"在雕塑绘画匠师那里有时可能就笼统地理解成40只手了，故而作品中有时表现为40只手，有时表现为42只手。由此可见，北山千手观音正大手的做法是比较接近经轨的。

---

①《大正藏》卷二十，101页。
②参看《大正藏》卷二十，105页。
③参看《大正藏》卷二十，117页—119页。
④参看苏嚩罗译《千光眼观自在菩萨秘密法经》，《大正藏》卷二十，120页。
⑤同上。

40只正大手在大足以外的川渝地区其他同类造像中也有表现，如资中北岩开凿于中唐时期的113号龛、蓬溪新开寺开凿于咸通元年的1号龛均为40只正大手[①]。42只正大手在大足以外的川渝地区其他同类造像中或许也有所表现，只是目前由于信息披露的不对称或造像毁损严重，有待进一步确认。

从敦煌千手观音的情况看，正大手为40只或42只者占大多数，表明它们是当地绘制千手观音正大手的基本形式，尤其是盛、中唐时期的作品无一例外是40只或42只正大手[②]。结合川渝地区的同类造像，约可窥知40只或42只正大手是表现千手观音正大手的基本形式之一，而且更流行于早期作品中（川渝的节奏稍慢于内地）。

关于北山千手观音正大手所执的法器宝物，由于残损较多，只能辨识出一小部分。根据列表信息，有宝瓶、傍牌、数珠、玉环、宝珠、宝印、宝铎、宝塔、宝镜、莲蕾、宝经、宝钵、杨枝、化佛等，比照上文所引经轨中所规定的正大手所执的法器宝物，北山千手观音正大手所执的法器宝物没有越出经轨所规定的范围。可见北山千手观音正大手的执物似乎也比较接近经轨。

4. 眷属

千手观音眷属众多，造像中往往令人目不暇接，确认身份实属不易。再者，并非所有的附属性造像都可视为千手观音的眷属。按诸经轨，记载千手观音眷属最为全面的经典是善无畏译的《千手观音造次第法仪轨》，其不仅详列诸眷属名目，还指出了它们的持物，有些还指出了它们的体貌特征：

---

①参看前揭王熙祥、曾德仁《四川资中重龙山摩崖造像》，21页；同氏《资中重龙山摩崖造像内容总录》，38页；前揭邓鸿钧《新开寺唐代摩崖造像初探》，57页。

②参看彭金章前揭文，17页。

八大菩萨以为眷属。大士前有童目天女持可爱华,乃童子并持经僧座,其形七岁童子貌。第三重有二十八部众,有各各本形……一、密迹金刚士,赤红色具三眼,右持金刚杵……二、乌刍君荼央俱尸,左手持一股金刚杵……三、魔醯那罗达,黑赤红色,具三眼,瞋怒相也……左手持杵,右手把宝盘……四、金毗罗陀迦毗罗,白红色,左手把宝弓,右手把宝箭。五、婆駁婆楼那,白红色,左手索,右手安腰。六、满善车钵真陀罗,左手金刚轮,右手拳印,红色。七、萨遮摩和罗,左手把宝幢……右手施愿印。八、鸠兰单咤半祇罗,左手金刚铎,右手金刚拳,白红色。九、毕婆伽罗王,左手把刀,右手安腰。十、应德毗多萨和罗,左手持弓,右手三叉杵箭,色黄黑也。十一、梵摩三钵罗,色红白,左手持宝瓶,右手三股杵。十二、五部净居炎摩罗,色紫白,左手持炎摩幢,右手文竿。十三、释王三十三,色白红,左手安腰,右手持金刚杵。十四、大辨功德娑怛那……左手把如意珠……右手金刚剑。十五、提头赖咤王,赤红色又青白色,左手执如意宝玉……右手刀。十六、神母女等大力众,色如(后缺)。十七、毗楼勒叉王,色赤,左手执杵,右手把剑。十八、毗楼博叉王,色白,左手执杵,右手把金索,青色。十九、毗沙门天王,色绀青,左手持宝塔,右手杵。二十、金色孔雀王,身色黄金,左手执宝幢……二十一、二十八部大仙众者……伊舍那神以为上首,身色黑赤白也,左手执杵。右手取朱盘器……二十二、摩尼跋陀罗,色白红,左手执宝幢……右手施愿印也。二十三、散脂大将弗罗婆,身色赤红,左手执金刚,右手安腰。二十四、难陀跋难陀,身色上赤色,左手执赤索,右手剑……二十五、修罗……身赤红色。左手持日轮,右手月轮……二十六、水火雷电神,此四神皆备夫妻……二十七、鸠盘荼王,长鼻,瞋怒形也,黑色,左手战丈器,右手执索。二十八、毗舍阇，大目，瞋怒形，黑赤色，左手火玉也。①

这里有三点需要说明。其一，《仪轨》所列，确切地说，应是千手观音曼荼罗中的眷属，与此相同，其他经轨也是在千手观音曼荼罗语境下谈其眷属的。这提示我们，在一般的千手观音绘画和雕塑作品中，其眷属不可能与经轨完全对应，因为一般的千手观音绘画和雕塑作品所表现的并不是严格意义上的千手观音曼荼罗（密教洞窟中的图像除外）。但是，经轨的内容，仍然是人们创作千手观音眷属的依据。其二，以上所列并不是千手观音眷属的全部，其他经轨中还列有其他一些眷属。而且按照经轨的说法，有些眷属本身也有眷属，如"诸善神及神龙王、神母女等，各有五百眷属"②，所以作品中出现几十上百乃至二百余身眷属是不奇怪的。其三，在实际的千手观音绘画和雕塑作品中的"眷属队伍"中的成员，往往不仅限于经轨中开列的眷属，这使得实际作品中的"眷属队伍"具有一定的随意性和不确定性③。

北山千手观音造像的眷属视龛内空间大小多寡不一，从列表信息可以看出，以佛湾9号龛、佛湾273号龛和营盘坡10号龛内容较丰富，且保存较好。兹以此两龛为基础，对北山千手观音造像的部分眷属试略加识读。

（1）十方诸佛

十方诸佛简称十方佛，指代十方三世一切诸佛，所以又称十方千佛。此种形象在北山千手观音造像的附属雕刻中比较常见，它们有

---

①《大正藏》卷二十，138页上—139页上。

②伽梵达摩译《千手千眼观世音菩萨广大圆满无碍大悲心陀罗尼经》，《大正藏》卷二十，105页。

③有关千手观音图像中的眷属研究，参看［日］滨田瑞美《敦煌唐宋时代千手千眼观音变眷属众》，《奈良美术研究》第9号，2010年2月；前揭同氏《莫高窟吐蕃时期的千手千眼观音变——以眷属图像表现为中心》，283—299页。

的分成两组，每组五身，对称雕于主尊上方两侧，如佛湾9号龛、营盘坡10号龛左右侧壁上层内侧云朵中各浅雕的5身跏趺坐佛即是；有的并排刻于龛楣上，如佛湾273号龛龛楣上的10身跏趺坐佛。敦煌千手观音经变中也常见十方诸佛，且布局与第一种情形相似①。四川地区现存较早的千手观音变相龛中即有十佛，如上列资中重龙山第113号龛造像。

按诸经轨，十方诸佛不在千手观音的眷属之列，但有关千手观音的经典中多次提到十方诸佛：伽梵达摩译《千手千眼观世音菩萨广大圆满无碍大悲心陀罗尼经》在述及千手观音的由来时云："（观世音菩萨）发是愿已，应时身上千手千眼悉皆具足。十方大地六种震动，十方千佛悉放光明，照触我身，及照十方无边世界。"② 可见观世音菩萨在化现为千手观音时即感应十方诸佛并得其助益。同经在述及正大手及持物时三次提到十方诸佛："若为面见十方一切诸佛者，当于紫莲华手……若为十方诸佛速来授手者，当于数珠手……若为十方诸佛速来摩顶授记者，当于顶上化佛手。"③ 又不空译《千手千眼观世音菩萨大悲心陀罗尼经》云："今诵《大悲陀罗尼》时，十方佛即来为作证明，一切罪障悉皆消灭。"④ 可见供养十方诸佛可以满足人们面见十方诸佛、希望十方诸佛授记、作证等愿望。

（2）孔雀王

即孔雀明王，兹依经轨定名。据列表信息，见于佛湾9号龛和营盘坡10号龛。佛湾9号龛左侧壁中层内侧云朵正中雕一六臂神骑于孔雀上（头残），此神当即孔雀王（但一般孔雀王为四臂）；营盘坡10

①参看王惠民前揭文，68页。
②《大正藏》卷二十，106页。
③《大正藏》卷二十，111页。不空译《千手千眼观世音菩萨大悲心陀罗尼经》所载略同。
④《大正藏》卷二十，116页。

号龛右侧壁中部一朵云内亦雕孔雀王，骑于孔雀上。

《仪轨》所列千手观音眷属中有“金色孔雀王，身色黄金，左手执宝幢，上有孔雀鸟，细妙色也，说无量妙言”。可见孔雀王属于经轨的眷属成员，只是构图与经轨有一定差异。敦煌同类作品中也有此形象，但被称为“孔雀王菩萨”①。

（3）文殊、普贤

据列表信息，文殊、普贤见于佛湾9号龛和营盘坡10号龛，在龛内左右侧壁对称雕出。佛湾9号龛左侧壁中层外侧云朵正中雕文殊骑于青狮上，右侧壁中层外侧云朵正中雕普贤结跏趺坐于白象上。营盘坡10号龛主尊两侧正壁左有文殊结跏趺坐青狮之背，右有普贤结跏趺坐于白象之背。

按文殊、普贤进入千手观音的“眷属队伍”，于经轨无据，也不见于敦煌同类作品中②，迄今所见川渝地区文殊菩萨进入千手观音眷属队伍的最早遗例出现于邛崃石笋山中唐时期的《千手观音经变》龛中，但看不出与大足北山造像存在直接的渊源关系③，因此文殊、普贤进入千手观音的“眷属队伍”应属当地出现的新因素。我们注意到，在北山不同时期除华严三圣造像以外的其他题材的龛像中，也不时见到文殊、普贤的身影，它们往往被作为主尊眷属或胁侍的一部分，对称雕于龛的左右侧壁，不惟千手观音造像如此。这是当地华严思

①参看彭金章前揭文，19页。

②敦煌千手观音经变中，眷属中的菩萨通过榜题可确认其名称的有18种之多，但未见文殊、普贤，参看彭金章前揭文，19页；从造型特征上看，也未见文殊、普贤，参看前揭滨田瑞美《莫高窟吐蕃时期的千手千眼观音变——以眷属图像表现为中心》，288—295页。

③该龛即邛崃石笋山第3号龛，在该龛主尊周围雕出了众多的千手观音的眷属，其中包括骑狮文殊菩萨（参看前揭滨田瑞美《莫高窟吐蕃时期的千手千眼观音变——以眷属图像表现为中心》，296页）。但石笋山千手观音造像的文殊菩萨在当时只是偶见，不似大足北山频繁出现，此其一；石笋山造像只单雕出一身文殊，不似大足北山文殊、普贤总是对称出现，此其二。综合以上两点，笔者认为邛崃石笋山千手观音造像中出现文殊的做法与大足北山千手观音造像中频繁对称出现文殊、普贤的做法不存在直接的渊源关系。

想和华严信仰流行的反映。晚唐五代以来，以华严三圣为主尊的石刻造像遍及大足及其附近的安岳、资中地区。近期已有学者探讨大足石刻中的华严思想与华严信仰[①]。我们还注意到，大足地区出现的这一新因素对其他地区后来的千手观音经变造像还产生了一定的影响，如内江东林寺北宋摩崖千手观音经变造像中，在龛的左右侧壁偏上方的位置就对称雕出了文殊与普贤（参看本文图35）[②]。

（4）波斯仙、功德天

据列表信息，波斯仙见于佛湾9号龛、235号龛、243号龛、273号龛、营盘坡10号龛、佛耳岩13号龛。一般位于龛右侧壁下部，即那位长髯赤膊，高鼻深目，一手执杖，一手持物的老者。按诸经轨，波斯仙也不在千手观音的眷属之列。但日本《密藏记》云："次千手千眼观自在菩萨……左侍婆苏大仙，取仙杖；右侍功德天，取花。"[③] 这里的婆苏大仙当即波斯仙。又日本《白宝抄·千手观音法杂集》下引《杂记》智证云："观自在菩萨曾从婆叟学法，彼恼吝不与法。向后于弥陀以受法，法成就多与彼仙人，现千手眼降服彼，所以仙老在千眼前。"又同书又引《毗沙门经序》云："大广智云，婆薮仙是观世音菩萨一化身，又一身上现三千眼者，显一念三千法门。"[④] 这里的婆叟、婆薮仙均即波斯仙，可见波斯仙与千手观音也是颇有因缘的，作品中出现此形象也是有依据的，只是所处位置与文献记载稍异。

在上列诸龛与波斯仙对应的位置，即龛左侧壁下部，均对称雕出一女侍形象，从保存较完好的形象看，特征比较一致：立式，云鬟宽大，双手托盘或手持莲花面向主尊作供养状。此即功德天。按功德

①参看陈清香《大足石窟中的华严思想提要》，载大足石刻艺术博物馆编《2005年大足石刻国际学术研讨会论文集》，北京：文物出版社，2007年，278—296页。

②参看李小强待刊稿《千地绽放——中国千手观音造像遗存》。

③《大正藏·图像部》卷一，13页。

④《大正藏·图像部》卷十，814页。

天属于经轨中的千手观音的眷属，但未言其具体位置。由上引《密藏记》的记载可知她处于与波斯仙对应的位置，及日本《诸说不同记》卷六“功德天”条载“现图在千手前之左，女形也。……左手持莲叶，上盛花，或图金盘上莲”，[①] 可以判断，此与波斯仙对称雕出的女侍形象就是功德天。上引《白宝抄 · 千手观音法杂集》下又引《杂记》云：“功德天者，表布施破吝贪，亦此观音化身对破[婆]叟吝也。”[②] 可见功德天与波斯仙对称雕出也是有根据的，她是针对波斯仙的吝啬的。

波斯仙和功德天两位眷属在敦煌同类经变画中也很常见，且有榜题证明它们的身份。前者在榜题中多写作“婆薮仙”，也有作“婆秀仙”、“婆瘦仙”、“婆首仙”、“婆叟仙”的，这主要是音转差异；后者多数榜题为“功德天”，个别题作“大辨才天女”的。[③] 二者也往往在主尊千手观音两侧对称绘出，北山的布局情形与之接近。至于为何有时将功德天题为“辨才天女”，可能也是受了文献的影响。《白宝抄 · 千手观音法杂集》下引《寺寺房抄》云：“辨才天则功德天也。”[④] 是则文献中有时将辨才天与功德天视为同一。

（5）饿鬼、贫儿

据列表信息，在北山千手观音造像的佛湾9号龛、235号龛、273号龛以及佛耳岩13号龛内都有这样二身一组形象：它们均于主尊座两侧下方对称雕出，二者皆胡跪，面向主尊，仰首引颈。左侧者仅穿裤衩，瘦骨嶙峋，双手托钵，正接自主尊掌中流出的甘露。右侧者双手执一袋，亦作接物状。我们将左侧者比定为饿鬼，右侧者比定为贫儿。

---

①《大正藏 · 图像部》卷一，78页。

②《大正藏 · 图像部》卷十，814页。

③参看彭金章前揭文，19页。

④《大正藏 · 图像部》卷十，814页。

按诸经轨，饿鬼、贫儿亦不在千手观音的眷属之列。但是不空译《千手千眼观世音菩萨大悲心陀罗尼经》在一一述及千手观音正大手的诸种功用时，首先交代的就是为满足饥渴有情及诸饿鬼的甘露手："若为一切饥渴有情及诸饿鬼得清凉者，当于甘露手。"[①] 可见本着众生平等的原则，饿鬼的要求在千手观音那里理应首先得到满足。饿鬼既已见诸经典，将其纳入图像系统是很自然的。而千手千眼的功用本在以此满足众生诸多的愿望，即所谓"若我（指观世音——引者）当来堪能利益安乐一切众生者，令我即时身生千手千眼具足"，[②] 所以在给饥渴者以甘露的满足时，并没有忘记给贫者以"富饶种种功德资具"的满足："若为富饶种种功德资具者，当于如意宝珠手。"[③] 于是作品中就出现了贫儿持袋接宝物或给贫儿施钱的场面。由此可见贫儿的形象虽系艺术杜撰，但于经典也并非全无所据。

最后需要说明的是，这里给饿鬼、贫儿的定名，依据来自于敦煌绘画榜题。在敦煌千手观音经变中，也多见此类形象[④]，其中不乏有榜题者，如P.3352千手观音经变榜题底稿中有"甘露施饿鬼"、"七宝施贫儿"字样[⑤]。再如松本荣一《敦煌画の研究》附图《千手观音经变》榜题有"饿鬼乞甘露时"、"贫人乞钱时"等字样[⑥]。可知千手观音造像画面中承接甘露者即是经典中所谓的饿鬼，而接宝物或钱币者应称为贫儿。由此看来，有些学者将贫儿称为"贪儿"是不准确的。

---

①《大正藏》卷二十，117页。

②语出伽梵达摩《千手千眼观世音菩萨广大圆满无碍大悲心陀罗尼经》，《大正藏》卷二十，106页。

③同上。

④参看彭金章前揭文，20页。

⑤参看王惠民前揭文，69页。同样的榜题也见于大英博物馆藏晚唐敦煌绢画《千手千眼观音经变》中，参看前揭滨田瑞美《莫高窟吐蕃时期的千手千眼观音变——以眷属图像表现为中心》，293页。

⑥［日］松本荣一《敦煌画の研究・附图》，图174。

（6）雷神、风神

据列表信息，佛湾9号龛左侧壁上层外侧一朵正中雕一猪首（象首？）人身神，环其一周雕鼓十二面，该神双手作击鼓状。营盘坡10号龛右侧壁上部一朵云内亦雕一神，造型与前者基本一致。我们将其比定为雷神。在佛湾9号龛右侧壁及营盘坡10号龛左侧壁与雷神对应的位置的云朵内雕出一神，造型基本一致：手持风袋，作布风状。我们将其比定为风神。

按诸经轨，雷神属于千手观音的眷属。前引《千手观音造次第法仪轨》："二十六，水、火、雷、电神，此四神各备夫妻。雷者天雷神，电者地电也，此余者水火以为身严。"[①] 但在敦煌石窟的千手观音经变中，不仅有水神、地神、火神，还有风神[②]。可见风神出现在千手观音的眷属中并非当地的独创。

（7）地藏

据列表信息，佛湾273号龛外龛左右侧壁上下对称雕出4身地藏，风格一致，皆圆形头光，着交领袈裟，右舒相坐于须弥座上，左手托珠反置腹前，右手执锡杖倚靠右肩。从它们在龛中所处的位置看，应当属于主尊千手观音的眷属。

按地藏菩萨成为千手观音的眷属于经轨无据，也未见于其他同类作品中，在北山也仅此一例，当是此地千手观音造像中出现的新情况。在包括北山在内的大足晚唐五代以来的佛教雕刻中，地藏出现的频率是很高的，既有作为主尊单龛雕出的情况，也有与其他尊像组

---

①《大正藏》卷二十，139页上。

②参看彭金章前揭文，20页。

合在一起的情况[①]。这些造像资料为我们考察地藏成为千手观音眷属的新情况提供了重要线索。

最后需要说明的是，北山千手观音的眷属应该还可以识读出一部分，但有一定难度，只能留待日后。图像的识读是深入研究的基础，所以这项工作必须继续下去。从以上确认的眷属看，北山千手观音的眷属大多还是于经轨有据的，且反映出与北方同类造像的相似性。但是，此地眷属中也出现了既不见于经轨、又不见于北方作品的新成员，如文殊、普贤、地藏等，这应当是川渝地区千手观音造像出现的新情况，这些新情况特别值得关注。

三、圣水寺与宝顶山造像

1. 圣水寺千手观音造像

圣水寺千手观音造像即圣水寺摩崖造像第3号龛造像。圣水寺摩崖造像位于大足县西28公里的高升乡，与安岳毗邻，距位于大足县宝山乡的尖山子摩崖造像不过4公里。值得注意的是，1987年，当地文物工作者在尖山子摩崖造像区域发现了初唐"永徽"纪年题铭，

---

①关于大足地藏造像的考察与研究，参看胡良学、蒋德才《大足石刻的地藏造像初识》，原载《四川文物》1997年第2期，收入重庆大足石刻艺术博物馆编《大足石刻研究文集》（4），北京：中国文联出版社，2002年，114—123页；罗世平《地藏十王图像的遗存及其信仰》，《唐研究》第四卷，1998年，373—414页；陈明光《石窟遗存〈地藏与十佛、十王、地狱变〉造像的调查与研究——兼探〈十王经变〉与〈地狱变〉的异同》，氏著《大足石刻考察与研究》，北京：中国三峡出版社，2001年，225—262页；姚崇新、于君方《观音与地藏：唐代佛教造像中的一种特殊组合》，《艺术史研究》第十辑，广州：中山大学出版社，2008年，467—508页；姚崇新《药师与地藏——以大足北山佛湾第279、281号龛造像为中心》，载重庆大足石刻博物馆编《2009年中国重庆大足石刻国际学术研讨会论文集》，北京：文物出版社，2013年，449—468页；Chün-fang Yü and Yao Chongxin, "Guanyin and Dizang: The Creation of a Chinese Buddhist Pantheon", *Asiatische Studien*, Vol.70, Issue 3, 2016, pp.757-796.

因而尖山子摩崖造像被认为是川东地区最早的佛教摩崖造像[①]。圣水寺摩崖造像无纪年题铭，但考虑到其与尖山子摩崖造像邻近，因而尖山子摩崖造像纪年题铭的发现对圣水寺摩崖造像年代上限的判断有一定的参考价值。

3号龛为内外双重方形平顶龛，外龛高2米，宽2.38米，深0.22米，内龛高1.57米，宽1.74米，深0.46米，造像处于半风化状态。内龛后壁正中高浮雕出主尊千手观音，观音结跏趺坐于仰莲座上，身高0.63米，莲座下又承束腰须弥座。观音一面，头戴宝冠，面相长圆，臂饰宝钏手镯，胸饰璎珞，披帛一端自座前垂下。观音身后雕出近圆形身光，其左右两侧分别高浮雕出20只正大手，在身光中呈放射状分布。其中两手当胸合十，两手于腹前结定印，两手手心向上置于膝上，肩后两手高举佛像于头顶，肩部两手分别托举日、月，其余各手分持各种法器。身光中正大手以外的空余部分被阴刻的小手填满，计有数百只。内龛正壁两侧即左右侧壁自上而下分三层高浮雕摩醯首罗天、孔雀王、菩萨、天王、力士等。须弥座两侧各浮雕一身女供养人，着交领广袖长裙，云鬓宽大，体态丰腴，双手托供物面向主尊侍立。内龛左右侧壁还雕有世俗人物形象多身。内龛龛门两侧，自上而下分别凿出两方形浅龛，龛内分别雕出两身菩萨形象，龛门两侧下方，对称雕出两身三头六臂的明王形象，左侧明王头部已风化，右侧明王三面皆作忿怒相。二明王皆一腿抬起，身体歪斜，身后满饰火焰纹(图22)[②]。二明王的身量明显大于其他眷属造像。从其身后满饰火焰纹这一点看，它们应是不动明王，因为背负猛火是不动明王形象的标配(图

---

①参看重庆大足石刻艺术博物馆、四川省社会科学院大足石刻艺术研究所《大足尖山子、圣水寺摩崖造像调查简报》，原载《文物》1994年第2期，收入《大足石刻研究文集》(2)，150页。

②以上内容系笔者在参考《大足尖山子、圣水寺摩崖造像调查简报》一文的基础上(参看《大足石刻研究文集》[2]，154页)，进行的补充完善。简报将明王视为力士，误。

23、24)[①]。从二明王所在的位置(龛门两侧下方)看,它们无疑充当了最重要的护法角色。传统上,这是力士的位置。我们将该龛造像的年代定为中晚唐,当无大误。

不难看出,该龛千手观音整铺图像的构图形式和内容与北山诸龛千手观音造像有较大差异,其年代也早于北山造像,应是大足地区早期的千手观音造像图式。就眷属而言,不见北山常见的文殊、普贤菩萨等,而突出明王。按明王也属于千手观音眷属的一类,故而诸明王出现在千手观音造像的眷属队伍中亦属正常。此外,相较于圣水寺千手观音庞大的眷属队伍,北山千手观音眷属队伍规模相对较小,内容相对简单。圣水寺与北山两地造像的差异表明,二者之间不存在直接的承继关系,只能说明大足地区唐五代时期千手观音造像的内容与图式具有阶段性特征。圣水寺造像代表了当地千手观音造像图式的早期特征,这一时期眷属队伍的内容似乎更接近经轨,因此整铺图像更具有经变的性质,而北山造像代表了当地千手观音造像图式的新变化,这一时期眷属队伍出现了不合经轨的新内容,这应与当地流行的佛教思想、佛教信仰的新变化有关。

对于圣水寺千手观音造像图式,需要思考以下两个问题:一、为何选择不动明王作为最重要的护法角色?二、这种造像图式是否有源头可寻?兹先讨论第一个问题。

按不动明王为佛教密宗八大明王首座,具有在遇到任何困难的时候,均能扫除障难,并不为动摇之意。不动明王显现忿怒相,使侵扰众生之邪魔畏惧而远离,使众生于修行路上不致动摇善念菩提心。以其法力深广,曾降服摩醯首罗天,《底哩三昧耶不动尊圣者念诵秘

① 不空译《底哩三昧耶不动尊圣者念诵秘密法》卷上载不动明王造型云:“内作赤色大力焰,即是火焰之鬘,从内而出遍于身上,如鬘也。”《大正藏》卷二一,13页中。这一点无论是唐密系统还是藏密系统都是一致的。

图22 大足圣水寺摩崖造像第3号龛千手观音，中晚唐（图片由重庆大足石刻艺术研究院提供）

图23 大足圣水寺摩崖造像第3号龛龛门左侧明王像（图片由重庆大足石刻艺术研究院提供）

图24 大足圣水寺摩崖造像第3号龛龛门右侧明王像（图片由重庆大足石刻艺术研究院提供）

密法》卷上载此事：

> 有摩醯首罗者，即是三千世界之主，住三千界之中。心慢故不肯从所召命，而作是念：是三界之主，更有谁尊而召我耶？复作是念：彼持明者畏一切秽恶，我今化作一切秽污之物，四面围绕而住其中，彼所施明术何所能为？时无动明王承佛教命召彼天，见其作如此事，即化受触金刚（即是不净金刚），令彼取之。尔时不净金刚须臾悉啖所有诸秽，令尽无余。便执彼来，至于佛所。彼复言：尔等是夜叉之类，而我是诸天之主，何能受尔所召命耶？寻即逃归，如是七遍。尔时无动明王白佛言：世尊，此有情故犯三世诸佛三昧耶法，当何事治之？佛言：即当断彼也。时不动明王即持彼，以左足蹈其顶半月中，右足蹈其妃首半月上。尔时大自在天寻即命终，于尔时闷绝之中证无量法，而得授记，生于灰欲世界，作佛号日月胜如来。①

由此可见不动明王威力之不寻常。不动明王应是诸明王中威力最著者，在整铺千手观音造像中，将其置于龛门两侧下方是合乎逻辑的。当然，在本龛造像中，摩醯首罗天与不动明王都是千手观音的眷属身份，因而不存在后者对前者的降服问题。

下面讨论第二个问题。迹象表明，这种造像图式有源头可寻，就川渝地区而言，其源头似乎在川西地区。

地处川西南的丹棱有郑山摩崖造像，造像整体年代属盛中唐时期，其中第40号龛主尊为千手观音。该龛千手观音结跏趺坐于束腰莲座上，雕出32只正大手，其余小手层叠浮雕于圆形背光中。眷属队

---

①《大正藏》卷二一，13页中—下。

伍庞大，据统计多达120余身，因此这应是一铺千手观音经变。特别值得注意的是，在龛的左右沿口下方对称雕出两身六臂护法明王①。笔者推测，这两身六臂护法明王很可能就是不动明王，其布局形式与圣水寺千手观音龛基本一致。

同处川西南的邛崃石笋山摩崖造像第3号龛和第8号龛也是伴有多眷属的《千手千眼观音经变》龛（中唐时期），其中第3号龛造像前文已提及。滨田瑞美教授绘制了这两龛的眷属分布示意图（图25、26）。

据滨田教授提示，图25所示第3号龛的第5号和第7号位都是六臂明王，图26所示第8号龛的第3号和第5号位分别是四臂明王和六臂明王②。这几身明王的共同特点是，都位于龛口处，对称雕出，且身量较其他眷属要大，因此笔者推测，这两龛的四身护法明王很可能也是不动明王③，其布局形式同样与圣水寺千手观音龛一致，即同处龛口，对称雕出，且身量较大。另外，与圣水寺第3号龛一样，邛崃石笋山第3号龛和第8号龛主尊也呈结跏趺坐姿，圆形身光。

基于以上观察，同时考虑到上举川西南地区千手观音造像的年代要早于大足圣水寺千手观音造像，我们推测，圣水寺第3号龛千手观音的造像图式源于川西地区。

通过以上对不动明王身份的比定，不难看出，前文所揭大理国

---

①该龛造像内容的提示，参看前揭王熙祥《丹棱郑山—刘嘴大石包造像》，31—32页。

②参看前揭滨田瑞美《莫高窟吐蕃时期的千手千眼观音变——以眷属图像表现为中心》，296页。

③按不动明王的形象颇多，根据仪轨所载的不同，形象亦有所区别，而且在实际创作中，往往可见艺匠的自由发挥，因此不动明王的形象有多种类型。从面、臂、足相看，有一面二臂相、一面四臂相、三面二臂相、四面四臂相、四面四臂四足相、一面六臂六足相、四面六臂相等等。本文所见的三面六臂式不动明王或可视为地方造像的创造性发挥，当然，参照上述提示，将石笋山第8号龛3号位的四臂明王视为不动明王也是可以的。其体形的多变为我们识别其身份带来一定的困扰，但"背负猛火"这一标配无疑是识别不动明王身份的重要标志。

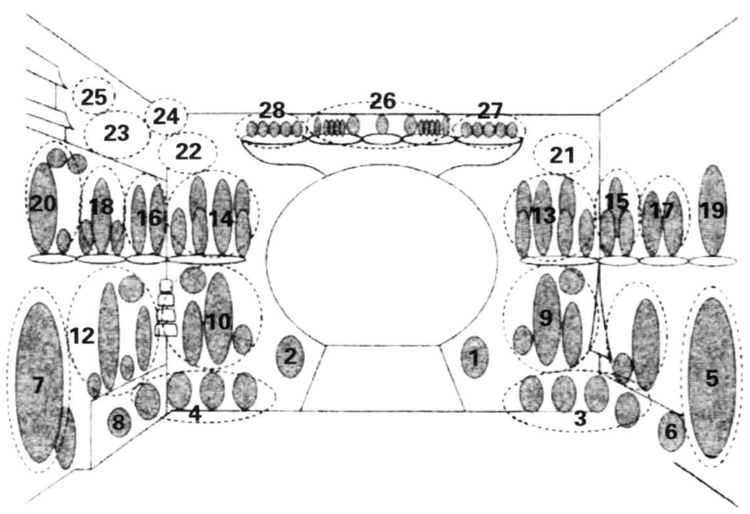

图25 邛崃石笋山摩崖造像第3号龛千手观音眷属示意图（采自滨田瑞美《莫高窟吐蕃时期的千手千眼观音变——以眷属图像表现为中心》，图14）

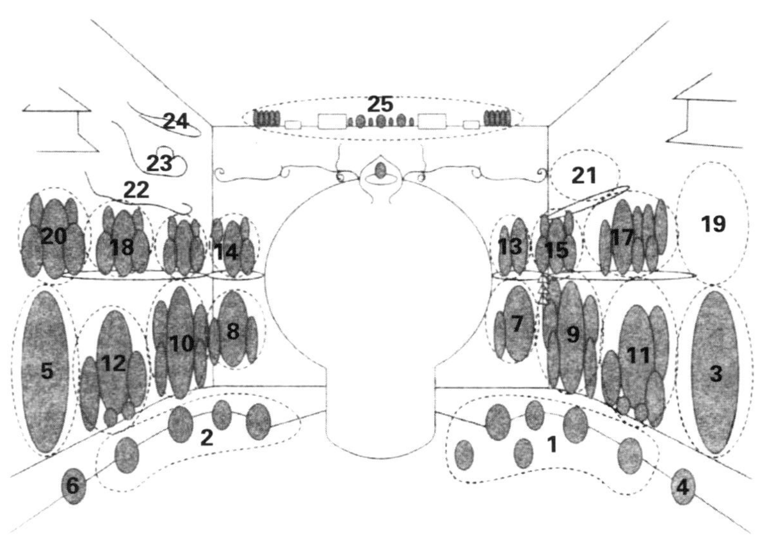

图26 邛崃石笋山摩崖造像第8号龛千手观音眷属示意图（采自滨田瑞美《莫高窟吐蕃时期的千手千眼观音变——以眷属图像表现为中心》，图15）

《梵像卷》中所绘的两幅千手观音像中的明王也应是不动明王(周身火焰环绕是其最明显的标志),且构图形式及理念也与上述邛崃石笋山造像相似:《梵像卷》中作为千手观音眷属的不动明王或对称出现在观音两侧,或位于观音正前方,且相较于其他眷属,它们的身量要大得多,明显意在突出其护法身份(参看图6、7)。这从另一个侧面反映出《梵像卷》中的千手观音绘画图式与四川地区千手观音造像的渊源关系。

不过,这种构图形式不能视为四川地区的独创,迹象显示,它与唐代敦煌石窟壁画中的千手观音经变的构图形式高度相似,表明二者关系密切。如莫高窟第148窟主室东壁门上所绘千手观音经变,为敦煌石窟中最早一批千手观音绘画作品之一,属盛唐时期。千手观音结跏趺坐于莲座上,有正大手若干,手中各执法器,圆形身光周围绘出眷属二十余身。其中,在画面下方的外侧,对称绘出两身身量明显大于其他眷属的明王像,左侧为军荼利明王,一面三目八臂,火焰背光;右侧为乌枢沙摩明王,一面三目四臂,火焰背光(图27、28)[①]。

这种以千手观音为中心、眷属环绕、明王护持的构图模式在敦煌中唐、晚唐、五代及西夏时期的千手观音经变中得到广泛运用,成为敦煌地区唐宋时期千手观音经变的基本构图模式。只是,以护法角色出现的这两身明王的身份并不十分固定,除了军荼利明王和乌枢沙摩明王外,还有马头明王、四臂明王、六臂明王、八臂明王等[②],其中四臂明王、六臂明王出现的频率比较高,而六臂明王出现的频率似乎最高。

---

①参看滨田瑞美《中国石窟美术の研究》第四章《敦煌唐宋时代の千手千眼观音变》,东京:中央公论美术出版,2013年,316—318页。

②参看滨田瑞美《敦煌唐宋时代の千手千眼观音变》所附表10《敦煌石窟の千手千眼观音变の眷属配置》,361—368页。

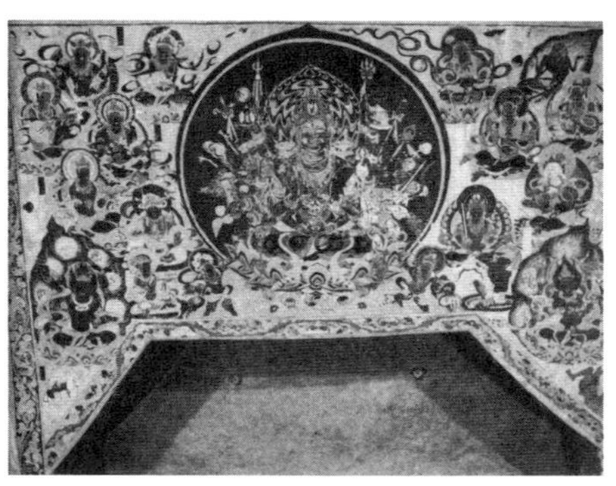

图27　敦煌莫高窟第148窟主室东壁门上千手观音经变，盛唐（采自网络）

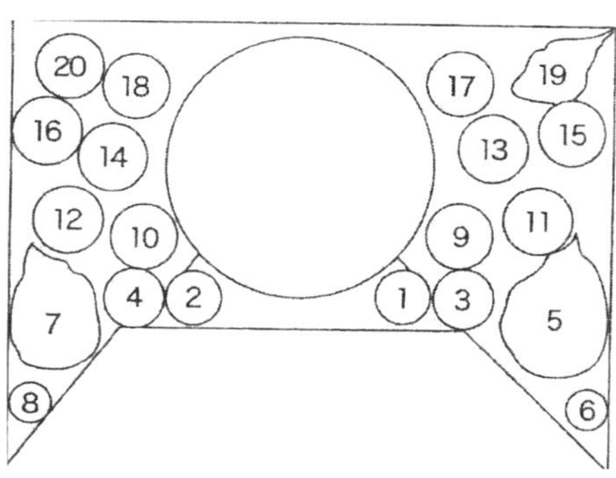

图28　莫高窟第148窟主室东壁门上千手观音经变眷属配置示意图，第5号位为军荼利明王，第7号位为乌枢沙摩明王（采自滨田瑞美《中国石窟美术の研究》，图179）

通过上述观察，我们有理由相信，川渝地区唐代千手观音龛像的构图形式很大程度上受到了敦煌盛唐以来千手观音经变构图形式的影响，在川渝地区的构图中，也颇流行六臂明王，同时可见四臂明王，相信这不是偶然的巧合。上文已暂将川渝地区的六臂明王识读为不动明王，若这一识读不误，敦煌地区的六臂明王也应是不动明王。当然，在敦煌千手观音经变中的明王的元素配置上，我们看到火焰背光也并不是不动明王的专利，其他明王也可以配置，如上举莫高窟第148窟千手观音经变中的军荼利明王和乌枢沙摩明王皆配以火焰背光。这一点，川渝地区似乎有所不同。但无论如何，川渝地区唐代千手观音龛像的构图形式受到了敦煌千手观音经变构图形式的强烈影响则是毋庸置疑的。基于这一事实，我们将川渝地区唐五代时期的千手观音龛像的性质定为千手观音经变，当无大误。

2. 宝顶山千手观音造像

一般所谓的宝顶山千手观音造像，即指宝顶山大佛湾摩崖造像第8号龛千手观音造像，雕造于南宋时期，属于大佛湾造像群的一部分。不能排除大佛湾造像群存在整体设计的可能性，那么，该龛造像与大佛湾其他龛像之间可能存在着设计者的内在逻辑关系，但限于本文主旨，这里只侧重于对8号龛造像本身的考察。该龛造像是国内现存规模最大的坐式千手观音造像之一，因而颇受关注。龛口左右呈弧形，龛高达7.2米，像宽达12.5米，占壁面积达88平方米[①]。该龛位于大佛湾南崖东段中部，上为外挑的岩檐，下与地坪相接。龛檐紧接"大悲阁"木构建筑，据宝顶山所遗明代摩崖碑刻的记载，"大悲阁"木构建筑的初建不晚于明洪熙元年（1425）[②]，千手观音雕造伊始是否即配有龛檐类附属建筑亦未可知。该龛造像历史上曾多次培修，中国文化遗产研究院刚刚完成了最近的一次培修[③]。为尽可能多地窥其原貌，本文仍采用本次培修以前的图片资料。

主尊千手观音结跏趺坐于仰莲座上，头戴化佛宝冠，冠沿高且明显外侈，冠带作结后沿双肩斜垂至大腿外侧，冠面层层雕刻坐佛。眉间竖刻一目，直鼻小口，颈刻三道纹，璎珞呈网状覆于胸前。内着僧祇支，外着双领下垂式袈裟。身体两侧刻出正大手12只，其中两手当胸合十，两手于腹前内侧结定印；两手于腹前外侧结定印；左右侧

---

①参看李永翘、胡文和《大足石刻内容总录》，载刘长久等编《大足石刻研究》，成都：四川省社会科学院出版社，1985年，471页。

②此据明洪熙元年（1425）大足县儒学教谕刘畋人所撰《重修宝顶山圣寿院记》摩崖碑刻，其文有云："……于是历载以来，重修毗卢殿阁，石砌七佛阶台，重整千手大悲宝阁。"题刻录文据陈习删著，胡文和、刘长久校注《大足石刻志略校注》，收入刘长久等编《大足石刻研究》，266页。

③有关该龛造像的历代培修情况，参看燕学锋、席周宽《千手观音的历代培修及面积勘测》，载重庆大足石刻艺术博物馆编《大足石刻研究文集》（5），重庆：重庆出版社，2005年，507—509页；最近的这次培修由中国文化遗产研究院承担，是历史上规模最大的一次培修，前后历时8年，耗资数千万元，于2015年完工，参看相关新闻报道。

上方两手上举，左手托珠，右手覆巾；左右侧中间两手平直前伸置大腿上，左右侧下方两手抚膝。左右低坛上各雕立像两身，皆着世俗服装，应是施主或供养人（两男两女，应是两对夫妇，男子皆着官服，表明他们不是普通人）[①]。龛外左右下角分别刻出贫儿、饿鬼形象。观音所坐莲座两侧，各雕一身半身力士像，似自地涌出。力士口方鼻阔，浓眉环眼，头戴凤翅盔，身着宽袖袍服，腰系革带，展臂相对作抬举莲座状。观音左右及身后浮雕千手（臂），层层叠叠，手（臂）总数，以往统计为1007只[②]，不确，最新统计为830只。手腕皆戴镯，手中多握持法器，未持法器者则结各种印相。手掌外露者，皆于掌心处刻一只眼睛（图29、30、31、32）。[③]

作为宝顶山大佛湾造像群的组成部分，该龛造像属南宋时期，应该没有问题。从造像风格也可以得到印证：该尊千手观音所戴宝冠冠沿高且明显外侈的做法是南宋时期菩萨所戴宝冠的主流样式。因此从这个角度看，这铺千手观音像具有鲜明的时代特征，地域特征反而不甚明显。这龛巨制的出现并非偶然，它应是宋代以来川渝地区千手观音造像巨型化发展趋势的产物。

宋代以降，川渝地区的千手观音造像开始向巨型化的方向发展（至少一部分造像如此），川渝各地相继出现了千手观音的巨制。据南宋王象之《舆地纪胜》（定稿大约在1228—1233年间）记载，雅

---

①有学者认为宝顶山造像是宗教结社形式的团体事业行为，因此没必要表现供养人形象或供养人题记，因而宝顶山造像缺乏供养人像和供养人题记（参看王玉冬《半身形像与社会变迁》，《艺术史研究》第六辑，2004年，47页）。但如果我们不将本龛中的这几身世俗人物视为供养人的话，很难再给他们找出更合适的身份。

②参看《大足石刻内容总录》，载刘长久等编《大足石刻研究》，471页。

③本段文字除特别注明外，主要参考了重庆大足石刻艺术研究院编《大足石刻全集》第一卷（上），重庆：重庆出版社，2017年，148—149页。在此基础上，笔者略有补充完善。

图29　宝顶大佛湾第8号龛千手观音像全景，南宋（图片由重庆大足石刻研究院提供）

图30　宝顶大佛湾第8号龛千手观音像线图（图片由重庆大足石刻研究院提供）

图31 宝顶大佛湾第8号龛千手观音像左侧内侧男供养人，着官服，作恭谨状（图片由重庆大足石刻研究院提供）

图32 宝顶大佛湾第8号龛千手观音像座下方抬座力士之一（图片由重庆大足石刻研究院提供）

州（芦山郡）"报恩寺，在郡西坡上，有大悲像，高耸六丈"[①]。大悲像即千手观音像，此大悲像应系宋代作品，很可能是南宋作品。按唐天宝元年（742）改雅州都督府为芦山郡，乾元元年（758）复为雅州，宋因之，州（郡）治在今雅安县城关镇。若以宋元每尺约合今0.31米计，这尊千手观音高达18.6米以上，是名副其实的巨制，应是立式，其高度与河北正定隆兴寺北宋初年铜铸的大悲观音像相差不多。据隆兴寺内一通详细记载铸像过程的宋碑介绍，北宋开宝四年（971）七月宋太祖驻跸正定时，因城西大悲寺及铜像先毁于契丹，继又毁于后周显德年间（954—960），遂命在寺内铸造大悲菩萨铜像，寺院建筑也因

① ［南宋］王象之撰，李勇先点校《舆地纪胜》卷一四七《雅州·景物下》，成都：四川大学出版社，2005年，4397页。

之扩建。此大悲像高达22米，是国内现存最高的铜质佛教造像之一。相较之下，芦山郡报恩寺大悲像的身量并不比这尊敕造的大悲像少多少，可惜，报恩寺早已寺毁像亡，给我们留下的只有无尽的想象。正定隆兴寺的大悲像提示我们，早在北宋初年，内地已开始出现千手观音像的巨制，可见千手观音造像巨型化也并不是川渝地区独有的传统。

现存遗迹表明，川渝地区千手观音巨制的出现与内地大致同时，约略始于北宋前期，实例如内江的三铺摩崖千手观音经变造像。其一为内江翔龙山摩崖倚坐千手观音造像，倚坐的身高竟达8米，可谓气势恢宏，在造像右侧崖壁上刻有南宋“淳熙三年（1176）”题记（图33）；其二为内江圣水寺摩崖千手观音坐像（结跏趺坐），也堪称恢宏巨制，龛高与宽达8米以上，造像体量与翔龙山千手观音相当（图34）；其三为内江东林寺摩崖千手观音像，倚坐身量高达7米以上，在体量与规模上与翔龙山、圣水寺千手观音大致相当，也同样堪称巨制（图35）[①]。翔龙山千手观音造像侧崖壁上虽有南宋纪年题记，但笔者怀疑是后来补刻，因为造像风格不类南宋，但也不会太早，因为该龛打破早期龛像的痕迹很明显（参看图33）；圣水寺千手观音的年代一般认为为晚唐；东林寺千手观音的年代一般认为为宋代。笔者认为，这三龛造像规模体量相当，地域相近，且构图形式和风格也比较接近，因此它们的年代应该相去不远。言风格接近最值得注意的是头冠的样式，它们都戴着冠沿较高且不外侈的镂空宝冠，这是川渝地区北宋时期流行的菩萨宝冠样式，五代时期已开始出现。另外，它们的正大手手臂直而僵硬、身体平直而僵硬，这是宋代以后的特点，表明它们的年代早不到五代。因此，综合考虑，笔者倾向于将它们的年代定为北宋

① 参看黄刚《心香一瓣自莲花——内江八景之一“东林晚眺”》，载佛教导航网，网址：http://www.fjdh.cn/ffzt/fjhy/ahsy2013/06/090741252649.html

图33 四川内江翔龙山摩崖千手观音像，善跏趺坐，北宋（采自李小强待刊稿《千地绽放——中国千手观音造像遗存》）

图34 四川内江圣水寺摩崖千手观音像，结跏趺坐，北宋（采自李小强待刊稿《千地绽放——中国千手观音造像遗存》）

时期。

图35 四川内江东林寺摩崖千手观音像，善跏趺坐，北宋（采自黄刚《心香一瓣自莲花——内江八景之一“东林晚眺”》）

南宋以降，川渝地区的千手观音巨制传统仍在延续，除大足宝顶大佛湾8号龛造像外，我们还能看到其他同时期的遗存，富顺千佛崖摩崖造像第1号龛千手观音造像即是其例。该龛内正壁雕千手观音坐像一尊，游戏坐姿，像高达4.30米。观音两侧高浮雕出42只正大手，分执法器，正大手以外浅浮雕小掌六层，呈扇形分布，龛顶及两侧分层高浮雕眷属若干（图36）[①]。该龛造像虽经现代重修、妆金，但原貌大体上还在，从观音头戴冠沿较高且已开始外侈的宝冠、长圆的面相等特征看，该龛造像应属南宋时期[②]。4.30米的高度虽然与翔龙山造像8米的身高相比算不上皇皇巨制，但也绝非以前流行的小制作（如大足北山千手观音造像）可比，因此该龛造像仍可纳入千手观音造像巨型制作的范畴。与此同时，成都寺院中也出现了千手观音巨制。据冯檝《大中祥符院大悲像并阁记》记载，南宋绍兴年间在成都圣寿寺内的大中祥符院中雕造了一身高达“四十七尺”的千手眼大悲立像，耗时四年（具体记载详后）。“四十七尺”约合14.5米，也堪称巨制。迹象表明，千手观音造像巨型化的做法在川渝地区一直延续到了元明时期，遗存如

① 参看四川文物考古研究院编《四川散见唐宋佛道龛窟总录 · 自贡卷》，北京：文物出版社，2017年，183页。在此基础上，笔者略有补充完善。

② 《四川散见唐宋佛道龛窟总录 · 自贡卷》将其年代定为唐宋（183页），过于宽泛，观其风格，其年代显然到不了唐代。

6　四川富顺千佛崖摩崖造像第1号龛千手观音，北宋（采自
）

图37　平武报恩寺木雕千手观音及供养人像，明代（采自网络）

本文图11所示泸州玉蟾岩的那尊造于元明时期的立式十一面千手观音像，据介绍，其身高也达到了5.6米[①]；再如四川平武明代报恩寺（建于1439—1460年间）大雄宝殿供奉的主尊立式千手观音像，据介绍，其身高高达9米，雕造者匠心独运，用一根巨大的楠木雕刻而成，堪称木雕佛教造像中的杰作。值得注意的是，等身供养人夫妇像也出现在观音左右（图37）[②]。

千手观音巨制的出现与流行，其背后隐含的逻辑可能是千手观音信仰在宋代以后得到进一步加强。不过，两宋时期川渝地区为何如此流行仍然是一个需要进一步思考的问题。

将供养人造像纳入到整个图像系统中是宝顶大佛湾8号龛造像的新做法，因而值得稍加关注。就川渝地区的千手观

①参看李小强待刊稿《千地绽放——中国千手观音造像遗存》。
②同上注。

音造像传统而言，像宝顶大佛湾8号龛这样直接将供养人像置入整个图像体系中的做法前所未见，而且位于正前方主尊的两侧，处于观者视域的中心区域，且身高与真人相若，所有这一切，都意在提示礼佛者在礼拜千手观音时，也时刻注意到供养人组像的存在，用今天的网络语言来说，就是让供养人不停地在礼佛者面前"刷存在感"。按将供养人的身量不断增大直至等身甚至更大，是晚唐五代以来敦煌石窟艺术的趋势，直至宋初依然如此。这种旨在突出供养人地位的图像语言在其他地区其实也存在，只不过没有敦煌那么明显。既然是一种总体趋势，也就不必把这种做法视为大足地区独有的特色。不过，千手观音巨制加等身供养人的构图模式首先出现在大足地区却也是不争的事实，受其影响，我们在川渝的其他地区还能看到这种做法的晚期实例，如图37所示平武报恩寺明代木雕千手观音巨像的两侧，供养人夫妇的等身像赫然在列（男供养人居左，着官服，女供养人居右）。平武报恩寺的实例也可以反证宝顶大佛湾8号龛中的世俗人物组像只能是供养人，这说明，宝顶山造像系统中供养人的概念还是存在的，而且在某些特殊窟龛中表现得还很突出。

将千手观音的宝座让半身力士抬举的构图做法是宝顶大佛湾8号龛造像的另一比较新颖的做法，因学者对宝顶山造像群中的半身像有不同的解读，因而在此也需稍加关注。

已有学者注意到宝顶山的佛教造像群中半身像表现的普遍存在，其身份多样，包括佛、菩萨、天王、力士乃至世俗人物等，如大佛湾毗卢道场窟门两侧的四身半身天王像、大佛湾大方便佛报恩经变浮雕中的半身佛群像、大佛湾观无量寿经变浮雕中的西方三圣半身像、大佛湾涅槃佛前圆雕的半身群像（包括数身菩萨以及柳本尊、赵智凤等）、大佛湾九龙浴太子浮雕中托抬水池的半身力士、大佛湾树下降诞浮雕中的半身武士等，而且在宝顶山的外围区域也有类似的表现；

学者将它们的图像语言和寓意解释为表现的是“云中世界”、“云中现”，半身应是云雾遮挡的结果，因此整个造像群表达的主要是“幻化”、“升天”的内涵，证据之一是宝顶山造像群普遍存在的云气纹①。更为重要的是，学者认为半身像图像语言包含“云中现”的寓意并非宝顶山造像群独有独创，这种图像语言早在晚唐五代时期在昌州（今大足）、普州（今安岳）以及四川其他地区业已形成②。按照这样的逻辑，川渝地区晚唐五代以来无论什么环境、什么场合下出现的半身像，其图像语言都是“云中现”，进而表达的都是“幻化”、“升天”等思想内涵。按造半身佛像有悖佛教戒律③，大概是因为教内认为造半身佛像“善相”不具足，对佛不够恭敬，有失造像本意，因而半身佛像比较罕见，像宝顶山这样大规模地造半身像因而显得很不寻常，其背后的逻辑的确值得探讨。上述学者的观点有一定的启发意义，不过似乎还有进一步思考的余地。

我们首先注意到，这种造作半身佛（菩萨）像的做法在大足地区南宋以后逐渐成为一种传统，大足明代摩崖佛教造像中还有这种做法，如大足三躯镇千佛岩摩崖造像第11号龛观经变中的西方三圣胸像，可视为这种传统在当地的延续，观其风格，与宝顶山造像一脉相承（图38）。可见，我们首先应该将这种做法定位为大足地区的一种地方传统④。不过，早在盛中唐时期，川渝地区已出现半身大佛造像，今

---

①参看前揭王玉冬《半身形像与社会变迁》，26—46页。

②同上注，16页。

③从佛教戒律的角度看，造半身像是禁止的，关于这一点，王玉冬已据《优婆塞戒经》和智顗《法华文句记》等文献的记载加以说明，这里不赘（参看前揭王玉冬《半身形像与社会变迁》，5—6页）。

④近期有学者就宝顶山半身像的成因又提出了一些新看法，认为受到了早期文本中神通灵异现象的语言启导，是宋代文人画高度写意化追求的反映，同时也是艺术创作中“追变求奇”精神的流露（参看龙红《论大足石刻半身佛和半身菩萨像》，《中国文化研究》2008年春之卷，192—196页）。但这样分析仍然停留在外围层面，仍然经不起类似“这种做法为什么偏偏会在南宋时期在大足地区集中出现并最终成为一种地方传统”一类问（转下页）

图38 大足千佛岩第11号龛观经变中西方三圣胸像，明永乐年间（采自王玉《重庆地区元明清佛教摩崖龛像》，图版叁:1）

四川仁寿县牛角寨摩崖造像第44号龛造像即是。大佛为半身胸像，依崖镌造，半身高达12.4米，半圆雕。大佛雕造于一高16米、宽11米、深8.7米的无顶巨龛中。佛头高达6.6米，螺发，低平肉髻，面相方圆，双眼半睁，双手当胸合十，胸部以下部分与山岩融为一体，神态安详，气势磅礴。大佛胸部两侧各雕一力士，均高1.9米，立于台基上。造像基本完好，唯大佛的鼻、口以及双手系后代修补（图39）[①]。从大佛胸部两侧各雕出力士的做法看，可以排除此龛造像未完工的可能性，因为常识告诉我们，如果主尊是立式，力士当位于主尊的腿部两侧，如果

（接上页）题的拷问。至于有人认为宝顶山多半身像可是出于节省人力物力的考虑（参看温廷宽《论大足宝顶石刻的一些特点》，原载《文物参考资料》1958年第4期，收入刘长久等编《大足石刻研究》，62页），就更经不起逻辑的推敲了，因为假如宝顶山的做法是出于人力物力的考虑的话，那么图38所示的明代造像难道也存在人力物力问题吗？

① 参看前揭邓仲元、高俊英《仁寿县牛角寨摩崖造像》，71页。

图39 仁寿牛角寨鹰头岩摩崖半身大佛，盛—中唐（采自刘长久《中国西南石窟艺术》，图69）

主尊是坐式，力士位于主尊宝座两侧，因此如果此龛主尊原计划是全身雕出的话，力士不应该过早地出现在主尊的胸部两侧。可见此龛半身大佛的雕造是有意为之，不是中途辍工的半成品。从大佛头部的造像特征看，与乐山大佛非常接近，不留龛顶的做法也与乐山大佛一致，因此该龛造像的年代应在盛中唐时期，牛角寨摩崖造像群中有天宝八载（749）和贞元十一年（795）纪年题记，可为旁证[①]。

仁寿牛角寨的这龛造像实例表明，至迟盛中唐时期，人们就已突破了造半身佛像的禁忌，之后是否逐渐形成了一种传统不敢断言，但似乎不绝如缕，如杭州西湖宝石山宋代雕造的半身佛像，至今尚存，俗称“大佛头”[②]。从本文的角度看，仁寿牛角寨的这尊唐代半身大佛对相距不远的大足地区（仁寿与大足的直线距离160公里左右）宋代半身佛像造作灵感的启发是完全可能的。唐人造此巨大的半身大佛的动机已不得而知，但肯定不能简单地与“云中现”、“幻化”、“升天”等概念相联系，因为不闻该龛壁面或佛胸部以下有云气纹的表现。同样，墓葬中（如成都永陵王建墓及其夫人墓中）出现的半身形象的图像语言是否也是“云中现”、“幻化”、“升天”抑或类似的表达，也是值得怀疑的，因为专门针对

---

①参看前揭邓仲元、高俊英《仁寿县牛角寨摩崖造像》，71页。

②有关西湖宝石山宋代所造“大佛头”的详细情况，参看前揭王玉冬《半身形像与社会变迁》，21—23页。

亡者的丧葬空间与语境与带有神圣性的佛教道场空间与语境之间，虽然不能说绝对没有任何联系，但二者毕竟属于两个完全不同的话语系统。由此可见，由于半身像出现的时间（时间有早有晚）、空间（所处的具体环境，甚至包括自然环境）、语境（文化内涵与文化属性）等方面的差异，导致它们可能存在完全不同的图像语言的语义场，因而出现在不同时间、不同空间、不同语境中的半身像的图像语言很难用“云中现”、“幻化”、“升天”等几个关键词来统括，用民间俗语说就是，很难用“一把尺子量到底”。

具体到宝顶山造像群中的半身像，虽然它们在时间、空间、语境方面相对统一，且宝顶山造像群特别是大佛湾造像群很可能存在统一规划，但这些半身像是否真正存在高度统一的语义场笔者仍然表示怀疑，原因在于宝顶山造像群中云气纹虽然多见，但并不是无处不在，特别是它作为半身像的“遮挡物”理应更多地出现在半身像的下方，但遗憾的是，半身像的下方恰恰少见云气纹，此其一；此造像群中的个别半身像，如8号龛中托抬千手观音宝座的力士，有其自身的图像传承，亦即有其独立的图像语言系统，这样的半身形象，与其说表现的是“云中现”，毋宁说表现的是“从地涌出”，此其二。

8号龛中半身力士托抬千手观音宝座的做法源自于“力士托座”的构图传统，这一传统既见于佛教美术又见于世俗美术，且相互借鉴，因而佛教美术与世俗美术之间造型颇多相似之处。佛教美术中多见于佛塔基座处，力士往往全身表现，作托扛佛塔状（图40）。而就本龛的半身力士图像的粉本而言，直接影响似乎来自川西平原，实例

图40 山东灵岩寺僧人墓塔下部的托塔力士，宋元时期（采自百度图库）

图41 前蜀周皇后墓抬棺床半身力士像之一（采自网络）

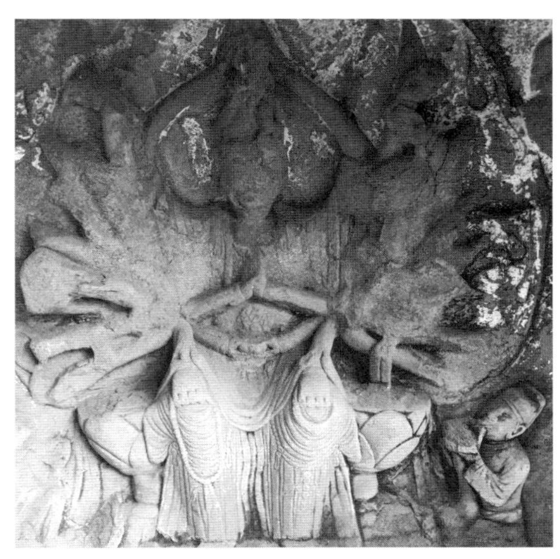

图42 安岳圆觉洞第26号龛千手观音像，五代（采自网络）

可举成都永陵王建墓及其夫人墓中的半身抬棺床的力士。两相比较，宝顶大佛湾8号龛中的力士形象与永陵中的力士还颇有几分相似（图41），可见从永陵到宝顶，这种图像的粉本在川渝地区是传承有序的。

不过，半身力士之进入千手观音的造像系统在川渝地区并不始于宝顶大佛湾8号龛造像，更早的实例见于安岳圆觉洞五代时期的千手观音经变中，即圆觉洞第26号龛造像。该龛千手观音造像与大足北山佛湾五代千手观音造像高度相似，善跏趺坐于金刚座上，所不同者，圆觉洞此龛在观音足下又雕出仰莲座，莲座由两身半身力士托扛着（图42）。可见千手观音造像中力士托扛宝座的图式在大足周围地区早已出现了。至此，宝顶山大佛湾8号龛造像中力士托（抬）宝座图式的来源基本清楚了，至于8号龛中力士的具体样式，如前所述，则可能来自川西平原。可见，将宝顶山大佛湾8号龛中的半身力士也纳入到“云中现”、“幻化”、“升天”等话语体系中显然是不合适的。

四、粉本的来源及其在川渝地区的传播线索

前文已指出，川渝地区的千手观音造像，最早大约出现于盛唐时期，地点是成都。那么成都应该是川渝地区最早出现千手观音造像的地区，而千手观音变相的粉本首先流传于成都地区的寺院中。约自盛中唐之际，成都寺院中开始出现专门供奉千手观音的“大悲院”。据画史记载，唐至德年（756—758）玄宗在蜀时建造的成都大圣慈寺即有大悲院①。之后建于元和二年（807）的成都圣寿寺也建有大悲院②。中唐以降，成都寺院画壁中的千手观音变相逐渐增多，仅大圣慈寺即有若干堵。宋范成大《成都古寺名笔记》记大圣慈寺画壁云：

> 前寺，多宝塔……及塔上壁画……《文殊》、《普贤》、《观音》、《大悲》、《如意轮》共五堵，并古迹。……文殊阁：四壁画《北方天王》、……《大悲》、《毗卢》、《十大弟子》四堵，阁外壁画《大悲》、《三十七尊》、《法华经验》、《大悲菩萨》四堵……并待诏赵公祐笔。……《千手眼观音》、《势至》，张希古笔。……华严阁：……窗外两壁画《大悲》，待诏张南本笔。……药师院：连寺廊、八门、两壁，画《千眼大悲》、《北方天王》、《大悲》、《释迦变相》四堵，待

---

①参看黄休复《益州名画录》卷上“范琼”条，《景印文渊阁四库全书》第812册《子部·艺术类》，482页。关于大圣慈寺的建造年代，参看严耕望《唐代成都寺观考略》，《大陆杂志》第六三卷第三期，1981年，101页。按北宋时期，大圣慈寺又建有大悲阁，与原大悲院并存，原大悲院被称为“西大悲院”。参看前揭苏轼《大圣慈寺大悲圜通阁记》，1160—1162页；范成大《成都古寺名笔记》，《全蜀艺文志》卷四二，1263—1265页。

②参看《益州名画录》卷上“范琼”条，483页。关于圣寿寺的建造年代，参看严耕望前揭文，101页。

诏范琼笔。……极乐院：门外壁画……《大悲菩萨》，左全笔。《观音》、《大悲》二堵，古迹。[①]

据《益州名画录》，张南本还在大圣慈寺兴善院绘有《大悲菩萨》；范琼还在大悲院绘有《大悲变相》[②]。考诸画壁形成的年代，多在中晚唐。据《益州名画录》，张南本"中和年（881—885）寓止成都"、范琼"开成年（836—840）与陈皓、彭坚同时同艺，寓居蜀城"、左全"宝历年中（825—827）声驰阙下，于大圣慈寺（画）……《千手眼大悲变相》"。[③]不过，大圣慈寺显然还有比上述诸人作品更早的、被范成大称为"古迹"的作品，其中有二《大悲》。我们有理由推测它们完成于中唐早期。

大圣慈寺无疑是当时成都绘画的中心[④]，但其时成都其他一些寺院的画壁也相当可观，其中当然也有千手观音变相。据《益州名画录》，范琼在成都圣兴寺也绘有《大悲变相》："圣兴寺大殿《东北二方天王》、《药师十二神》、《释迦十弟子》、《弥勒像》、《大悲变相》，并咸通（860—874）画。"[⑤]

成都地区千手观音的绘画、制作传统，自中唐以降，历两宋而不衰。

大圣慈寺本有大悲院，至北宋元丰五年（1082），有法师敏行者，又造大悲像，并以阁覆之。苏轼为之记云：

---

①《全蜀艺文志》卷四二，1263—1265页。

②参看《益州名画录》卷上"张南本"条、"范琼"条，486页、482页。

③参看《益州名画录》卷上"张南本"条、"范琼"条、"左全"条，486页、482页、485页。

④从李之纯《大圣慈寺画记》述大圣慈寺绘画的文字可见一斑："举天下之言唐画者，莫如成都之多；就成都较之，莫如大圣慈寺之盛。"《全蜀艺文志》卷四一，1247页。

⑤《益州名画录》卷上"范琼"条，483页。按台北故宫博物院藏有传范琼所绘大悲观音像，但实际上是明代托名作品，参看前揭李玉珉编《观音特展》，图19及206—208页说明文字。

成都，西南大都会也，佛事最盛，而大悲之像未睹其杰。有法师敏行者，能读内外教，博通其义，欲以如幻三昧为一方首，乃以大旃檀作菩萨像。端严妙丽，具慈愍相，千臂错出，开合捧执，指弹摩拊，千态具备，首各有目，无妄举者。复作大阁以覆菩萨，雄伟壮峙，工与像称。都人作礼，因生敬悟。①

由此可以想见此像颇具规模。此阁被称为大悲阁，至南宋绍兴十一年（1141）还曾进行过维修②。

同样在绍兴年间，成都圣寿寺内的大中祥符院中，雕造了一身千手大悲巨制，并作阁以覆之，时人为之记云：

沙门法珍……于（绍兴）十七年春，役工雕造千手眼大悲像，至二十一年孟冬像成。立高四十七尺，横广二十四尺。复于二十二年季春，即故暖堂基而称像建阁，阁广九十尺，深七十八尺，高五十四尺，于绍兴二十二年阁就，奉安圣像于其中。像如阎浮檀金聚而为山，晃耀一切，千目咸观，千手咸运，无方不照，无苦不救。③

这是宋代以来川渝地区形成的千手观音巨制传统在成都的反映。

成都地区虽然曾有着十分丰富的千手观音绘画、造像作品，但由于是以画壁的形式或单体雕刻的形式存在于当地寺院中，注定最后的命运是寺毁像亡，所以今天在成都地区已无法发现相关的蛛丝马

① 前揭苏轼《大圣慈寺大悲圜通阁记》，1160—1161页。

② 参看赵耆《增修大悲阁记》，收入《成都文类》卷三九，此据龙显昭主编《巴蜀佛教碑文集成》，巴蜀书社，2004年，165—166页。

③ 参看冯檝《大中祥符院大悲像并阁记》，收入《成都文类》卷四十，此据前揭龙显昭主编《巴蜀佛教碑文集成》，175页。

迹了。今天我们只能凭藉文献，作些许想象罢了。

笔者不惜笔墨考察成都地区千手观音的绘作情况，旨在说明一点，那就是，包括大足在内的川渝地区的千手观音造像的粉本，或直接或间接地，都可能出自成都地区。理由如下：其一，成都无疑是中晚唐以来西南地区的佛教与佛教艺术中心；其二，文献表明，川渝地区最早的千手观音造像可能首先出现于成都地区，时间为盛唐；其三，文献表明，成都地区的确有着悠久的千手观音绘作传统；其四，从金石文献以及川渝各地有关千手观音的造像遗存和造像铭记看，川渝各地的千手观音造像均不早于成都地区最早出现同类造像的年代。

值得注意的是，资中重龙山（北岩）摩崖造像第113龛千手观音经变，学者业已指出，该龛从布局到内容都与大足北山佛湾第9龛十分接近[①]。该龛主尊千手观音善跏趺坐于金刚座上，头戴高沿花蔓冠，冠中一化佛。具42只正大手，肩上两手合托一坐佛于冠顶，腰间两手于腹际结定印，稍下两手各执念珠一串于膝上，其余各手各执法器。椭圆形身光，缘饰火焰纹，内刻手掌二圈，以示千手（以第9号龛为代表的大足北山佛湾千手观音经变的做法与之高度相似：身光边缘阴刻火焰纹，内侧两边分别浅浮雕出手掌若干只，以示千手）。饿鬼、贫儿分别跪于座侧。龛上方左右转角各镌五佛立于云端，象征十佛。左右壁对称由上至下浮雕六层小像，为千手观音眷属，包括雷公、电母、风伯、云婆等（图43）[②]。两相比较不难发现，大足北山佛湾第9龛无论布局还是内容都与资中重龙山第113龛造像大同小异，表明二者关系密切，后者年代早于前者，前者应是受到了后者的影响。此外，安岳庵堂寺雕凿于前蜀武成二年（909）的第4龛千手观音造像的布

①参看前揭王熙祥、曾德仁《四川资中重龙山摩崖造像》，21页。
②同上注。

图43 四川资中重龙山摩崖造像第133号龛千手观音经变，观音面部及身躯经后人修补，中晚唐（采自网络）

局内容[①]，与重龙山第113龛造像亦十分接近，表明安岳境内的千手观音造像也受到了资中的影响，这当然也在情理之中。

大足地近资中（两地直线距离仅百余公里），安岳离资中更近，两地造像受其影响完全是可能的。

大足北山造像中不仅千手观音造像受到了资中的影响，只要稍加比较不难发现，北山的毗沙门天王造像也明显受到了资中的影响。资中是四川地区毗沙门天王造像遗存最为集中的地区，仅重龙山就有二十处之多，年代多属中晚唐时期。资中并有唐元和年间（806—820）资州刺史羊士谔曾作《毗沙门天王赞》，今有《毗沙门天王赞碑》传世，可见此地中唐以来

①有关庵堂寺第4龛千手观音造像的详细情况，参看前揭胡文和《四川道教佛教石窟艺术》，81—82页。

便形成了雕造毗沙门天王像的传统。造于韦君靖时期的大足北山佛湾第3号龛毗沙门天王像无论布局还是造像风格都深受资中同类造像的影响,资中重龙山雕于中唐时期的保存较好的第88龛、第106龛毗沙门天王像可资参比。第88号龛毗沙门天王头戴盔(已残),上身着鱼鳞甲,下身着条形锁子甲,肩后有牛角形背光,足下两侧各有一夜叉(仅出头部),双足间下有一地神(仅刻出肩部以上,犹如从地涌出)。右侧壁侍立一武士,戴盔披甲。左侧壁侍立一妇人,着广袖长裙,双手捧钵,内盛供物(图44)[①]。两相比较不难看出,大足北山佛湾第3号龛毗沙门天王像除眷属稍多于重龙山第88号龛以外,其余布局及造像风格与后者高度一致,包括牛角形背光以及侍立武士和妇人所处的位置等(图45)。眷属增多可视为晚期图像对早期样式的进一步发展。

迹象表明,资中对大足北山造像的影响一直延续到了宋代。大足北山佛湾第125号龛数珠手观音(俗称"媚态观音")以其造型艺术的精湛而广为人知(图46),其年代一般定为宋,这是比较稳妥的做法,不过从其头冠的样式(冠沿高且明显外侈)看,笔者倾向于定为南宋,保守一点儿的话,也只能定在两宋之际。值得注意的是,已有学者指出该龛造像与资中重龙山宋代同类造像存在相似性,具体而言,是指重龙山第60龛

图44 四川资中重龙山摩崖造像第88号龛毗沙门天王像,中唐(采自网路)

①参看前揭王熙祥、曾德仁《四川资中重龙山摩崖造像》,21页。

图45 大足北山佛湾第3号龛毗沙门天王像，晚唐（采自网络）

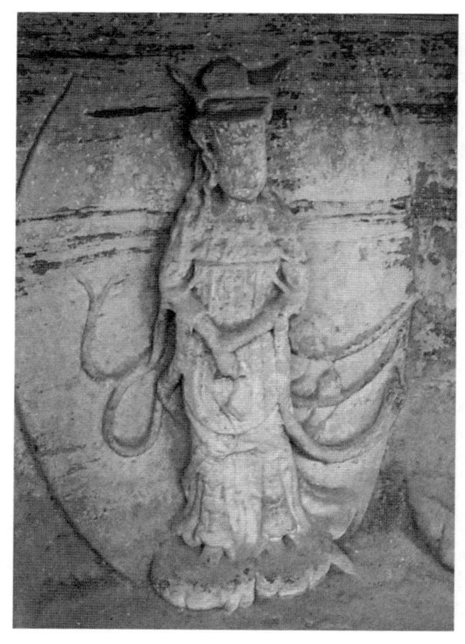

图46 大足北山佛湾第125号龛数珠手观音像，宋（采自大足石刻研究院博物馆官网）

观音像[①]。数珠手观音头戴花鬘冠，耳环垂肩，左手执柳枝，右手挽带，周身密饰璎珞，嘴角眉梢略带微笑，体态婀娜，丰姿绰约。重龙山第60龛左壁存北宋大中祥符三年（1010）重妆彩记事碑一通，《资中县续修资州志》误将该碑记为镌造碑，则该龛造像应为北宋前期作品，其下限不晚于大中祥符三年[②]。由此可见，"媚态观音"的粉本从资中重龙山到大足北山，是传承有序的。

从地理位置看，资中位于大足西北，地处成都至渝州（重庆）的交通要道上。由此我们似乎看到了唐末五代时期千手

---

①参看前揭王熙祥、曾德仁《四川资中重龙山摩崖造像》，28页。
②同上注。

观音造像的粉本自川而渝的传播途径，即由成都而资中而大足。当然粉本在传播过程中也可能会随着时空的变化而产生局部变化，所以大足北山佛湾第9龛造像与资中重龙山第113龛造像局部又有所差异，毗沙门天王像也是如此，相信“媚态观音”像也是如此。

不过，宝顶山千手观音造像粉本的来源须另作考虑，因为千手观音造像巨型化的做法已告诉我们，它并不是对大足以前千手观音造作传统的简单继承，因此需要将目光移向大足以外地区。笔者认为，就宝顶千手观音造像而言，大足以外首先需要考虑的是内江地区的造像遗存。早在20世纪40年代，在内江圣水寺东方文教院讲学的佛教学者王恩洋就注意到了内江与大足两地的佛教石刻造像存在诸多相似性，可惜他并没有作系统研究①。这两地佛教造像之间的关系或许是今后值得跟进的课题，但就本文而言，笔者想着重指出的是宝顶山千手观音造像巨制与内江地区巨型化千手观音造像的关系。我们当然重点考虑的是前文已提及的内江翔龙山摩崖千手观音造像、圣水寺摩崖千手观音造像以及东林寺摩崖千手观音造像等三铺千手观音造像巨制。笔者认为，宝顶山千手观音造像的参照系可能直接来自于上述内江的三铺造像，理由如下：(1)这三铺造像的年代前文已作分析，为北宋时期，普遍早于宝顶山千手观音造像；(2)大足内江两地地缘关系密切，内江在大足正西，两地直线距离不到100公里，比大足资中之间的距离还要近；(3)内江境内巨型千手观音造像如此集中说明，这里一度是巨型千手观音造像的中心。基于以上三点，我们有理由相信宝顶山千手观音造像的样式取自内江，当然，如果考

---

① 王恩洋有关内江、大足两地佛教石刻造像多相似的看法并未见诸正式的文字，后人的回忆文章中有间接提及。其所撰唯一一篇研究大足佛教石刻的文章《大足石刻之艺术与佛教》一文中也并未论及大足内江两地石刻造像的关系（该文原刊《文教丛刊》1947年第7期，收入刘长久等编《大足石刻研究》，102—118页）。

虑到坐姿的话，宝顶山千手观音造像与内江圣水寺千手观音造像更为密切。当然，一如前文所言，模仿的同时有局部变化完全是可能的，具体而言，宝顶山千手观音造像宝冠样式的变化（这是顺应时代的变化）、供养人的添加、托座力士的添加等都可视为新出现的局部变化。

结　论

从造像属性判断，大足地区的千手观音造像基本上属于经变性质，这一点与川渝地区的其他千手观音造像是一致的。但与周边地区特别是与大足以西地区相比，大足地区的千手观音造像出现得并不算早。通观相关遗存，大足地区千手观音造像的发展大体可分为三个阶段：第一阶段约中晚唐时期，是大足千手观音造像的起始阶段，以大足圣水寺千手观音造像为代表；第二阶段约唐末五代时期，是大足千手观音造像的鼎盛时期，以北山佛湾等处的千手观音造像群为代表；第三阶段为南宋时期，是大足千手观音造像的尾声，以宝顶山大佛湾千手观音造像为代表。不难看出，该地区的千手观音造像活动是不连续的，特别是第二与第三阶段之间有相当长的时间间隔，因而该地千手观音造像图式之间缺乏明显的承继关系，从而也使整个大足地区的千手观音造像的内容与图式呈现出阶段性特征。尽管如此，各阶段造像都有着各自清晰的生成逻辑，这些生成逻辑大体上都要去大足以西的地区去寻找。

第一阶段明王把龛口的做法不见于第二阶段的造像中，而第二阶段造像中出现的新眷属如文殊、普贤以及地藏等也不见于第一阶段造像的眷属群，这进一步说明一、二阶段造像图式不存在承继关系。但与第一阶段造像高度相似且年代更早的图式却见于川西南的邛崃，饶有趣味的是，这也是敦煌唐代石窟中的常用图式，那么四川地区的此种图式与敦煌的关系是显而易见的。当然，此种图式在四川传播的中心应是成都，邛崃只是成都影响的结果。因此，第一阶段的图式应是直接来自于川西地区，若要追根溯源的话，其源头或许在敦煌。第二阶段的造像风格同样与西面的资中同类造像存在高度相似，迹象表明，唐末五代时期，资中造像对大足的影响不仅限于千手观音造像，影响是多方面的，如毗沙门天王造像，这种影响甚至持续到了南宋时期。不过，就千手观音造像粉本的流传而言，资中只是中转站而已，唐末五代时期千手观音造像粉本自川而渝的传播途径，应是由成都而资中而大足。第三阶段造像的出现与川渝地区特别是四川地区北宋以来逐渐兴起的巨型化千手观音造像传统有直接的关系，因此如前所言，它生成的逻辑同样要去大足以西的地区去寻找。种种迹象表明，紧邻资中且与大足相距不远的内江地区北宋以来一度成为巨型千手观音造像的中心，因此我们相信，宝顶山千手观音造像的基本样式取自内江。

由此可见，大足地区的千手观音造像只是整个川渝地区唐宋时期千手观音造像的一部分，其发展变化与大足以外区域特别是大足以西区域不同时期千手观音造像的发展变化息息相关，了解它们与大足以外区域造像之间的关系，对于认识川渝地区唐宋时期的密教及密教造像的传播轨迹应该有一定的启发意义。现在看来，中唐以后川渝地区的密教与密教造像有自川西平原逐渐向南部以及东南部推移的地域变化趋势。

既然大足地区的千手观音造像属于整个川渝地区千手观音造像的一部分，那么它们与川渝其他地区千手观音造像的趋同性是可以想见的，但这并不意味着大足地区的千手观音造像完全没有自己的特色。如第二阶段造像中出现的不见于其他地区、也不见于经典的新眷属文殊、普贤、地藏等，再如第三阶段造像中凸显供养人地位做法以及以半身力士托抬宝座的做法，前者不见于其他地区，后被其他地区所效仿，后者仅见于与大足毗邻的安岳地区。这些新元素皆可视为大足本地的地方特色，其背后隐含的，很可能是某一时期大足地方的信仰逻辑，当然值得今后进一步探究。

（本文原载《大足学刊》第2辑，2018年）

观音与地藏
——中国佛教神祇的创造

偶像崇拜是佛教的核心内容。在东汉早期佛教传入中国之前，中国的神祇并不流行以偶像的形式来呈现。大型的佛像供诸佛教寺院，而被用于私人供养的小型偶像则见诸人们家中。在佛寺大殿中，我们可以见到以释迦牟尼为主尊，其两侧分别为过去佛和未来佛的三尊造像。除此之外，还有以阿弥陀佛为主尊，两侧胁侍观音与大势至；或以毗卢遮那佛为主尊，两侧胁侍文殊与普贤的配置。前者被称为“西方三圣”，后者被称为“华严三圣”。这样的配置均有佛教经典依据。

但是在当今学者的研究中，佛教诸神并不总有经典可依。本文作者在各自的研究中也证实了这种情况。数年前，作者对观音信仰展开研究时发现13世纪后的观音画像和造像中，女性化后的观音身边常常伴有一对童男童女随侍，有时还有一只白鹦鹉(图1、2)。其中童男即为善财(或称善财童子)，童女即为龙女。在佛教经典中，观音与善财童子、龙女均有联系，但并不发生在同一时期。据《华严经》记载，年轻的朝圣者善财为了修习佛法，遍访53位善知识，而观音即是善财童子参见求法的第28位善知识。另一方面，龙女的正典依据可追溯到颂扬千手和不空羂索形态的密教观音经典，这些经典记述了菩萨去到龙宫传授陀罗尼，龙王的女儿为了表示感谢，献给观音一颗无价的宝珠。此外，由于《法华经》的盛行，龙女的渊源也可溯至此

图1 赵奕《南海观音绘画》，台北故宫博物院藏，1313年

图2 复合型观音（南海、白衣和鱼篮），阿姆斯特丹瑞吉克斯博物馆（Rijks Museum）藏，19世纪（于君方摄）

经，即便《法华经》中未见任何与龙女和观音有直接联系的记载，但是，善财、龙女与观音的同时出现却缺乏经典依据，且白鹦鹉的出现也毫无依据。显然，此类图像属于本土化的创作。于君方推断该创作的灵感应该是来源于感应故事、本土经典、通俗故事、宝卷所反映的宗教信仰。到了某一时期，不仅是善财与龙女，甚至白鹦鹉也同时出现在叙述观音如何招纳两位胁侍和白鹦鹉的宝卷中①。

① Chün-fang Yü, *The Chinese Transformation of Avalokitesvar*, New York: Columbia University Press, 2001, pp.440-447.

观音与地藏组合是中国佛教神谱中的另一个缺乏经典依据的例子。尽管此组合在日本和韩国也有发现①，但是大部分主要还是在中国，尤其是在四川地区。此类新图像引起了中国和美国学者的关注。张总整理了大量包括造像和绘画图像在内的地藏图像遗存②，苏珊（Thomas Suchan）③和智如（Zhiru）④的研究着重关注了四川地区的造像。于君方在21世纪初的数年间对四川的几次田野调查中，同样震撼于观音与地藏造像成对见于同一龛或相邻龛的现象。与此同时，姚崇新在四川北部的观音与地藏的石窟造像中也发现了相同的造像组合⑤，该造像组合常常独立出现。此外，还存在着阿弥陀佛、药师佛、佛陀（成佛前的释迦牟尼）或弥勒佛加入这一组合，从而产生有趣的新三圣组合的情况，亦同样不见于任何经典记载中。

观音与地藏造像组合和由它们构成的新三圣造像组合在四川地区（广元、巴中，尤其在大足北山）被大量发现。但是它们同样也见于龙门、南响堂山和敦煌地区。这些造像溯源可早至7世纪中期到8世纪早期，即唐高宗统治时期至武则天统治时期。三圣造像组合最早

---

① Young-Sook Pak, "The Role of Legend in Koryo Iconography（Ⅰ）The Ksitigarbha Triad in Engakuji," in K.R. van Kooij and H. van der Veere, eds., *Function and Meaning in Buddhist Art*, Leiden: Egbert Forsten, Goningen, pp.155-165.

②张总《地藏信仰研究》，北京：宗教文化出版社，2003年，173—236页。

③ Thomas Suchan, "The Eternally Flourishing Stronghold: An Iconographical Study of the Buddhist Sculpture of the Fowan and Related Sites at Beishan, Dazu Ca. 892-1155", Ph.D. diss, Ohio State University, 2003; Thomas Suchan, "Dynamic Duos: Tang and Song Imagery of Paired Bodhisattvas from Sichuan," paper presented at the Fourth International Convention of Asian Scholars, Shanghai, 2005.

④ Zhiru, "The Ksitigarbha Connection: A Missing Piece in the Chinese History of Pure Land Buddhism", *Studies in Central and East Asian Religions* 12/13, 2001-2, pp.41-93; Zhiru, *The Making of a Savior Boddhisattva: Dizang in Medieval China*, Honolulu: The University of Hawaii Press, 2007; Zhiru, "No Text, Only Images: Venerating Dizang地藏 and Guanyin观音 in Sichuan Beishan", in William Magee and Yi-hsun Huang, eds., *Bodhisattva Avalokitesvara (Guanyin) and Modern Society*, Taipei: Dharma Drum Publications, 2007, pp.303-336.

⑤姚崇新《巴蜀佛教石窟造像初步研究：以川北地区为中心》，北京：中华书局，2011年。

出现于龙门，此类新图像很快也被作为范本传播到洛阳以外的地区。响堂山、敦煌、四川地区的所有三圣造像组合均能被视作是受到来自唐王朝国都影响的结果。中原和华北地区佛教石窟的营建自玄宗统治时期就开始逐渐减少，而同时期中国西南地区的石窟营建却未受中断，继续蓬勃发展。石窟营建的重心发生了转移，这即是此类新造像的案例在四川比其他地区更多的原因①。

部分学者提供了关于观音与地藏组合在这些地区出现的年代统计。庄明兴提供了77组造像，其中39组为唐代（618—907）造像，20组为五代（907—960）造像，18组为宋代（960—1279）造像。在这之中，9组来自龙门②（其中一组有题刻纪年为675年），7组来自南响堂山③（最早纪年可至699年），20组来自敦煌，以及34组来自四川④。陈佩妏对唐宋期间不同地区的观音与地藏造像组合和新三圣造像组合的情况做了更为详尽的记录⑤。她的统计数字与庄明兴并不完全一致。她注意到有些组合造像的年代推断存在一些问题。尽管一些作品并没有纪年，但被归为初唐或7世纪的作品。陈佩妏统计的详细情况如下所述（个别数据我们做了补充完善）：

> 龙门：观音与地藏，10组；十一面观音与地藏，2组；阿弥陀和观音、地藏，5组（有纪年题记的三组分别为675年、693年、711年）。

---

①姚崇新《巴蜀佛教石窟造像初步研究：以川北地区为中心》，1页。

②常青认为："龙门至少有十一组观音与地藏组合的身份在题记中有明确提示，但是更多的是没有题记的。"转引自Amy McNair, *Donors of Longmen: Faith, Politics and Patronage in Medieval Chinese Buddhist Sculpture*, Honolulu: University of Hawaii Press, 2007, p.209, n. 49. 有关文献的详细信息见参考文献部分。

③庄明兴《中国中古的地藏信仰》，台北：台大出版委员会，1999年，180页。

④同上注，179—198页。

⑤陈佩妏《唐宋时期地藏菩萨像研究》，四川大学硕士学位论文，2006年。

南响堂山:观音与地藏,8组(有纪年的三组分别为701—704年、705年、712年);弥勒、观音、地藏2组(纪年分别为681年、699年);释迦、药师佛、阿弥陀、观音、地藏,1组。

敦煌:观音与地藏,8组;地藏与十一面观音,3组;地藏与千手观音,2组(其中一组有纪年为981年);地藏与水月观音,1组(五代时期);药师佛、地藏、观音1组。

四川广元:观音与地藏,8组(一组有纪年为756年);阿弥陀、观音、地藏,8组;药师佛、观音、地藏,4组(一组有纪年为833年);释迦、观音、地藏,3组;三世佛、观音、地藏,1组。

四川巴中:观音与地藏,2组(其中一组纪年为759年);阿弥陀、观音、地藏,4组(有一组纪年为887年);药师佛、观音、地藏,2组。

重庆大足:观音与地藏,16组(有纪年为896年、两宋);阿弥陀、地藏、观音,5组(有纪年为897年、915年);药师佛、观音、地藏,2组。

四川资中:观音与地藏,15组;阿弥陀、观音、地藏,17组;药师佛、观音、地藏,1组。

四川其它地区(安岳、夹江、丹棱):观音与地藏,7组;阿弥陀、观音、地藏,5组(有纪年为712年、739年);七佛、观音、地藏,2组。

苏珊对大足北山的佛湾及其他地点的造像进行了细致的研究,为上述此类崭新的双圣造像组合与三圣造像组合在晚唐至五代的盛行提供了令人印象深刻的证据[①]。在响堂山和四川地区,这两尊菩萨位于同一龛(图3-1~6),或者它们单独的龛窟位于相邻的位置(图3-7),明

① Thomas Suchan, "The Eternally Flourishing Stronghold: An Iconographical Study of the Buddhist Sculpture of the Fowan and Related Sites at Beishan, Dazu Ca. 892-1155", Ph.D. diss, Ohio State University, 2003.

1

2

3

确显示它们被作为一个神祇组合来供奉。在10世纪的敦煌幡画中,两尊菩萨并排而坐(图4-1、2),或地藏位于观音像的左下角(图5)。有趣的是,在这些绘画中,观音以其密教的形象出现:十一面观音或千手观音。此种形式的呈现并不仅仅见于敦煌的幡画中,同样见于一些造像中。例如,根据铭文记载,龙门的

4

5

6

7

图3 观音与地藏组合造像

1. 南响堂山石窟1号窟中心柱南壁下层，初唐（唐仲明摄）；2. 广元千佛崖576号龛，盛唐（姚崇新摄）；3. 巴中南龛80号龛，中唐（姚崇新摄）；4. 大足北山佛湾249号龛，晚唐（大足石刻研究院提供）；5. 大足北山佛湾241号龛，晚唐（大足石刻研究院提供）；6. 大足北山佛湾253号龛，南宋（大足石刻研究院提供）；7. 巴中南龛60、61号龛，中唐（姚崇新摄）

图4-1 法国集美博物馆藏《十一面观音与地藏、十王组合绢画》，晚唐（出自敦煌藏经洞）

图4-2 《十一面观音与地藏、十王组合绢画》局部（左侧为地藏，右侧为十一面观音）

图5　法国集美博物馆藏《千手千眼观音与地藏（位于左下角）》绢画，981年（出自敦煌藏经洞）

杨思勖窟最初就有建造十一面观音并地藏的计划①。

观音与地藏被共同崇拜的明确证据也见于感应故事中。最早收录此类故事的辑本应为僧人常谨989年所编撰的《地藏菩萨像灵验记》②，除《佛祖统纪》记载他于982年奉召加入位于开封由官方支持的译经院以外，我们对常谨其人知之甚少。通过序言仅知，他自诩为地藏的虔诚信徒，受《地藏菩萨本愿经》的影响，决心收集这些感应故事。与《地藏菩萨本愿经》该本土经典的主张相呼应，他强调地藏与介于释迦牟尼和弥勒之间的婆娑世界中的众生有着特殊的亲和力。前述经典特别强调为菩萨造像的功德③，这亦是此本感应故事集取名如此的缘由，亦因这些故事均来自以地藏的形象所创造出的感应。

《地藏菩萨像灵验记》收录了32则故事：其中有3则故事地藏与观音一并出现。当我们在分析这些故事时，即注意到它们的主题与最早可追溯至公元4至5世纪的观音感应故事的相似性。敬拜菩萨的形象、诵念献给菩萨的经文和高呼菩

① Amy McNair, *Donors of Longmen: Faith, Politics and Patronage in Medieval Chinese Buddhist Sculpture*, Honolulu: University of Hawaii Press, 2007, p.149.

② ［宋］常谨辑《地藏菩萨像灵验记》，《卍新续藏》第87册，587—595页。

③ ［唐］实叉难陀译《地藏菩萨本愿经》，《大正藏》第13册，no. 412，782、788页。

萨的法号通常是触发菩萨显灵救世的机制，以免除杀身之祸，或身患得除，或延年益寿。

既然地藏与观音组合不存在经典依据，那我们又如何能够解释它们的出现呢？苏珊和智如对四川的案例进行了研究，并提出一些解释。苏珊提供了一个历史学的视角，认为其创作灵感可能来自对单尊菩萨（通常为观音）的复制。于君方亦曾谈到这一点："四川成都万佛寺遗址出土的一件造像碑是证明这种造像新趋势的最早文物，这通造像碑的年代为548年，现存四川博物院。该碑仿自一件年代稍早的造像碑（523），523年的这通造像碑以释迦牟尼为主尊，两侧有四菩萨、四弟子和二天王胁侍，座下还有一群栩栩如生的人物，献歌舞伎乐于佛前。548年的这通观音造像碑是一位僧人出资所造，布局与上述释迦造像碑相同，只不过四位胁侍菩萨都是观音化身。"① 据苏珊所言，成组的观音像是唐宋时期最受欢迎的主题。许多龛窟都有两尊重复或近乎重复的观音像②。蒋人和（Katherine Tsiang）亦研究了6世纪中国北方成组的佛像和菩萨像③。

此外，苏珊还提醒我们注意，除了观音与地藏以外，同一时期还出现了其他类似的"动态双圣组合"（Dynamic Duos）。月光和日光的组合、文殊和普贤的组合，还有观音和大势至的组合，都是其中的一些例子④。从这个角度来看，新双圣组合的创新可视为对早在6世纪出现的同一菩萨（例如观音）复制现象的进一步发展。苏珊还将

---

① Chün-fang Yü, *The Chinese Transformation of Avalokitesvar,* New York: Columbia University Press, 2001, p.77.

② Thomas Suchan, "Dynamic Duos: Tang and Song Imagery of Paired Bodhisattvas from Sichuan," 2005, p.5.

③ Katherine R. Tsiang, "Resolve to Become a Buddha (Chengfo): Changing Aspirations and Imagery in Sixth Century Chinese Buddhism", *Early Medieval China* 13-14.2, 2008, pp.126-130.

④ Thomas Suchan, "Dynamic Duos: Tang and Song Imagery of Paired Bodhisattvas from Sichuan," pp.7-8.

新双圣组合与新佛陀三圣的创造联系起来。如此，地藏取代了从未被单独供奉的“更为不起眼”的大势至，与观音一起成为阿弥陀佛的胁侍①。

通过研究相同的观音与地藏组合，智如提出了三种假设：“一是与净土崇拜有关；二是与多佛崇拜有着更广泛的联系；最后，与十王信仰相关。”② 在她看来，一方面由于两位菩萨均与净土相关，另一方面又与地狱十王相关，他们共同协助人们往生极乐净土，于地狱苦难之中施予拯救。此外，对二者成对崇拜还应该在多佛崇拜的背景下加以考虑。在以上三种解释中，我们认同第二种解释，认为第一种和第三种解释还需要进一步完善。

我们认为结合新佛陀三圣产生的角度来考虑观音与地藏的配对是很有意义的。最常见的是，这一组合成为了阿弥陀佛(图6)或药师佛(图7)的胁侍，现存的造像为此提供了证据。在《地藏菩萨像灵验记》第24则故事中也发现了文本上的证据，描述了10世纪曾存在这样的配置，正如现存造像所证明的那样，地藏替代了传统“西方三圣”（观音与大势至胁侍阿弥陀佛）组合中大势至菩萨的位置。

> 辽城乡里，昔一千余家，近代将满两千余家，素奉大法，兼信观音地藏，归僧尼，偏重《观音经》、《十轮经》。有古伽蓝，三间四面也，青瓦葺堂。左右安观音地藏两尊，躯身长七尺五寸，中尖（间）安阿弥陀像，一丈六尺。皆灵瑞感通像也。③

---

① Thomas Suchan, “Dynamic Duos: Tang and Song Imagery of Paired Bodhisattvas from Sichuan,” p.10.

② Zhiru, *The Making of a Savior Boddhisattva: Dizang in Medieval China*, pp.130–131.

③ [宋]常谨辑《地藏菩萨像灵验记》,《卍新续藏》第87册，594页。

1

2

3

图6 观音、地藏、阿弥陀组合造像
1.广元千佛崖229号龛，盛唐（地藏头部系后来修补，王剑平摄）；2. 夹江千佛崖154号龛，中唐（夹江千佛岩文管所提供）；3. 大足北山佛湾52号龛，897年（大足石刻研究院提供）

这就是智如所谓的地藏的“净土关联”①。苏珊同意以上假设，并认为“佛湾大量的阿弥陀佛造像，包括地藏作为其主要胁侍之一，替代了更不起眼的大势至菩萨，这表明了地藏在

① Zhiru，“The Ksitigarbha Connection：A Missing Piece in the Chinese History of Pure Land Buddhism”，*Studies in Central and East Asian Religions* 12/13，2001-2，pp.41-93.

图7 观音、地藏、药师佛组合造像，广元千佛崖116号龛，盛唐（姚崇新摄）

流行层面被视为弥陀信仰中的一部分"[①]。事实上，智如认为地藏不仅与弥陀净土有关，也与弥勒净土有关[②]。正如我们将在后面讨论的，这在一些本土的经典中有明确的表述。敦煌写本中名为《佛说地藏菩萨经》的抄本即将地藏信仰和往生弥陀净土联系到了一起，其言："若有人造地藏菩萨像，写《地藏菩萨经》，及念地藏菩萨名，此人定得往生西方极乐世界。"[③] 据此，既然观音在净土信仰中的地位已经得到了稳固，那么一旦地藏也获得此种"血统"，则他与观音结对也就理所当然了，供养者也因此能获得双重的保护。

虽然难以推断双圣组合究竟是产生于三圣组合之前还是

① Thomas Suchan, "The Eternally Flourishing Stronghold: An Iconographical Study of the Buddhist Sculpture of the Fowan and Related Sites at Beishan, Dazu Ca. 892–1155", p. 514.

② Zhiru, "The Maitreya Connection in Tang Development of Dizang Worship", *Harvard Journal of Asiatic Studies* 65.1, 2005, pp.99–132.

③佚名《佛说地藏菩萨经》,《大正藏》第85册, No. 2909, 1455页。

之后,但却十分有必要将此二种组合的新发展放在一起审视。尽管我们同意其他学者用这样的一种路径来解释观音与地藏信仰组合的产生,即将其与新三圣和双圣的创造结合在一起考量研究,但我们想提供另外两种假说:一是认为两位菩萨协同工作,给予信徒相同的益处;二是认为两位菩萨分工不同,分别满足信徒的不同需求。

一、作为合作者的观音、地藏

让我们回到前述提及的感应故事。村民不仅仅信仰观音和地藏,也知悉《观音经》和《十轮经》的重要性。《观音经》指的即是5世纪开始流传的《法华经·普门品》。其中,观音以33种应化身现身为普世救度者,寻声救八难。《十轮经》存在两个译本。佚名译本《大方广十轮经》在中国北方地区为人所知不晚于6世纪。《大乘大集地藏十轮经》是著名僧人玄奘(602—664)于651年重译的版本。该经的重译很有可能与当时普遍宣扬末法思想有关。经文的序言如下:

> 十轮经者,则此土末法之教也。何以明之?佛以末法恶时,去圣浸远,败根比之坏器,空见借喻生盲。沉醉五欲,类石田之不苗;放肆十恶,似臭身之垢秽。故此经能濯臭身、开盲目、陶坏器、沃石田,是以菩萨示声闻之形。①

地藏在《大方广十轮经》中以强有力的救度者的形象出现:

> 是地藏菩萨作沙门像……犹若如意宝珠所求满足……亦

① [唐]玄奘译《大乘大集地藏十轮经》,《大正藏》第13册,no. 411,739页。

如大地能生善根……亦是日月照明行处……是大福田之根本也……消除众病如妙药王……为怖畏者作大亲友，防诸怨敌如坚城堑，能除其渴如清净水，济诸饥乏犹如甘果，亦是裸者最胜衣服。①

获得地藏菩萨拯救的方式即念诵他的名号，这与《法华经·普门品》推荐的祈祷观音现身拯救的方式是一样的。至心称名念诵归敬供养地藏菩萨摩诃萨者，一切皆得离诸危难，安隐无损。

《法华经》描述观音和《十轮经》描述地藏有着惊人的相似之处。地藏可以有42种化身。作天身、作佛身、作菩萨身、作独觉身、作声闻身、作转轮王身、作种种禽兽之身、作地狱卒身、作地狱诸有情身。如同观音，当人们称名念诵地藏菩萨之时，他便能拯救人们于危险之中，如解除病患、解除牢狱之灾、解除枷锁、免于蛇虫之患、免除鬼难等；或是帮助人们脱离灾难，如免为火焚、免为水溺、免为风所飘、免于山岩崖岸树舍颠坠堕落等②。这些相似之处不免令索普（Soper）提出这样的假设，即地藏是后来《十轮经》的附会，是对《法华经·普门品》中观音的有意模仿③。

在10世纪以地藏形象编撰的32则故事中，其中大多数关注的是地藏菩萨如何在地狱中救人，但也有一些涉及到现世利益，这与观音在《普门品》中的救世行为又有相似之处。第一个故事让我们对地藏与观音相呼应的广泛救世活动范围有了大致的了解。

---

①佚名译《大方广十轮经》，《大正藏》第13册，no. 410，681—682页。

②［唐］玄奘译《大乘大集地藏十轮经》，《大正藏》第13册，no. 411，724—725页。

③ Alexander Soper，*Literary Evidence for Early Buddhist Art in China*，Ascone：Artibus Asiae，1959，pp.210-211.

梁朝(503—549)汉州德阳县善寂寺东廊壁上,张僧繇画地藏菩萨并观音各一躯,状若僧貌,敛披而坐。时人瞻礼,异光焕发。至麟德元年(664),寺僧瞻敬,叹异于常。是以将绢亲壁上模写,散将供养,发光无异,时人辗转模写者甚众。麟德三年(即乾封元年,666),王记赴任资州刺史,常以模写,精诚供养。同行船十艘,忽遇风顿起,九艘没溺,遭此波涛,唯王记船,更无恐怖。将知菩萨弘大慈悲,有如是威力焉。至垂拱三年(687),天后闻之,敕令画人模写,放光如前,于同道场供养。至于大历元年(766),宝寿寺大德于道场中见光异相,写表闻奏,帝乃虔心顶礼,赞叹其光。菩萨现光时,国常安泰。复有商人妻,妊娠经二十八月不产,忽睹光明,便模写,一心发愿于菩萨,当夜便生一男,相好端严,而见者欢喜。举世号"放光菩萨"矣。①

我们无法确定这个非常早期的故事是否具有历史可靠性,所引用的武则天和代宗的事迹也无法得到独立的证实。尽管如此,这个故事记载了7到8世纪这100年间发生的不同感应事件,针对当时信众笃信地藏所能做的事情,提供了非常翔实的信息,譬如拯救人们免于溺水、护佑国家、帮助分娩困难的孕妇。其他故事补充了地藏更多的面向。他的信众所制作的地藏像据说能帮助人消除虎患(故事11),迷途指路(故事14),使人免于兵难(故事15),得延寿命(故事22),免除瘟疫(故事24),令无齿者生齿(故事25)。故事4尤其引人注目,因为它与观音像代信徒受利刃的感应故事几乎如出一辙,而该感应故事更是《高王观音经》产生的渊源。故事的具体内容如下:

---

① [宋]常谨辑《地藏菩萨像灵验记》,《卍新续藏》第87册,588页。

> 抚州刺史祖氏,信心真固,而其双亲少不信。祖为父母舍钱帛,造金色地藏一躯,长三尺,通光立像,尽礼供思……后父行抚州,路中遇怨家,即拔利刃斩之。有一沙门,其身金色,以手拒刃,以头受刃,被刑害卧地。怨家谓已杀,散去。父谓希奇,自免刑害。到祖氏家,具证前事,生希有心,共往像所礼拜之,见像头有三刀痕,金色少变似血流。既知地藏菩萨,代受刃救父母难,其父发信,祖迎其母,三人在抚州而住,昼夜礼供。父七十九方卒。经三十五日,祖梦见其父,身带光明,腾空自在,往来飞行,生希有心,遥拜其父,问讯曰:"生在何处?"答曰:"吾生第四天上,地藏菩萨引导。"[①]

地藏的一些感应故事与观音的感应故事有相似之处,这并不是巧合。早在公元4世纪,观音的感应故事就已经开始编撰了,至唐代已为人所熟知。因此,地藏的感应故事编撰很有可能是受到了前者的影响。但后来者往往会宣扬自己的优越性。因此,《十轮经》提出地藏是"典型的救度者",并声称"供养地藏的功德将远远超过供养弥勒、观音、文殊、普贤等诸位大菩萨的功德",这也就不足为奇了[②]。

由于观音与地藏在经典和感应故事中均以救度者的身份出现,并且具有共同的特征,所以可以想象,它们被希望获得双重保护的人们共同信奉。大英博物馆中保存着一幅有趣的敦煌幡画(963)[③]。画中,地藏坐于中央的莲花之上(图8-1、2),六组被条纹带隔开的小像分别绘于地藏两侧,用以表现六道。两尊小菩萨像附有长方形边框的榜

---

①[宋]常谨辑《地藏菩萨像灵验记》,《卍新续藏》第87册,588页。

②佚名译《大方广十轮经》,《大正藏》第13册,no. 410,685页。

③ British Museum, *The Arts of Central Asia: The Stein Collection in the British Museum. Vol. II*, New York: Distributed by Kodansha International distributed through Harper & Row, 1982, Figure 8.

图8-1 大英博物馆藏《地藏、六道及普门菩萨组合幡画》，963年(出自敦煌藏经洞)

图8-2 《地藏、六道及普门菩萨组合幡画》中的普门菩萨

题，上题“普门菩萨”。它们或许即是《法华经·普门品》的位格。题记很长且详尽，完整题记如下：

> 其斯绘者，厥有清信弟子康清奴身居火宅，恐堕于五趣之中，祸福无常，心愿于解脱之外。今者更染患疾，未将痊瘁，愿微痾速退于身躯，烦恼永离于寮体，功德乃金锡振动，地狱生莲，珠耀迷途，运同净土。更愿亲姻眷属并休康宁，昆季枝罗同沾福分。①

尽管在此题记中，康清奴呼吁地藏帮助他去实现他的目

① British Museum, *The Arts of Central Asia: The Stein Collection in the British Museum. Vol. II*, New York: Distributed by Kodansha International distributed through Harper & Row, 1982, p.318, plate 22.

的，但有趣的是幡画中同样也包括了《法华经·普门品》位格化表现的观音。7世纪到8世纪早期，南响堂山和龙门的观音与地藏（有时还有弥勒或弥陀）的造像题记常常表达一个类似的愿望，即希望供养人本人及其现在父母、师长、七世父母重获正觉或往生净土。这一愿望同样也见于《地藏菩萨像灵验记》的第26则故事中：

> 太原尼智藏，特事地藏菩萨，欣求西方净土。舍钱二百文，画阿弥陀像，左右胁士地藏观音二体，安置房舍，信心礼供。太平兴国五年庚辰，大风吹破人屋，尼之屋舍同坏毕。明日寻像所在，都失之。心生忧恼，祈念地藏菩萨，至日面瞻仰虚空，遥见一物，飘飖在虚空，数数放光如电。一时计下地，即所求像也。欢喜如旧，安置屋内。七年二月二十三日，语朋友曰："地藏菩萨，导吾于净土，明日决定可终。"烧香散花，唱三尊名号，各一百八返。端坐合掌，向西方卒矣。①

若有人问，为何要将这两尊菩萨一起供奉呢？或许会回答因为观音照顾生人，地藏照顾亡者。二者在救赎工作中扮演着不同的角色，这种双重信仰是分工不同的结果。的确如此，如果我们分析唐代观音造像记的发愿文的话，我们大致可将其分为五类：第一类为生人祈福攘灾、求延年益寿；第二类为生人祈平安；第三类为身患得除；第四类为亡者追福；第五类既为生人祈福，又为亡者追福。第一至三类以及第五类的一半内容都属于为生人谋福利，而第四类及第五类的一半内容则属于为亡者追福的范畴②。不唯观音独有，其他造像铭记也显示其所造佛像系为亡者所刻，因此我们不能仅仅基于这些程式

---

①［宋］常谨辑《地藏菩萨像灵验记》，《卍新续藏》第87册，594页。

②姚崇新《巴蜀佛教石窟造像初步研究：以川北地区为中心》，251—252页。

化的表达来强调观音作为亡者救度者的身份。根据姚崇新的研究，在造像记中常将观音特别冠以“救苦”二字，即指他拥有拯救众生脱离一切苦难的伟大能力。“救苦观世音”这样的榜题在四川地区现存的唐宋时期的观音造像铭记中屡见不鲜，不胜枚举[①]。但正如我们所见，地藏如观音一样拯救众生脱离现世苦难，也如观音一样与净土有所关联。如此，二者便不是分工，实际上是为了众生利益而共同协作，实现众生这些相同的目标。

二、分道扬镳?

我们第二个假设是关于这对菩萨的联合信仰，即最迟10世纪始，这两位菩萨就在他们的救世活动中扮演了不同的角色。观音不再参与人们生前和死后的救助合作，开始主要作为能给信徒带来福祉的菩萨被崇拜，而地藏被专门认定为地狱的救度者。当将地藏提升为地狱救度者的《地藏菩萨本愿经》普遍取代了《十轮经》，上述的情况便发生了。观音在密教经典中扮演的相同角色也因此被《地藏菩萨本愿经》和其他本土经典所掩盖和排挤。《地藏菩萨本愿经》历来都被认为是7世纪于阗僧人实叉难陀所翻译的，但它极可能最初写作于于阗或中原地区。虽然此经在明代之前并未收录入藏内，但它其实在10世纪已经开始流传了，我们此前阅读的《灵验记》的编撰者即是此经的忠实信徒。该经声称地藏是一位十地菩萨。经文描述了地藏的前面四世，其中两世中他生为女人。在第二世，“地藏生为一位婆罗门女，并在一位过去佛的帮助下，下至地狱使其母脱离地狱之苦，随后发愿要助因恶行而遭受痛苦的众生脱离地狱……在第四

---

①姚崇新《巴蜀佛教石窟造像初步研究：以川北地区为中心》，253页。

世，地藏托生为一名为‘光目’的孝女，在罗汉的帮助下，她救出亡母脱离地狱，随后誓愿救拔诸罪苦众生”[①]。

为何这部赞颂地藏作为孝女和地狱救度者的本土经典会在这段时间出现呢？这或许并不是毫无缘由的。如本土经典一样，变文的体裁是佛教在民众中传播信仰和实践的有力媒介。梅维恒（Victor Mair）研究了《大目乾连冥间救母变文》中目连在地狱救母的神话[②]。这则故事在唐代广为流传，尽管其变文的年代至多追溯到公元800年左右[③]。在中古中国，目连故事的流行与当时人们对地狱和死后受苦的焦虑日益加剧有关。同时期，四川地区造像所描绘出的恐怖地狱惩罚情景确证了中古时期民众的心理状态[④]。以这个故事为神话基础的鬼节所举行的仪式便是平息它的方法。通过认定地藏前世作为一名孝女，巧妙地将她变为目连的翻版，并借用了目连已经确立的声望。

《地藏菩萨本愿经》呼吁其观经者为垂死之人诵念经文，以使他们脱离痛苦，并获得更好的往生：

> 若未来世，有男子女人，久处床枕，求生求死，了不可得……但当对诸佛菩萨像前，高声转读此经一遍。或取病人可爱之物，或衣服宝贝、庄园舍宅，对病人前，高声唱言：“我某甲等，为是病人，对经像前，舍诸等物……”如是三白病人，遣令闻

---

① Zhiru, *The Making of a Savior Boddhisattva: Dizang in Medieval China*, pp.108-109.

② Victor H. Mair, *Tun-huang Popular Narratives*, Cambridge: Cambridge University Press, 1983; Victor H. Mair, *Tang Transformation Texts: A Study of the Contribution to the Rise of Vernacular Fiction and Drama in China*, Harvard-Yenching Institute Monograph Series, no. 28, Cambridge, MA: Harvard University Press, 1989.

③ Stephen F. Teiser, *Ghost Festival in Medieval China*, Princeton: Princeton University Press, 1988, p.87.

④ 胡文和《论地狱变相图》,《四川文物》1988年第2期，20—26页；Karil J. Kucera, “Lessons in Stone: Baodingshan and Its Hell Imagery”, M.A. Thesis, University of Oregon, 1995.

知。假令诸识分散，至气尽者，乃至一日、二日、三日、四日，至七日已来，但高声白，高声读经。是人命终之后，宿殃重罪，至于五无间罪，永得解脱。①

后人要诵读此经，以减轻祖先在恶道中往生的痛苦。因为诵读此经可以帮助垂死的眷属和死去的祖先们，所以常谨辑录的32则感应故事中有8则关于诵经也就不奇怪了。

另一部本土经典《佛说地藏菩萨经》，进一步巩固了地藏作为地狱众生救度者的角色。文本写作于9世纪末至10世纪初，与另一部著名的本土经典《十王经》成书于同一时期。敦煌文献中发现了32件《十王经》写本，有书册，也有卷轴，现今收藏于世界各地的图书馆中②。据太史文（Teiser）的说法，该文本是在720—908年间合成的，而手抄的年代至迟不晚于10世纪③。

《佛说地藏菩萨经》讲述了地藏如何统治冥界，而这一角色传统上只属于阎罗王。经文说，地藏不忍见众生在地狱里受苦，决定从南方琉璃世界来到地狱中，与阎罗王共处一处，别床而坐。它进一步给出了地藏在地狱的四种因缘：

一者恐阎罗王断罪不凭；二者恐文案交错；三者未合死；四者受罪了，出地狱池边。④

① ［唐］实叉难陀译《地藏菩萨本愿经》，《大正藏》第13册，no. 412，783页。

② Stephen F. Teiser, *The Scripture on the Ten Kings and the Making of Purgatory in Medieval Chinese Buddhism*, Honolulu: University of Hawaii Press, 1994, p.239.

③ Stephen F. Teiser, *The Scripture on the Ten Kings and the Making of Purgatory in Medieval Chinese Buddhism*, p.9.

④ 佚名《佛说地藏菩萨经》，《大正藏》第85册，no. 2909，1455页。

这些经文将地藏与往生、十王联系到一起。这种新信仰反映到了艺术创作上。在龙门石窟和西安等地发现的10世纪的造像遗存中,有些描绘了六道从地藏掌中化现的场景。敦煌幡画上绘有地藏与十王的组合图像,而这些图像也见于9世纪到11世纪四川地区的石窟造像中。

但是否观音真的没有给予亡者帮助的能力呢?几个世纪之前传入中国的大量密教经典已经赋予观音治愈疾病、助力往生以及拯救地狱的能力,但需信众通过念诵观音的陀罗尼来实现[①]。译于公元317—420年间的《请观音菩萨消伏毒害陀罗尼咒经》(以下简称《请观音经》)是最早围绕观音作为普世救度者的经典之一,它强调了诵念由15个短句构成的一组陀罗尼,即"六字章句陀罗尼"的重要性。天台宗特别重视此部经典,天台大师智顗(538—597)将其作为四种三昧中最后一种三昧——"非行非坐三昧"的经典依据之一[②]。译于6世纪后半叶的《佛说十一面观音神咒经》是另一部重要的经典,该经规定每日晨起时须沐浴其身,然后持诵此陀罗尼108遍。持此咒者现身即得十种果报,包括身常无病和不受一切横死。除此之外还可得四种果报:(1)临命终时得见十方无量诸佛,(2)永不堕地狱,(3)不为一切禽兽所害,(4)命终之后生无量寿国。

另一类颂赞千手观音的密教经典叙述了观音菩萨作为六道众生(包括地狱)的救度者。当如法诵念此84个短句组成的大悲咒时,即可获取更多超越上述的世俗利益和法益。此类密教经典的巅峰是《大

---

① Chün-fang Yü, *The Chinese Transformation of Avalokitesvar*, pp.49-75.

② Daniel Stevenson, "The Tien-t'ai Four Forms of Samädhi and Late North-South Dynasties, Sui and Early T'ang Buddhist Devotion", Ph.D. diss, Columbia University, 1987, p.50; Neal Donner/ Daniel Stevenson, *The Great Calming and Contemplation: A Study and Annotated Translation of the First Chapter of Chih-i's Mo-ho-chih-kuan,* Honolulu: University of Hawaii Press, 1993, pp.28, 275-280.

乘庄严宝王经》,此经于1000年被天息灾自藏语译本翻译为汉文。十一面千手观音是地狱众生和恶鬼的救度者。无间(阿鼻)地狱四周被铁墙围绕,猛火烟焰恒时炽燃,他初入地狱时,猛火悉灭,化为清凉地。地狱中有一大镬,其水涌沸,获罪众生像煮豆子一样在镬内上下翻滚。当观音一入地狱,镬即破成碎片,猛火悉灭,大火坑变作宝池,池中莲花大如车轮①。随后,菩萨往诣饿鬼大城去解救其中现饿鬼身的受苦亡者。菩萨的足、指、每个毛孔皆流出纯净水流。当饿鬼众饮了此水之后,原本细如针尖的喉咙变得宽畅,原本腹大如山的丑陋身相也变得圆满。饱食种种妙味饮食之后,洗尽污秽,便得往生极乐净土②。经文中,观音宣说了六字真言“唵么抳钵讷铭吽”③。佛陀宣称,此陀罗尼是观自在菩萨的“微妙本心”,是一颗如意摩尼宝珠,诵念此陀罗尼便可使自己及七世父母均得解脱。此外,持诵此陀罗尼的利益还可以嘉惠所有与持咒者接触的人,甚至惠及持咒者腹中诸虫④。

由于密教观音扮演着与地藏几乎相同的角色,因此无论是十一面观音还是千手观音出现在敦煌地藏幡上都是合乎情理的。如上所述,这并不是分工,而是他们携手解脱地狱众生之苦,使其能够往生净土。

二者的组合不仅仅见于敦煌《十王经》抄本的插图中,且在敦煌当地官员翟奉达(活动于902—966年间)为亡妻马氏追福所抄写的十卷经文之一的结尾写经功德奉请中也一起被提及。内容如下:“右件写经功德,为过往马氏追福。奉请龙天八部、救苦观世音菩萨、地藏菩萨、四大天王、八大金刚以作证盟。”⑤

---

①译者注:原文写作另一个地狱,但根据原经文,大镬应在无间(大阿鼻)地狱。

②[宋]天息灾译《大乘庄严宝王经》,《大正藏》第20册,no. 1050,48页。

③译者注:唵(引)么抳钵讷铭(二合)吽(引),“讷铭”合念一个音,因此算六字。

④[宋]天息灾译《大乘庄严宝王经》,《大正藏》第20册,no. 1050,59页。

⑤ Stephen F. Teiser, *The Scripture on the Ten Kings and the Making of Purgatory in Medieval Chinese Buddhism*, p.106.

三、仪式角度的观察

为亡故祖先追福的佛教丧葬仪式提供了另一种审视观音与地藏关系的路径。这些仪轨文本创作于宋明期间，即10至17世纪。放焰口、盂兰盆节和水陆法会，乃是佛教为利益个人家亲眷属及一切众生而举行的三大荐亡法事。三者中，放焰口最为常见，因此也是最为出名的。不同于盂兰盆节局限于农历七月，它可以在任何时候举行。正因为它可以在数小时内完成，因而不必像完整法事那样需要七天时间[①]。

韩黎（Han Y. Lye）的研究显示，焰口仪轨依据的是不空（705—774）翻译的《瑜伽集要救阿难陀罗尼焰口轨仪经》这一密教经典[②]。经中叙述阿难见到一饿鬼，名曰焰口（即面燃），他告知阿难将于三日后丧命，并转世为饿鬼。阿难非常惊慌，次日早上便将此事告知了佛陀，并学习了布施饿鬼的方法。经过法事（仪式）供养的食物，便能转变为使受施者成佛的神奇甘露。尽管该法事声称其源于纯正的经典，但现如今使用的仪轨却是基于明代僧人袾宏（1535—1615）于1606年所著的《修设瑜伽集要施食坛仪》。该仪轨是对早期文本《瑜伽集要焰口施食仪》的重订，该早期文本产生于元代，不晚于14世纪[③]。放焰口这种法事被认为是使亡故亲人得脱地狱的最有效的方式。在帝国晚期，该法事就已经在中国社会极为盛行。袾宏之所以对此仪轨

① Daniel B. Stevenson, “Text, Image, and Transformation in the History of the Shuilu fahui, the Buddhist Rite for Deliverance of Creatures of Water and Land”, in Marsha Weidner, eds., Cultural Intersections in Later Chinese Buddhism, Honolulu: University of Hawaii Press, 2001, pp.30-70.

② Han Y. Lye, “Feeding Ghosts: A Study of the Yuqie Yankou Rite”, Ph.D. diss, University of Virginia, 2003.

③ 周叔迦《焰口》，中国佛教协会编《中国佛教》第二辑，上海：知识出版社，1982年，327页；Han Y. Lye, “Feeding Ghosts: A Study of the Yuqie Yankou Rite”, Ph.D. diss, University of Virginia, 2003, pp.344-347.

文本进行修订，是因为他认为诸家流通经本不同，导致施食仪轨各不统一，亦因为流传过程中后来者的添附导致法会时间过于冗长[①]。袾宏的版本现已成为标准，此版本基于早期的文本，并为之作注，以及详细说明了主法法师该如何通过结印、诵真言、观想而展现身、口、意三业相应。

观音与地藏都出现在法事中，韩黎在中国、马来西亚等地观察了大约100场这样的法事。主法法师坐于一个叫作瑜伽坛的升高平台上。他与其他仪轨者不同之处在于他头戴着由五个绣片构成的“毗卢帽”。中间绣片上有毗卢遮那佛，其他四个绣片上为另外四方佛像。据韩黎介绍：“在观众的眼中，这是地藏的王冠。因为自中国历史上的帝国晚期起，大多数的地藏像都被描绘为头戴此冠。”[②] 这个图像代表着地藏作为至高无上的王（地藏王），与传统的地藏像截然不同。传统的地藏像通常描绘成一个僧人，手持锡杖，头戴风帽，可见于许多石窟和摩崖造像中。智如认为“地藏王”这一称号出现在8到9世纪，和地藏与十王信仰有关[③]。然而，在袾宏修订的手册中，他提到了与“五佛冠”一样的头冠，并强调了观音的中心作用。袾宏解释了其中的原因：主法法师戴上了此冠是因为他必须观想自己成为观音。“顶戴五佛冠，五佛常流光灌顶，及以威神加被，令其神通广大，入生死海教化众生。我今亦顶此冠，则五佛必然从五智流光灌我顶门，令我身心坚固，神通广大，威德智慧，辩才无碍，以利群生也。”[④] 如今主法法师作为观音的化身，却头戴地藏的王冠，即便是在无意识的情况

---

① ［明］袾宏《修设瑜伽集要施食坛仪》，《卍新续藏》第104册，795页。

② Han Y. Lye, “Feeding Ghosts：A Study of the Yuqie Yankou Rite”, Ph.D. diss, University of Virginia, 2003, p.87.

③ Zhiru, “The emergence of the Saha Triad in Contemporary Taiwan：Iconic Representation and Humanistic Buddhism”, *Asia Major* 13.2, 2000, p.98.

④ ［明］袾宏《修设瑜伽集要施食坛仪》，《卍新续藏》第104册，837页。

下，这是否可以说明参与者将两位菩萨视为有效的搭档？两位菩萨在法事场地安排上的互相对称则更加引人注目。瑜伽坛的对面是面燃坛，上面供奉着“面燃大士”，面燃大士坐于“破铁围山面燃大士菩萨莲座”之上，这不是别人，正是阿难所遇到的被称为“面燃”的饿鬼，但现在却转化为忿怒相的观音①。

回到法事上。当主法法师通过观想自己成为观音时，法事达到高潮②。他按照指示首先进入了观音三摩地（三昧），观想自己的身体如纯净的月亮一般圆满皎洁。然后，他观想到“啳哩”字符在皎洁的月光下发出了耀眼的光芒，并变作了八瓣莲花和一尊相好具足的观音坐于其上③。他以菩萨思惟众生均有觉悟之花。此花位于清净法界，没有烦恼惑染，且每片花瓣上都各有一如来，面向观音入定。八瓣莲花次第舒展开来至虚空界，此觉悟之花与如来海会同时广大。他的心不移于此定，对诸众生产生了怜悯和同情。于是他观想莲花逐渐变小，成为他的身体，随即他形成了观音手印，加持他身体四处——心、额、喉、顶。如此，自身就能等同观音。作为观音的主法法师结成手印并诵念陀罗尼以破地狱之门。破地狱之后，再奉请地藏菩萨至临法会，这是因为地藏菩萨曾发愿“地狱不空，誓不成佛”④。地藏出席之时，作为观音的主法法师在其心月之上有红色“啳哩”字符放光，其光遍照有罪的五道众生，受苦众生皆悉出现。有趣的是在此仪轨书中，尽管地藏在场，但喂食饿鬼的工作是由观音来完成的。通过连续的观想，主法法师有时会作四面八臂绿观音，念出各种陀罗尼，为

---

① Han Y. Lye, “Feeding Ghosts: A Study of the Yuqie Yankou Rite”, pp.113-114.

② 袾宏解释了为何主法法师能够等同观音的原因，这是因为后者能“普惠众生”。[明]袾宏《修设瑜伽集要施食坛仪》，《卍新续藏》第104册，863页。

③ 译者注：原文作“每一莲瓣上各坐一观音”，但所引佛经原文为“莲花中有一观自在”，现据经文作了相应改正。

④《瑜伽集要焰口施食仪》，《大正藏》第21册，no.1320，476页。

饿鬼开喉，饮甘露法水①。

在袾宏的仪轨书中，地藏作为观音平等的伙伴被奉请，这或许反映了在帝制末期的中国，地藏已被普遍认为是地狱众生的救度者。他们分别被称为"能救五浊大悲观世音"②和"末劫之时弘愿地藏王"③。袾宏之后不到百年，清代宝华山僧人一雨定庵修订编撰了一个更为简化的版本，即《瑜伽焰口施食要集》。时至今日，这一文本仍为僧侣们所用。在这本仪轨书中，地藏的地位更为突出。在法会僧众对面的圣坛上安置的是面燃大士像，也就是一般认为焰口法事创制缘起中的饿鬼像。法会一开始，在面燃大士坛前，持诵《大悲咒》和《观音赞》。在"五方结界"及召请五方佛后，旋即启请观音菩萨，此时主法法师结"观音禅定印"，借此进入观音三摩地。如此与观音合一，整场法事的主要行仪即是由主法法师代表观音执行。法会最为精彩的一部分，即是等同于观音的主法法师结"破地狱"印，观想自身的口、手、心三处皆有红光放射而出，照破地狱之门。这三道光芒象征三股力量，可以消除地狱众生所造的身、口、意三业之罪。当法会进行到此阶段，即启请地藏菩萨引导地狱众生来赴法会，接受施食。主法法师召请亡灵前来接受供养。这个过程需要搭配几个手印，包括应邀赴会的亡灵借助"忏悔灭罪印"而忏悔，主法法师通过结"甘露印"将水净化为甘露，然后，他做出"开咽喉印"使饿鬼众生得饮甘露。并观想左手持青色莲花，从中流出"甘露"供饿鬼饮用，正如《大乘庄严宝王经》中所述观音做的那样④。

---

①《瑜伽集要焰口施食仪》，《大正藏》第21册，no.1320，477页。

②五浊：(1)劫浊：减劫，因时节污浊，引发了后面的四浊；(2)见浊：知见不正，邪见增盛；(3)烦恼浊：贪嗔痴慢疑；(4)众生浊：受见浊、烦恼浊之烦乱的结果，烦恼覆心；(5)命浊：人均寿命次第转减短缩，寿数短促，乃至十岁。

③［明］袾宏《修设瑜伽集要施食坛仪》，869页。

④ Chün-fang Yü, *The Chinese Transformation of Avalokitesvar*, pp.323-328.

因此,这两位菩萨就像《法华经》和《十轮经》中所述帮助生人那样,也在共同合作帮助亡者。他们是何时以及如何变得只专注于其中一个领域的呢?不幸的是,既没有题刻也没有文本告知我们这是何时发生的,以及为何会发生。但是我们可以用图像和寺庙建筑来作为间接证据。

四、其他线索

苏珊提示我们注意,四川邛崃磐陀寺1号龛的一个小附龛内的一个不同寻常的组合①。尽管小龛内没有题记,但较大的1号龛内的西方三圣纪年为820年,因此我们可以推定这个小龛应该是雕凿于9世纪的某个时候。苏珊解释道:"在这个龛内,两尊菩萨并排坐于各自的莲座之上。外龛下方有两组较小的人物,代表那些身陷险境的人,他们通过两位菩萨的恩典寻求救赎。地藏菩萨下方可见四个人像位于火焰状的岩石景观中,显然这是代表佛教地狱中的一个场景图像。与之相对的另四个人像被以漩涡形式表现的波涛汹涌的河流或大海所卷起,这或许也在暗喻轮回界的众生。在唐宋佛教信徒的普遍想象中,地狱拯救和海难拯救分别与地藏和观音有关。"② 智如讨论了两位菩萨下方浮雕描绘的同一场景的一些细节。地藏下方的右侧是"地狱报应(变相)图,可怜的罪人们被浸入沸腾的大锅内,在他们上方有两位看守③在锅边值守,一切都淹没在火海之中",在观音

① Thomas Suchan, "Dynamic Duos: Tang and Song Imagery of Paired Bodhisattvas from Sichuan," p.5, fig. 24.

② Thomas Suchan, "Dynamic Duos: Tang and Song Imagery of Paired Bodhisattvas from Sichuan," p.9.

③ 译者注:根据调查简报所载,地藏下方并不是两位看守,而是一名,另一名"跪于侧,双手合十"。参见四川大学艺术学院等《邛崃磐陀寺和花置寺摩崖造像调查简报》,《成都考古发现(2003)》,北京:科学出版社,2005年,493页。

下方左侧，“漩涡状的潮水卷走了四人（这一幕即可对应《法华经》中遇海难时，诵念观音法号的场景）”①。基于这些场景，智如得出“地藏与观音组合的传播与它们作为普世救度者的身份相关”的结论②。我们认为苏珊的解释更为合理。地藏显然是那些在地狱受苦亡者的救度者，而观音显然是拯救生者脱离灾难（包括免于水溺）的救度者。

在寺庙建筑中可以看到一个更为明确的例子，即信徒如何为两位菩萨分配不同的职能。我们相信，通过佛教寺庙的建筑布局来研究中国佛教的宗教史是一种富有成效但却很少被利用的研究路径。然而，开展这样的研究并不容易。正如沙怡然（Charleux）和高万桑（Goossaert）所观察到的，尽管有专门研究古代建筑史的书籍，但不幸的是，“这类研究并不针对宗教建筑本身，而是研究碰巧在宗教环境中发现的建筑技术。甚至是最近出版的详细专著，通常也是作为修复计划的成果而出版的。在这种情况下，很少有作者讨论寺院的整体布局以及建筑物在时空上的功能变化”③。根据现存辽金时期寺院的平面图实例，主佛殿的两侧分别建造了供奉四位菩萨（文殊、普贤、观音、地藏）的分殿。山西大同善化寺的平面图显示文殊阁正对普贤阁，而地藏殿与观音殿分立主佛殿两侧（图9）④。但是建于16世纪的广胜寺只保留了相对而立的地藏殿和观音殿（图10）⑤。在这种情况下，普贤和文殊不再设有自己独立的大殿。

在现代寺庙建筑中也发现了证据。丹麦建筑师兼学者普瑞普-

① Zhiru, *The Making of a Savior Boddhisattva: Dizang in Medieval China*, p.129.

② Zhiru, *The Making of a Savior Boddhisattva: Dizang in Medieval China*, p.130.

③ Isabelle Charleux, Vincent Goossaert, “The Physical Buddhist Monastery in China”, in Pierre Pichard and Francois Lagirade, eds., *The Buddhist Monastery: A Cross-cultural Survey*, École-Française d’Extrême-Orient, 2003, pp.306-307.

④ 刘敦桢编《中国古代建筑史（第二版）》，北京：中国建筑工业出版社，1984年，366页，图版188-1。（译者注：该注原文有误，现核查资料后订正。）

⑤ 同上注，212页，图版120-1。

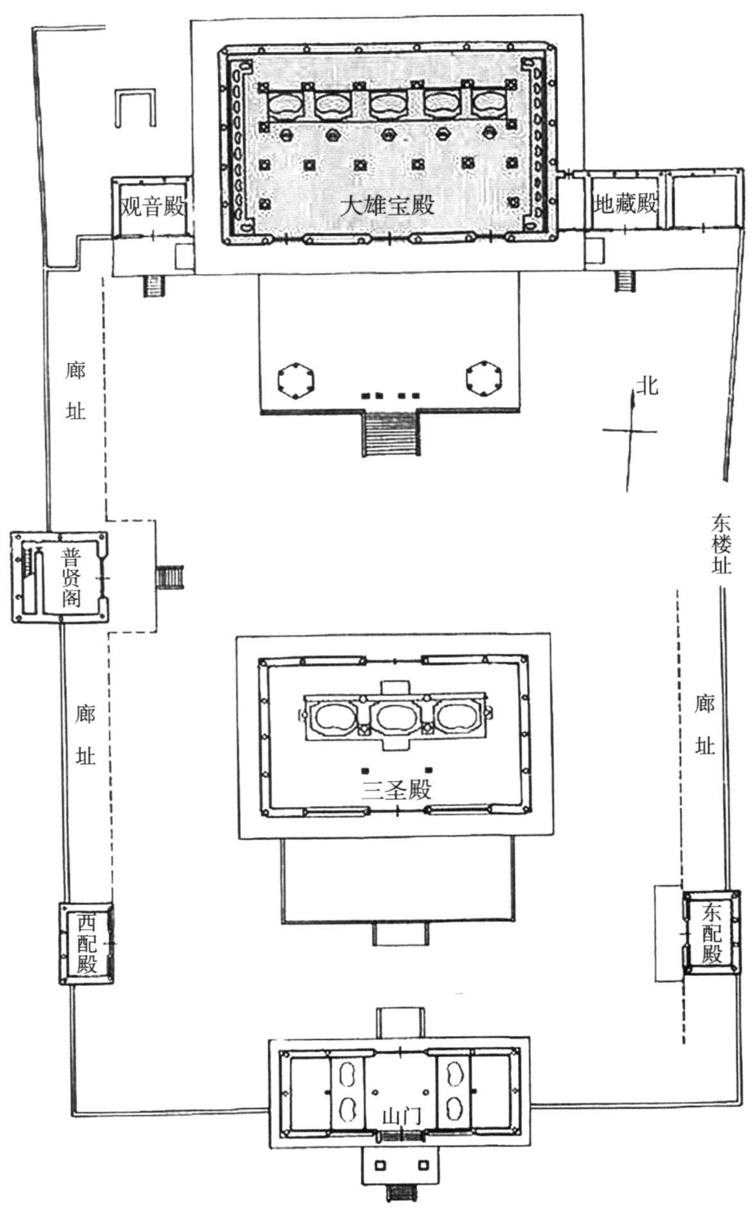

图9　山西大同善化寺平面图，金代（地藏殿位于大雄宝殿左侧，观音殿位于大雄宝殿右侧）

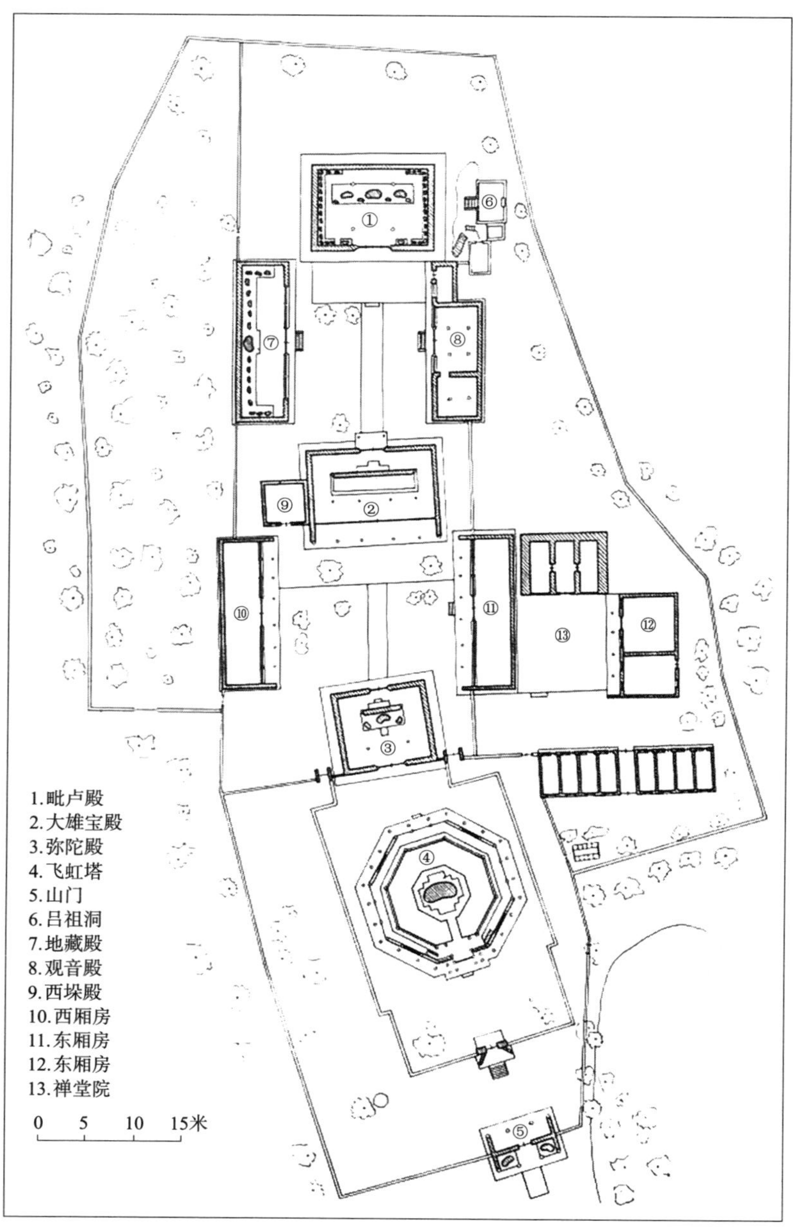

图10 山西洪洞上广胜寺平面图，16世纪（观音殿位于毗卢殿左侧，地藏殿位于毗卢殿右侧）

莫勒(J. Prip-Moller)在20世纪30年代访问参观了很多寺庙,并用绘画详细记录了一些寺庙建筑。他注意到在寺庙的前部区域,通常左侧有一鼓楼,右侧有一钟楼。在描述香港新界的一座寺庙时,他写道:“钟下常常放置一个小祭坛,上面有地藏像,地藏是冥界的救度菩萨。地藏的特殊小殿位于寺院外的右侧,譬如香港新界的青山禅院,很有可能就是受到了钟楼放置于这一侧惯例的影响,以及地藏与钟二者存在着关联的影响。钟和鼓作为昼夜的启始者,应该从信仰的角度来看待。当僧人推动绳索并用力将钟锤推向钟的边缘时,可以听到深沉的回响。伴随着撞击声,僧人们喃喃自语的祈祷将会传达给慈悲的佛陀和菩萨,特别是地藏菩萨。”① 地藏与亡者的联系也被另一种流行的做法所证实。佛教信徒常常将装有死者骨灰的骨灰坛放置在被称作“普同塔”或骨灰安置所的一个建筑中,让僧侣们在一些特殊的日子里举行仪式,譬如死者的生日或者忌辰。在这类建筑中,地藏就是守护菩萨。他们还可以选择将死去亲属的灵位写在黄纸上,并把它们供奉在寺院左侧的地藏殿中。例如,霍默思·沃尔什(Holmes Welch)从他的资料提供者那里了解到的武汉一座小庙的信息。“当亲人在死者生辰来祭拜时……骨灰坛本身就扮演了碑的角色,在上面贴上名字,放置在位于普同塔内的地藏坛上。”②

有时,两位菩萨会出现在同一建筑内。我们在普瑞普-莫勒的记录中找到了这样一个例子。根据波尔士曼(E. Boerschmann)绘制的图纸,他提供了普陀山法雨寺的平面图。在大殿前有一座单独的观音殿,此外有五尊观音像(确认为白衣观音、大悲观音、送子观音、

① J. Prip-Moller: *Chinese Buddhist Monasteries, Their Plan and Its Function as a Setting for Buddhist Monastic Life*, Hong Kong: Hong Kong University Press, 1967, pp.15-16.

② Holmes Welch: *The Practice of Chinese Buddhism, 1900-1950*, Cambridge, MA: Harvard University Press, 1967, p.204.

骑鱼观音、镇海观音)供奉于大殿之中。普陀山是观音崇拜的胜地,因此我们希望能在这里找到大量供奉于此的观音菩萨像。然而,也许是因为这一对菩萨在信徒心中早已互相关联,在大殿的左侧角落的背面也有一尊地藏像,面对着右侧角落的千手观音①。

在如今的一些寺庙里,仍能发现观音殿正对地藏殿。地藏殿中描绘了十王和地狱惩罚的场景,而我们可能会在观音殿中发现娘娘的形象。有这样的配置显然是因为信徒们向地藏祈祷,是将它视为地狱的救度者;向观音祈祷,是将它视为健康、繁衍子嗣和长寿的保证。随着地藏成为地狱众生唯一的守护者之后,观音则放弃了这部分原本的功能,成为生者的主要守护神。

五、结论

正如这个简短的调查显示,地藏、观音二者的关系随着时间的推移发生了变化。但或许真正的情况从未如此清晰。传统的观点认为观音是生者的救度者,而地藏是亡者的救度者,这种观点或许过于简单化了。事实上,二者均与长生崇拜以及往生净土的愿望有关。这便是为什么观音与地藏组合成为药师佛和阿弥陀佛胁侍的真正原因。正如我们前述所提到的,在《佛说地藏菩萨经》中,地藏展现了他的“净土关联”。通过入地狱,地藏不仅要监督阎罗王,还要承担净土引导者的角色:

> 若有善男子善女人,造地藏菩萨像,写《地藏菩萨经》,及念地藏菩萨名。此人定得往生西方极乐世界……此人舍命之日,

① Holmes Welch: *The Practice of Chinese Buddhism, 1900-1950*, Cambridge, MA: Harvard University Press, 1967, p.31.

地藏菩萨亲自来迎。[①]

观音与地藏都能引导众生往生净土，尽管事实上缺乏经典依据，但这一对菩萨加入阿弥陀佛的三圣组合也能被理解。现在看来，不论众生生前还是死后，实际上观音与地藏都是他们的救度者。这种对地藏的新认识并不是基于佛教经典，但却得到了本土经典和艺术的支持。大足兴隆庵摩崖造像1号龛内造二地藏并坐像，龛左侧题记“开天堂路，闭地狱门”[②]。

近几十年来，艺术史学家和佛教史学家们已经达成共识，即新宗派的兴起或新神祇的产生并不总是能够通过参考经典来解释。观音与地藏信仰组合是另一个案例研究。至少有两个原因可以解释为什么经典的规定和图像的表达不能完全一致。首先在前现代，经典的知识主要是为寺院精英和文人所保留的，并没有在普通民众中广泛传播。除了一些流行的短文，社会上的大多数人都不知道佛教经典的复杂性。其次，拥有经典知识的僧侣并不总是能够控制佛教造像的实际创作均按照正统图像的要求。因此，供养人赞助的造像很有可能由工匠根据目前流行的模板来创作，而非基于任何特定的经文。

佛教是一个包罗万象的宗教，总是在适应着不同的文化。将地藏在东亚地区所呈现出的不同面貌和功能进行比较是非常有趣的。为何地藏会在中国成为观音的同伴？这大概与为何地藏会在日本成为早夭儿童和流产胎儿的守护者一样玄妙莫测[③]。不过，虽然没有观

①佚名《佛说地藏菩萨经》，《大正藏》第85册，no. 2909，1455页。

②重庆大足石刻艺术博物馆、重庆市社会科学院大足石刻艺术研究所编《大足石刻铭文录》，重庆：重庆出版社，1999年，375页。

③ William R. LaFleur, *Liquid Life: Abortion and Buddhism in Japan*, Princeton, N.J.: Princeton University Press, 1992; Hank Glassman, *The Face of Jizo: Image and Culture in Medieval Japanese Buddhism*, Honolulu: University of Hawaii Press, 2012.

音与地藏共同崇拜的经典依据，但还是可以发现其根植于信徒实际需求之中的逻辑。

（本文原载 *Asiatische Studien / Études Asiatiques*，70［3］，2016，pp.757–796，系与于君方教授合撰，罗雪菱中译。为方便中文读者，译者对原文的大部分图号重新作了编排；原文注释中个别页码和期刊年份以及个别引文有误，译者作了相应的订正，谨致谢忱！）

光孝寺早期沿革考略
——广州光孝寺研究之一

一、引言

南北朝至隋唐时期，作为广州乃至华南地区的一座著名的佛教寺院，广州光孝寺在中外佛教文化交流方面充当了重要角色。这方面的研究，有罗香林先生导夫先路。1960年代初，罗香林出版了《唐代广州光孝寺与中印交通之关系》（以下简称《关系》）一书[①]，成为这一领域的奠基之作，探讨光孝寺所呈现的中印佛教文化交流情形自然成为本书的重点。但由于该书在文献资料的使用上显得不够谨严，因而书中的部分结论需要重新加以审视。虽然饶宗颐先生对《关系》一书有所评论，但侧重于增补史料，对其文献运用方面可能存在的问题并未涉及[②]。厘清光孝寺的沿革是研究与光孝寺有关的一切其他问题的前提和基础，但遗憾的是，学界对光孝寺早期沿革的梳理至今仍不太到位[③]，因此本文首先对光孝寺的早期沿革进行必要的考察。

---

①罗香林《唐代广州光孝寺与中印交通之关系》，香港：中国学社，1960年。

②参看饶宗颐《读罗香林先生新著〈唐代广州光孝寺与中印交通之关系〉——兼论交广道佛教之传播问题》，《大陆杂志》第21卷第7期，1960年，1—4页。按饶文增补的史料中，有的可靠性也需要重新加以检讨，因为其所据主要是晚期方志文献。

③《关系》对光孝寺沿革有初步梳理，近年，又有数篇侧重讨论光孝寺寺名演变的论文，内容均涉及其沿革问题，如陈泽泓《光孝寺旧称考》，《广东史志》2003年第4期，39—43页；妙智《〈光孝寺志〉若干问题简析》，载明生主编《禅和之声："禅宗优秀文化与构建和谐社会"学术研讨会论文集》，北京：宗教文化出版社，2007年，465—478页；存德《广（转下页）

二、光孝寺早期沿革考略

广州古谚云：未有羊城，先有光孝。这句话虽不符合历史实际，但折射出广州普通民众眼中的光孝寺历史的悠久。但涉及光孝寺历史的早期文献今天并不多见，亦无早期金石材料可征，我们只能从早期僧传文献中钩稽零星记载，因此对早期（宋以前）光孝寺沿革的考察有一定困难。《关系》一书对光孝寺的沿革有所考证，但所据主要是清乾隆年间顾光所纂《光孝寺志》①，文献形成的年代太晚。而此前谢扶雅等人的文章中对光孝寺沿革的考察也主要依靠《光孝寺志》的记载，也没有结合其他文献资料②。直到最近，论者在论及光孝寺寺名演变及沿革时仍主要以《光孝寺志》的记载为据③。虽然晚出的方志文献仍有可靠的一面，但使用时必须谨慎甄别，这是使用方志类古籍的基本要求。在笔者看来，考察光孝寺早期沿革的重点在于对相关文献记载的可靠性的辨析。

宋代以前的文献，与该寺有关的零星记载主要见于僧传资料，但往往作为高僧活动与驻锡的背景信息提及，因而迄今未见宋以前正面记录该寺沿革的文字，当然，这一定程度上也与宋以前编纂寺志山志的传统尚未普遍形成有关。迄今所见最早记录光孝寺沿革的文献，是南宋方信孺所撰《南海百咏》“法性寺”条，其文云：

（接上页）州光孝寺寺名变迁考述》，载氏著《中国佛教述论》，北京：宗教文化出版社，2014年，235—254页等。这些文章对推进光孝寺寺名研究、沿革研究等有不同程度的贡献，但在文献资料的使用方面仍存在一些问题，因此在笔者看来，仍有深入的空间。

①罗香林《关系》，27—30页。

②谢扶雅《光孝寺与六祖慧能》，《岭南学报》第4卷第1期，1935年；收入张曼涛主编《禅宗史实考辨》（《现代佛教学术丛刊》第4册），台北：大乘文化出版社，1977年，313—317页。

③如前揭陈泽泓《光孝寺旧称考》，39—43页；妙智《〈光孝寺志〉若干问题简析》，465—478页；存德《广州光孝寺寺名变迁考述》，235—254页等。

> 刘氏时为乾亨寺，后复旧名，今为报恩光孝寺。乃南越赵建德之宅，虞翻之园囿也。相传六祖祝发于此。《图经》云，本乾明、法性二寺，后并为一。又云院有诃子，取西廊罗汉院井水煎汤，颇能疗疾。如此则又有罗汉之名，当不止乾明、法性二寺也。①

按方信孺（1177—1222）为南宋中期人，能文，曾荫补番禺尉，故有是作。《四库未收书提要·南海百咏提要》云："是编乃是其官番禺漫尉时所作，取南海古迹，每一事为七言绝句一首，每题之下各词其颠末。注中所记多五代南汉刘氏事，所引沈怀远《南越志》、郑熊《番禺杂志》，近多不传。"② 由此可知，文中"刘氏"当指南汉刘龚政权。因是书重点不在古迹沿革而在诗作，上引有关法性寺沿革的记载实际上是作者按是书写作惯例，为所赋对象法性寺所作的小序，稍叙始末，因而其对光孝寺沿革交代得比较简单也就可以理解了。

笔者认为，《南海百咏》对光孝寺南汉至两宋时期的记载是可靠的，因为"注中所记多五代南汉刘氏事"，说明作者熟稔南汉情况，至于两宋时期的情况，作者更有宋代文献作参考。文中所引《图经》已亡佚，不知是何种志书。不过《南海百咏》"番山"条为我们提供了一些线索，其文云："番、禺，二山也。……国初前摄南海簿郑熊所作《番禺杂志》云：'番山在城中东北隅，禺山在南二百许步，两山旧相联属，刘龚凿平之……'至《图经》则谓番山，在今府学后，禺山在清海军楼雉堞下，是番山南而禺在北矣。……然《番禺志》，古书也，熊为潘美客……"③《番

---

① [南宋]方信孺《南海百咏》"法性寺"条，南京：江苏古籍出版社影印《宛委别藏》本，1988年，13—14页。

② 参看《宛委别藏》本《南海百咏》正文前所附《四库未收书提要·南海百咏提要》。

③ [南宋]方信孺《南海百咏》，1—2页。按《番禺杂志》，陈振孙《直斋书录解题》、马端临《文献通考·经籍考》、陶宗仪《说郛》等均作《番禺杂记》，郑樵《通志·二十略》作《番禺杂录》，笔者倾向于《番禺杂志》。《说郛》所收已是辑本，可知是书元末明初时已亡佚。

禺志》即《番禺杂志》，这条记载提示我们，郑熊之所以熟稔南汉情况，应与他曾“摄南海簿”有关。而他之所以有机会“摄南海簿”，应与他曾“为潘美客”有关，因为南汉是北宋开宝三年（970）由潘美率军攻灭的，郑熊很可能也参与了灭南汉的军事行动，因此《番禺杂志》应作于970年之后不久。由“至《图经》则谓”云云可知，《图经》应晚于《番禺杂志》。

值得注意的是，与方信孺同时代的陈振孙（约1186—1262）所撰《直斋书录解题》著录有王中行撰《广州图经》二卷[①]，而且广州方志类文献以“图经”为名见于《解题》著录者仅此一种，《解题》同时著录的其他广州方志类文献还有刘宋沈怀远的《南越志》和郑熊的《番禺杂志》[②]，可见《解题》是凡有必录，由此约可推知，至方信孺陈振孙时代，广州方志类文献中以“图经”为名者仍只有王中行的《广州图经》一种。更为重要的是，从王中行的行历看，王氏为南宋前期人，与方信孺、陈振孙大体同时代而又略早于方、陈[③]。综合上述考察，笔者认为，方信孺所引《图经》应即王中行所撰的《广州图经》。那么，比《南海百咏》更早记录光孝寺沿革的应是王中行的《广州图经》。

综上所述不难判断，《南海百咏》中对光孝寺南汉至两宋时期的记载是可以采信的，结合其他文献石刻资料可知，《南海百咏》对光孝寺唐代的记载也基本可信，因此进而还可以逆向推知该寺唐朝时期的一些情况：据唐广州法性寺住持法才所撰《瘗发塔记》，六祖慧能曾祝发于

---

① ［南宋］陈振孙撰，徐小蛮、顾美华点校《直斋书录解题》卷八《地理类》载“《广州图经》二卷，教授王中行撰”，上海：上海古籍出版社，1987年，259页。

②同上注。

③按王中行，潮州揭阳人，南宋孝宗隆兴元年（1163）进士，淳熙十二年（1185）宰东莞，博学能文，除《广州图经》外，还撰有《潮州图经》、《潮州记》等（参看马楚坚《两宋潮州方志之史辙考索》，载黄挺主编《第七届潮学国际研讨会论文集》，广州：花城出版社，2009年，338—341页）。

法性寺[①]，因此《南海百咏》“六祖祝发于此”的说法可以采信，由此也可以推知，广州的法性寺之名在唐前期已出现；法性寺后来与乾明寺合并，合并后形成新的法性寺，合并的具体时间不得而知，但应在唐代[②]，新法性寺至少在晚唐已形成；南汉时期新法性寺一度改名为乾亨寺，这应与刘龑以“乾亨”为开国年号有关[③]，后又恢复法性寺旧名[④]；入宋，

---

① [唐]法才《瘗发塔记》，收入《全唐文》卷九一二，此据前揭顾光、何淙修撰《光孝寺志》卷十《艺文志·碑记》，119页。《瘗发塔记》撰于唐高宗仪凤元年(676)。按，《全唐文》题名为《光孝寺瘗发塔记》，而今人皆因袭《全唐文》的题名，这不太合适，因为光孝寺之称不早于南宋(详后文)。这一题名应系后人所拟，塔记最后落款可以为证，最后落款为“法性寺住持法才谨识”，说明碑铭自身作“法性寺”。

② [明]李贤、万安等编纂《大明一统志》(又名《天下一统志》)卷七九《广州府》“寺观”条载：“光孝寺，在府城内西北，旧为乾明、法性二寺，宋合为一，改今名。”(《四库提要著录丛书》第207册《史部》，北京：北京出版社，2010年，428页)该志称二寺合并的时间为宋，显然不确。不过，南宋王象之《舆地纪胜》的记载颇令人费解，须稍加辨析。今版《舆地纪胜》卷八九《广南东路·广州》载：“南越王弟建德故宅，在州西，故虞翻之园囿。今报恩光孝寺乾明、法性二寺。”(李勇先点校本，成都：四川大学出版社，2005年，3065页)后半句话显得不太通顺，疑有脱字。李勇先注意到《校勘记》引张氏鉴云，“乾”上当有“及”字(3101页注204)，但并未据以添加“及”字。加上“及”字文句虽然通顺了，但新的问题也出现了。若然，南宋时期，除报恩光孝寺外，乾明、法性二寺仍存在，呈三寺并列的局面。这显然不符合事实，笔者怀疑，“乾”上的脱字是“即”而不是“及”，这样就与实际情况相符了。

③ 检视金石资料可以发现，南汉境内以“乾亨寺”为名的寺院不止一座，至少海南琼山、广西贺县存在同名寺院。[清]吴兰修撰《南汉金石志》卷一所载“琼州乾亨寺钟铭”、“乾亨寺钟款”条，前者有南汉乾和九年(951)款；后者有南汉大宝辛未年(971)款，并引《广西金石略》的记载称钟在广西贺县三乘寺(参看《南汉金石志》卷一，北京：中华书局，1985年，7、17页)。可见改寺名为“乾亨”是南汉皇家意志的体现，是敕改。揆诸史乘，刘龑开国之初确有改名之举。《旧五代史》卷一三五《僭伪列传·刘陟传》载：“贞明三年，陟乃僭号于广州，国号大汉，伪改元为乾亨。明年，僭行郊礼，赦其境内，及改名岩。”(北京：中华书局，1976年，1808页)刘陟即刘龑。

④《旧五代史》卷一三五《僭伪列传·刘陟传附刘鋹传》：“先是，广州法性寺有菩提树一株，高一百四十尺，大十围，传云萧梁时西域僧真谛之所手植，盖四百余年矣。皇朝乾德五年夏，为大风所拔。”(中华书局标点本，1809页)按刘鋹为刘龑孙，南汉末代皇帝，大宝元年(958)即位。这条记载表明，至少在南汉后期，已恢复法性寺旧名，从而印证了《南海百咏》的记载。但有一情况需要加以说明。南汉长乐(今广东五华)人林衢曾有《题广州光孝寺》诗一首(收入李调元编《全五代诗》卷六一；刘应麟《南汉春秋》卷九亦载。该诗内容后文还将涉及)。若按该诗的题名，南汉时就已开始称光孝寺，这与实际情况显然不符，光孝寺之名不能早于南宋以前(详后文)，因此笔者怀疑这首诗的题名系后人所拟，这与前揭《光孝寺瘗发塔记》一名的形成情况相似。

仍名法性寺[1],约在南宋某时(中期以前)改为报恩光孝寺[2]。由此约可推知,"光孝寺"应是"报恩光孝寺"的简称。自南宋改名报恩光孝寺后,一直相沿不改。至迟南宋中期已开始使用简称[3],南宋晚期及元以后主要以简称行[4]。

以上认知可以成为我们进一步厘清光孝寺早期沿革的基础。

所谓光孝寺最初为"南越赵建德之宅,虞翻之园囿"的说法,目

---

① 《南海百咏》引《番禺杂志》云:"(任)嚣庙,在今法性寺前道东四十余步,广民岁时享之,墓在庙下。"(参看《南海百咏》"任嚣墓"条,17页)可知宋初仍称法性寺。

② 方信孺在撰写《南海百咏》时法性寺已改名报恩光孝寺,表明改名在南宋中期以前。但他仍以"法性寺"而不以"报恩光孝寺"作条目,似乎表明改名的时间并不长,旧寺名的惯性仍主导着人们的思维。而明陈循等纂《寰宇通志》卷一〇二《广州府》"寺观"条载:"光孝寺,在府城中,西(当作北——引者)宋崇宁间建,国朝僧纲司在焉。"(郑振铎辑《玄览堂丛书》第9册,扬州:广陵书社,2010年,6176页)这句话约可理解为法性寺改名光孝寺的时间在北宋崇宁年间,但不知根据所从出,不予采信。另外,检视金石资料也可以发现,跟乾亨寺名一样,宋代岭南地区也同样不止一座报恩光孝寺。《南汉金石志》卷一"昭州光孝寺铜佛识"条引《舆地纪胜》载云:"铜佛识在昭州报恩光孝寺……伪刘时所铸……后有识云:'维大汉大宝四年(961)。'"(20页)按昭州即今广西平乐县,属南汉辖境。铜佛识虽为南汉物,但其所在的寺院的寺名报恩光孝寺应是宋代统改的。因此改寺名为报恩光孝寺同样是宋朝皇家意志的体现。

③ 《南海百咏》"任嚣墓"条有云:"法性寺今光孝寺也。"(17页)可见南宋中期时已开始使用简称。那么,顾光《光孝寺志序》所谓"光孝之称,则自明成化年始也"显然不确。参看乾隆三十四年(1769)顾光、何淙修撰,仇江、曾燕闻点校《光孝寺志》之序文部分,广州:广东教育出版社,2015年。但乾隆《光孝寺志》的说法一直影响着后来学者的判断,直到近期,仍有学者认为"光孝寺"之称,始于明成化十八年敕赐光孝寺匾额(参看王邦维《义净法师的印度及南海之行与广州制旨寺》,载明生主编《禅和之声:"禅宗优秀文化与构建和谐社会"学术研讨会论文集》,290页)。

④ 南宋咸淳五年至六年(1269—1270)陈宗礼为光孝寺所撰《六祖大鉴禅师殿记》、《天宫法宝轮藏记》中皆简称光孝寺。二记均收入明成化九年(1473)王文凤纂《广州志》卷三二《寺观类·广州府》"报恩光孝寺"条(参看陈建华、曹淳亮主编《广州大典》第35辑《史部方志类》第25册,广州:广州出版社,2008年,120—122页。《广州大典》据国家图书馆藏明成化九年刻本影印),可见南宋晚期主要以简称行。而明清时期除偶有称"报恩光孝寺"者(如明成化《广州志》,见上注),皆称"光孝寺",有多种明清方志文献为证,这里不赘,惟元代的称谓须略加举证。[元]陈大震、吕桂孙《南海志》卷七《物产》载:"诃子,故乾明寺有之,即今光孝。取寺之罗汉井水,与甘草合煎,乳白而甘。"按是书成书于元大德八年(1304),是目前部分可见的广州最早的方志,原书二十卷,已散佚,现残存元大德刻本五卷(卷六至卷十)及《序》。参看广州市地方志办公室编《元大德南海志残本(附辑佚)》,广州:广东人民出版社,1991年,29页。由此条记载可知,元代仍沿用宋代旧名,简称"光孝寺"。

前最早的记载见于《南海百咏》，推测《广州图经》已有此说。但这一说法于唐及唐以前文献无征（包括世俗文献和佛教典籍），南越王旧宅之说更令人难以置信[①]。不过，"虞翻之园囿"一说似非完全向壁虚构，因为虞翻事迹尚可按。至少，它间接地为我们提供了一些光孝寺始建年代的线索。据《三国志》记载，虞翻为会稽余姚人，初为东汉会稽太守王朗的功曹，后归顺孙策，为官于东吴政权，但其"性疏直，数有酒失……（孙）权积怒非一，遂徙翻交州。虽处罪放，而讲学不倦，门徒常数百人。又为《老子》、《论语》、《国语》训注，皆传于世……在南十余年，年七十卒。归葬旧墓，妻子得还。"[②]但其生卒年不详。不过，《三国志》虞翻本传《裴注》引《江表传》云，孙权曾遣将士乘海之辽东，于海中遭风浪，损失惨重，遂想起"虞翻亮直，善于尽言"的好处，因此认为"前使翻在此，此役不成"，因"促下问交州，翻若尚存者，给其人船，发遣还都；若以亡者，送丧还本郡，使儿子仕宦。会翻已终"[③]。检《三国志·吴书·吴主传》可知，孙权遣将士乘海之辽东事在嘉禾元年（232）[④]。由此推测虞翻应卒于嘉禾元年之后不久[⑤]，而他既在贬所长达十余年，那么他被徙交州的时间约在220年之前或是年前后。又据《晋书·地理志》载："吴黄武五年（226），分交州之南海、苍梧、郁林、高梁四郡立为广州，俄复旧。永安六年（263，《三国志·吴书·三嗣主传》作七年，是）复分交州置广州。"[⑥]可知广州其实是自

---

①已有学者对这一说法提出了怀疑，认为经过汉武帝灭南越的战火之后，赵建德宅第能否留存至三百多年以后值得怀疑。参看胡巧利《光孝寺》，广州：广东人民出版社，2005年，6页。我认为这一怀疑有一定道理。

②《三国志》卷五七《吴书·虞陆张骆陆吾朱传》，北京：中华书局，1982年，1317—1324页。

③同上注，1324页。

④《三国志》卷四七《吴书·吴主传》载："嘉禾元年……三月，遣将军周贺、校尉裴潜之辽东。"（1136页）

⑤有人将虞翻的生卒年确定为164—233年，大致不误，但过于绝对了，因为毕竟没有更直接的证据资料。

⑥《晋书》卷十五《地理志下》，北京：中华书局，1974年，466页。

交州析出，初次析出在226年，但旋复旧，再次析出在264年。

又《宋书·州郡志》载："汉献帝建安八年（203），改（交趾）曰交州，治苍梧广信县（今广西梧州境内）。十六年（211，《晋书·地理志》、司马彪《续汉书》刘昭注均作十五年）徙治南海番禺县（今广州）。及分为广州，治番禺，交州还治龙编（今越南河内东，交趾刺史原治于此）。"①据此可知，自公元211年至264年交州治所一直在今广州。综合上引文献可知，虞翻虽被贬交州，但其贬所应就在今广州，因为其时交州治所就在当时的番禺，而彼时广州尚未真正确立（广州的真正确立是在虞翻死后三十年之后，即264年之后了）。再考虑到虞翻虽为罪身，但却讲学不倦，门徒云集，应是当时广州名噪一时的大儒，那么当地后来出现了专祀虞翻的祠庙也就不奇怪了②。既然虞翻贬居广州于史可征，那么，广州存在"虞翻之园囿"（后来文献称虞苑）应是可信的。只是从虞翻的生平事迹看不出他与佛教有任何联系，进而也无从想象在虞翻死后，虞苑是如何与初期光孝寺建立联系的。至于南越王赵建德旧宅是否与虞苑有联系，就更无从查证了。建德旧宅是否能够留存到三国时期，颇值得怀疑。但无论如何，虞翻贬居广州一事的落实至少给了我们这样一个提示，即这似乎表明光孝寺的初建应在虞翻死后的某个时期，但不会立刻，因为参诸广州早期佛教传播史，3世纪中期前后，佛教在广州尚无广泛传播的迹象。

广州很早就成为对外交通的港口，无疑是佛教海上传入的前码头之一，但从文献的角度看，佛教初传广州并不太早，约在东汉末期，

---

①《宋书》卷三八《州郡志》，北京：中华书局，1974年，1204页。

②《舆地纪胜》卷八九《广州》载："虞翻庙，在南海县西北三里。虞翻尝为孙权骑都尉，以数谏诤，徙交州。"（3065页）虞翻庙始建于何时不得而知，但唐时已有（[唐]李吉甫撰，贺次君点校《元和郡县图志》卷三四《岭南道一·广州》："虞翻庙，在[南海]县西北三里。"北京：中华书局，1983年，888页），据《舆地纪胜》可知南宋时尚存。

且与安世高有关[1]。虽然西晋时期广州已见自海道而来的天竺等外国僧人的身影[2]，且有的在广州还有译经活动[3]，但当地的佛教东晋以后才渐有起色。综合僧传文献记载，学者认为佛教正式传入广州的时间在3世纪后半叶[4]。结合以上佛教在广州传播的早期情形，以及早期光孝寺与虞苑可能存在的联系，笔者认为，将光孝寺的初建定在3世纪末4世纪初（即西晋晚期）较为妥当，当是广州最早的寺院之一[5]。《南海百咏》记载的可靠性虽然较高，但仍有差误，如有关罗汉院的记载，作者将罗汉院视为与乾明、法性二寺并列的另一座寺院。按罗汉院的建造应与罗汉信仰的兴起有关，其出现不会早于五代时期，应是后起的建筑，因此《南海百咏》将罗汉院视为另一座寺院是不正确的，它应是后来在合并后的新法性寺内建造的附属建筑，罗汉院的位置在寺之"西廊"可以为证。宋代是罗汉信仰大流行的时期，因此光孝寺的罗汉院建于宋代的可能性更大，这并非纯属推测。据明崇祯年间张悰所修《光孝寺志》记载，光孝寺原有宋住持僧祖荣所建的

---

①参看拙稿《佛教初传海道说、滇缅道说辨正——兼论悬泉东汉浮屠简发现的意义》，载荣新江、朱玉麒主编《西域考古、史地、语言研究新视野：黄文弼与中瑞西北科学考查团国际学术研讨会论文集》，北京：科学出版社，2014年，473页。

②据《高僧传》、《梁书》等的记载，西晋惠帝末年（4世纪初），天竺异僧耆域经扶南至交广（参看［梁］慧皎撰，汤用彤校注《高僧传》卷九《耆域传》，北京：中华书局，1992年，364—366页）。

③据［隋］费长房《历代三宝纪》卷六转引《始兴录》和《宝唱录》的记载，西晋太（泰）始二年（266），外国沙门彊梁娄至在广州译出《十二游经》一卷，参看《大正新修大藏经》（以下简称《大正藏》）卷四九，65页上。

④参看杨鹤书《从公元3—7世纪佛教在广州的传播看中外文化交流》，载广东省社会科学院等编《广州与海上丝绸之路》，广州：广东省社会科学院，1991年，108页。

⑤［明］叶廷祚为崇祯十三年（1640）张悰所修《光孝寺志》所作的序中称："诃林肇自东晋，粤中名刹。"（张悰所修《光孝寺志》已佚，叶序尚存，收入顾光、何淙修撰《光孝寺志》中）现在看来，光孝寺的初建可以早到西晋后期。一种观点认为，制止寺的初建可以早到孙吴嘉禾年间（232—234），所据为乾隆《光孝寺志》卷二所记"（虞）翻卒，后人施其宅为寺，匾曰制止"一语（参看陈泽泓《光孝寺前身寺名考略暨释疑》，原载《羊城古今》1995年第1期，此据陈泽泓主编《广州话旧》，广州：广州出版社，2002年，532—533页）。但《光孝寺志》的这一说法找不到任何早期文献加以验证，再综合考虑广州的早期佛教传播史，制止寺建于吴嘉禾年间说难以成立。

罗汉阁，明时已废[①]。这表明该寺供奉罗汉的建筑确为后起建筑，笔者颇疑《南海百咏》中的罗汉院即祖荣所建的罗汉阁所在的院落。

前揭明成化九年王文凤纂《广州志》是现存对光孝寺沿革记载甚详的最早方志文献，其卷二四《寺观类·广州府》“报恩光孝寺”条载其早期沿革云：

> 在郡城西北角。按《旧志》为南粤王建德故宅，三国吴虞翻谪南海居此……时人称为虞翻苑。晋安帝隆安间，罽宾国三藏法师昙摩耶舍尊者至广，喜兹福地，创梵刹，名王园寺。宋高祖永初间，梵僧求那跋陀罗三藏飞锡至此，睹兹之胜，复依寺右创戒坛，立制止道场，谶曰：“后有肉身菩萨于此受戒。”梁天监元年，智药三藏自西竺国持菩提树一株，航海而来，植于戒坛之前，且预志曰：“一百六十年后有肉身菩萨于此树下开演上乘，度无量众。”梁普通间达摩大师至此。唐贞观间，太宗改制止、王园二寺作乾明、法性二寺。唐高宗龙朔元年，六代祖慧能在黄梅东山寺传五祖忍师衣钵南归，居法性寺者。[②]

而乾隆《光孝寺志》述光孝寺早期沿革曰：

> 寺在郡城西北，本南越王故宅……三国吴虞翻谪徙居此……时人称为虞苑，又曰诃林。翻卒，后人施其宅为寺，扁曰“制止”。……东晋安帝隆安中，罽宾国三藏法师始创为王苑朝

---

①前揭顾光、何淙修撰《光孝寺志》卷一《旧志殿宇》“罗汉阁”条：“罗汉阁，三间，宋住持僧祖荣建，今废。”（8页）按《旧志》当指明崇祯张悰所修《光孝寺志》，表明“罗汉阁”条是转述崇祯《光孝寺志》的内容。

②前揭王文凤纂《广州志》卷二四，119页。

延寺，又曰王园寺……刘宋武帝永初元年，梵僧求那罗跋陀（按即求那跋陀罗——引者）三藏飞锡至此，始创戒坛，立制止道场。初，师至，以指苛子树谓众曰：此西方诃梨勒果之林也，宜曰苛林。制止立碑，预谶曰：后当有肉身菩萨，于此受戒。梁武帝天监元年，梵僧智药三藏至诃林。……普通八年，达摩初祖至自天竺，止于诃林。……陈武帝永定元年，西印度优禅尼国波罗末佗三藏，陈言真谛，来游中国，至广州，刺史欧阳頠延居本寺。……唐太宗贞观十九年，改制止、王园为乾明、法性寺。高宗仪凤元年，六祖慧能薙发菩提树下，遂开东山法门……武宗会昌五年，改乾明、法性作西云道宫。宣宗大中十三年，复改乾明、法性寺。[①]

两相比较不难发现，乾隆《光孝寺志》基本上因袭了成化《广州志》的记载，而又有所添加。但我们知道，乾隆《光孝寺志》实际上是在崇祯《光孝寺志》的基础上添加补充而成的[②]。这意味着，崇祯《光孝寺志》也主要因袭了成化《广州志》的记载。那么，成化《广州志》记载的可靠性成为问题的关键。

成化《广州志》的信息已远超《南海百咏》，显然前者主要参考的是当地的方志类文献。除前文已提到的刘宋沈怀远的《南越志》、北宋郑熊的《番禺杂志》、南宋王中行的《广州图经》外，检视目录学及方志类著作，明以前属于广州或与广州密切相关的重要方志类文献

①前揭顾光、何淙修撰《光孝寺志》卷二《建置志》，16—18页。需要指出的是，乾隆以后编纂的广州方志类文献中有关光孝寺沿革的记载基本上抄自乾隆《光孝寺志》，如清乾嘉年间学者仇巨川所纂《羊城古钞》卷三《寺观》所载即如此。而近年有学者在涉及光孝寺早期沿革时以是书为据，有失谨严（参看明生主编《禅和之声：“禅宗优秀文化与构建和谐社会”学术研讨会论文集》，290页）。

②顾光《光孝寺志序》：“于时宝陀圆公，以人天师来主法席，茶瓜留客，流连往事，得观崇祯十三年张君悰所撰《寺志》二卷，昔其简略，发愿重修。”参看仇江、曾燕闻点校《光孝寺志》之序文部分；另参仇江《〈光孝寺志〉的成书及传播》，《岭南文史》1999年第3期，52—53页。

还有宋佚名《广州新图经》(《舆地纪胜》引)、宋佚名《南海郡略》(《舆地纪胜》引)、宋佚名《广东路图经》(《通志·二十略》著录)、南宋嘉定年间陈岘所撰《南海志》(《宋史·艺文志》著录)、南宋淳祐年间方大琮纂辑《南海志》(明嘉靖黄佐纂《广东通志·艺文志》著录)、宋李木撰《南海图经》(黄佐《广东通志·艺文志》著录)、宋元佚名《广州府图经志》(《永乐大典》卷一一九〇五至一一九〇七引)①,以及元大德年间陈大震、吕桂孙纂辑《南海志》(黄佐《广东通志·艺文志》著录,道光《广东通志·艺文略》作《南海县志》)等②。其中《南越志》虽然是"五岭诸书之最在前者"③,但元代已佚④,对元明以后广州志乘的编撰影响不大,可置不论。

由此不难看出,两宋时期是广州方志类文献生成的重要时期,毫无疑问,有关光孝寺历史的系统梳理也应始于两宋时期。虽然两宋时期编纂的广州方志类文献到元代大多也已亡佚⑤,但仍有少量得以保存下来,成为元代修志的重要参考,如大德《南海志》,它是在嘉定

---

①参看骆伟《岭南〈图经〉考述——兼以〈广州图经〉为例》,《广东史志》2015年第3期,55—61页。

②需要指出的是,有学者误将《广州图经》等同于嘉定《南海志》,误将《广州新图经》等同于淳祐《南海志》,参看王元林《宋南海神东、西庙与海上丝绸之路》,《海交史研究》2006年第1期,34页注④。

③语出《直斋书录解题》(259页),但确切的意思是说,《南越志》是陈振孙时代尚完整保存的最早的岭南方志文献,而不是说它是最早的岭南方志文献。事实上,比《南越志》更早的岭南方志文献还有若干种,多形成于晋,只不过到陈振孙时代它们已或残或佚,如晋王范的《交广二州记》、晋王隐的《交广记》、晋顾徽的《广州记》、晋裴渊的《广州记》以及刘宋刘澄之的《广州记》等,参看张国淦编著《中国古方志考》,北京:中华书局,1962年,598—594页。

④《南越志》的亡佚大约在宋末元初,故对其的辑佚工作从元代就开始了,参看骆伟《〈南越志〉辑录》,《广东史志》2000年第3期,37页。

⑤陈大震《南海志序》云:"《南海志》从来久废则必修,今搜之故笈,存者仅有嘉定、淳祐二本,首尾残缺。"(见前揭《元大德南海志残本(附辑佚)》附录一,103页)所谓嘉定、淳祐二本,即陈岘所撰《南海志》和方大琮纂辑《南海志》,可见早在元代前期,两宋所纂岭南志乘的亡佚情况已非常严重了。嘉定、淳祐二志大概在大德《南海志》编成不久即彻底亡佚,而大德《南海志》今仅存6—10卷,参看前揭《元大德南海志残本(附辑佚)》;陈金林、齐德生《大德南海志考》,《上海师范大学学报》1985年第4期,63页。按,该文将淳祐《南海志》的作者写作"大琮",遗漏了作者姓氏。

《南海志》和淳祐《南海志》的基础上添加而成的[①]，因而仍有较高的学术价值[②]。至明代，两宋时期所撰岭南方志类文献进一步减少，但黄佐《广东通志·艺文志》在著录北宋王中行的《广州图经》时，未注“今亡”（依照黄氏书例，对于已亡佚之书，黄佐一般会注明“今亡”字样），表明此书明嘉靖年间尚存；而衍生于宋代《南海志》的元大德《南海志》明嘉靖年间亦尚存[③]。

综上所述，成化《广州志》编纂时主要参考的文献应当包括王中行《广州图经》、佚名《广州府图经志》以及元大德《南海志》等，基本上属于宋代文献或在宋代文献基础上添加的元代文献。虽然相对于光孝寺的早期历史而言，宋代文献也属于晚出文献，可信度要打折扣，但相对于整个光孝寺志乘的文献架构而言，于广州方志文献（本文所指“广州方志文献”包含冠名“番禺”、“南海”的方志类文献，下同）重要生成期形成的宋代广州方志文献中有关光孝寺的记载无疑是最可靠的。特别值得注意的是，号称“五岭诸书之最在前者”的《南越志》宋代尚存[④]，而据前引《直斋书录解题》著录的信息，更可知该书南宋时尚存，在选择余地不大的情况下，此书必然是宋代广州方志文献编撰的首选参考文献，这无疑增加了宋代广州方志文献记载的

---

①参看陈大震《南海志序》，103页；陈金林、齐德生《大德南海志考》，63页。

②大德《南海志》的学术价值早已引起学界关注，参看陈连庆《〈大德南海志〉所见西域南海诸国考实》（原载《文史》第27辑，1986年，收入氏著《中国古代史研究——陈连庆教授学术论文集》，长春：吉林文史出版社，1991年，785—815页）；同氏《〈大德南海志〉研究》（原载《古籍论丛》第2辑，福州：福建人民出版社，1985年，收入氏著《中国古代史研究——陈连庆教授学术论文集》，816—844页）；陈佳荣《中外交通史》，香港：学津书店，1987年，365—368页等。

③黄氏《广东通志·艺文志》著录此书时，也未言亡佚。另参陈金林、齐德生《大德南海志考》，64页。

④宋佚名《谢氏诗源》曾引《南越志》记载1条：“宋迁寄试莺诗有云：‘誓成乌鲗墨，人似楚山云’，人多不解‘乌鲗’义。《南越志》云：‘乌鲗怀墨，江东人取墨，书契以给人物，逾年墨消，空纸耳。’”（《谢氏诗源》已佚，参看［元］伊世珍《琅嬛记》卷上对《谢氏诗源》该条的转引）可见《南越志》宋时尚存。

可靠性[①]。又，或许是因为《南越志》地位重要，唐代又出现了续修，名《续南越志》，且宋时尚存[②]，因此该书也必然成为宋代广州方志文献编撰的重要参考文献之一。

此外，成化《广州志》的编纂还可以参考当时尚存于光孝寺内的宋元时期的碑刻资料，这些碑刻有的述及光孝寺的沿革，如元至正己丑（1349）高若凤所撰《重建毗卢殿记》中即有对光孝寺沿革的追述：

> 南粤光孝禅寺，始自晋代，即吴虞翻故宅之苛林创建佛刹。宋三藏法师求那跋陀建戒坛。梁天监初，梵僧智药自西竺持菩提树植于坛侧……时寺额名制止。唐贞观间寺分为二，曰乾明曰法性。至高宗仪凤初，六祖能禅师自黄梅传衣钵，来见二僧……祝发受具足戒。……武宗会昌五年，改西云道宫，德宗朝复乾明、法性寺。宋徽宗朝合为天宁万寿寺，绍兴七年改报恩广孝寺，二十七年赐名光孝。[③]

求那跋陀即求那跋陀罗。两相比较不难发现，成化《广州志》的记载与《重建毗卢殿记》的记载也十分相似，后者早于前者一百多年，且后者被前者收录，应是前者的参考资料之一。不过，后者的记载应同样来自于宋代广州方志文献的记载。

---

① 即便如此，宋代广州方志文献以及金石材料中有关光孝寺的记载也不能照单全收，比如前引成化《广州志》中有关求那跋陀罗、菩提达摩与光孝寺关系的记载，均于早期僧传文献无征，不足凭信（后文还将就这些僧人与光孝寺关系的文献记载进行辨析）。但通过上文的分析，若要追根溯源的话，元明方志中的相关记载恐怕大多源自宋代方志文献。

② ［宋］乐史《太平寰宇记》卷一五七《岭南道一·广州府》"增城"条引有《续南越志》，言唐天后时增城县何氏女因服云母粉得道于罗浮山一事（王文楚等点校，北京：中华书局，2007年，3016页），可知《续南越志》乃唐人续撰（同参［清］章宗源《隋书经籍志考证》卷三"《南越志》"条，收入《二十五史补编》第四册，北京：中华书局，2013年，4963页）。

③ ［元］高若凤《重建毗卢殿记》，文载成化《广州志》卷二四《寺观类·广州府》"报恩光孝寺"条，121页。

另外值得注意的是，黄佐在纂成《广东通志》之前，已于嘉靖六年（1527）纂成《广州志》七十卷（黄佐《广东通志·艺文志》著录，后世文献又称《广州府志》），可谓广州志乘空前的集大成者，其信息之丰富可想而知。黄佐的《广州府志》所参考的文献至少包括北宋王中行的《广州图经》、大德《南海志》以及成化《广州志》等，因此《广州府志》有关宋元及其以前的记录主要信息仍来自宋代广州方志文献或在宋代文献基础上添加的元代广州方志文献，仍然具有较高的可信度。

王中行的《广州图经》大概明末清初已亡佚[①]，而大德《南海志》明末崇祯年间已残缺[②]，因此崇祯《光孝寺志》的主要参考文献应是成化《广州志》和嘉靖《广州志》以及少量宋元所遗金石材料。要之，崇祯《光孝寺志》有关该寺早期沿革的记载追根溯源仍主要出自宋代广州方志文献。但是，乾隆《光孝寺志》有关该寺早期沿革的记载虽然与崇祯《光孝寺志》同源，即同样可追溯至宋代广州方志文献的记载，但明显有所添加，添加的信息不知所据。综上，就现存文献及其相对可靠性而言，考察光孝寺早期沿革的首选文献应是《南海百咏》及少量保存至今的与光孝寺有关的宋元时期的碑刻资料，其次是成化《广州志》，再次是嘉靖《广州志》，乾隆《光孝寺志》的参考价值最低。至于乾隆以后形成的广州方志文献中有关光孝寺的记载（包括对其早期沿革的记载），基本上都是直接抄自乾隆《光孝寺志》，如乾隆《南海县志》以及近人黄佛颐编撰的《广州城坊志》中有关光孝寺的记载等，对考察光孝寺的早期沿革基本没有参考价值。

---

① 清道光年间阮元纂修的《广东通志》卷一九一《艺文略三》载："《广州图经》二卷，宋王中行撰，佚。"（清道光二年刻本，12504叶）。笔者推测，该书亡佚的时间可能在明末清初。

② 崇祯朱光熙纂修《南海县志》卷十二《艺文志》载："元《南海志》二十卷，陈大震撰，今无。"据此，元大德《南海志》似乎在明末崇祯年间已佚，但事实上并未彻底亡佚，因为其部分内容至今尚存，参看前揭《元大德南海志残本（附辑佚）》。

在前文梳理的基础上，综合《南海百咏》、成化《广州志》等的记载，参以僧传、石刻文献，现试对光孝寺宋代及其以前的沿革简单勾勒如下：

光孝寺最初由孙吴贬官虞翻的苑囿改建而成，改建年代约在3世纪末4世纪初。东晋以降至南朝时期，因不断有自海道而来的外国高僧驻锡于此而渐知名。光孝寺初为一寺，寺名王园，后因制止道场的设立，始析为二寺，即王园寺与制止（一作制旨）寺[①]。唐初，改制止、王园二寺作乾明、法性二寺。乾明、法性的称谓一直延续到高宗时期[②]。武周时期，乾明、法性二寺一度改为大云寺[③]。中宗复位后，又一度改为龙兴寺，龙兴之名至少使用到了建中年间（780—783）[④]。但

①有人认为制止、王园为一寺，但据《续高僧传·拘那罗陀传》记载，真谛再次回到广州时驻锡的寺院先为制旨寺，后为王园寺，后文更明确指出制止、王园为两寺："今见译讫，止是数甲之文，并在广州制旨、王园两寺。"［唐］道宣撰，郭绍林点校《续高僧传》卷一，北京：中华书局，2014年，21页。唐智昇《开元释教录》因袭了这一说法，参看《大正藏》卷五五，546页下。按中古时期，寺名中出现"道场"一词，可以与"寺"互换使用，因此"制止道场"即"制止寺"。他例如唐京师纪国寺又被称为"纪国道场"，参看《续高僧传》卷三《唐京师纪国寺沙门释慧净传》，72、77页。按"道场"本来是用来翻译"bodhimaṇda"的词，指菩提树下释迦成佛之地，后来演变成指举行佛教仪式的地方（参看周一良著，钱文忠译《唐代密宗》附录三，上海：上海远东出版社，1996年，84页）。进一步演变成"寺院"的同义语，因此公元613年，隋炀帝将天下所有的寺院的"寺"改称"道场"（参看《续高僧传》中有关隋代僧人的传记资料）。

②参看前揭《瘗发塔记》。不过，偶有后来的文献仍喜欢用旧称"制旨寺"，而不称法性寺，如《曹溪大师别传》（详后注）。

③此据罗香林先生据日僧真人元开《唐大和上东征传》的记载所作的考证，参看《关系》，96—97页。对于罗氏的判断，学界有赞同者，有不赞同者。参看前揭存德《广州光孝寺寺名变迁考述》，246页；妙智《〈光孝寺志〉若干问题简析》，478页。笔者倾向于罗氏的判断。罗氏指出，彼时光孝寺改名大云寺，应与武周天授元年（690）敕"两京及天下诸州，各置大云寺一所"（［宋］王溥《唐会要》卷四八《寺》，上海：上海古籍出版社，1991年，996页）有关，其说可从。

④据［唐］佚名《曹溪大师别传》（以下简称《别传》）载，慧能"至仪凤元年初，于广州制旨寺听印宗法师讲《涅槃经》……今广州龙兴寺是也"（《卍新续藏》第86册，50页）。这里的"制旨寺"应是沿用了旧称，其时该寺早已改名法性寺，《瘗发塔记》即采用了新名。这条记载透露的另一重要信息是，光孝寺在唐代曾一度改名龙兴寺。按《别传》一作《曹溪大师传》，是记述禅宗南宗创始人慧能生平事迹和禅法语录的禅宗史书，在中国已久佚，但在日本得以保存。具体撰写年代不详，但据日本宝历十二年（1762）日僧祖芳所（转下页）

至迟到宝历年间（825—826）又恢复为法性寺[①]。会昌五年（845）又一度改为西云道宫，宣宗时恢复二寺旧名[②]。约晚唐时，乾明、法性二寺合并，总称法性寺，是为新法性寺。南汉时期，新法性寺一度改名为乾亨寺。入宋，恢复法性寺旧名。至真宗咸平年间（998—1003），仍称法性寺[③]。但早在宋开宝初年（968），又有乾明禅院之设[④]，疑为旧乾明寺的恢复。因此，入宋以后又恢复成二寺格局。大概在徽宗时二寺再次合二为一，称万寿禅寺，先称崇宁万寿禅寺，又改称天宁万寿禅寺。高宗绍兴初改为报恩广孝禅寺，绍兴后期又改为报恩光

（接上页）撰《书别传后》的提示，《别传》末原有“贞元十九二月十九日毕天台最澄封”字样，则约可推知《别传》撰于贞元十九年（803）以前（祖芳文见《卍新续藏》第86册，54页）。据学者的进一步考证，《别传》完成于唐建中二年（781）前后（参看杨曾文《唐五代禅宗史》，北京：中国社会科学出版社，1999年，146页）。又据《旧唐书·中宗睿宗本纪》载，中宗神龙元年（705）二月，令天下诸州立中兴寺、中兴观。神龙三年（707）二月，复改中兴寺观为龙兴寺、观，自是内外不得言中兴（《旧唐书》卷七，北京：中华书局，1975年，137—143页）。综合以上信息可知，光孝寺在唐代改名龙兴寺当在神龙三年，至迟建中年间仍用此名。不过，有的文献仍喜欢用旧称“法性寺”来称谓这期间的光孝寺，如《宋高僧传·不空传》及《不空三藏行状》将不空在广州驻锡的寺院皆写作法性寺，不空在广州的时间是开元后期（详后文）。

① 按光孝寺之唐代遗物大悲心陀罗尼经幢幢身题铭落款有云：“宝历二年岁次景（丙）午，十二月一日，法性寺住持大德，兼蒲涧寺大德，僧钦造书。”可知至迟宝历二年（826）光孝寺已恢复旧名法性寺。题铭录文参看罗香林《关系》，133页。

② 会昌五年恰是唐武宗正式颁布灭法敕令之年，因此此次改名应与会昌灭佛有关。宣宗旋恢复旧名，则“西云道宫”的称谓只是昙花一现。

③ 北宋咸平四年（1001）曾有比丘给光孝寺舍钟一口，今钟已不存，钟款载于阮元修《广东通志》，其铭曰：“临坛比丘义明舍铜钟一口，重三百斤。于广州法性寺大佛殿内悬挂，永充常住，二时声击。时大宋咸平四年岁次辛丑九月一日己巳朔七月七日乙亥，殿主表白，传律临坛宗志大师普亮记。”（［清］阮元修《广东通志》卷二〇五《金石略七》，清道光二年刻本，13299叶）此据可知，咸平年间光孝寺仍称法性寺。

④ 此据北宋彭惟节于大中祥符元年（1008）所撰《新建大藏经阁记》（乾隆《光孝寺志》卷十《艺文志·碑记》题作《乾明禅院大藏经碑》）的记载：“南海郡有乾明禅院者，前通阛阓，旁有戒坛，祖师行道之方，檀越瞻崇之地。……开宝初，南海郡岳牧清何公延范请师（守荣）住持……寻诣京师，上言丹陛，遂锡‘乾明’之额。”（文载成化《广州志》卷二四《寺观类·广州府》“报恩光孝寺”条，122页）据此记载，乾明禅院在开宝初已设立。

孝禅寺[①]，“光孝”之名自此始。南宋晚期已开始使用简称“光孝寺”，元以后普遍使用简称，但也偶称光孝禅寺[②]。

三、结论

光孝寺最初由虞翻苑囿改建而成，改建年代约在3世纪末4世纪初。初为一寺，即王园寺，后析为二寺，即王园寺与制止寺。唐初，改制止、王园二寺作乾明、法性二寺。武周时期，乾明、法性二寺一度改为大云寺。中宗复位后，又一度改为龙兴寺。至迟到宝历年间又恢复为法性寺。会昌五年又一度改为西云道宫，宣宗时恢复二寺旧名。约晚唐时期，乾明、法性二寺合并为新法性寺。南汉时法性寺一度改名为乾亨寺。入宋，又恢复成乾明、法性二寺格局。约徽宗时再次合二为一，称万寿禅寺（先称崇宁万寿禅寺，又改称天宁万寿禅寺）。宋高宗绍兴初改为报恩广孝禅寺，绍兴后期又改为报恩光孝禅寺，“光孝”之名自此始。南宋晚期已开始使用简称“光孝寺”，元以后普遍使用简称。

值得注意的是，在唐宋时期历次敕令天下诸州设置一所由朝廷统一命名的寺院及道观的政治活动中，光孝寺一再成为广州所在州郡首选的改置对象，其先后改名为大云寺、龙兴寺以及报恩光孝寺等，皆是明证。当然，南汉时期新法性寺一度改名为乾亨寺的做法，其性质与上述做法类似。这似乎表明，唐宋以来，光孝寺在广州僧俗两界的社会影响无出其右；同时也表明，它是唐宋以来广州地区与朝

---

① ［南宋］赵升《朝野类要》卷一“报恩光孝寺观”条载：“高宗皇帝中兴以来，令诸州、军各建置报恩光孝寺、观一所，追崇祐陵香火。”（北京：中华书局，1985年，10页）可见高若凤所撰《重建毗卢殿记》的记载基本可靠。

② 如前引高若凤撰《重建毗卢殿记》所称。

廷关系最密切、政治地位最高的寺院。当然，社会影响与政治地位二者之间是相互促进的，在二者的交互作用下，光孝寺在广州乃至岭南地区的地位和影响得以持续，明代广州府的僧纲司即设在光孝寺就是明证[1]。

---

① 参看前引《寰宇通志》卷一〇二《广州府》"寺观"条的记载。

光孝寺驻锡外国高僧事迹考略
——广州光孝寺研究之二

一、引言

若欲探讨光孝寺在中外佛教文化交流中的地位，曾驻锡于光孝寺的外国高僧以及走海道西行求法且曾驻锡光孝寺的中国僧人应是最重要的线索，但罗香林《唐代广州光孝寺与中印交通之关系》（以下简称《关系》）对部分外国高僧事迹的梳理存在较多问题[①]，因此，本文拟在《光孝寺早期沿革考略》一文的基础上，重新梳理部分外国高僧与光孝寺的关系。

首先需要说明的是，部分外国高僧驻锡光孝寺的记载仅见于晚期文献，因此这里首先要做的工作是，厘清这些仅见载于晚期文献，特别是仅见载于明清广州方志文献（包括乾隆《光孝寺志》），而于早期文献无征，特别是于早期僧传文献无征的外国高僧与光孝寺的关系。其中亟待厘清以下几位高僧与光孝寺的关系，他们是昙摩耶舍、求那跋陀罗、菩提达摩和智药三藏，因为在现代有关光孝寺的著述中，他们与光孝寺的关系几乎已成定论[②]。兹先就以上四位高僧与光

---

①罗香林《唐代广州光孝寺与中印交通之关系》，香港：中国学社，1960年。

②近期出版物可以胡巧利著《光孝寺》（广州：广东人民出版社，2005年）为代表，从该书第二至五节的标题即可见一斑，标题分别为“昙摩耶舍创大殿”、“求那跋陀罗建戒坛”、“智药三藏栽菩提”、“达摩祖师留圣迹”等，10—41页。

孝寺的关系略加稽考,再考察光孝寺其他域外高僧事迹。

二、光孝寺驻锡外国高僧事迹考略

(一) 昙摩耶舍

迄今所见最早提及昙摩耶舍与光孝寺有关系的文献是明代方志文献,如明成化九年(1473)王文凤纂《广州志》卷三二《寺观类·广州府》"报恩光孝寺"条载:"晋安帝隆安间,罽宾国三藏法师昙摩耶舍尊者至广,喜兹福地,创梵刹,名王园寺。"① 即便这条记载是因袭自宋元广州方志类文献,这一说法也是宋代以后才出现。乾隆《光孝寺志·法系志》因之并有所添加:

> 昙摩耶舍尊者,罽宾国三藏法师也。东晋安帝隆安间来游震旦,至广州止此。时地为虞翻旧苑,尊者乃创建大殿五间,名曰王园寺。随于此寺奉敕译经,有武当沙门慧严笔授。其他事实及住世年月,俱无记载可考。②

然而,据《高僧传·昙摩耶舍传》记载:

> 昙摩耶舍,此云法明,罽宾人。……以晋隆安(397—401)中,初达广州,住白沙寺。耶舍善诵《毗婆沙律》,人咸号为"大毗婆沙",时年已八十五,徒众八十五人。时有清信女张普明,谘

① [明]王文凤纂《广州志》,收入陈建华、曹淳亮主编《广州大典》第35辑《史部方志类》第25册,广州:广州出版社,2008年,120—122页。《广州大典》据国家图书馆藏明成化九年刻本影印。

② [清]顾光、何淙修撰,仇江、曾燕闻点校《光孝寺志》卷六,广州:广东教育出版社,2015年,65页。个别标点笔者有改动。

受佛法，耶舍为说《佛生缘起》，并为译出《差摩经》一卷。至义熙（405—418）中，来入长安。[①]

可见昙摩耶舍自海道而来不虚，且从广州入境，但初达广州时驻锡于白沙寺而不是光孝寺的前身王园寺，因为没有任何证据显示白沙寺即是王园寺。不难看出，昙摩耶舍与光孝寺的关系是晚期文献杜撰的。而罗香林在乾隆《光孝寺志》记载的基础上，进而将白沙寺视为王园寺的别称，从而认定昙摩耶舍在广州驻锡与译经的寺院是光孝寺的前身王园寺，明显证据不足[②]。白沙寺故址究竟何在，今已无从稽考，但与王园寺非同一寺院无疑。也有学者虽然承认白沙寺与王园寺非同一寺院，但他们根据乾隆《光孝寺志》的记载，仍然认定王园寺系昙摩耶舍所创建[③]，显然也难以成立。

（二）求那跋陀罗

据《高僧传·求那跋陀罗传》载：

---

① ［梁］释慧皎撰，汤用彤校注《高僧传》卷一，北京：中华书局，1992年，42页。

②按成化《广州志》、乾隆《光孝寺志》皆有意回避了《高僧传》的记载，只字未提白沙寺，直接将昙摩耶舍视为光孝寺的前身王园寺的创建者，因此罗香林将白沙寺视为王园寺的别称缺乏依据。其所举唯一的旁证材料是，今光孝寺附近有白沙巷，推测白沙寺得名于此巷名（参看罗香林《关系》，34页）。对于罗氏的判断，学界有赞同者，有不赞同者，有存疑者（参看陈泽泓《光孝寺旧称考》，《广东史志》2003年第4期，39—43页；妙智《〈光孝寺志〉若干问题简析》，载明生主编《禅和之声："禅宗优秀文化与构建和谐社会"学术研讨会论文集》，北京：宗教文化出版社，2007年，478页；存德《广州光孝寺寺名变迁考述》，载氏著《中国佛教述论》，北京：宗教文化出版社，2014年，245页）。笔者认为，即便罗氏这一推测能够成立，但事实上，白沙巷位于今中山六路以南约1里处，而光孝寺则位于中山六路以北约1里处，可见白沙巷与光孝寺之间仍有一定的距离，因此白沙寺与光孝寺不太可能为同一寺院。

③参看徐文明《广东佛教与海上丝绸之路》，广州：羊城晚报出版社，2015年，105页；广州市越秀区地方志办公室、越秀区政协学习和文史委员会编《越秀史稿》第一卷《先秦—五代南汉国》，广州：广东经济出版社，2016年，125页。

求那跋陀罗，此云功德贤，中天竺人。……既有缘东方，乃随舶泛海……元嘉十二年（435）至广州，刺史车朗表闻，宋太祖遣信迎接。……初住祇洹寺……顷之，众僧共请出经，于祇洹寺集义学诸僧，译出《杂阿含经》，东安寺出《法鼓经》，后于丹阳郡译出《胜鬘》、《楞伽经》。①

因此其本传只显示他自海道入华时曾经停广州，看不出他与光孝寺之间有任何关系。迄今所见最早提及求那跋陀罗与光孝寺有关系的文字资料是唐法性寺住持法才所撰的《瘗发塔记》：“昔宋朝求那跋陀罗三藏，建兹戒坛，豫谶曰：‘后当有肉身菩萨受戒于此。’”②《曹溪大师别传》以及《宋高僧传·慧能传》皆有类似的说法，但均误将求那跋陀罗写成了求那跋摩③，而求那跋摩系另一位外国高僧，《高僧传》有传。据《高僧传》求那跋摩本传，其为罽宾禅僧，刘宋元嘉年间，受邀自南海入华至广州，旋入京师，在广州驻锡何寺并未交代④，因此将其与光孝寺相联系缺乏依据。可见《曹溪大师别传》和《宋高僧传》的相关记载应源自《瘗发塔记》，但混淆了求那跋摩与求那跋陀罗。

是故宋元以降并未采纳上述两种文献的记载，仍因袭《瘗发塔记》的说法，作求那跋陀罗，如元代高若凤所撰《重建毗卢殿记》记作“宋三藏法师求那跋陀建戒坛”⑤，明成化《广州志》因之并有所添加：“宋高祖永初间，梵僧求那跋陀罗三藏飞锡至此，睹兹之胜，复依

①［梁］释慧皎撰，汤用彤校注《高僧传》卷三，130—131页。［梁］僧祐《出三藏记集》卷十四《求那跋陀罗传》所载略同。

②法才《瘗发塔记》撰于唐高宗仪凤元年（676），收入《全唐文》卷九一二，此据顾光、何淙修撰《光孝寺志》卷十《艺文志·碑记》，119页。

③［唐］佚名《曹溪大师别传》，《卍新续藏》第86册，51页；［北宋］赞宁撰，范祥雍点校《宋高僧传》卷八，北京：中华书局，1993年，174页。

④［梁］释慧皎撰，汤用彤校注《高僧传》卷三，107页。《出三藏记集》卷十四《求那跋摩传》所载略同。

⑤《重建毗卢殿记》文载明成化《广州志》卷二四《寺观类·广州府》“报恩光孝寺”条，121页。

寺右创戒坛，立制止道场，谶曰：后有肉身菩萨于此受戒。”①而乾隆《光孝寺志》卷二《建置志》因袭成化《广州志》并进一步添加：“刘宋武帝永初元年，梵僧求那跋陀罗三藏飞锡至此，始创戒坛，立制止道场。……立碑预谶曰：‘后当有肉身菩萨于此受戒。’梁（当作齐——引者）永明间，奉诏译《五百本经》、《伽毗利律》。”②不难看出，求那跋陀罗与光孝寺的关系也系唐以后文献所层累建构的。据前引《高僧传》求那跋陀罗本传，他的译经活动主要在建康、荆州一带，而且也不曾译《五百本经》、《伽毗利律》二经。另外，核检现存历代经目，此二经均未见著录，说明此二经经名纯系后人杜撰。另据本传，求那跋陀罗于泰始四年（468）卒于建康，享年75岁，怎么可能还有齐永明间（483—493）奉诏译经之事呢？然而后世学者多采信乾隆《光孝寺志》的说法，以罗香林先生为代表，他对乾隆《光孝寺志》有关求那跋陀罗的记载未有任何怀疑，既相信他曾驻锡光孝寺，也相信他在光孝寺有译经活动③。

（三）菩提达摩

一作菩提达磨，现存最早有关菩提达摩的记载见于北魏杨衒之的《洛阳伽蓝记》，该书卷一“永宁寺”条载：

> 菩提达摩者，波斯国胡人也。起自荒裔，来游中土，见（永宁寺）金盘炫日，光照云表；宝铎含风，响出天外。歌咏赞叹，实是神功。自云：“年一百五十岁，历涉诸国，靡不周遍。而此寺精

---

①［明］成化《广州志》卷二四，119页。

②［清］顾光、何淙修撰《光孝寺志》卷二《建置志》，17页。

③参看罗香林《关系》，35—36页。

丽，阎浮所无也。极佛境界，亦未有此。”口唱南无，合掌连日。[①]

而菩提达摩最早的传记资料是《续高僧传·菩提达磨传》的记载：

> 菩提达磨，南天竺婆罗门种。神慧疏朗，闻皆晓悟。志存大乘，冥心虚寂，通微彻数，定学高之。悲此边隅，以法相导。初达宋境南越，末又北度至魏，随其所止，诲以禅教。……自言年一百五十余岁，游化为务，不测于终。[②]

可见这两种文献所记菩提达摩的籍贯不同：《洛阳伽蓝记》作“波斯国胡人”，《续高僧传》作“南天竺婆罗门种”。按杨衒之是大致与菩提达摩同时代的人，且一般认为《伽蓝记》的记载甚为谨严[③]，而《续高僧传》的成书晚于达摩时代百余年，因此，“波斯国胡人”的说法按理比“南天竺婆罗门种”的说法可信度应该更高。但是，《续高僧传》之后形成的佛教文献却绝大部分采用了道宣的说法[④]，这颇耐人寻味。首先可以肯定的是，道宣在为菩提达摩作传时，也注意到了

---

① [北魏]杨衒之撰，范祥雍校注《洛阳伽蓝记校注》卷一，上海：上海古籍出版社，1999年，5页。

② [唐]道宣撰，郭绍林点校《续高僧传》卷十六《菩提达磨传》，北京：中华书局，2014年，565—566页。

③关于杨衒之要求记载准确的严谨态度，范祥雍先生已作举证分析，参看氏著《〈洛阳伽蓝记校注〉序》，载《洛阳伽蓝记校注》，16—17页。

④笔者检视发现，《续高僧传》以之后形成的佛教文献中，只有智昇的《开元释教录》和圆照的《贞元新定释教目录》采用了杨衒之的说法。《开元释教录》卷六《菩提留支传附菩提达摩传》：“时有西域沙门菩提达摩者，波斯国人也。越自西域，来游洛京。见金盘炫日，光照云表；宝铎含风，响出天外。歌咏赞叹，疑是神工。”（《大正藏》卷五五，541页中）而《贞元新定释教目录》卷九《菩提留支传附菩提达摩传》所载与《开元释教录》完全相同，应是抄自后者（参看《大正藏》卷五五，839页下）。显然，智昇因袭了《伽蓝记》的说法，并将《伽蓝记》的“起自荒裔，来游中土”一句改为“越自西域，来游洛京”，似乎是在进一步强调达摩的西域身份。但除此之外的其他佛教文献，尤其是禅宗文献，几乎无一例外地采用了道宣的说法。

《伽蓝记》有关菩提达摩的记载，《续高僧传·菩提达磨传》中“自言年一百五十余岁”应是因袭了《伽蓝记》的说法。可见，就菩提达摩的籍贯而言，道宣在权衡了《伽蓝记》的记载之后，放弃了其所谓“波斯国胡人”的说法而另立“南天竺婆罗门种”的新说，因此这个新说一定有所本。《续高僧传》之后的佛教文献绝大部分采用了道宣的说法似乎证实了这一点。但即便采信道宣的说法，就本文的关切而言，也只能确定菩提达摩自海路入华，于“宋境南越”登陆，因此达摩可能在广州有过短暂停留①，至于驻锡于哪家寺院，则无任何提示。

明成化《广州志》是迄今所见最早提及其与光孝寺有关系的文献，该志卷二四《寺观类·广州府》“报恩光孝寺”条有“梁普通间，达摩大师至此”一语②。而乾隆《光孝寺志》则有了更为具体的说法：“普通八年，达摩初祖至自天竺，止于诃林。”③不难看出，菩提达摩与光孝寺的关系也系晚期文献所层累建构的。按将菩提达摩入华的年份安置在“梁普通间”或“普通八年”系宋代以来禅宗《灯录》的杜撰，如道原的《景德传灯录》、契嵩的《传法正宗记》等，可见成化《广州志》及乾隆《光孝寺志》的说法是对宋代以来《灯录》记载的再杜撰，乾隆《光孝寺志》卷六《法系志》中的菩提达摩专传则是直接抄自灯录文献。然而不少研究者视其为信史，仍以罗香林为代表，他据乾隆《光孝寺志》的记载认为，“此所谓达摩年代，容或有误。然谓达摩曾止于诃林，则殆无可疑者”④。

此外，光孝寺遗迹中还有所谓的达摩井，这看似可以作为菩提达

---

①从道宣的写作习惯看，“宋境南越”既包含地域概念，又包含时间概念，指刘宋所属的南越地区。南越泛指今岭南地区大致不误，刘宋时该区域属广州管辖。刘宋广州的管辖范围大致相当于今广东、广西两省，参看谭其骧主编《中国历史地图集》第四册《东晋十六国·南北朝时期》，北京：地图出版社，1982年，图25—26。

②［明］成化《广州志》卷二四，119页。

③［清］顾光、何淙修撰《光孝寺志》卷二《建置志》，16—18页。

④参看罗香林《关系》，74页。

摩与光孝寺有关系的证据之一，因此不能不辨。广州由于地处海边，易受海潮的影响，水质较咸，所以城中多井泉，十余年前在南越国宫署遗址发掘出一批古井可以为证。其中名井很多，达摩井就是其中重要的一个，但仔细梳理相关文献可以看出，达摩井其实是从越台井附会而来的，附会的时间约在南汉时期。《南海百咏》“越台井”条载：

> 按《岭表异录》（即《岭表录异》，唐刘恂撰——引者）云：井在州北越王台下，深百尺余，砖甃完备。云南越赵佗所凿。广之井泉率卤咸，惟此井冷而甘。《番禺杂志》亦云：越井半存古甃，曰赵佗井，水味清甘，刘氏呼为玉龙泉，民莫得汲。潘美克平后，方与众共之。今此井在悟性寺前，清甘实为一郡之冠。而后来乃亭其上而榜焉，曰达磨泉。初无所据，只何公异所作《南征录》及《图经》：达磨初来，指其地曰：是下有黄金，取之不尽。贫民竭力掘之，数丈而遇石穴而泉迸。达磨云：即此是也。何公乾道中入南，盖此泉已在达磨泉之后，好事者又为此说以附会之。今越冈无他井，即此无疑。又尝读《唐子西集》（北宋诗人唐庚的诗集——引者）有《游广州悟性寺》诗，其结句云：“泉脉来何处，中含定慧香。”则亦指此为达磨井矣。[1]

由此可见，达摩井实系越台井附会而来，北宋时期附会已定格。这一附会与广州其他达摩遗迹（如达磨石[2]）的附会一样，其出现的时间大体不早于五代宋，还有更晚出的附会，如“西来初地”，明代以后

---

① ［南宋］方信孺《南海百咏》“越台井”条，南京：江苏古籍出版社影印《宛委别藏》本，1988年，23—24页。

② 较早的记载见于《南海百咏》，其“达磨石”条云：“在广庆寺西，俗传达磨坐禅处。平坦光莹，广一丈余。”79页。

才出现[①]。所有这一切附会，都应与禅宗南系在岭南的传播有关。而成化《广州志·寺观类·广州府》"悟性寺"条载："在郡北粤台（即"越王台"——引者）下，梁普通七年，达磨禅师自西竺航海至，凿井，一号达磨泉。南汉大宝间（958—971）建寺于泉北，以达磨悟性成佛故名。"[②]可见南汉时期这一穿凿附会就已出现，且悟性寺因达摩井而建。但即便如此，达摩井与光孝寺仍无关系，因为此井的具体位置在"越王台下"、"悟性寺前"[③]。关于越王台的具体位置，《南海百咏》"越井冈"条引《番禺杂志》云："'一名台冈，一名越王台，《南越志》谓之天井［岗］，在城西北三四里。唐广州司马刘恂《岭表异录》云：冈头有古台基址，连帅李玭于遗址上构亭，郑公愚又加崇饰。今在悟性寺后，郡人呼为越王台。'"[④]可见越王台在广州城西北隅、悟性寺后，而达摩井在悟性寺前，则达摩井与悟性寺应都在越王台附近。悟性寺实际位于"越山之麓"，元人黄观光所撰《重修悟性寺记》证实了这一点[⑤]，则越王台当在越山之巅。那么达摩井其实离光孝寺甚远，而悟

---

①清道光年间陈昌齐纂《广东通志》卷二二九《古迹略·寺观一·广州府》"南海县"条载："华林寺在西南一里，梁普通七年，达摩从西竺国泛重溟，三周寒暑，至此始建。国朝顺治十一年宗符禅师重修，环植树木成丛林，今名'西来初地'。"（清道光二年刻本，3034页。阮元纂《广东通志》同）其后注资料出自明郭棐的《岭海名胜志》。由此不难看出，所谓"西来初地"之说，大概明代以后才出现。

②［明］成化《广州志》卷二四，131页。

③［宋］王象之著，李勇先点校《舆地纪胜》卷八九《广南东路·广州》载："达摩井，在悟性寺前。"成都：四川大学出版社，2005年，3064页。

④《南海百咏》"越井冈"条，21—22页。《太平御览》引《南越志》："越井岗，谓之天井岗，在城西北三四里。"（参看骆伟《〈南越志〉辑录》，《广东史志》2000年第3期，38页）可知《番禺杂志》引《南越志》"天井"后脱"岗"字。

⑤［元］黄观光撰《重修悟性寺记》有云："初祖（指菩提达摩——引者）当时锡卓越山之麓，因创兰若曰悟性。"（成化《广州志》卷二四《寺观类·广州府》"法性寺"条，131—132页）此言悟性寺系菩提达摩所创，显系附会，但所言该寺位于"越山之麓"一定无误，因为黄氏撰此文时悟性寺尚存。按越山即今越秀山，因其位于古代广州城北，古代文献中又称北山，参看胡瑞英《试论悟性寺和达摩井的所在》，《大众科学·科学研究与实践》2008年第1期。

性寺在光孝寺附近而最终被并入光孝寺的说法也显然不能成立[①]。

然而,乾隆《光孝寺志》开始将达摩井"安置"于光孝寺中,其《古迹志》"达摩井"条载:

> 在寺东界法性寺内,旧志失载。寺中著名者四井,独此井为钜,深数丈,甃以巨石。味甚甘洌,盖石泉也。其下时有鱼游泳。按旧《经》载,广城水多咸卤。萧梁时,达摩祖师指此地有黄金,民争挖之。深数丈,遇石穴,泉水迸涌而无金。人谓师诳,师曰:"是金非可以斤两计者也。"今不知所在……窃谓即此井是也。……独光孝旧志不载,为可怪已。[②]

可见乾隆《光孝寺志》始将"今不知所在"的达摩井附会为光孝寺内四口井中的一口,全然不顾早期文献中对达摩井具体位置的交代。盖在修志者看来,既然光孝寺与禅宗南系关系非同一般,那么作为东土初祖、且自海道而来的菩提达摩断不可缺位,必须要有相关遗迹以显示其与光孝寺的联系。从上引"独光孝旧志不载"一语可知,明崇祯《光孝寺志》中并未记载达摩井,是以学者认为达摩井在光孝寺当是清代的说法[③],甚是。笔者注意到,题咏光孝寺达摩井的诗作均出现于清代以后,这可以作为光孝寺之"达摩井"出现在清代以后的旁证[④]。可见杜撰达摩井与光孝寺发生联系的时间比杜撰达摩与光

---

① 据乾隆《光孝寺志》卷二《建置志》云:"按《番禺志》又载,悟性寺连西竺,亦以明嘉靖三年并入光孝。"(36页)仇巨川《羊城古钞》卷三《寺观》"悟性寺"条所载略同(广州:广东人民出版社,1993年,274页)。有学者据此认为,悟性寺就在光孝寺附近,后被并入光孝寺,参看陈泽泓《西来堂与华林寺小考——兼考悟性寺》,《学术研究》2005年第2期,103页;徐文明《广东佛教与海上丝绸之路》,116页。

② [清]顾光、何淙修撰《光孝寺志》卷三《古迹志》,40—41页。

③ 参看存德《广州光孝寺寺名变迁考述》,载氏著《中国佛教述论》,251页。

④ 参看顾光、何淙修撰《光孝寺志》卷十一《题咏志上》、卷十二《题咏志下》,144—187页。

孝寺发生联系的时间还要晚，因此光孝寺中的所谓达摩井更不能作为达摩曾驻锡光孝寺的证据[①]。

又光孝寺旧藏古物中，曾有所谓屈眴布，有学者认为，此或即菩提达摩之遗物[②]。按屈眴系梵语，系由木绵华心织成的大细布、第一好布（见下引《祖庭事苑》、《翻译名义集》等文献的解释），以此布制作的袈裟无疑为上品。禅宗兴起以后，禅宗南系开始将此布制作的袈裟与东土初祖菩提达摩的信衣联系起来。《六祖大师法宝坛经》末云："达磨所传信衣，西域屈眴布也，中宗赐磨衲宝钵，及方辩塑师真相，并道具，永镇宝林道场。"[③]又《别传》载："忍大师曰：'……汝可持衣去。'遂则受持不敢违命。然此传法袈裟是中天布，梵云婆罗那，唐言第一好布，是木绵花作。时人不识，谬云丝布。"[④]综合以上说法，达摩所传信衣由屈眴制成，并由弘忍传予（或由唐中宗赐予）慧能。宋代以后，"屈眴"几成达摩信衣的专称。北宋睦庵编《祖庭事苑》卷三"屈眴"条："即达磨大师所传袈裟，至六祖，遂留于曹溪。屈眴，梵语，此云大细布，缉木绵华心织成。"[⑤]南宋法云编《翻译名义集》卷七"屈眴"条："此云大细布，缉木绵华心织成。其色青黑，即达磨所传袈裟。"[⑥]由此可见，所谓达摩所传屈眴信衣，系禅宗南系出于维护自身法系纯正而作的杜撰，时间在盛中唐时期，因此即便有"实物"为证，也不应信以为真，因为"实物"也可以伪造。何况此"圣物"一直收藏于曹溪宝林道场，与光孝寺无关。

光孝寺所藏之屈眴信衣，不见于宋代及其以前的文献记载，最

---

①罗香林即将其视为菩提达摩曾驻锡光孝寺的证据，参看《关系》，17页。

②参看饶宗颐《读罗香林先生新著〈唐代广州光孝寺与中印交通之关系〉——兼论交广道佛教之传播问题》，《大陆杂志》第21卷第7期，1960年，3页。

③《大正藏》卷四八，362页中。

④《卍新续藏》第86册，50页中。

⑤《卍新续藏》第64册，349页上。

⑥《大正藏》卷五四，1172页上。

早见于元吴莱《南海山水人物古迹记》的记载:“(光孝寺)藏殿内有屈眴布西天衣,绣内相,大如两指。”[①]其后明清方志相继跟进,如黄佐《广东通志》卷六九《杂事》“像塔”条云:“光孝寺库中旧藏观音像一……西天衣,内相一,大如两指。所织之纹,颜色不变。老僧云:‘此屈眴国布也。’”[②]乾隆《番禺县志》卷二十《杂记》“象塔”条、道光《广东通志》卷三三一《杂录一·广州府》同。可见光孝寺所藏之屈眴信衣具体来历不明,且系晚出物,若认定其为达摩遗物,其谬也远矣。

(四)智药三藏

晚期文献均谓智药三藏于梁武帝天监元年自西天竺国持菩提树一株航海而来,但揭橥《高僧传》及《续高僧传》等早期僧传文献,发现不但没有智药三藏的专传,甚至在其他僧人的传记中也未见提及他的只言片语。

现存最早提及智药三藏与光孝寺发生联系的文字资料(同时也是现存最早提及智药三藏的文字资料)是前揭法才所撰的《瘗发塔记》:

> 梁天监元年(502),又有梵僧智药三藏航海而至,自西竺持来菩提树一株,植于戒坛前,立碑云:“吾过后一百七十年,当有肉身菩萨来此树下,开演上乘,度无量,真传佛心印之法王也。”[③]

及至《别传》撰成,有关智药三藏的内容则有了大幅度的添加:

---

①《广州大典》第34辑《史部地理类》第19册,826页。
②《广州大典》第35辑《史部方志类》第4册,494页。
③[清]顾光、何淙修撰《光孝寺志》卷十《艺文志·碑记》,119页。

> 梁天监壬午九年正月五日时，婆罗门三藏，字智药，是中天竺国那烂陀寺大德。辞彼国王，来此五台山礼谒文殊。……巡历诸国，远涉沧波，泛舶至韶州曹溪口村。谓村人曰："看此水源必有胜地，堪为沙门居止，代代高僧不绝，吾欲寻之。"行至曹溪，劝村人修造住处，经五年，号此山门名宝林寺。……使君问三藏云："何以名此山门为宝林耶？"答曰："吾去后一百七十年，有无上法宝于此地弘化，有学者如林，故号宝林耳。"①

至此，智药三藏已被杜撰成宝林寺的创建者、曹溪宗的开山祖师了。

宋代以降，基本上因袭糅合了以上两家说法。由撰成年代不早于北宋晚期的《六祖大师缘起外纪》的表述可见一斑：

> 又梁天监元年，智药三藏自西竺国航海而来，将彼土菩提树一株植此坛畔，亦预志曰："后一百七十年，有肉身菩萨，于此树下开演上乘度无量众，真传佛心印之法主也。"（慧能）师至是祝发受戒，及与四众开示单传之旨，一如昔谶。……其宝林道场，亦先是西国智药三藏自南海经曹溪口，掬水而饮，香美，异之。谓其徒曰："此水与西天之水无别，溪源上必有胜地，堪为兰若。"随流至源上，四顾山水回环，峰峦奇秀，叹曰："宛如西天宝林山也。"乃谓曹侯村居民曰："可于此山建一梵刹，一百七十年后，当有无上法宝于此演化，得道者如林，宜号宝林。"②

---

①《卍新续藏》第86册，49页中—下。

②该文署名"门人法海等集"，成文时间不明，但后来往往附录于《六祖坛经》之后，随《六祖坛经》入藏，此据《大正藏》卷四八《六祖大师法宝坛经》附录，362页下—363页上。按《大正藏》题作《六祖大师缘记外记》，不确，今据其他版本改作《六祖大师缘起外纪》；又据文末提及"张商英（1043—1121）丞相作《五祖记》"云云，约可推知其形成时间当不早于北宋晚期。

宋元以降的广州方志及金石文献基本上也同样因袭糅合了以上两家说法。如前揭元高若凤所撰《重建毗卢殿记》谓:“梁天监初,梵僧智药自西竺持菩提树植于坛侧,记云:‘吾过后一百六十年,有肉身菩萨于此树下开演上乘,度无量众。’”[①]又如前引成化《广州志》追述光孝寺早期沿革时有关智药三藏事迹的记载:“梁天监元年,智药三藏自西竺国持菩提树一株,航海而来,植于戒坛之前,且预志曰:‘一百六十年后有肉身菩萨于此树下开演上乘,度无量众。’”等等。这一做法一直延续到了乾隆《光孝寺志》的编纂,该志《法系志》结合《广东通志》及光孝旧志给智药三藏编写了更加丰盈的专传:

> 智药三藏法师,天竺国僧也。梁武帝天监元年,自其本国持菩提树航海而来,植于王园寺戒坛前。志曰:“吾过后一百七十年,有肉身菩萨于此树下开演上乘,度无量众。”复去,循流上至韶州曹溪水口,闻水香,掬而尝之,曰:“此溯上流别有胜地。”寻之,遂开山立石宝林,乃预记:“一百七十年后,有肉身菩萨来此演法。”至唐六祖祝发菩提树下,传衣钵于曹溪,皆符其说。尝开月华寺;住罗浮,创宝积寺;后来韶,又开檀特、灵鹫寺。神异莫测,朝游罗浮,暮归灵、特。普通六年,于罗浮受龙王请,入海演法,不复返。将去时,剪爪发付弟子善普塑像,永镇檀特。[②]

至此可以看出,到明清时期,对智药三藏事迹的杜撰已日臻完美。不过,从《瘗发塔记》到《别传》,再到宋元以降的广州方志金石文献的记载,不难看出,智药三藏的故事肇始于禅宗南系在岭南兴起以后,服务于南宗,其后的进一步杜撰一直是在禅宗的语境之内进

---

① [明]成化《广州志》卷二四《寺观类·广州府》“报恩光孝寺”条,121页。

② [清]顾光、何淙修撰《光孝寺志》卷六《法系志》,65—66页。

行的，至上引《法系志》的记载，已将其与南宗的关系演绎到了极致。现在用历史的眼光重新审视有关智药三藏的所有文献资料，我们只能作出以下审慎的判断：因为早期僧传及其他佛教文献中没有任何智药三藏的信息，是否真有其人都是值得怀疑的，遑论其他？既如此，其与光孝寺的关系就更显得虚无缥缈了。

除以上四位高僧外，需要审视的外国僧人还有耆多罗律师和密多三藏。据《别传》记载，这两位僧人是慧能在法性寺受戒时的证戒大德，其文略云："仪凤元年正月十七日，印宗与能大师剃发落。二月八日于法性寺受戒……其证戒大德，一是中天耆多罗律师，二是密多三藏。此二大德皆罗汉，博达三藏，善中边言，印宗法师请为尊证也。"①罗香林据以认为耆多罗律师和密多三藏也是曾寄居光孝寺的梵僧②。但是检视王维《六祖能禅师碑铭》、柳宗元《曹溪第六祖赐谥大鉴禅师碑》、刘禹锡《大唐曹溪第六祖大鉴禅师第二碑》等，均未见提及此二梵僧，说明《别传》中有关此二梵僧的记载自王维以降都是存疑的。特别是《宋高僧传》慧能的专传中，也仅提及印宗法师，对此二梵僧只字未提，此二僧的真实性更值得怀疑。因此，在进一步的证据资料发现以前，笔者认为耆多罗律师和密多三藏的身份及其与光孝寺的关系以存疑为宜。

剔除以上几位高僧，通过文献资料能够落实的确曾在光孝寺驻锡过的外国高僧有以下几位：

（五）真谛

真谛三藏的行历与译事活动，主要见于《续高僧传·拘那罗陀

---

①《卍新续藏》第86册，50页上—中。

②罗香林《关系》，125—126页。

传》记载，汤用彤先生据此并结合其他文献资料，已做初步梳理[①]，之后苏公望先生又作了更系统的梳理[②]，近期杨维中、船山彻等学者又有进一步梳理[③]。但他在广州活动的时间问题，由于现存《续高僧传》文本本身记载的矛盾，学者意见不一，因此仍需加以辨析。兹略引《续高僧传》相关信息考证如下：

> 拘那罗陀，陈言亲依，或云波罗末陀，译云真谛，并梵文之名字也，本西天竺优禅尼国人焉。……以大同十二年八月十五日达于南海。沿路所经，乃停两载，以太清二年闰八月始届京邑。武皇面申顶礼，于宝云殿竭诚供养。……至文帝天嘉四年，扬都建元寺沙门……僧忍律师等，并建业标领，钦闻新教，故使远浮江表，亲承芳问。谛欣其来意，乃为翻《摄大乘》等论，首尾两载，覆疏宗旨。而飘寓投委，无心宁寄，又泛小舶至梁安郡，更装大舶，欲返西国。……至三年九月，发自梁安泛舶西引。业风赋命，飘还广州，十二月中，上南海岸。刺史欧阳穆公頠，延住制旨寺，请翻新文。谛顾此业缘，西还无措，乃对沙门慧恺等，翻《广义法门经》及《唯识论》等。后穆公薨没，世子纥重为檀越，开传经论，时又许焉。……至光太二年六月，谛厌世浮杂，情弊形骸，未若佩理资神，早生胜壤，遂入南海北山，将捐身命。时智恺（即慧恺）正讲《俱舍》，闻告驰往。道俗奔赴，相继山川。刺史又遣使人伺卫防遏，躬自稽颡，致留三日。方纡本情，因尔迎还，止于王

① 汤用彤《汉魏两晋南北朝佛教史》，北京大学出版社，1997年，618—626页。

② 参看苏公望《真谛三藏译述考》，收入张曼涛主编《佛典翻译史论》（《现代佛教学术丛刊》第38册），台北：大乘文化出版社，1978年，67—108页。

③ 参看杨维中《真谛三藏行历及其以广东为核心的翻译活动考实》，载明生主编《禅和之声："禅宗优秀文化与构建和谐社会"学术研讨会论文集》，340—357页；[日]船山彻《真谛の活动と著作の基本的特征》，载船山彻编《真谛三藏研究论集》，京都：京都大学人文科学研究所，2012年，1—13页。

园寺。时宗、恺诸僧，欲延还建业。会杨辇硕望恐夺时荣，乃奏曰："岭表所译众部，多明无尘唯识，言乖治术，有蔽国风，不隶诸华，可流荒服。"帝然之。故南海新文，有藏陈世。以太建元年遘疾……至正月十一日午时迁化，时年七十有一。①

我们重点关注的是真谛在广州的停留情况。按"光太"当即"光大"，为陈废帝年号。据上述记载，真谛初达广州的时间是梁大同十二年（即中大同元年，546），但旋即北赴京师，沿路经停两载，于太清二年（548）到达建康。学界对真谛初达广州的时间并无异议。真谛复返广州的时间，罗香林定为陈永定元年（557）②，未知何据；汤用彤定为陈天嘉三年（562）十二月，杨维中因之③；船山彻没有明确交代④。若定为天嘉三年十二月，与真谛译经的序跋所提示的信息基本一致⑤，同时与欧阳頠的卒年记载相吻合⑥。

事实上，上引文自"至文帝天嘉四年"至"请翻新文"一段存在逻辑错误。根据这段记载，天嘉四年（563）真谛似乎还在别处应邀翻译《摄大乘》等论，前后两年。之后才泛舶至梁安郡，再从梁安郡泛舶至广州。因此照这样推算，真谛再到广州的时间应在天嘉四年又两年以后。又"至三年九月"前没有注明年号，我们假定作者是按承前省的逻辑，省去了前句已出现过的"天嘉"二字，但这样一来时

---

① [唐]道宣撰，郭绍林点校《续高僧传》卷一，18—20页。

② 罗香林《关系》，38页。

③ 汤用彤前揭书，622页；杨维中前揭文，353页。

④ 船山彻前揭文，1—13页。

⑤ 序跋显示，真谛在广州的译经活动始于天嘉四年初。如慧恺《大乘唯识论后记》云："菩提留支法师先于北翻出《唯识论》。（慧恺）以陈天嘉四年岁次癸未正月十六日，于广州制旨寺，请三藏法师拘罗那他（即拘那罗陀）重译此论。"（《大正藏》卷三，73页下）

⑥ 据《陈书》卷九《欧阳頠传》记载："頠以天嘉四年薨，时年六十六。"（中华书局标点本，1974年，159页）真谛到达广州时既然由欧阳頠"延住制旨寺"，其到达时间必在欧阳頠卒年即天嘉四年之前。

序颠倒了，“四年”之后又怎能出现“至三年”的说法？这明显不合逻辑。又据《摄大乘论序》，《摄大乘论》译于广州而非他处。可见，这段文字明显存在错简，但以往的研究者多对此避而不谈。这不似原作者所犯的错误，因为比较低级，而很可能是文本传抄刊刻过程中出现的讹误，暂时无法解决。

综合上述情况，笔者也倾向于认为真谛再到广州的时间是天嘉三年十二月。真谛初达广州应只是短暂经停，是否驻锡光孝寺不得而知，但他再到广州驻锡的寺院先为制旨寺，后为王园寺，皆为光孝寺的前身。直到太建元年（569）正月他迁化于广州，期间除曾短期去广州另一寺院宣讲外[①]，基本没有离开过这两座寺院，因此他在这两座寺院总共驻锡的时间近6年，在广州停留近7年[②]。

（六）般剌蜜帝

般剌蜜帝，中印度僧人，他与光孝寺的关系《宋高僧传·唐广州制止寺极量传》记载得比较清楚：

> 释极量，中印度人也，梵名般剌蜜帝，此言极量。怀道观方，随缘济物，展转游化，渐达支那，乃于广州制止道场驻锡。众知博达，祈请颇多，量以利乐为心，因敷秘赜。神龙元年（705）乙巳五月二十三日，于《灌顶部》诵出一品，名《大佛顶如来密因修证了义诸菩萨万行首楞严经》（简称《楞严经》或《首楞严经》），译成一部十卷。乌苌国沙门弥伽释迦译语，菩萨戒弟子前正议

---

①《续高僧传》卷一《法泰传附智恺传》智恺（慧恺）曾延真谛至显明寺重讲《俱舍》一遍："恺后延谛，还广州显明寺，住本房中，请谛重讲《俱舍》，才得一遍。"（24页）显明寺当即智恺本寺。

②罗香林认为，真谛在广州先后停留十二年，显然不确。参看《关系》，50页。

大夫同中书门下平章事清河房融笔受，循州罗浮山南楼寺沙门怀迪证译。量翻传事毕，会本国王怒其擅出经本，遣人追摄，泛舶西归。后因南使入京，经遂流布，有惟慤法师，资中沇公各著《疏》解之。[①]

可知般剌蜜帝约于武周末抵广州，驻锡于制止寺，中宗复位即事翻译。乌苌国沙门弥伽释迦参与译事，可知当时驻锡制止寺的外国僧人并非个别。《宋高僧传》未明言般剌蜜帝是否是经海道至广州的，但略晚于《宋高僧传》、由北宋中期僧人子璿所集的《首楞严经义疏注经》卷一径称“先是，（般剌蜜帝）三藏将梵本，泛海达广州制止寺”[②]，因此我们基本可以确定般剌蜜帝是自海道而来的。

不过，部分学者怀疑《楞严经》为伪托，若然，般剌蜜帝事迹的真实性也将受到怀疑，因此另篇中还将针对这些问题进一步讨论。

（七）不空

《宋高僧传·唐京兆大兴善寺不空传》载：

释不空，梵名阿月佉跋折罗，华言不空金刚，止行二字，略也。本北天竺婆罗门族，幼失所天，随叔父观光东国。年十五，师事金刚智三藏……授与《五部灌顶护摩阿阇梨法》及《毗卢遮那经》、《苏悉地轨则》等，尽传付之。厥后师往洛阳，随侍之际，遇其示灭，即开元二十年矣。影堂既成，追谥已毕，曾奉遗旨，令往五天并师子国，遂议遐征。初至南海郡，采访使刘巨邻［鳞］，恳请灌顶，乃于法性寺，相次度人百千万众。空自对本尊，祈请

---

① ［北宋］赞宁撰，范祥雍点校《宋高僧传》卷二，31页。

②《大正藏》卷三九，825页中。

> 旬日,感文殊现身。及将登舟,采访使召诫番禺界蕃客大首领伊习宾等曰:“今三藏往南天竺狮子国,宜约束船主,好将三藏并弟子含光、慧辩等三七人、国信等达彼,无令疏失。”二十九年十二月,附昆仑舶,离南海至诃陵国界。……既达师子国,王遣使迎之。……次游五印度境,屡彰瑞应,至天宝五载还京。……天宝八载,许回本国,乘驿骑五匹,至南海郡,有敕再留。十二载,敕令赴河陇节度使哥舒翰所请。十三载,至武威,住开元寺。①

但唐人赵迁所撰《大唐故大德赠司空大辨正广智不空三藏行状》的记载有所不同:

> 后数年,祖师(指金刚智——引者)奉诏归国,大师随侍。至河南府,祖师示疾而终,是时开元二十九年仲秋矣。影塔既成,以先奉先师遗言,令往师子国。至天实[宝]初,到南海郡。信舶未至,采访刘巨鳞,三请大师,哀求灌顶,我师许之,权于法性寺建立道场。因刘公也,四众咸赖,度人亿千。大师之未往也,入曼荼罗,对本尊像,金刚三密以加持,念诵经行。未逾旬日,文殊师利现身。因诫大愿不孤,夙心已遂。便率门人含光、惠辩僧俗三七,杖锡登舟。采访已下,举州士庶大会,陈设杳[香]花,遍于海浦。……天宝五载,还归上京。……八载,恩旨许归本国。垂[乘]驿骑之五匹,到南海郡,后敕令且住。十二载,敕令赴河陇节度御史大夫哥舒翰所请。十三载,到武威,住开元寺。②

根据以上两种文献记载,不空在其师金刚智在洛阳示寂之后不

① 《宋高僧传》卷一,6—8页。

② [唐]赵迁《大唐故大德赠司空大辨正广智不空三藏行状》,《大正藏》卷五十,292页中。

久，其奉师遗命前往五天竺及师子国，路经广州，被邀暂时停留，驻锡法性寺[①]。以上内容两种文献记载基本一致，二者记载的差异主要在于这次不空在广州停留的时间。按照《宋高僧传》的说法，不空这次到达广州的时间约在开元二十年之后不久，直到开元二十九年（741）才离开广州前往诃陵国。但《不空三藏行状》则记为天宝初，在广州短暂停留后，旋即登舟前往诃陵国。造成这一差异的根本原因是二者对金刚智的圆寂时间记载不一，可见金刚智的卒年成为问题的关键。关于金刚智的卒年，《宋高僧传》作"开元二十年"，而《不空三藏行状》作"开元二十九年"。有意思的是，《宋高僧传·金刚智传》也作"开元二十年"："二十年壬申八月既望，于洛阳广福寺……寂然而化。……其年十一月七日葬于龙门南伊川之右，建塔旌表。"[②]但据周一良先生考证，《宋高僧传》的记载有误，金刚智应卒于开元二十九年[③]。那么，不空这次到广州应是开元二十九年年底，但同年十二月就附舶归国，因此他在广州的停留十分短暂。由于季风的原因，从广州航海赴印度通常在冬季启程，这应是此次不空不愿久留广州的主要原因，即所谓"遇好风便，更不停留"[④]。又据以上两种文献记载可知，天宝五载（746），不空结束了这次赴印求法之旅，回到长安。考虑到他往返印度皆取海道，这次回国应经过广州，在广州应有短暂经停。

从以上两种文献记载看，天宝八载后，不空再次取海道回印度，给人造成他再次经停广州的强烈印象，因为记载明确说到他"乘驿骑五匹，至南海郡"。但这次不空的归国之旅，圆照在其《贞元新定释教目录》里说得很清楚：

---

①这里的"法性寺"应是沿袭了旧称，下文所引《不空三藏行状》亦是如此。但根据笔者《光孝寺早期沿革考略》一文对光孝寺沿革的梳理，此时的光孝寺应称龙兴寺。

②［北宋］赞宁撰，范祥雍点校《宋高僧传》卷一《唐洛阳广福寺金刚智传》，6页。

③参看周一良著，钱文忠译《唐代密宗》，上海：上海远东出版社，1996年，51、59页。

④［唐］圆照《贞元新定释教目录》卷十五，《大正藏》卷五五，881页上。

（天宝）九载己丑（当作庚寅），复有恩旨，放令劫归。（不空）发自京都，路次染疾，不能前进，寄止韶州。日夜精勤，卷不释手，扶疾翻译，为国为家。至癸巳天宝十二载，……敕下韶州，追赴长安，止保寿寺。……憩息逾月，令赴河西，至武威城，住开元寺。①

由此可知，不空在天宝九载（750）获得恩准回国，但因病一直滞留于韶州，直到天宝十二载（753），复奉敕从韶州北返京师。可见这次不空根本没有到达广州。《宋高僧传》不空本传大体参考赵迁的《行状》和飞锡的《唐大兴善寺故大德大辩正广智三藏和尚碑铭》综合而成②，因此“乘驿骑五匹，至南海郡”应是因袭了赵迁的说法，而并没有采用圆照“路次染疾……寄止韶州”的说法，但赵迁的说法并不准确。有学者认为，不空滞留韶州期间，有可能去过广州，但没有证据，纯属臆测。如此看来，不空在广州有两次经停，除此之外，在同属岭南的韶州有一次较长时间的停留，停留时间达三年之久③。

三、结论

通过本文的辨析考证可以看出，有据可考的曾驻锡于光孝寺的外国高僧并不多，虽然在现代有关光孝寺的著述中，昙摩耶舍、求那跋陀罗、菩提达摩和智药三藏等几位高僧与光孝寺的关系几乎已成定论，但它们与光孝寺的联系主要出自晚期文献的附会，本文业已澄

①圆照《贞元新定释教目录》卷十五，881页中。

②参看周一良《唐代密宗》，12页。

③还有人认为，不空早年随师金刚智到过广州，这也是纯属臆测。金刚智到广州时，是他自海道初入华，不空尚未结识他，何来随侍师侧？

清。就文献记载范围,能够确定曾驻锡光孝寺的外籍高僧只有真谛、般剌蜜帝和不空三位高僧。但相较于有据可按者,南北朝隋唐时期,曾在光孝寺驻锡过但无从稽考的外国僧人应更多,只是他们没有上述高僧知名,因而被僧传文献疏于记载罢了。这些高僧和其他疏于记载的僧人一起,成为铸就光孝寺中外佛教文化交流地位的主要力量。的确,仅就上述有限的几位高僧而言,他们对光孝寺在中外佛教文化交流中的地位的形成已起到了举足轻重的作用。相关讨论另详笔者《略论光孝寺在中外佛教文化交流中的地位》一文。

略论光孝寺在中外佛教文化交流中的地位
——广州光孝寺研究之三

一、引言

本文拟在《光孝寺早期沿革考略》、《光孝寺驻锡外国高僧事迹考略》两文的基础上，结合近期学者的相关研究成果①，尝试重新审视光孝寺在中外佛教文化交流中的地位。

悠久的历史与绵绵的香火，使光孝寺最终成为中古岭南名刹之一。但其他岭南名刹无法与之相颉颃的是，光孝寺在中古中外佛教文化交流中扮演了重要角色。岭南素有滨海法库之称②，光孝寺以此因缘，在此法库形成的过程中同样扮演了非常重要的角色。这一角色的形成，一方面得益于曾驻锡于光孝寺的外籍高僧，以及若干同样曾驻锡于光孝寺但名不见经传的外籍僧人；另一方面得益于取海道赴印求法曾经停光孝寺的中国高僧。兹先以《光孝寺驻锡外国高僧

---

①最近，何方耀先生从探讨晋唐海路佛僧所译之密教典籍与光孝寺关系的角度，考察了光孝寺在佛教东传过程中的特殊作用，可视为考察光孝寺在中外佛教文化交流中地位的一环。参看何方耀《晋唐海路佛僧所传译之密教典籍及其与广州光孝寺之关系》，载明生主编《禅和之声："禅宗优秀文化与构建和谐社会"学术研讨会论文集》，北京：宗教文化出版社，2007年，358—371页。又见氏著《晋唐时期南海求法高僧群体研究》第六章《晋唐海路佛僧的经典传译活动》，北京：宗教文化出版社，2008年，203—206页。

②参看蔡鸿生《清初岭南佛门事略》第一章《岭南——中国佛教的滨海法库》，广州：广东高等教育出版社，1997年，1—24页。

事迹考略》一文梳理的线索为依据，首先考察这几位曾驻锡于光孝寺的外籍高僧，继之考察取海道赴印求法而曾驻锡光孝寺的中国高僧，对于该寺在中古中外佛教文化交流中地位的形成所起的作用。

二、光孝寺在中外佛教文化交流中的地位

(一) 真谛之驻锡与岭南译经中心、义学中心的形成

真谛的驻锡对光孝寺的直接影响是使光孝寺很快成为岭南佛经翻译和佛教义学的中心。真谛驻锡光孝寺期间最主要的工作是译经和讲经。据汤用彤先生根据译经序跋和僧传资料的梳理，能判明是真谛在广州期间翻译的经典有《大乘唯识论》(《本论》一卷，《义疏》二卷)、《摄大乘论》(《本论》三卷、《释论》十二卷)、《广义法门经》(一卷)以及《俱舍论》(即《阿毗达磨俱舍释论》，《论文》二十二卷、《论偈》一卷)等[①]，此外，有线索可查的还有《三无性论》(二卷)、[②]《明了论》(即《律二十二明了论》，一卷)[③]等。真谛所译经典中，有相当一部分未署译时译地，因此上述经典只是他广州所译的一小部分。据真谛本传，其自“梁武之末，至陈宣初位，凡二十三载，所出经论记传六十四部，合二百七十八卷”[④]；又据《法泰传》，真谛入华后，因世道艰

---

①汤用彤《汉魏两晋南北朝佛教史》第二十章《北朝之佛学》“真谛之年历”，北京：北京大学出版社，1997年，623—625页。

②《三无性论》首题：“真谛三藏于广州制旨寺翻译。”《大正藏》卷三一，867页中。

③［唐］道宣撰，郭绍林点校《续高僧传》卷一《法泰传》，北京：中华书局，2014年，23页；《律二十二明了论后记》，《大正藏》卷二四，672页下。按《律二十二明了论》，题正量部佛陀多罗多法师造，系依正量部的律，以二十二偈及注释而成的律论，律论是有关“律”的论著。据研究，《明了论》与广律关系非常密切，参看［日］生野昌范《真谛译〈律二十二明了论〉の特征》，载［日］船山徹编《真谛三藏研究论集》，京都：京都大学人文科学研究所，2012年，155—178页。

④［唐］道宣撰，郭绍林点校《续高僧传》卷一《拘那罗陀传》，21页。按真谛译经的总数，经录记载不一，道宣因袭了费长房《历代三宝纪》的说法(《历代三宝纪》记作“一十六部”又“四十八部”，总计六十四部，参看《大正藏》卷四九，95页上、83页中)。而智(转下页)

难，“一十余年，全无陈译。……泰遂与宗、恺等不惮艰辛，远寻三藏，于广州制旨寺笔受文义……前后所出五十余部，并述义记，皆此土所无者”[①]。可知广州期间是真谛在华译经效率最高的时期，广州所译占据了他在华译经的大部分。真谛广州所译，不乏对后世中国佛学产生深远影响的经典，如《大乘唯识论》、《摄大乘论》、《俱舍论》等。结合下文即将讨论的他译述并举的做法，可以这样说，真谛对中国佛学的主要贡献，主要是他在广州期间作出的。

值得注意的是，在广州期间真谛是译经与讲述并举的，即文献所谓“并述义记”、“行翻行讲”，一边翻译一边讲述，我们且称之为“译述并举”。如翻译《大乘唯识论》时，真谛“行翻行讲，并更释文本，（慧）恺为注记，又得两卷”[②]。慧恺注记之文字，当可视为真谛所造之《大乘唯识论义疏》。又据《摄大乘论序》，真谛翻译《摄大乘论》时是随翻随讲，最后“文义具竟”，因而同时形成《摄大乘论义疏》八卷（慧恺注记）[③]；又据《阿毗达磨俱舍释论序》，真谛译出《俱舍论》之后不久，旋受广州刺史欧阳纥之请“于城内讲说”[④]，后又被慧恺延至显明寺重讲一遍[⑤]，因而有《俱舍论义疏》五十三卷（慧恺注记）问世。此外，据《续高僧传·法泰传》，真谛在翻译《律二十二明了论》的同时，

（接上页）昇《开元释教录》则记作“十一部”又“三十八部”（参看《大正藏》卷五五，538页下、546页中），总计四十九部。但智昇将所有《义疏》都视为真谛“自作”，因而排除在翻译之外，是有问题的，因为其中也有部分《义疏》是翻译外国的，如真谛在翻译《大乘唯识论》时，又翻译了此论的外国《义疏》两卷（参看慧恺《大乘唯识论后记》，《大正藏》卷三一，73页下；［日］大竹晋《真谛译の瞿波〈大乘唯识论义疏〉をめぐつて》，载［日］船山彻编《真谛三藏研究论集》，179—198页）。又，费长房、道宣均去真谛时代未远，特别是前者，因此虽然《历代三宝纪》记载的严谨性一直受到批评，但就真谛译经而言，笔者倾向于费长房、道宣的记载。

① ［唐］道宣撰，郭绍林点校《续高僧传》卷一《法泰传》，23页。

② ［陈］慧恺《大乘唯识论后记》，《大正藏》卷三一，73页下。

③ ［陈］慧恺《摄大乘论序》，《大正藏》卷三一，112页中。

④ ［陈］慧恺《阿毗达磨俱舍释论序》，《大正藏》卷二九，161页上。

⑤ ［唐］道宣撰，郭绍林点校《续高僧传》卷一《法泰传附智恺传》，24页。

造《义疏》五卷[①]。由此可见，真谛在广州期间的确做到了每翻必讲、且翻且讲。而且讲说务求深透，这从其所造各经《义疏》的篇幅即可见一斑。如《俱舍论》本论仅二十二卷，而《义疏》却达五十三卷之多；又如《明了论》本论仅一卷，而《义疏》达五卷之多，《义疏》的篇幅远多于经论本文。

另需注意的是，由于真谛的到来，使光孝寺一时高僧云集，汇聚于真谛门下。他们多为一时之选，佛学根基深厚，有的甚至是僧界领袖。据《续高僧传·法泰传》，其中著名者有法泰、智恺（慧恺）、曹毗（真谛菩萨戒弟子）、智敷（智敫）、僧宗、法准、惠忍等。法泰"学达释宗……与慧恺、僧宗、法忍等知名梁代，并义声高邈，宗匠当时"；智恺"素积道风，词力殷赡，乃（与真谛）对翻《摄论》，躬受其文。……后更对翻《俱舍论》"；曹毗"明敏深沉，雅有远度……受学《摄论》，咨承诸部，皆著功绩"；智敷早年听"《成实》……皆洞涉精至，研核宗旨……后翻《俱舍》，方预其席"[②]。

这批高僧在广州，或为真谛助译佛经，或为其整理《义疏》，或听其讲说，从而成为其学说的弘传人。真谛在广州的建树，与这批高僧的存在分不开，特别是他们为弘扬真谛学说作出了巨大贡献。如真谛《摄大乘论义疏》、《俱舍论义疏》的整理者慧恺曾应僧宗、法准等的请求，在广州智慧寺讲《俱舍论》，"成名学士七十余人，同钦咨询"[③]，场面之壮观可以想见。慧恺讲《俱舍》未竟而卒，"谛抚膺哀恸，遂来法准房中，率尼、响、敷等十有二人共传香火，令弘《摄》《舍》两论，誓无断绝。皆共奉旨，无敢坠失"[④]。这"十有二人"后来大多成为

① 《律二十二明了论后记》，《大正藏》卷二四，672页下。《后记》所谓"注记解释得五卷"即《义疏》五卷。

② [唐]道宣撰，郭绍林点校《续高僧传》卷一《法泰传》及《附智恺、曹毗、智敷传》，23—25页。

③ 同上注，24页。

④ 同上注，25页。

真谛学说北传的中坚力量。

综上所述不难看出，随着真谛的到来，一大批高僧辐辏而至，伴随着真谛译经讲经活动的展开，这批高僧参与其中，很快使光孝寺站在了岭南译经与义学的制高点上，从而使光孝寺一时成为岭南的佛经翻译和佛教义学的中心。这在光孝寺的历史上还是第一次，同时，这也是广州首次成为南方的译经中心[①]。

真谛对光孝寺的另一重要影响，则是使光孝寺成为《摄论》、《俱舍》北传的起点。《摄论》、《俱舍》是真谛学说的重要组成部分，自来华后，真谛尤其"偏宗《摄论》"[②]。但正如汤用彤先生指出的那样，真谛之学在梁陈二代并不显著，主要原因是梁陈二代流行般若性空之学，《大论》、《大品》、《三论》等经论备受青睐，故《摄论》北传受阻[③]。事实上，不惟《摄论》，《俱舍》、《唯识》等的境遇亦如此，其中原因主要还是因为真谛所弘主要是有宗的学说，一时不见容于空宗主导的梁陈佛教界。《摄论》、《唯识》等均是有宗的重要论典，其中《摄论》是印度大乘学派中"瑜伽派"的重要著作。但正所谓"青山遮不住，毕竟东流去"，至陈末隋初，随着《摄论》的北传，南之建业、九江，北之彭城、长安，均为《摄论》重地，甚至进一步传至蜀部[④]，一时摄论师遍于大江南北。《摄论》与《唯识》一起，开启了唐代唯识学的先河。

《俱舍》先有真谛弟子慧恺加以弘传，特别是慧恺的私淑弟子道

---

①一种观点认为，梁陈时期，南方的译经中心已从建康转移到了广州（参看万绳楠《魏晋南北朝文化史》，上海：东方出版中心，2007年，398页）。这种说法不够准确，事实上，广州真正成为南方的译经中心是从真谛的驻锡即陈朝开始的，在此之前，广州的译经只是零星的、小规模的，并未出现大规模的译经活动。据学者统计，自西晋至萧梁的近三百年间，广州共译出经典仅16部64卷（参看姚潇鸫《六朝岭南佛经译者考略》，收入广州市佛教协会等编《"广州佛教与宗教中国化"学术研讨会论文集》，广州，2018年，106—107页列表），因而真谛驻锡以前，广州与所谓译经中心相距甚远。

②［唐］道宣撰，郭绍林点校《续高僧传》卷一《拘那罗陀传》，21页。

③参看汤用彤《汉魏两晋南北朝佛教史》，627页。

④同上注，629页。

岳，初习《杂心》（即《杂阿毗昙心论》，简称《杂心》），后弘《俱舍》，遂由毗昙学转入《俱舍》学，真谛及其弟子和再传弟子的弘传，构成了中国《俱舍》弘传的第一阶段[①]。按《毗昙》之学，东晋南北朝以来中原北方及江左颇有研习者，及至北朝晚期，北方之《毗昙》尤盛，高昌国人慧嵩见重于北齐文宣帝，以慧学腾誉，世号"《毗昙》孔子"，徙于徐州，为长年僧统，是故彭城慧嵩，成为北方《毗昙》的重镇[②]。但原来中国研习阿毗达磨的毗昙师，都以《杂心》为主要论书，及至真谛译出《俱舍论》，乃渐改学《俱舍》，遂出现俱舍师。因此，真谛《俱舍论》的译出，促成了中国毗昙学向俱舍学的转变。并且，随之出现了《俱舍论》的大量注疏本，为唐代新的俱舍学奠定了基础。是以罗香林先生认为，《摄论》、《唯识》、《俱舍》等论之传授，"尝演为陈隋间中国佛教之重要宗派"，"中土之有俱舍宗，亦自真谛始也"[③]。

综上所述不难看出，构成真谛学说重要组成部分的《摄论》、《俱舍》，对后世特别是隋及唐前期的中国佛学产生过较大影响。而特别需要注意的是，真谛的这些重要学说在华传播的起点正是光孝寺，《摄论》、《俱舍》、《唯识》等均由此北传。按岭南由于濒临南海，得海上佛教传播之先，因而在中古佛教地理板块中占有重要地位。但历史地看，"滨海法库"的形成却经历了一个相对漫长的过程，究其原因，主要是因为东晋南朝以来，虽然海上交通渐趋发达，南海道上频现东来弘法和西行求法僧的身影，但无论是经海道入华弘法的外国高僧，还是经海道西行求法的中国僧人，大多将包括广州在内的岭南地区视为短暂的经停之地，他们最终的目的地或在江左的建康，或在

---

①参看中国佛教协会编《中国佛教》第一辑《中国佛教宗派源流·俱舍师》，上海：知识出版社，1980年，261页。

②参看汤用彤《汉魏两晋南北朝佛教史》，610页。

③罗香林《唐代广州光孝寺与中印交通之关系》（以下简称《关系》），香港：中国学社，1960年，46、57页。

中原北方,或在更遥远的天竺。因此,虽然在真谛之光孝寺译场形成之前,广州时或也有小规模的译事活动,但它既未能跻身我国的佛教译经中心之一,更未能跻身我国的佛教义学中心之一。而这一窘况随着真谛之驻锡光孝寺得到极大改观,因此,光孝寺成为真谛重要学说在华传播起点的特殊意义在于,这在岭南尚属首次,因此不仅大大提高了光孝寺的地位,也同时提高了整个岭南佛教界的地位。

(二) 般剌蜜帝之驻锡与楞严义学在中国的兴起

欲讨论般剌蜜帝与楞严义学兴起之间的关系,首先需要回应所谓的《楞严经》伪托问题,这里拟从相关文献分析入手。

《宋高僧传·唐广州制止寺极量传》的内容(《光孝寺驻锡外国高僧事迹考略》一文已引)基本因袭自智昇的《续古今译经图纪》。《图纪》对般剌蜜帝及其译经活动的记载颇详:

> 沙门般剌蜜帝,唐云极量,中印度人也。怀道观方,随缘济度,展转游化,达我支那,乃于广州制旨道场居止。众知博达,祈请亦多,利物为心,敷斯秘赜。以神龙元年龙集乙巳五月己卯朔二十三日辛丑,遂于《灌顶部》中诵出一品,名《大佛顶如来密因修证了义诸菩萨万行首楞严经》一部(十卷)。乌苌国沙门弥迦释迦译语。菩萨戒弟子前正谏大夫同中书门下平章事清河房融笔受,循州罗浮山南楼寺沙门怀迪证译。其僧传经事毕,泛舶西归。有因南使,流通于此。[①]

两相比较不难发现,《宋高僧传·极量传》只是对《图纪》的记

① [唐]智昇《续古今译经图纪·大唐传译之余》,《大正藏》卷五五,371页下—372页上。

载稍加增益。稍后沙门圆照编的《贞元新定释教目录》照抄《图纪》，仅将“循州”误作“修州”[①]，当是字形相近致误。又据《旧唐书·中宗睿宗纪》、《新唐书·则天顺圣武皇后纪》、《新唐书·中宗皇帝纪》以及《资治通鉴》等的记载，武周时期，房融曾为正谏大夫（所以《宋高僧传·极量传》中“正议大夫”当是抄《图纪》时笔误）、同凤阁鸾台平章事，但因党阿张易之，神龙元年中宗复位后，先被收系狱，旋流高州。《通鉴》卷二〇七“神龙元年正月”条：“癸卯……收韦承庆、房融及司礼卿崔神庆系狱，皆易之之党也。”同书卷二〇八“神龙元年二月”条：“乙卯，凤阁侍郎、同平章事韦承庆贬高要尉；正谏大夫、同平章事房融除名，流高州；司礼卿崔神庆流钦州。”[②]由此可见，房融流放的时间与《楞严经》的翻译恰相先后，而且广州是房融前往流放地高州的必经之地，而且房融笔受《楞严经》翻译之前，曾笔受《圆觉经》翻译[③]，可见房融是懂佛学之人，其助译《楞严经》当非偶然。房融之懂佛学，盖与其家族传统有关。据考，房融出自唐初开国宰相房玄龄族系，而房氏族对于佛法，素有研究，玄奘法师回国后的译经事业，唐太宗都交与房玄龄去办理[④]。综合以上考察，我认为上引《续古今译经图纪》及《宋高僧传》有关房融笔受之事当属可信。

又《宋高僧传·唐罗浮山石楼寺怀迪传》：

> 释怀迪，循州人也。……后于广府遇一梵僧，赍多罗叶经一夹，请共翻传。勒成十卷，名《大佛顶万行首楞严经》是也。迪

---

①参看圆照《贞元新定释教目录》卷十四，《大正藏》卷五五，874页上。

②［宋］司马光编著，［元］胡三省音注《资治通鉴》，北京：中华书局，1956年，6581、6584页。

③参看罗香林《关系》引《宋会要·道释》之记载，98页。

④参看南怀瑾《〈楞严大义今释〉叙言》，载氏著《中国文化泛言》，上海：复旦大学出版社，2016年，76页。

笔受经旨，辑缀文理。[①]

怀迪广府译经事又见智昇《开元释教录》卷九，其文略云：

沙门释怀迪，循州人也。……后因游广府，遇一梵僧（未得其名），赍梵经一夹，请共译之。勒成十卷，即《大佛顶万行首楞严经》是也。迪笔受经旨，兼缉缀文理。[②]

又见同书卷十二：

《大佛顶如来密因修证了义诸菩萨万行首楞严经》十卷（一帙）。大唐循州沙门怀迪共梵僧于广州译（新编入录）。[③]

可见《宋高僧传·怀迪传》基本因袭自《开元释教录》。以上诸条中提到的梵僧，参照前引《续古今译经图纪》文字，可知即般剌蜜帝。《宋高僧传·怀迪传》以下所引怀迪广府译经事皆可与前引《续古今译经图纪》及《宋高僧传·极量传》文字相互印证。

然而约20世纪30年代以来，学者颇有怀疑《楞严经》为伪托者，如梁启超、李翊灼、何格恩、吕澂等[④]。针对这些怀疑，罗香林先生作

---

① ［北宋］赞宁撰，范祥雍点校《宋高僧传》卷三，北京：中华书局，1993年，44页。

② ［唐］智昇《开元释教录》卷九，《大正藏》卷五五，571页下。

③ ［唐］智昇《开元释教录》卷十二，《大正藏》卷五五，603页上。

④ 参看梁启超《古书真伪及其年代》，初载氏著《饮冰室专集》，上海：中华书局，1936年，此据氏著《国学要籍研读法四种》，长春：吉林出版集团，2017年，23—24、49、53页；何格恩《房融笔受楞严经质疑》，原载《岭南学报》第5卷第3、4合期，1936年，收入张曼涛主编《大乘起信论与楞严经考辨》（《现代佛教学术丛刊》第35册），台北：大乘文化出版社，1978年，315—320页；李翊灼《佛学伪书辩略》，《国立中央大学文艺丛刊》第1卷第2期，1934年，6—12页；吕澂《楞严百伪》，原载《中国哲学》第2辑，北京：生活·读书·新知三联书店，1980年，收入《吕澂佛学论著选集》卷一，济南：齐鲁书社，1991年，370—395页。

了针对性的系统回应，认为怀疑者都没有关键证据，似皆未能成为定论[①]；知名佛教学者南怀瑾除赞同罗氏的判断外，进一步批驳了梁启超的观点[②]。罗、南二先生的研究读者可以参看，这里不赘。笔者仅拟在罗、南二先生研究的基础上，作以下两点补充论述：

一，通过上文对《宋高僧传》、《续古今译经图纪》、《开元释教录》、新旧《唐书》以及《通鉴》等文献中相关信息的梳理，围绕《楞严经》翻译的相关信息都在不同文献记载中得以相互印证，特别是此经的译时译地都可以与不同文献记载中的助译者房融、怀迪等人的行历相吻合，不同文献记载之间无任何相互抵牾之处。若《楞严经》为伪造，作伪者杜撰的信息竟能与上述不同文献中的相关信息如此严丝合缝、滴水不漏，未漏任何破绽，实属罕见。

二，迹象表明，最早记载般剌蜜帝行历及其翻译《楞严经》情况的文献，应该是智昇的《续古今译经图纪》和《开元释教录》。而这两种文献均撰成于开元十八年（730），上距《楞严经》的翻译仅25年，可以想见，智昇比较容易获得该经翻译的有关信息，且容易获得较为准确的信息，因此从时间的角度看，智昇的记载应该有较高的可信度。特别值得注意的是，智昇编撰经录以严谨著称，对有关译经之资料搜罗绵密，包括译经之异名、略名、卷数、存缺、原著者名、翻译年代、场所以及翻译关系者等都详加稽考——《开元释教录》随处可见对隋费长房所撰《历代三宝纪》讹误的辨正，其严谨性即可见一斑；同时，智昇特别留意对疑伪经的甄别，在《开元释教录》中特辟出“疑惑再详录”（卷十八）和“伪妄乱真录”（卷十八）两大板块以助其功。在这样的理念支配下，智昇仍将《楞严经》列为“真经”并详加著录，

①参看罗香林《关系》，101—111页。按这部分内容，罗香林先生初以《唐相房融在粤笔受首楞严经翻译考》为题，发表于《学术季刊》第三卷第一期，1953年。

②参看前揭南怀瑾《〈楞严大义今释〉叙言》，75—78页。

并正式将其“新编入录”，这说明，在智昇眼里，这部经绝不是什么“问题经典”。因此笔者以为，对《楞严经》继续持怀疑态度的学者们，首先必须认真考虑智昇这位既严谨、且距该经翻译时间又十分接近的内典目录学家的态度，同时，要对相关记载作全面系统的文献学研究，对不同文献记载之间都能相互印证的事实不能视而不见，在此基础上才能作出比较客观的判断。因此我认为，在怀疑论者找到足够有说服力的证据以前，般剌蜜帝行历及其翻译《楞严经》的事实，以及房融、怀迪助译《楞严经》的事实，是经得起多角度检验的。如果说罗、南二先生的回应主要属于内证范畴的话，那么以上笔者的补充论述则属于外证范畴，内证与外证相结合，似可进一步落实《楞严经》系翻译而非伪造的事实①。

按《楞严经》是大乘佛教的一部单译经，据学者考证，该经在印度约形成于公元6世纪中叶②。该经“括诸佛万行之枢纽”③，“圆如来之密因，具菩萨之万行，真修行路，妙证悟门，大乘义以了明，一切事而究竟”④，是一部对中国佛教之禅、净、律、密都有着广泛而深刻影响的大乘经典。内容十分宏富，思想体系严密，几乎把大乘佛教所有重要理论都囊括其中，包含了显密性相各方面的深刻道理，故自问世后，就广泛流行。被认为是诸佛之秘密宝藏，修行奇妙之门，解脱迷

①最近，学者已开始尝试从语言学的角度，对《楞严经》汉文本以外的其他语文文本进行语言文本研究，这一尝试除了可以厘清不同语文文本之间的相互关系以外，还有助于《楞严经》真伪问题的彻底解决，据说疑似《楞严经》的梵文本已经发现，若能进一步落实这一发现，对解决《楞严经》真伪问题的意义不言而喻，因此值得期待。参看柴冰《多语种背景下〈楞严经〉的译传》，载沈卫荣主编《汉藏佛学研究：文本、人物、图像和历史》，北京：中国藏学出版社，2013年，627—639页。

②参看刘果宗《楞严经时地考》，原载《佛教青年》第10期，1956年，收入张曼涛主编《大乘起信论与楞严经考辨》，351—356页。

③［北宋］许洞《新印〈大佛顶首楞严经序〉》，《大正藏》卷十九，105页中。

④［北宋］释祖派《〈大佛顶如来万行首楞严经〉序》，《大正藏》卷十九，105页下。

悟之根本。因为它“判经不定”[①],既不属于般若、宝积、大集、华严、涅槃这五大部中的任何一类,也与《法华》、《维摩》、《胜鬘》及菩萨一类的大乘经有明显的区别,故历代经目都将《楞严经》归入大乘密部,但它并不是严格意义上的密教经典。有学者将其归入密典,是不合适的。

这部经典的影响之大,从历代注疏之多即可见一斑。《楞严经》注疏主要收录于《续藏经》中,据统计,《续藏经》收录的《楞严经》历代注疏达53种之多,只有《金刚经》、《法华经》等少数经典可与之相比[②]。兹以明代天台沙门传灯作《楞严经圆通疏》时引用并曾所经目的有关《楞严经》的古今注疏目录为例,略加说明:

古师

孤山法师(讳智圆):《经疏》、《谷响钞》;吴兴法师(讳仁岳):《说题》、《集解》、《熏闻记》;法界庵主(讳可观):《补注》;云间法师:《补遗》;长水法师(讳子璿):《义疏》、《经注》;柏庭法师(讳善月):《玄览》;桐洲法师(讳思坦):《集注》;资中法师(讳弘沇):《经疏》;携李法师(讳洪敏):《证真钞》;真际法师(讳崇节):《删补疏》;道钦法师:《手鉴》;荆公王丞相(讳安石):《经解》、《补遗》、《纂注》、《释要》;觉范禅师(讳德洪):《合论》;天如禅师(讳惟则):《会解》;福唐法师(讳咸辉):《义海》。[③]

今师

鲁山讲主(讳普泰):《管见》;妙峰法师(讳真觉):《百问》;幻居法师(讳真界):《纂注》;月川法师(讳镇澄):《别眼》、《正观疏》;

① [明]虞淳熙《〈楞严经悬镜〉序》,《卍新续藏》第12册,509页下。
② 参看前揭柴冰《多语种背景下〈楞严经〉的译传》,627页。
③ 《卍新续藏》第12册,690页下。

曾仪部(讳凤仪,字金简):《宗通》;憨山法师(讳德清):《镜悬》(应作《悬镜》——引者)、《通议》;中川法师(讳界澄):《经疏》;交光法师(讳真鉴):《正脉》;莲池法师(讳袾宏):《摸象》。①

这里所谓的“古师”,是指明代以前的,上起唐代,大部分属于宋代,特别是北宋时期;“今师”,是指明代的。从前引《续古今译经图纪》和《宋高僧传·极量传》的记载可知,《楞严经》后因南使入京,开始流布于京师。从目前所见文献来看,《楞严经》最早的注疏大概出现于中唐时期的京师地区,目前所知最早的注疏是唐西京崇福寺沙门惟慤所作的《楞严经疏》,据《宋高僧传》惟慤本传,可知惟慤活跃于中唐时期②。约略与此同时,馆陶沙门慧震似乎也作有此经的义疏类文字③,但似未流传。之后不久,资中弘沇法师“作《义章》,开示此经,号《资中疏》”④,此经因此开始在蜀地流行。传灯所列之资中法师的“《经疏》”当即《资中疏》。值得注意的是,传灯所列的这个书目并不完整,“古师”有部分遗漏,如惟慤的《楞严经疏》、北宋温陵开元莲寺比丘戒环解的《楞严经要解》(《卍新续藏》第11册,No.270);北宋首楞大师可度的《楞严经笺》(《卍新续藏》第11册,No.271)等都遗漏了。“今师”也有遗漏,如明广莫的《楞严经直解》(《卍新续藏》第14册,No.298)、明乘旹的《楞严经讲录》(《卍新续藏》第15册,No.299)等等,这里不复赘举。

综合以上信息可以看出,《楞严经》至迟中唐时期已开始在北方

---

①《卍新续藏》第12册,690页下。

②[北宋]赞宁撰,范祥雍点校《宋高僧传》卷六《唐京师崇福寺惟慤传附慧震传、弘沇传》,114页。

③同上注。按《弘沇传》明确提到弘沇法师作《资中疏》时参考了慧震法师义例,可知慧震此前已形成义疏类文字。

④同上注。

流布，并伴有义疏出现。北宋时期，出现了《楞严经》注疏的第一个高峰，除一批高僧积极参与外，某些士大夫的领袖人物也对其抱有极大热忱，“古师”目录中的王安石就是其中的典型代表，他一人就贡献了《经解》、《补遗》、《纂注》、《释要》等四种文献，还有一些文人士大夫积极为新出的《楞严经》注疏或新刊《楞严经》作序，如北宋前期人许洞曾为新印《楞严经》作序（见前引）。

明代是《楞严经》注疏的第二个高峰，从“今师”目录可以看出，其时最有影响的高僧也参与其中，如“明代四大高僧”中就有两位参与其中，即憨山德清和云栖祩宏。同时，明代文人士大夫一如宋代，对《楞严经》抱有极大兴趣者不乏其人，他们或直接参与注疏，如“今师”目录中所列的曾凤仪即是；更多的，是积极为新出注疏撰写序跋，如虞淳熙（见前引）即是。曾凤仪是明代中后期居士佛教的代表人物之一，除了《楞严经宗通》外，他还著有《金刚经宗通》、《楞伽经宗通》等；虞淳熙亦明代中后期人，进士及第，官至礼部员外郎，笃信佛教，曾随莲池大师祩宏习佛学。特别值得注意的是，《楞严经》受到明末居士的特别青睐，成为他们常讲和注释的两种经典之一。圣严法师指出：“从《居士传》的记载中，见到明末居士们所常用并且被普遍重视的（经典），仅有两种，那就是《金刚经》、《楞严经》。……由此可见，影响明末居士的佛教信仰及作为修持指导的经论，不论对于净土行者或者禅者，力量最大而主要的是《金刚经》，其次是《楞严经》。”[①]又据《池北偶谈》的记载，《楞严经》在明代甚至成为朝廷选拔僧官考题的重要来源之一[②]。《楞严经》在明代的影响可见一斑。

---

①圣严法师《明末佛教研究》，北京：宗教文化出版社，2006年，218页。

②［清］王世禛《池北偶谈》卷十九“僧作制义”条载：“明时，南京五大寺僧，每季考校于礼部，命题即《法华》、《楞严》等经，其文则仿举子制义，文义优者选充僧录等官。”（文益人点校，济南：齐鲁书社，2007年，369页）

综上所述不难看出，《楞严经》译出后，其影响在不断扩大，且一直涵盖僧俗两界社会，出现了两次传播的高峰，常讲和常注最终促成楞严义学的形成。楞严义学在明末达到了顶峰，使楞严义学最终成为中国佛学的重要组成部分，这当然与该经自宋代以来始终得到高僧和文人士大夫以及居士等僧俗两界知识阶层的重视分不开。连质疑《楞严经》的著名佛教学者吕澂也不得不承认："宋明以来，释子谈玄，儒者辟佛，盖无不涉及《楞严》也。"①但从溯源的角度看，楞严义学的兴起源自般剌蜜帝、房融、怀迪等人对《楞严经》的翻译，因此毫无疑问，楞严义学兴起的序幕是从岭南拉开的。因此楞严义学可视为中古岭南佛教对中原佛教的又一重要贡献，而其中光孝寺扮演了重要角色。

(三) 不空之驻锡与密教在岭南的传播

如所周知，无论是初唐的杂密还是盛唐的纯密，都是从两京地区开始传播的。在不空到来之前，岭南地区鲜见密僧传教或密典翻译的踪迹，因此彼时岭南地区的密教传播应处于起步阶段。虽然彼时自海路入华经岭南北上的印度密僧或有其人，但他们大多纯粹是"路过"广州，不空的业师金刚智就是个典型的例子。据《宋高僧传·金刚智传》记载金刚智"南印度摩赖耶国人也……开元己未岁(即开元七年，719)，达于广府，敕迎就慈恩寺，寻徙荐福寺。所住之刹，必建大曼拏罗灌顶道场，度于四众"②。可见，金刚智确曾"达于广府"，设想他若驻锡于广府的话，也"必建大曼拏罗灌顶道场，度于四众"，可惜只是"路过"。因此，不空的到来，是岭南密教发展的重要契机。

已有学者对不空的到来对岭南佛教特别是密教发展的影响进行

---

① 参看前揭吕澂《楞严百伪》，370页。

② [北宋]赞宁撰，范祥雍点校《宋高僧传》卷一《唐洛阳广福寺金刚智传》，4页。

了评估，如有学者认为，不空在法性寺的这次灌顶活动，推动了南海佛教特别是密教的发展，使唐密成为岭南佛教的重要内容，促进了密与禅的交流[①]，甚至影响到宋以后岭南密教的传播[②]。笔者认为，不空的到来对岭南密教发展的推动是毋庸置疑的，只是须作进一步的微观考察。

根据《大唐故大德赠司空大辨正广智不空三藏行状》[③]和《宋高僧传》不空本传记载，应唐岭南道采访使刘巨鳞的敦请，不空三藏在光孝寺临时建立道场，为数以千计的四众灌顶[④]。按唐开元二十一年（733）分全国为十五道，每道置采访处置使，简称采访使，掌管检查刑狱和监察州县官吏，可知刘巨鳞是当时岭南道的最高行政长官，因此他的态度应是四众辐辏光孝寺请求灌顶的重要原因之一。这里的"道场"，与前文所说"道场"的内涵不同，并不是"寺院"的代称，而是指密教的坛场，即曼荼罗（mandala），有"大师之未往也，入曼荼罗，对本尊像"数语为证，"本尊"应即毗卢遮那佛。

这个密教坛场建立的意义在于，这是文献所见岭南地区第一个密教坛场，因此它对后来岭南密教仪式系统的建立应该有很强的示范意义。同时，这次的灌顶活动也是记载所见岭南地区的首次，故而也是"广州有灌顶法会之最隆重而较早出现者"[⑤]，因此这次的灌顶活动同样有很强的示范意义。

另须注意的是，虽然不空在广州停留的时间并不长，但其影响因其再度进入岭南而在岭南地区得以延续。据前文所引，不空再次归

---

①参看徐文明《广东佛教与海上丝绸之路》，广州：羊城晚报出版社，2015年，149—150页。

②参看前揭何方耀《晋唐海路佛僧所传译之密教典籍及其与广州光孝寺之关系》，369页。

③［唐］赵迁《大唐故大德赠司空大辨正广智不空三藏行状》，《大正藏》卷五十。

④这次接受灌顶的人数，《行状》作"亿千"，《宋高僧传》作"百千万众"，皆是模糊语言，非确数，意在强调人数众多。但无论如何，保守估计，这次应有数以千计的人接受了灌顶。

⑤罗香林《关系》，127页。

国途中在韶州养病期间，仍手不释卷，翻译不辍，即所谓“日夜精勤，卷不释手，扶疾翻译，为国为家”，前后长达三年之久，可见不空所翻译的密典中有一部分是在岭南地区完成的。同时，我们也有理由相信，在这么长的逗留期内，除了译经之外，不空在韶州一定还有建立坛场灌顶度人的活动。

最后需要补充说明的是，随着不空的到来，北方的文殊信仰可能也开始传入岭南地区。根据文献记载，最早入华的文殊菩萨像似乎是取南海道，但并未在岭南地区留下什么痕迹[①]。迹象表明，伴随着五台山文殊道场的逐渐形成，文殊信仰首先兴起于中原北方地区，但其兴盛则是盛唐以后，特别是中晚唐时期，这从现存唐代石窟造像和壁画遗迹即可见一斑。兴盛的具体原因，可能与唐两部密法兴起以后密宗对文殊菩萨的重视有关，其代表人物就是不空。不空对文殊菩萨的重视一方面表现在译经方面，据不完全统计，不空所译有关文殊的经典达七部之多；另一方面表现在行事方面，不空晚年对提高文殊地位尤为尽力，包括奏请天下寺院食堂中置文殊上座以及奏请天下寺院置文殊院等。大概是因为文殊菩萨与寺院食堂有着特殊的因缘，大历四年（769），不空奏请天下寺院食堂中置文殊菩萨为上座，制许之；不久，不空又奏请天下寺院遍置文殊院，供养文殊菩萨，敕允奏[②]。

明白了不空对文殊菩萨的重视，他从广州出发赴南海之前，进入坛场，将文殊师利作为祈请对象，也就可以理解了。即所谓“大师之

---

①道宣《集神州三宝感通录》卷中“东晋庐山文殊金像缘”条载：“东晋庐山文殊师利菩萨像者，昔有晋名臣陶侃，字士衡，建旟南海，有渔人每夕见海滨光，因以白侃，侃遣寻之。俄见一金像陵［凌］波而趣船侧，检其名勒，乃阿育王所造文殊师利菩萨像也。……初侃未能信因果，既见此嘉瑞，遂大尊重，乃送武昌寒溪寺，后迁荆州。”（《大正藏》卷五二，417页中）这是目前所见最早入华的文殊师利像，剔除记载中神话成分，约可推知，最早入华的文殊菩萨像走的是南海道，但此像并未被供奉于广州或岭南他处，很快被送往北方，辗转供奉于武昌、荆州、庐山等地。

②参看拙著《巴蜀佛教石窟造像初步研究》，北京：中华书局，2011年，190—192页。

未往也，入曼荼罗，对本尊像，金刚三密以加持，念诵经行”，结果“未逾旬日，文殊师利现身”。可谓精诚所至，文殊显灵。不空导演的这一幕“情景剧”，虽不一定是有意为之，但此前的岭南从未上演过，因而说开了广府僧俗的眼界并不为过。当然，随之而来的影响可能就是岭南文殊信仰的兴起。

通过以上分析，我们能切实感受到不空在促进岭南密教的传播与发展方面起到了十分关键的作用，同时，他的到来还可能间接地促成了文殊信仰在岭南的兴起。而其中光孝寺再次扮演了重要角色。

（四）义净、鉴真之驻锡与律学在岭南的传播

在中国僧人西行求法史上，影响最大的僧人有三位，除法显以外，还有唐代的玄奘和义净，而这三人中只有义净往返走的都是海路。他不仅从广州出发，从广州回国，而且在归国途中在南海室利佛逝停留期间，还一度暂回广州一次。因此在众多的西域求法僧中，义净是与广州最为密切的一位。现存有关义净的史料，除了赞宁《宋高僧传》中义净的专传外，义净自己的两部著作《南海寄归内法传》和《大唐西域求法高僧传》，以及智昇的《续古今译经图记》、《开元释教录》、圆照的《贞元新定释教目录》中都有一些涉及，学者已根据这些资料对义净的生平事迹作过详细考证，兹不赘述①。我们的重点当然在于义净与广州制旨寺关系的考察。

义净从广州启程赴印之前，是否驻锡于制旨寺，文献阙载，已难以知晓②。但据《南海寄归内法传》和《大唐西域求法高僧传》卷下

①参看王邦维《义净与〈南海寄归内法传〉》第一章《义净生平考述》，载［唐］义净著，王邦维校注《南海寄归内法传校注》，北京：中华书局，1995年，1—38页；同作者《唐高僧义净生平及其著作论考》，重庆：重庆出版社，1996年，1—37页。

②罗香林判断义净初达广州时就住在制旨寺，但证据不足，参看《关系》，117页。

《重归南海传》记载，义净在归国途中，曾滞留室利佛逝数年，从事著述与佛经翻译，期间因抄写梵经需要墨纸，并须雇佣手直，曾从南海乘商舶暂回广州，此次在广州即驻锡于制旨寺。《重归南海传》记载甚详："（义净）遂以永昌元年（689）七月二十日达于广府，与诸法俗重得相见。于时在制旨寺，处众嗟曰：'本行西国，有望流通，回住海南，经本尚阙。所将三藏五十余万颂，并在佛逝国，事须覆往……经典既是要门，谁能共往收取？随译随受，须得其人。'"[①]从上引义净的谈话中还知道，他此行的另一目的是要在广州寻觅助手跟他一起回佛逝国助他译经，结果如愿，有贞固律师、贞固的弟子怀业，以及道宏、法朗等四人，于同年十一月一日与义净一起搭乘商船前往佛逝国[②]。据考证，义净于武周长寿二年（693）夏从室利佛逝正式回到广州，直到证圣元年（695）年初才离开广州去洛阳，这样义净回国后又在广州停留了一年多[③]。文献没有明确提及这次义净在广州驻锡的寺院，但以义净在广州此前的经历，学者倾向于认为，应该还是住在制旨寺[④]。笔者认同这一推断，因为义净前次回国时，制旨寺对其完全持欢迎的态度，得到了该寺的大力支持，再次回国时，入住该寺应顺理成章。

可以想见，在这一年多的时间里，广州道俗一定率先充分分享了义净求法的成果，这些成果不啻成为当时广州佛教界的珍贵财富。但迹象表明，义净留给岭南佛教界最重要的遗产是推动了岭南律学的进步，就制旨寺而言，义净的驻锡使该寺一时成为岭南律学传播的

---

①［唐］义净著，王邦维校注《大唐西域求法高僧传校注》卷下，北京：中华书局，1988年，214—215页。

②这四位僧人的事迹，具详《大唐西域求法高僧传校注》卷下《重归南海传》，211—245页。

③参看王邦维《义净与〈南海寄归内法传〉——代校注前言》，载《南海寄归内法传校注》，18—19页；同作者《唐高僧义净生平及其著作论考》，14—15页。

④参看王邦维《义净法师的印度及南海之行与广州制旨寺》，载明生主编《禅和之声："禅宗优秀文化与构建和谐社会"学术研讨会论文集》，292页。

中心。如所周知，义净是著名律师，毕生以研究律学为己任。义净时代，虽然研究和解释佛教戒律的宗派“律宗”已经出现，但在律宗内部，或在普通僧人之间，对戒律的理解和解释往往存在分歧，在实践上更是各行其是，并相互指斥。因此义净求法的主要目的，就是想从源头上解决这些问题，即通过了解印度佛教戒律方面的规定和僧伽内部的制度，试图用印度“正统”的典范，来纠正当时中国佛教的偏误。他回国以后翻译的经典以律藏为主，传授学徒，以持律为先，就是出于这样的目的[①]。虽然因文献阙载，我们不清楚义净在广州停留期间是否正式开讲律典，但其与广州道俗分享求法成果时一定包括《南海寄归内法传》的内容，因为这是他在佛逝国撰成的最重要的著作，在他看来，这应该是他历时二十多年西行求法的最重要的成果之一。而该书的核心内容如书名所示，即“内法”——律，也就是佛教僧人宗教生活中应该遵守的行为准则。那么，该书涉及的印度佛教的僧伽制度和戒律规定，以及与戒律有关的日常行仪制度知识一定成为义净与广州道俗分享的重点。

唐以前，岭南地区的律学已有一定的基础，这与部分外国僧人在广州讲诵律典和翻译律典有关。前者如罽宾三藏昙摩耶舍，他于东晋隆安年间在广州白沙寺大聚徒众讲诵《毗婆沙律》，号称“大毗婆沙”[②]；后者如齐武帝（481—492年在位）时，外国沙门大乘于广州译出《他毗利》（齐言《宿德律》），又如齐永明七年（489），沙门释僧猗于广州竹林寺请外国法师僧伽跋陀罗译出《善见毗婆沙律》（或云《毗婆沙律出》）等[③]。

但义净的到来，还是起到了开风气的作用，自此之后，岭南律学

---

①参看王邦维《义净与〈南海寄归内法传〉——代校注前言》，34—35页。

②［梁］释慧皎著，汤用彤校注《高僧传》卷一，42页。

③［梁］僧祐撰，苏晋仁、萧鍊子点校《出三藏记集》卷二，北京：中华书局，1995年，63页。

进入到了一个新阶段。而这一新阶段的实现，义净的弟子贞固、道宏功莫大焉，特别是贞固。

据《重归南海传》记载，贞固原本就是一位知名的律学僧，义净直接以“律师”相称，早年曾四处参学，因而深悉律藏，在遇到义净之前，就曾在广府开讲律典：

> 苾刍贞固律师者，梵名娑罗笈多(原注：译为贞固)，即郑地荥川人也。……(岘山恢觉寺澄)禅师则沉研律典……固师年余二十，即于禅师足下而进圆具。才经一岁，总涉律纲。覆向安州秀律师处三载，端心读宣律师文钞。可谓问绝邬波离，贯五篇之表里；受谐毗舍女，洞七聚之幽关。……固师既得律典斯通，更披经论。……以垂拱之岁，移锡桂林，适化游方，渐之清远峡谷。同缘赴感，后届番禺，广府法徒，请开律典。……固亦众所钦情，三藏道场，讲毗奈耶教。经乎九夏，爰竟七篇。善教法徒，泛诱时俗。……固师既法侣言散，还向峡山。……(义净)以永昌元年七月二十日达于广府，与诸法俗重得相见。……众佥告曰：“去斯不远，有僧贞固，久探律教，早蕴精诚。傥得其人，斯为善伴。”……虽则平生未面，而实冥符宿心。共在良宵，颇论行事。①

可知在义净第一次回国之前，贞固律师曾应邀在广府开讲“毗奈耶教”，时间“经乎九夏”，即整整一个夏安居，凡九十天，时间不算短，从而为义净在广府推广律学打下了一定的学缘基础。罗香林先生认为，贞固讲授“毗奈耶教”的“三藏道场”即是光孝寺，其根据是

① ［唐］义净著，王邦维校注《大唐西域求法高僧传校注》卷下，211—215页。

前有智药三藏植菩提树于光孝寺戒坛之前，并有预志云云，故有三藏道场之称，但缺乏直接证据[①]。尽管贞固早已声名卓著，但在见到义净之后，仍服膺于义净，毅然随义净前往佛逝国助其译事。由"虽则平生未面，而实冥符宿心。共在良宵，颇论行事"数语可见，二人可谓一见如故，秉烛长谈，颇有相见恨晚之感。职是之故，更加坚定了他回国后继续留在广府弘扬律教的决心。《重归南海传》末云：

> 其僧贞固等四人，既而附舶俱至佛逝。学经三载，梵汉渐通。法朗须往诃陵国，在彼经夏，遇疾而卒。怀业恋居佛逝，不返番禺。唯有贞固、道宏相随，俱还广府。各并淹留且住，更待后追。贞固遂于三藏道场，敷扬律教，未经三载，染患身亡。道宏独在岭南……[②]

这是义净对当年随自己去佛逝国的四位中国僧人最终去留的交代。可知四人中，法朗、怀业没有随义净回国，留在了南海；贞固、道宏从佛逝回国后，并未随义净北上洛阳，而是选择继续留在广州。贞固继续在广州"敷扬律教"，直至染患身亡，可谓为弘道鞠躬尽瘁，死而后已。而道宏早在佛逝国时，受义净的影响，即"敦心律藏，随译随写，传灯是望。重莹戒珠，极所钦尚"[③]，早已成为学养深厚的律学僧，那么可以推测，他留在广州应该跟贞固一样，同样选择以"敷扬律教"为职志。

---

①参看罗香林《关系》，120页。但根据笔者前文的考证，智药三藏与光孝寺的关系是7世纪中期以后逐渐建构的，因此植树故事本身或系杜撰，不可信，此其一；即便7世纪中期以后人们相信智药三藏与光孝寺的故事是真实的，但人们是否因此将光孝寺称作"三藏道场"，缺乏直接文献证据，此其二。故而在发现直接证据之前，笔者不建议将"三藏道场"与光孝寺视为同一。

②［唐］义净著，王邦维校注《大唐西域求法高僧传校注》卷下，244页。

③同上注。

就制旨寺而言，在义净到来之前，该寺已有一定的律学基础了[①]。制旨寺时有律学僧，曰恭阇梨，曾预贞固讲席，颇悉律学，并致力推广律教。《重归南海传》云：

> 于时制旨寺恭阇梨，每于（贞固）讲席，亲自提奖。可谓恂恂善诱，弘济忘倦，阇梨则童真出家，高行贞节，年余七十，而恒敬五篇。……实亦众所知识，应物感生，劝悟诸人，共敦律教。[②]

这位恭阇梨，日本学者足立喜六认为可能是般刺蜜帝，罗香林表示赞同[③]。但现在看来，这一说法难以成立，恭阇梨很可能是当时制旨寺的住持，是一位中国僧人[④]。由上述记载可知，恭阇梨无疑也是一位致力于弘扬律教的律学僧。

综上所述，由于在义净到来之前，光孝寺已有一定的律学基础，随着义净的驻锡（极有可能是两次驻锡），我们有理由相信，光孝寺最终发展成了彼时广州的律学中心，同时为岭南律学的进一步发展提

---

①但罗香林先生认为“光孝寺自始即以特重戒律著称”则有些言过其实（参看《关系》，45页）。其所据为求那跋陀罗所译《伽毗利律》和真谛所译《僧涩多律》，但文献出处皆为乾隆《光孝寺志》。按诸《高僧传》求那跋陀罗本传及历代经录，均未见载《伽毗利律》，可见求那跋陀罗译有《伽毗利律》的说法纯系晚期杜撰，况且据前文的考证，求那跋陀罗是否驻锡过光孝寺尚有疑问；而检视《历代三宝纪》、《大唐内典录》、《开元释教录》等隋唐时期的经录可知，《僧涩多律》确系真谛所译，但诸经录皆未明确该律是否译于广州制旨、王园二寺。因此仅依据乾隆《光孝寺志》的记载作出的判断有时是不准确的。

②［唐］义净著，王邦维校注《大唐西域求法高僧传校注》卷下，213—214页。

③罗香林《关系》，102页。

④参看《大唐西域求法高僧传校注》卷下，232—233页注［52］；王邦维《义净法师的印度及南海之行与广州制旨寺》，294页。按恭阇梨其实是一位中国僧人，“恭”应是他的中国俗姓，与梵语音译名“般刺蜜帝”无涉。“阇梨（黎）”是梵语“acarya”之音译词“阿阇梨（黎）”的省称，意译为轨范师、正行、教授、智贤、传授等。意即教授弟子，使之行为端正合宜，而自身又堪为弟子楷模之师，故又称导师。根据职责分工，阿阇梨有五种：出家阿阇梨、受戒阿阇梨、教授阿阇梨、受经阿阇梨和依止阿阇梨。但这位恭阇梨并不一定对应其中的一种，仅相当于对高僧的尊称。在汉语佛教文献中，类似的称呼并不罕见，如《续高僧传·释道庆传》有“藏阇梨”；同书《释慧意传》有“岑阇梨”等。

供了契机。复有义净弟子贞固、宏道等在粤的持续推动，无疑使岭南律学的发展迈上了一个新台阶。同时，由于义净的律学并非仅热衷于纯理论的探讨，事实上他更重视与戒律有关的日常行仪制度建设，因此可以想见，义净的驻锡广州，对岭南地区的僧伽制度建设当有所推动。

天宝七载（748）六月，唐代中日佛教文化交流的重要使者、衔命赴日传授戒律的著名律宗大师鉴真和尚，在其第五次东渡航行时，不幸遭遇恶风怒涛的袭击，最后飘泊到海南岛的振州（今海南崖县），后经崖州（今海南文昌、澄迈）、桂州（今广西桂林）、端州（今广东高要）等地至广州，驻锡光孝寺达数月之久。鉴真之与岭南、与广州，乃至与光孝寺的不期而遇，给岭南律学和戒律实践的发展带来了新的契机。《唐大和上东征传》载其第五次东渡情况略云：

> 天宝七载春，……造舟，买香药，备办百物……同行人……合有三十五人，六月廿七日，发自崇福寺，至扬州新河。……冬十一月……经三日乃到振州江口泊舟。……迎入宅内，设斋供养……又于太守厅内，设会授戒。……到崖州，州游奕大使张云出迎……登坛授戒、讲律，度人已毕，仍别大使去。……始安郡（今桂林）都督……引入开元寺……随都督受菩萨戒人，其数无量。和上留住一年。……下桂江，七日至梧州，次至端州龙兴寺。……端州太守迎引送至广州，卢都督率诸道俗出迎城外，恭敬承事，其事无量。引入大云寺，四事供养，登坛受戒。此寺有诃梨勒树二株，子如大枣。……大和上住此一春，发向韶州，倾城远送。[①]

---

①［日］真人元开著，汪向荣校注《唐大和上东征传》，北京：中华书局，2000年，62—74页。

按鉴真在广州所驻锡之“大云寺”，罗香林先生认为即光孝寺，盖因此寺很早以来即以有诃梨勒树著称，并以诃林为名[1]。此判断可信。笔者前文已指出，光孝寺旧名之一度改为大云寺应与天授元年武则天敕令天下诸州各置大云寺一所有关。根据上下文的时间推算，鉴真约在天宝八载年底抵达广州，直到次年（即天宝九载）的春季一直在广州，因此鉴真在广州停留的时间保守估计也有三四个月，时间不算短。又据《东征传》后文记载，鉴真在粤北韶州境内短暂停留后，翻越大庾岭进入江西，这样仔细算来，他在岭南各地也先后逗留了一年多的时间，有的地方（如桂林）甚至“留住一年”。

值得注意的是，鉴真每到一地、每住一寺，皆以授戒、讲律为己任，始终“讲律授戒”不辍。这方面的信息，除上引文字有所呈现外，《东征传》后文有更明确的记载：“和上从南振州来至扬府，所经州县，立坛授戒，无空过者。今亦于龙兴、崇福、大明、延光等寺讲律授戒，暂无停断。”[2]因此我们有理由相信，鉴真在广州大云寺驻锡期间，除了上文明确交代的有“登坛授戒”之举外，一定还有讲律活动，时间长达三四个月。一边授戒，一边讲律，看来鉴真跟义净一样，既重视理论，又重视实践。因此，可否这样认为，随着鉴真大师及一众随侍律僧的驻锡，光孝寺继义净法师之后，再度成为广州的律学和戒律实践中心？

肩负着东渡东瀛传授戒律这一特殊使命的鉴真和尚与光孝寺的结缘虽然纯属巧合，但以鉴真中日佛教文化交流使者的特殊身份，其在光孝寺的授戒、讲律活动，同样可视为光孝寺中外佛教文化交流遗产的一部分。而且，若放眼整个岭南地区，可以想见，逗留岭南一年多以来，鉴真大师在海南、广西、广东等地所经州县的“暂无停断”的

---

①参看罗香林《关系》，125页。

②［日］真人元开著，汪向荣校注《唐大和上东征传》，80页。

“讲律授戒”活动，对整个岭南地区盛唐时期律宗以及戒律实践的发展，一定有很大的推动。因此我们有理由相信，义净法师之后，随着鉴真大和尚的到来，岭南律宗以及戒律实践的发展又进入到了一个新阶段，而其中光孝寺又扮演了十分重要的角色。

最后值得注意的是，鉴真的律学，虽师承南山宗，但他并不囿于一宗一派，固持一家之说。如所周知，唐代律学，除了独占优势的道宣的南山宗外，还有相州日光寺法砺的相部宗和西太原寺的西塔宗。鉴真东渡日本携带的律学典籍则兼及后两宗，在传授中又以法砺的《四分律疏》、定宾（属相部宗）的《饰宗义记》与道宣的《行事钞》三书为主，重点尤在法砺、定宾所著两书[①]。可见，相对于义净于律部则独尊说一切有部传统的偏好，鉴真律学是一个开放的体系，因此这一“开放性”特点对光孝寺乃至整个岭南地区律学的影响不可低估。

三、结论

随着真谛之驻锡光孝寺，一大批高僧辐辏而至，伴随着真谛译经讲经活动的展开，这批高僧参与其中，很快使光孝寺站在了岭南译经与义学的制高点上，从而使光孝寺一时成为岭南的佛经翻译和佛教义学的中心，这在光孝寺的历史上尚属首次。同时，也使广州首次成为南方的译经中心。而特别需要注意的是，真谛之驻锡光孝寺也同时使光孝寺成为真谛重要学说在华传播的起点，《摄论》、《俱舍》、《唯识》等均由此北传。而光孝寺成为真谛重要学说在华传播起点的特殊意义在于，这在岭南尚属首次，因此不仅大大提高了光孝寺的地位，也同时提高了整个岭南佛教界的地位。

---

①参看《中国大百科全书·宗教卷》“鉴真”条，北京：中国大百科全书出版社，1988年，195页。

《楞严经》译出后，其影响在不断扩大，出现了两次传播的高峰，常讲和常注最终促成楞严义学的形成。楞严义学在明末达到了顶峰，对我国宋明时期的佛学产生了深远的影响，最终成为中国佛学的重要组成部分。而毫无疑问，楞严义学兴起的序幕始自般剌蜜帝在光孝寺对《楞严经》的翻译，因此我国的楞严义学是从岭南开始的。因此，楞严义学可视为中古岭南佛教对中原佛教的又一重要贡献，而其中光孝寺扮演了重要角色。

不空在光孝寺建立密教坛场的意义在于，这是文献所见岭南地区的第一个曼荼罗，因此它对后来岭南密教仪式系统的建立应该有很强的示范意义。同时，这次的灌顶活动也是文献所见岭南地区的首次，因此同样有很强的示范意义。因此我们有理由相信，不空在促进岭南密教的传播与发展方面起到了十分关键的作用，同时，他的到来还可能间接地促成文殊信仰在岭南的兴起，而其中光孝寺再次扮演了重要角色。

考察光孝寺与中外佛教文化交流，唐代高僧义净和鉴真不可或缺。义净之驻锡光孝寺的意义在于，通过义净及其弟子的共同努力，首先使光孝寺最终发展成为彼时广州的律学中心，同时为岭南律学的进一步发展提供了契机；同时，由于义净的律学并非仅热衷于纯理论的探讨，更重视与戒律有关的日常行仪制度建设，因此对岭南地区的僧伽制度建设当有所推动。而律宗大师鉴真的岭南活动，给岭南律学和戒律实践的发展带来了新的契机。特别是鉴真律学秉持开放的特性，这对整个岭南地区盛唐时期律宗以及戒律实践的发展，具有特殊意义。因此可以认为，义净和鉴真的先后到来，接力式地共同推动了岭南律宗以及戒律实践的发展，而其中光孝寺又一次扮演了十分重要的角色。

至此，我们似乎可以对光孝寺在中古中外佛教文化交流中的地位有较准确的把握了，笔者认为，在中古时期的岭南地区，尚无出其右者。

广州海幢寺《禁妇女入寺烧香示碑》初步考察

位于今广州市海珠区同福中路和南华中路之间的海幢寺曾经是广州四大佛教丛林之一,也曾经是广州珠江南岸最大的寺院[①]。据清康熙十八年(1679)《鼎建海幢寺碑记》记载,该地旧有千秋寺址,相传为南汉所建,久废为居民产。明末清初,光牟、池月两位僧人募于长耆郭龙岳,稍加修葺,治成佛堂、准提堂各一,额曰"海幢","盖取效法于海幢比邱之意,以比邱在昔能修习般若波罗密入百万阿僧祇劫了无障碍故也"[②]。该寺建寺年代虽然较晚,但后来居上,最终成为广州四大佛教丛林之冠[③]。究其原因,以下几点值得注意:一、该寺规模宏大、殿堂林立,且富有园林建筑特色。二、该寺文化底蕴深厚。三、该寺既是弘扬佛法之所,又是广州的旅游胜地之一,寺内早已形成著名的"海幢八景":花田春晓、古寺参云、珠江破月、飞泉卓锡、海日吹霞、江城夜雨、石磴丛兰、竹馆幽钟,这仍有海幢寺碑记为证[④]。四、因

---

①据考证,其鼎盛期的规模约为今广州光孝寺的三四倍,参看林剑纶、李仲伟《海幢寺》,广州:广东人民出版社,2007年,8页。

②《鼎建海幢寺碑记》由王令撰文,康熙十八年海幢寺住持今无立石,碑石今已残为数段,不能缀合,幸而宣统《番禺县续志》卷三六《金石志四》存该碑录文。李仲伟等编著《广州寺庵碑铭集》"海幢寺"条下转录碑文,广州:广东人民出版社,2008年,193页。

③18世纪是海幢寺的鼎盛期,参看吴庆洲《18世纪海幢寺盛况探讨》,载释新成、释光秀主编《海外文献与广州海幢寺文化研究》,北京:中国大百科全书出版社,2018年,255—302页。

④即海幢寺《海幢八景碑》,该碑由王令撰文并书,康熙十八年立石。碑原在寺内,今已不存,幸而《番禺河南小志》卷七《金石》存该碑录文,《广州寺庵碑铭集》"海幢寺"条下转录碑文,195—196页。

其特殊的地理位置及其理想的软硬环境，海幢寺一度作为清代官方接见外使的场所，以是因缘，该寺在清代广州的对外文化交流中又扮演了十分重要的角色，在清代外交史上有特殊的地位和作用[①]，同时也是西方了解中国佛教的重要窗口[②]。是以，海幢寺以不同形式保留了丰富的研究清代岭南佛寺文化史的资料，包括部分碑刻资料，但尚未引起学界重视[③]。本文拟对海幢寺所立《禁妇女入寺烧香示碑》（以下简称《禁妇女碑》）作初步考察，以期抛砖引玉。欧绍峰先生曾对该碑录文并作简单介绍[④]，陈鸿钧先生亦对该碑录文并对清代禁妇女入寺烧香的情况作了简要梳理[⑤]，《广州寺庵碑铭集》中本有该碑录文，但装帧疏漏，恰缺失该录文页[⑥]。而欧先生录文及标点也存在一些问题[⑦]，陈先生的录文也有个别文字错误[⑧]，但该碑文字保存情况良好，字迹基本清晰可辨，因此本文拟据该碑拓片重新录文、标点，再作讨论。为保持碑文原貌，该碑原文中的错别字，本文照录，但括注正字。

---

①何韶颖《试析广州海幢寺在清代外交史上的特殊地位和作用》，载林有能主编《六祖慧能与岭南禅宗历史文化研究文集》，香港：香港出版社，2015年。

②王元林、陈芸《清代中后期广州海幢寺的对外开放与中外宗教文化交流》，《世界宗教文化》2018年第6期，42—43页。

③目前仅见陈鸿钧先生对海幢寺的部分碑刻作过初步梳理，参看陈鸿钧《广州海幢寺金石碑铭数种纪略》，载《海外文献与广州海幢寺文化研究》，155—170页。

④欧绍峰《海幢寺〈禁妇女入寺烧香示〉碑》，《羊城古今》2005年第3期，51页。

⑤前揭陈鸿钧《广州海幢寺金石碑铭数种纪略》，161—167页。

⑥按《广州寺庵碑铭集》目录“海幢寺”条下署有“禁妇女入寺烧香示碑”字样，并提示收录于正文第207页（见目录第11页）。但检视正文，207—222页缺失！

⑦如“无知妇女相率效尤”，欧文录作“无知妇女相率□”；“合行出示”，欧文录作“合行出事”；“各宜静守深闺”，欧文录作“各宜静守深闹”；“各宜懔遵毋违”，欧文录作“各宜檩遵勿违”等等。标点错误不再一一指出。

⑧如“各宜懔遵勿违”，陈文录作“各宜凛遵毋违”。“懔遵”，谨遵之义。

一

禁妇女入寺烧香示

广东布政使司姚

广东按察使司倪

为严禁妇女入寺烧香以维风化事,照得男女/之防,古今通礼,行必异路,授受不亲,所以别嫌明微也。本司等偶过/观音山,见有男女成群焚香摸[膜]拜,已觉骇然。乃闻省城内外凡有寺/院丛林,无不如是。广东习俗溺于福田利益之说,以佞佛、饭僧、诵经、修庙为功德,一若福寿多男,皆由求佛而获。无知妇女相率效尤,艳/服冶容,题缘赛愿,男女混杂,大会无遮。甚至祝发皈依,舍身供役,伤/风败俗,莫甚于斯。访得本年五月初旬,海幢寺僧招引妇女多人修/建斋醮,夜以继日,众观如堵,物议沸腾。以致游客与寺僧互相捧唱,几酿事端。恶习相循,殊堪发指。本应闻风掩捕,又恐不教而诛。合行/出示晓谕为此示,仰该管官吏及军民住持人等知悉:嗣后妇女各宜静守深闺,恪遵女诫。如敢于各寺院丛林仍前游冶,讬为礼忏还/愿烧香者,妇坐其夫,无夫即坐本妇,女坐其父,无父坐其伯叔弟兄。/僧道尼姑不行拒绝,敢于招引者,该地方官一并锁拿到案,按律惩/处,枷示通衢,绝不宽贷。该管地方官容隐不举,或经访闻,或被告发,/地方官亦必议以应得之咎,各宜懔遵毋违。特示。

光绪七年五月　　　　　　　　　　日告示

以上为碑的正面。

此碑如有毁损，该寺主持照刻补竖。

以上为碑的右侧面。

碑文原为竖书，今改横排，斜杠表示另起一行。右侧所刻“此碑如有毁损，该寺主持照刻补竖”字体与正文标题一样大，意在特意警示此碑不能随意被毁坏(图1)。

据碑文可知，该碑由广东布政使姚某、广东按察使倪某共立于光绪七年，即公元1881年。清代布政使主管一省的民政赋税，按察使主管一省的司法监察邮驿，都是清代省级行政机构最主要的官吏。核检文献，知姚某即姚觐元，倪某即倪文蔚。姚觐元（？—约1902），浙江归安（今湖州）人，清道光二十三年（1843）举人，清代学者、目录学家、藏书家，光绪间历任湖北按察使、广东布政使。文献记载他任广东布政使的时间是光绪八年（1882），但根据该碑文，可知应该是光绪七年，亦可知他上任伊始就发布了此禁令。倪文蔚（1823—1890），安徽望江人，清咸丰二年（1852）进士，官至广西、广东、河南巡抚，兼河道总督，学识渊博，多才多艺，有著作传世。由此可见，姚、倪二人有相似之处：他们既是清政府的高级官吏，又是学者、知识精英，因此他们无疑代表了当时官方的正统思想。

碑文意思很清楚，主要旨在禁止妇女入寺烧香。广东最高地方官吏之所以禁妇女进入海幢寺从事烧香活动，主要是认为这有违男女授受不亲的礼制，有伤风化。禁令用词犀利，惩戒明确，足见官府的决心。

饶有趣味的是，虽然此禁令是针对海幢寺的，但此禁令同样勒石于广州光孝寺，因此《禁妇女碑》又见于光孝寺。碑原立于光孝寺入门左侧路旁，后移位，今仍存寺内(图2)[①]。除海幢、光孝二寺外，该禁令

①碑文录文参看《广州寺庵碑铭集》，65—66页。

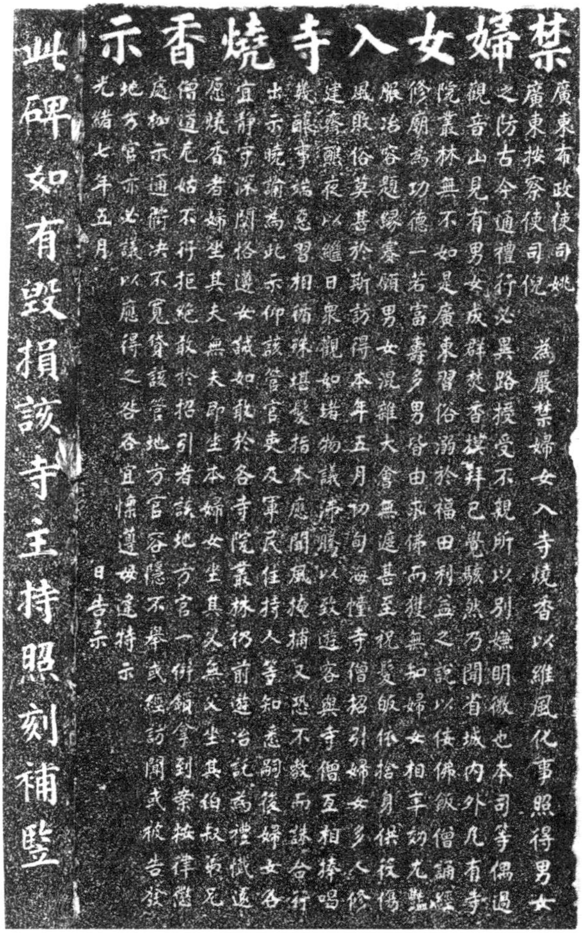

禁婦女入寺燒香示

廣東布政使司姚
廣東按察使司倪　為嚴禁婦女入寺燒香以維風化事照得男女
之防古今通禮行必異路授受不親所以別嫌明微也本司等偶過
觀音山見有男女成群焚香撲拜已覺駭然乃聞省城內外凡有寺
院叢林無不如是廣東習俗溺於福田利益之說以佞佛飯僧誦經
修廟為功德一若富壽多男皆由求佛而獲無知婦女相率効尤豔
服冶容題緣奉領男女混雜大會無遮甚至祝髮皈依捨身供役傷
風敗俗莫甚於斯訪得本年五月初旬海幢寺僧招引婦女多人修
建齋醮夜以繼日衆觀如堵物議沸騰以致遊客與寺僧互相捧喝
幾釀事端惡習相循殊堪髮指本應聞風拘捕又恐不教而誅合行
出示曉諭為此示仰該管官吏及軍民住持人等知悉嗣後婦女各
宜靜守深閨恪遵女誡如敢於各寺院叢林仍前遊冶託為禮懺遂
願燒香者婦坐其夫無夫即坐本婦女坐其父無父坐其伯叔弟兄
僧道尼姑不行拒絕敢於招引者該地方官一併鎖拿到案按律懲
處枷示通衢決不寬貸該管地方官容隱不舉或經訪聞或被告發
地方官亦必議以應得之咎各宜懍遵毋違特示
光緒七年五月　日告示

此碑如有毀損該寺主持照刻補豎

图1　海幢寺《禁妇女入寺烧香示碑》拓片（海幢寺提供）

图2　光孝寺《禁妇女入寺烧香示碑》照片（采自《广州寺庵碑铭集》第66页插图）

不见于广州其他寺院。一纸禁令两寺榜示，似乎可以起到一石二鸟的功效，但实际效果究竟如何，恐怕要另作分析。

不过，妇女入寺烧香在当时的广东应是普遍现象，碑文其实已间接告诉了这一点："乃闻省城内外凡有寺院丛林，无不如是。"而禁令仅针对海幢寺，兼及光孝寺，表明在当时广东高层地方官吏看来，海幢寺的问题最为严重，而光孝寺的问题也很突出，表明彼时广州的寺院中，妇女入寺烧香情况最盛的是海幢寺，其次是光孝寺。

但是否能做到令行禁止，此禁令的颁布者恐怕心中也无把握。笔者这样推测是有一定根据的。因为妇女入寺烧香现象不仅当时在广东很普遍，在全国也很普遍，而且也屡禁不止，姚、倪二人都是在全国多地为官的地方大员，勤于政务，对此情况不可能一无所知。

稍稍翻检方志文献便不难发现，妇女入寺现象明代已有之，从法律角度，禁止妇女入寺观，明代已入律，清代更是如此，但禁不能止。有清一代，妇女入寺庙进香赶会的情况更是普遍存在，屡禁不止，甚至越到晚近，情况越严重。虽然除律令外，乡规民约甚至民间的家规家训、劝善书等亦时或见到此类禁语，但收效甚微。

禁止和反对的声音，主要来自官方和知识精英或士绅阶层。清乾隆时期的重臣陈宏谋巡抚江苏期间曾发布《陈文恭公风俗条约》，其观点颇具代表性，已被学者注意，其文有曰：

> 妇女礼处深闺，坐则垂帘，出必拥面，所以别嫌疑、杜窥伺也。何乃习于游荡，少妇艳妆，抛头露面，绝无顾忌。……甚至寺庙游观，烧香做会，跪听讲经，僧房道院，谈笑自如。又有甚者，三月下旬，以宿神会为结缘；六月六日，以翻经十次可转男身；七月晦日，以点肉灯为求福。或宿山庙求子，或舍身于后殿寝宫，朔望供役。僧道款待，恶少围绕，本夫亲属，恬不为怪，深为风俗

之玷。现在出示庵观，有听从少年妇女入寺庙者，地方官即将僧道枷示庙门，仍拘夫男惩处。……僧尼身入空门，原系六根清净，持素焚修。江南僧人，拥有厚资，公然饮酒食肉，赌博奸淫，盘剥占夺，设计骗人，藏匿妇女，无恶不作。……凡妇女烧香做会，听讲翻经，宿庙肉灯舍身，皆由僧道设此名色，或遍贴传单，或发帖邀请，煽诱骗财。并将佛经编为戏剧，丝竹弹唱，俨同优伶。嗣后责成僧道官稽查送究，徇隐连坐。女尼中有少妇幼女，带发修行，艳服男装，勾引男妇，无异娼妓。又惯入富家，吹唱弹经，甚而群尼一路弹唱，赴庵烧香，名曰"发赦"。遂有恶少结队跟随，途中拦截，逼令弹唱为乐。一切引诱淫荡之事，皆尼庵之所有。地方官留心查禁，责成地保查察，犯者禀究。①

不难看出，这则禁令的主要目的也在整肃风俗，认为妇女入寺烧香活动有违女德，认为万恶淫为首。

已有人结合档案、文集以及笔记小说等史料，从顺康、雍乾和嘉道以降三个不同时期，对有关清代官府妇女入庙禁令的出台、执行过程以及沿革等作过初步考察，并藉此解释妇女入庙屡禁不止的缘由，认为清廷此禁令的出台，顺康时期主要从风俗层面考虑，雍乾时期趋于注重地方秩序的控制，嘉道以后则为了防范聚众②。但笔者认为，禁妇女入庙最主要的考量在风俗层面，这一考量贯穿禁令颁布的始终，不会因时段而变化，本文所讨论的《禁妇女碑》以及上引《陈文恭公风俗条约》可以为证。

不可否认，《陈文恭公风俗条约》以及《禁妇女碑》中所说的"有

---

①同治《苏州府志》卷三《风俗》，《中国地方志集成·江苏府县志辑7》，南京：江苏古籍出版社，1991年，146—147页。

②范洁《屡禁不止：清代妇女入庙探析》，暨南大学硕士学位论文，2007年。

伤风化”之事在一定程度上确实存在，明清小说中也多有演绎。无论在禁令中还是小说中，对僧尼都抱持贬义，认为他们对良家妇女有招引、劝诱之嫌。《禁妇女碑》也同样提到了“寺僧招引妇女”。但无论是世俗者，还是出家者，毕竟都是“饮食男女”，因而“人之大欲存焉”。因此即便是出家人，做到六根皆净也殊为不易，这是基本事实，故出现“有伤风化”之事在所难免。然而，今天从社会史、文化史[①]、妇女史的角度看，这一现象恰好能说明彼时许多寺院承担了一定的社会功能和文化功能，它的正面作用恐怕远大于其负面的影响。

学者已对妇女参加宗教活动的社会价值重新进行了评估，赵世瑜先生认为，妇女参加宗教性活动，无论是为了履行传统赋予自己的照管家庭的职能，还是为了解决与自己相关的精神的或生活的问题，都形成了女性独特的亚文化，而这种亚文化的形成又是女性所面临的独特问题或困境所导致的。……以宗教为借口达到调剂平时枯燥无味的生活之目的，满足自己对家外世界的好奇心，与男性平等地出入公开场合，这是我们在文献中经常可以见到的景象[②]。的确，官绅对妇女参加宗教活动的批评主要出自封建传统观念，是站在维护封建礼法、维护封建礼制社会秩序的角度，进行的卫道士式的指责，但“他们既忽视了女性所具有的人类共同之天性，更忽视了她们与男子所不同的特定心理，错误地认为男女之间的交往乃是偷情、调戏、私奔、奸淫等社会坏风气的恶源。他们不理解女性在面临各种社会压力的情况下对宗教的特殊需求，他们不太注意妇女的精神苦闷，因此他们

---

①社会史、文化史都是一种史学范式，即考察历史的视角和方法，是一种方法论，不是另一种专门史。文化史即是以文化的眼光来看待、考察历史（参看赵世瑜《社会史：历史学与社会科学的对话》；同氏《再论社会史的概念问题》，两文均见赵世瑜《狂欢与日常——明清以来的庙会与民间社会》附录，北京：生活·读书·新知三联书店，2002年，413—468页。另参看何晓明《仁山智水时时新——评60年间问世的五部文化史著作》，《史学月刊》1998年第5期，2—11页）。

②赵世瑜《狂欢与日常——明清以来的庙会与民间社会》，272页。

只把妇女投身于宗教活动的行为简单归结为肉体的欲望，忽视了她们的精神渴望”[①]。的确，“社会存在”一定程度上是由“社会需求”决定的，妇女入庙现象既然屡禁不止，一直“存在”着，说明社会上的确存在这种“需求”。赵世瑜先生以社会史、文化史研究的范式或视角对清代妇女参加宗教活动的社会价值进行的评估值得我们重视。

有学者认为，在妇女进庙烧香的活动中，庙观中的僧道发挥着不可替代的作用，僧道往往是促使妇女入庙烧香的始作俑者。尤其是女性宗教师如尼姑道姑之类，更是由于性别的原因更能够接近妇女的日常生活并对其产生影响。这些宗教师有时以宗教为由，做出一些与宗教无关的事情[②]。诚然，妇女烧香活动中僧道起过一定的作用，但起决定作用的恐怕还在于妇女自己，因此无限夸大宗教师的作用或一味指责僧尼道姑行为失检并不合适。从历史渊源看，自从比丘尼制度从印度引入中国以后，似乎就与中国妇女的婚姻问题建立了某种天然联系，因为尼寺尼庵成为某些妇女躲避婚姻问题，特别是婚姻悲剧的理想去处，甚至是唯一去处。因此早期妇女出家，与婚姻悲剧有非常密切的关系。蔡鸿生先生从《比丘尼传》中找到三个突出的事例，以证明这种情况早在5世纪的南朝时代就已存在[③]。参加庙会的妇女或许各怀心事，各有各的苦闷与烦恼，其中一定少不了婚姻家庭问题，因为封建婚姻基本上是包办婚姻。在古代中国社会，整个社会环境和社会舆论总体上不利于妇女在婚姻问题上进行抗争，慑于此种情况，对于婚姻不幸，绝大多数妇女选择了忍耐。但随着中国

①赵世瑜《狂欢与日常——明清以来的庙会与民间社会》，296页。

②参看孙跃《清代长江三角洲地区的民间信仰研究》，北京：民族出版社，2012年，102页。

③蔡鸿生《尼姑谭》，广州：中山大学出版社，1996年，4页。

进入前近代社会，特别是明清以降，妇女的自我意识开始逐渐觉醒[①]，部分妇女不再选择忍耐，是以，庙会成为她们宣泄婚姻苦闷的重要出口，出现“艳遇”，亦不无可能。当然，部分婚姻不幸的妇女，如果在庙会中遇到女宗教师的诱导，会加速她们遁入空门的想法。

《禁妇女碑》描述了妇女入寺烧香活动的具体情形，包括她们在海幢寺的具体活动内容：“无知妇女相率效尤，艳服冶容，题缘赛愿，男女混杂，大会无遮。甚至祝发皈依，舍身供役。……海幢寺僧招引妇女多人修建斋醮，夜以继日，众观如堵，物议沸腾。以致游客与寺僧互相捧唱，几酿事端。”可以想见，海幢寺的妇女烧香活动的具体内容与其他地区、其他寺院并无二致，它只是当时社会普遍流行现象的一个缩影。既如此，海幢寺的妇女烧香活动也同样需要我们从社会史、文化史的视角对其抱以同情式的理解，并重新评估它的社会意义。

但既然是普遍现象，为何不针对所有的寺院丛林呢？我想禁令颁布者有自己的苦衷，即如前所述，他们心里其实很清楚，这种现象在当时一直是屡禁不止的，针对所有的寺院丛林收效甚微，只能针对问题最突出的个别寺院，至于能否收到以儆效尤的功效，就考虑不了那么多了。

但为何海幢、光孝二寺的问题比较突出呢？换句话说，为何这两座寺院的妇女烧香活动最为频繁呢？回答这一问题或许有助于我们加深理解明清妇女烧香活动的动机和目的。事实上，彼时广州的寺院中，海幢寺是文化底蕴最深厚的寺院之一。而迹象表明，文化底蕴越深厚、文化内涵越丰富、环境越优雅的寺院，对包括妇女在内的普通民众的吸引力越大。

---

① 中国古代女性自我意识的觉醒，在元明清的某些戏曲作品中有充分反映，参看李红梅《中国古代女性自我意识的觉醒——元明清几部戏曲作品中典型人物形象的探析》，《中华女子学院学报》2007年第5期，55—58页。

二

海幢寺虽然建寺的历史不长，但建寺伊始文化底蕴就开始积累蕴藏，且环境绝佳。从光牟、池月两位僧人建寺，经过几十年的经营，海幢寺的规模已相当可观，至清康熙年间，海幢寺之壮丽，已"不独甲于粤东，抑且雄视宇内"[①]。海幢寺格局庄严，殿堂雄伟，环境清幽，且拥有当时广州最大的园林，素以园林胜景著称，其寺外环境及寺内园林风景俱佳。整座寺院树木幽深，庭院曲折，庄严肃穆的佛家氤氲之地与富有民间闲适气氛的园林和睦共存，市民游客乐于到此礼佛游赏。当然，最吸引人的地方还在于它深厚的文化底蕴，而这又与海幢寺开放包容的性格有关——她对世俗文化乃至外来文化都采取十分包容的态度。而其文化底蕴之所以能迅速积累，跟历代住持均是文化僧人以及文人雅士辐辏于此有直接关系。

由于明清易代之际岭南佛门的遗民潮逃禅潮[②]，海幢寺一度成为明遗民逃禅的理想所在，这里曾汇集了大批知识精英，使海幢寺不但是弘法修禅之所，也吸引了众多文人骚客在此雅集修禊，他们大多文才卓越，或在此聚众赋诗讲学，或与文士雅集，或潜心诗文书画名噪一时，经久不衰。因此在岭南各大寺院中，海幢寺的独特之处便是文士云集，诗僧辈出。道独、天然、今无、今释等著名的清初高僧，都曾驻锡海幢[③]。海幢寺"今"字辈僧人的成就尤其突出。兹仅略举释天然的成就。天然法名函昰（1608—1685），为曹洞宗第三十四代

---

①语出王令《鼎建海幢寺碑记》，录文载《广州寺庵碑铭集》"海幢寺"条，194页。关于海幢寺的建制沿革，参看达亮《广州海幢寺建制沿革及其影响》，《广东佛教》2015年第3期，60—74页。

②参看蔡鸿生《蔡鸿生史学文编》第四编《僧尼史事编》"明清之际岭南佛门的遗民潮"，广州：广东人民出版社，2014年，411—415页。

③这些僧人的事迹，参看胡巧利、何方耀《海幢寺兴衰与海幢诗僧》，《广东佛教》2003年第5期，6—9页。

传人。明清之际，他历主光孝、海幢、海云诸寺，当时堪称广东佛门领袖。天然道声远扬，父母姐妹妻子在其影响下咸为僧尼，皈依座下的“今”、“古”两辈。他不仅精通禅理，而且善诗文，著述颇丰，有《瞎堂诗集》《天然昰禅师语录》等传世。在他的引领下，岭南僧人作诗之风大兴①。

特别值得注意的是，该寺的内外典籍刻印事业也声名远播域外，海幢寺素有刻印经籍的传统，“海幢寺经坊本”于清代中后期风行海内外，颇受赞誉②。而且自建寺之初，海幢寺就比较注重对僧众进行诗文教育，“海幢释教”经久不衰。此外，海幢寺在经籍、书画等收藏方面，也颇有声名③。由于海幢寺又与外国人有着特殊的因缘（详下文），因而寺内收藏了大量的外销画。

18世纪是海幢寺的全盛时期，寺院规模超过现寺的三倍，全盛时期的海幢寺的布局与规模，1796年西班牙人阿格特（Agote）订制的海幢寺水彩画册中的《海幢寺平面图》可以为证（图3）。由于寺院北临珠江，南倚万松岭，加之风景秀丽，环境幽雅，因此据史料记载，乾隆末年，朝廷准许外商在每月的初三、十八两日，可过江到南岸的海幢寺和陈家花园郊游。清嘉庆十一年（1806），寺院被辟为夷人（外国人）的游览区，开了广州专门为外国人开辟游览区之先河。嘉庆二十一年（1816），两广总督蒋攸铦批准十三行的外商可于每月的初八、十八、二十八日，在官员带领和通事（翻译）陪同下渡江到河南的海幢寺和花地湾郊游。

---

①参看广东省博物馆编《禅风雅意——岭南寺僧书画及海幢寺文化艺术展》上册，北京：文物出版社，2021年，52页。

②相关情况，参看张淑琼《清代广州海幢寺经坊刻书及藏版述略》，《岭南文史》2012年第2期，52—55页；林子雄《清代广州海幢寺刻书及其西传》，《文博学刊》2021年第4期，70—79页。

③参看广东省博物馆编《禅风雅意——岭南寺僧书画及海幢寺文化艺术展》下册，112—141页。

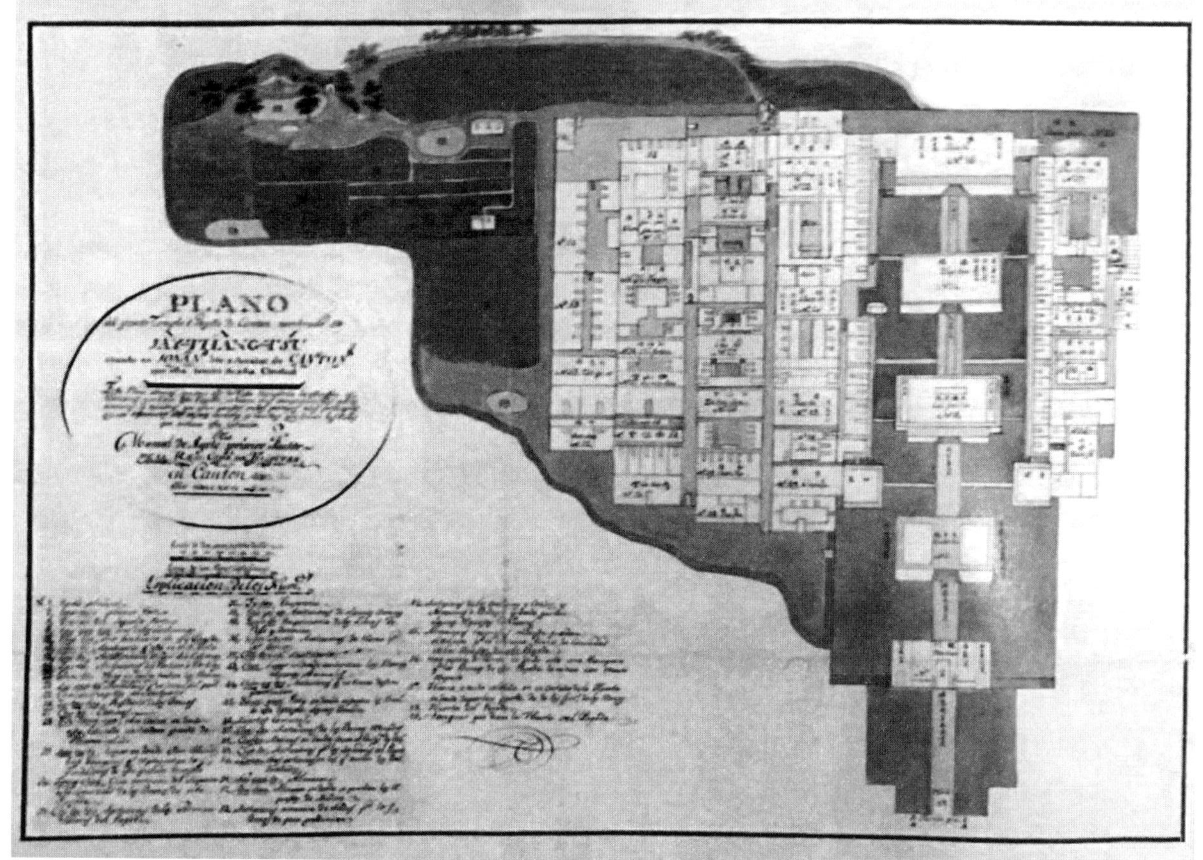

图3 1796年西班牙人阿格特（Agote）订制的海幢寺水彩画册中的《海幢寺平面图》（纸本，纵56厘米，横80厘米，广州海幢寺藏）

不仅如此，在清代历史记录中，海幢寺还曾两次作为官方接见外使的场所，一是乾隆五十八年（1793）十二月，两广总督长麟在海幢寺为马戛尔尼率领的英国使团接风；二是乾隆五十九年（1794）十月，两广总督长麟在海幢寺接见德胜率领的荷兰使团，验看国书。

选择在海幢寺接待外国使节除清政府的外交体制因素外，主要基于以下考虑：海幢寺与广州城隔江相望，特别是与十三行隔江相望[①]；文化底蕴深厚；规模宏大，建筑宏伟气派，从清政府的角度看，比较体面；环境清幽，风景绝佳。

选择寺院作为接见外使的场所而不在地方官府所在地，这并非出于怠慢，实是由当时清政府的外交体制而来。按照清朝的习惯，外交事务则一般安排在行宫等地。清初和清中叶时期，皇帝正式接见外国使团的地点，多选择在皇家园林。这一外交惯例，一直延续到光绪时期才发生改变，地方政府自然也会相应地遵循。

海幢寺之被辟为外国人游览区以及以此作为外国使节接待之地，这在当时的广州寺院中绝对是"殊遇"，因此社会影响不可低估。另外，这也使得海幢寺的文化中拥有了一些其他寺院完全没有的"洋"味儿，这可以成为吸引普通信众的另一特殊因素。

近代以来，在"庙产兴学"及民主革命等特殊历史背景下，海幢寺在教育、革命、粤剧发展等方面也产生了重要影响。同时，在获得海内外广泛认同的基础上，围绕海幢寺，亦出现了诸多文化衍生品，涉及武术、医药、武侠小说、连环画、明信片等多个领域或品类，从中足见海幢寺影响之广泛与深远。清光绪三十年（1904），陈少白与程子仪等人为宣传革命，于海幢寺诸天阁组织粤剧团体天演公司，并创

①海幢寺参与承接政府外事职能的原因，确有十三行因素的考虑，参看章扬定《清代广州海幢寺外事活动探析》，载释新成、释光秀主编《海外文献与广州海幢寺文化研究》，102—104页。

立了广州第一间粤剧学校[①]。

综上所述，笔者认为，海幢寺之所以特别吸引包括妇女在内的普通信众，根本原因在于她深厚的文化底蕴和丰富的文化内涵，特别是还包含了它处难得一见的异域文化景观。当然，作为妇女信众，入寺烧香还有其特殊愿望和需求，最常见的需求就是拜送子观音。在有无子嗣以及是否生男问题上，妇女承担了更大的精神压力，因为封建传统社会观念把无子嗣或未生男的原因往往归咎于女性，因此送子观音于女性有特别重要的意义。

虽然送子观音信仰及其造像出现得很早，发展却比较缓慢。迹象表明，送子观音信仰真正广泛流行起来是明代以后，虽然目前我们尚不清楚此时流行起来的原因究竟是什么，但文献和图像资料均证明，这的确是事实。图像资料显示，现存的送子观音造像和绘画绝大部分都是明代以后的作品，表明送子观音图像的制作真正广泛流行起来是在明代以后。可见明代以后的送子观音信仰与文字宣传、图像创作是正相关的[②]。清代更为流行。虽然求子信仰是多元的，各地也存在地域性的“送子”神[③]，但毫无疑问，明清以来，送子观音的影响无疑是最大的，已成为民间最主要的祈子对象，因此除了单独供奉观音的堂庙外，几乎所有的寺庙中都有观音殿，海幢寺当然也不例外，也有观音殿。据海幢寺清乾隆五十五年（1790）所立《重修观音殿碑记》，清康熙十八年（1679）阿字今无（1633—1681）建藏经阁，康熙五十八年（1719）改藏经阁为观音殿，乾隆五十五年按察使张朝

---

①参看广东省博物馆编《禅风雅意——岭南寺僧书画及海幢寺文化艺术展》下册，201页。

②参看拙稿《白衣观音与送子观音——观音信仰本土化演进的个案观察》，《唐研究》第十八卷，2012年，262页。

③如广东地区也普遍祀奉龙母神、金花夫人。清道光十年（1830）吴荣光等编《佛山忠义乡志》卷十四《杂录》载：“金花会盛于省城河南，乡内则甚少，惟妇人则崇信之。如亚妈庙各处，内列十二奶娘，妇人求子者入庙礼拜，择奶娘所抱子，以红绳系之，则托生为己。求子多验。”另参赵世瑜《狂欢与日常——明清以来的庙会与民间社会》，72页。

缙捐资并劝募修缮[①]。其实，早在海幢寺建寺伊始，观音造像已出现在大殿之中。据阿字今无致庐山栖贤寺石鉴西堂的信札，今无"于海幢六年经营，夜以继日，始得大殿甫成，正在塑十三面观音"[②]。可知刚刚落成的大殿中塑有十三面观音像，其时间约在康熙六年左右[③]，至五十八年又出现独立的观音殿，可见海幢寺一直有尊奉观音大士的传统，且地位在不断上升。十三面观音即密教的大悲观音，因此从上举碑刻记载和海幢寺所藏组画图像资料看(图4)，海幢寺尊奉的观音大士既包括密教的千手眼大悲观音[④]，也包括显教类型的观音，这更能满足信众的多元需求。

看来，海幢寺也同样能满足女性香客的这一特殊需求。当然，寺院供奉观音大士早已是普遍现象，但除了供奉观音的传统以外，海幢寺还具有上述多种一般寺院不具有的优势，因此海幢寺在吸引女性香客

图4 观音大士（海幢寺藏组画之一）

①海幢寺所立《重修观音殿碑记》，由清乾隆五十五年（1790）广东按察使张朝缙撰，住持僧默宝等立石。碑已不存，碑文录文见《番禺河南小志》卷七《金石》，《广州寺庵碑铭集》"海幢寺"条转录，205—206页。有学者认为改藏经阁为观音殿的时间为康熙二十五年（1686），今以碑刻为准（参看宋家钰等《法钟声传禅关外，海幢招提烟雾间——羊城古名刹"海幢寺"图史考略》，载王次澄等编著《大英图书馆特藏中国清代外销画精华》第五卷，广州：广东人民出版社，2011年，6页）。

②［清］今无和尚著，李君明点校《今无和尚集》，广州：广东旅游出版社，2017年，231页。

③按阿字今无于康熙元年（1662）开法海幢寺（参看广东省博物馆编《禅风雅意——岭南寺僧书画及海幢寺文化艺术展》下册，19页），信札既云"于海幢六年经营……始得大殿甫成"，则大殿建成应在康熙六年左右。

④海幢寺现藏有该寺刻经坊刊刻的《千手眼大悲心咒忏法》，清嘉庆八年（1803）刻本（参看广东省博物馆编《禅风雅意——岭南寺僧书画及海幢寺文化艺术展》下册，98页），这也可以从一个侧面看出该寺对大悲观音信仰的重视。

方面产生了叠加效应。

而光孝寺对包括妇女在内的普通信众有较大吸引力，其主要原因，同样也是因为光孝寺有深厚的文化底蕴和丰富的文化内容。限于篇幅，不拟展开讨论，兹仅摘其要者概而述之。光孝寺是广州最古老的寺院之一，最初由虞翻苑囿改建而成，改建年代约在3世纪末4世纪初。宋高宗绍兴初改为报恩广孝禅寺，绍兴后期又改为报恩光孝禅寺，"光孝"之名自此始。南宋晚期已开始使用简称"光孝寺"，元以后普遍使用简称。

在唐宋时期历次敕令天下诸州设置一所由朝廷统一命名的寺院及道观的政治活动中，光孝寺一再成为广州所在州郡首选的改置对象，其先后改名为大云寺、龙兴寺以及报恩光孝寺等，皆是明证。当然，南汉时期新法性寺一度改名为乾亨寺的做法，其性质与上述做法类似。这似乎表明，唐宋以来，光孝寺在广州僧俗两界的社会影响无出其右；同时也表明，它是唐宋以来广州地区与朝廷关系最密切、政治地位最高的寺院。当然，社会影响与政治地位二者之间是相互促进的，在二者的交互作用下，光孝寺在广州乃至岭南地区的地位和影响得以持续，明代广州府的僧纲司即设在光孝寺就是明证。

就文献所及，能落实的真正在光孝寺驻锡的外国高僧只有真谛、般剌蜜帝和不空三位。但南北朝隋唐以来，在光孝寺驻锡过的外国僧人远远不止这三位，只是文献阙载。这些外国高僧和其他疏于记载的外国僧人一起，成为铸就光孝寺中外佛教文化交流地位的主要力量。随着真谛之驻锡光孝寺，一大批高僧辐辏而至，伴随着真谛译经讲经活动的展开，这批高僧参与其中，很快使光孝寺站在了岭南译经与义学的制高点上，从而使光孝寺一时成为岭南的佛经翻译和佛教义学的中心，这在光孝寺的历史上尚属首次。同时，也使广州首次成为南方的译经中心。而特别需要注意的是，真谛之驻锡光孝寺也同时使光孝寺成为真谛重要学说在华传播的起点,《摄论》《俱舍》《唯识》等均由此北传。而光孝寺成为真谛重要学说在华传播起点的特殊意义在于,这在岭南尚属首次,因此不仅大大提高了光孝寺的地位,也同时提高了整个岭南佛教界的地位。

《楞严经》译出后,其影响在不断扩大,出现了两次传播的高峰,常讲和常注最终促成楞严义学的形成。楞严义学在明末达到了顶峰,对我国宋明时期的佛学产生了深远的影响,最终成为中国佛学的重要组成部分。而毫无疑问,楞严义学兴起的序幕始自般剌蜜帝在光孝寺对《楞严经》的翻译,因此我国的楞严义学是从岭南开始的。因此,楞严义学可视为中古岭南佛教对中原佛教的又一重要贡献,而其中光孝寺扮演了重要角色。

不空在光孝寺建立密教坛场的意义在于,这是文献所见岭南地区的第一个曼荼罗,因此它对后来岭南密教仪式系统的建立应该有很强的示范意义。同时,这次的灌顶活动也是文献所见岭南地区的首次,因此同样有很强的示范意义。因此我们有理由相信,不空在促进岭南密教的传播与发展方面起到了十分关键的作用,同时,他的到来还可能间接地促成文殊信仰在岭南的兴起,而其中光孝寺再次扮演了重要角色。

考察光孝寺与中外佛教文化交流,唐代高僧义净和鉴真不可或缺。义净之驻锡光孝寺的意义在于,通过义净及其弟子的共同努力,首先使光孝寺最终发展成为彼时广州的律学中心,同时为岭南律学的进一步发展提供了契机;同时,由于义净的律学并非仅热衷于纯理论的探讨,更重视与戒律有关的日常行仪制度建设,因此对岭南地区的僧伽制度建设当有所推动。而律宗大师鉴真的岭南活动,给岭南律学和戒律实践的发展带来了新的契机。特别是鉴真律学秉持开放的特性,对整个岭南地区盛唐时期律宗以及戒律实践的发展,具有特殊意义。因此可以认为,义净和鉴真的先后到来,接力式地共同推动了岭南律宗以及戒律实践的发展，而其中光孝寺又一次扮演了十分重要的角色。

可以肯定，在中古时期的岭南地区，光孝寺在中古中外佛教文化交流中的地位无出其右者[①]。

光孝寺除了历史悠久，为岭南名刹，有深厚的文化积淀外，还有较好的地理位置，坐落在广州城内，是以，光孝寺应该是当时广州最受包括妇女在内的普通信众欢迎的寺院之一。

结　论

妇女入寺烧香是明清以来社会的普遍现象，清代更为普遍，但一直遭到官府禁断和知识精英、士绅阶层的反对。禁止、反对妇女入寺最主要的考量在风俗层面，这一考量贯穿禁令颁布的始终。地方官员站在“政治正确”、“道德正确”的立场时或发布禁令，但屡禁不止，知识精英、士绅反对也不能奏效。不但禁而不止，情况反而越来越严重，这不禁让我们思考，究竟是什么原因导致这一现象具有如此强大的生命力？社会需求决定社会存在，妇女入寺现象既然屡禁不止，一直“存在”着，说明社会上的确存在这种“需求”，而且这种“需求”必然有一定的正当性和合理性。如果从社会史、文化史的范式或妇女史的视角对这一现象重新加以审视，就会发现它的社会意义不仅仅是负面的，更有正面的，它是构成明清妇女生活史、妇女生命史的重要组成部分，使生活在封建底层社会、被封建礼制牢牢束缚的妇女们得到一丝喘息和释放的机会，因此是研究明清妇女史不可忽视的重要一环，对探讨明清时期女性自我意识的觉醒也有参考意义。迹象表明，文化底蕴越深厚、文化内涵越丰富、环境越优雅的寺院，对包括

---

①以上关于光孝寺的介绍，可参看本书相关篇章。

妇女在内的普通民众的吸引力越大。这是导致海幢、光孝二寺的妇女烧香活动最为频繁，从而导致这两座寺院的“问题”格外突出，进而导致官府禁令针对海幢寺发出，兼及光孝寺的主要原因。这有助于我们深入理解明清时期妇女烧香活动的动机和目的。海幢寺的特殊性与对妇女的吸引力呈正相关的事实恰好说明，妇女乐于进入该寺的主要目的，不是为了做“有伤风化之事”，而是为了满足自身的其他精神需求；同时也说明，明清时期，寺院对妇女的吸引力除了寺院所供奉的佛、菩萨以及其他神祇是否“灵验”外，寺院文化底蕴是否深厚、文化内涵是否丰富、环境是否优雅，也是影响妇女吸引力的重要因素。

（本文原载《文博学刊》2021年第4期）

景教艺术中的珍珠元素
——以十字架图像为中心的考察

珍珠以其晶莹圆润、光洁无瑕的外观且具有独特无比、奇妙绝伦的效力而广受世人青睐，自古如此，不分东西。它代表着财富、美丽和超自然的力量，因此人们普遍把它视作护身符和财富的象征，其神奇效力也一再得以宣扬，如暗中发光、知冷知热、祛除病痛、澄清浊水、顺情遂愿等。在我国，早在战国时期社会上就流传着“隋侯珠”的故事（该故事最早见于《庄子·让王》和《韩非子·解老》），据说“隋侯珠”价值连城，成为战国时期王者必争的两件至宝之一（另一件为“和氏璧”）。正因此，许多宗教也将其纳入自己的物象体系中，赋予其特殊的宗教意涵。佛教将其视为佛陀与佛法的象征，有“摩尼（Mani）珠”、“如意珠”之称，并将其列为“七宝”之一，佛、菩萨间或也手托“摩尼宝珠”或“如意宝珠”，更有以珍珠为舍利替代品者①；而道教则有“流珠”的概念，并将珍珠用于炼制不老仙丹的材料，显然认为珍珠可以延年益寿。是以，珍珠与景教艺术发生联系似乎也在情理之中。但由于西亚、中亚的相继伊斯兰化以及景教在东方的历史境遇，今天能见到的景教艺术遗存十分有限，所以考察景教艺术很大程度上仰赖于出土略丰富的景教十字架图像资料。学者很早就注意到景教十字架图像中珍珠元素的普遍存在，指出这种四臂末端镶

① 参看郑燕燕《从遗骨到珠宝：试论舍利的珠宝化》，《艺术史研究》第十九辑，2017年，45—68页。

嵌珍珠的十字架是景教的象征[①]。的确,从出土资料的分布范围看,在十字架上特别是在其四臂末端饰珍珠的做法主要见于景教曾经流行的区域,将其视为景教的象征并不为过。问题是,这种特殊的艺术形式究竟是怎样形成的?是否存在特殊的机缘?又,从基督教的角度看,珍珠元素与基督教教义又是如何统一的?针对这些问题,笔者虽已作初步讨论,但限于讨论的主题,未能深入[②]。种种迹象表明,这一特殊艺术形式的源头在波斯和波斯景教艺术,因此本文首先从考察波斯人对珍珠的偏爱和波斯艺术中的珍珠元素入手。

一、波斯人对珍珠的偏爱与波斯艺术中的珍珠元素

(一) 波斯人对珍珠的偏爱

犹太教法典中提到,古代的埃及人、波斯人以及印度人等均十分喜爱珍珠。而波斯人对珍珠的偏爱似乎更加突出,这一点在中外文献中都有不少记录。美国学者薛爱华(Edward H. Schafer)通过对唐朝流行的许多传说的观察,指出传说中所描述的这些神奇的真珠(珍珠)往往都为波斯商人所拥有,或者是为波斯人所欲得者[③],似乎在向我们暗示波斯人对珍珠的偏爱。最近,王一丹先生对唐人笔记小说以及阿拉伯时代的波斯文献中的相关记录作了系统梳理,将这种

---

① A. V. Gabain, *Das Leben im uigurischen Königreich von Qočo(850-1250)*, Wiesbaden: Otto Harrassowitz, 1973. 此据[德]冯佳班著,邹如山译《高昌回鹘王国的生活》,吐鲁番:吐鲁番市地方志编辑室出版,1989年,113页。

② 参看拙稿《十字莲花——唐元景教艺术中的佛教因素》,原载《敦煌吐鲁番研究》第十七卷,2017年,收入拙著《观音与神僧——中古宗教艺术与西域史论》,北京:商务印书馆,2019年,235—247页。

③ [美]薛爱华著,吴玉贵译《撒马尔罕的金桃——唐代舶来品研究》,北京:社会科学文献出版社,2016年,593—594页。

特殊关系更清晰地呈现了出来[①]。尽管中文记载多属于"小说家言"，但却可以与波斯-阿拉伯文献中珠宝类书籍的反复编撰与广泛流行相呼应，因而此类"小说家言"似乎也不全是空穴来风。因此通过这一梳理，足以证明波斯人对珍珠偏爱有加。

波斯人遗留下的数量可观的珠宝类著作，是他们对珠宝重视和偏爱的充分体现。据统计，自8世纪之后的千余年间，这类波斯-阿拉伯著作多达三十多部，它们的作者多来自波斯与中亚，如哈马丹(Hamadān)、布哈拉(Buhkārā)、卡尚(Kāshān)、克尔曼(Kirmān)、贝哈克(Bayhaq)、伽兹文(Qazīn)、伊斯法罕(Isfahān)等地[②]。

究竟是什么原因使波斯人尤其偏爱珍珠？目前尚不能作出确切的解释，但有一点可以肯定，应与波斯湾地区丰富的珍珠资源有关。波斯湾地区是古今闻名的珍珠产地，早期穆斯林地理文献对此多有记载[③]。在石油资源大规模开采以前，采珠业一直是海湾国家的重要收入来源。早在20世纪初就已有学者指出，珍珠捕捞是波斯湾地区最独特的职业，是湾区阿拉伯一方居民的主要甚至唯一的财富来源，

① 王一丹《波斯胡人与传国宝珠——唐人小说与波斯文献中的珍珠传说》，载刘震、许全胜编《内陆欧亚历史语言论集——徐文堪先生古稀纪念》，兰州：兰州大学出版社，2014年，324—341页。

② 参看王一丹前揭文，331页。由此可以看出，波斯人在偏爱珍珠的同时，也很喜欢宝石，因此偏爱珍珠只是相对而言。事实上，许多收藏介绍描绘了成千的萨珊珠宝，大部分珠宝所使用的是半宝石：石髓、紫晶、红玉髓和青金石等。这些半宝石往往被雕刻成球形饰物、制成饰带、做成耳环或雕刻成图章。参看B. A. Litvinsky, ed, *History of Civilization of Central Asia*, Vol. III, UESCO, 1996, p.73.

③ 如9—10世纪佚名阿拉伯作家所著的《中国印度见闻录》卷二"珍珠"条记载，一个贝都因人路过巴林(Bahrain)海岸附近时，从一只死去的狐狸口中得到一颗大珍珠，他不太知道这颗珍珠的价值，仅以一百迪纳尔的价钱卖给了一个香料商人，后者立即在巴格达高价转手这颗珍珠，并用这笔钱做本金，扩大了自己的买卖(穆根来等译，北京：中华书局，1983年，134—135页)。相信这个故事并非编造，因为后文还将进一步提示，巴林海岸的确是波斯湾最重要的珍珠产区。再如成书于10世纪后半期的佚名穆斯林地理著作《世界境域志》第二十九章记载，波斯法尔斯(Fārs)省境内的伽纳瓦(Ganawa)城附近的"海中有一珍珠海岸"(王治来译注，上海：上海古籍出版社，2010年，132—133页)，说明波斯湾靠近法尔斯省一侧的海湾也盛产珍珠。另参王一丹上揭文，329—330页。

而且，科威特、巴林、阿曼等国的港口贸易全赖其维系[①]。

波斯湾在相当长的一段时期内都是世界上最重要的天然海水珍珠产地，19世纪30年代甚至到50年代之前，世界上70%—80%的天然珍珠几乎都产于此。巴黎是世界上天然珍珠的销售中心，而巴黎市场上90%的天然珍珠来自波斯湾。波斯湾的珍珠产区，主要集中在沙特阿拉伯海域的浅海区、巴林岛附近以及波斯一侧的法尔斯省，特别是巴林岛附近的水域，无论珍珠的产量还是质量，都享誉世界，因而巴林人有很深的"珍珠情结"，巴林境内的相关历史遗存已被列入联合国《世界遗产名录》[②]。

考古发现显示，波斯湾采珠业的起始可以上溯至7000年前的史前时代，因此海湾社会最早受到珍珠贝及其产品贸易的形塑和影响[③]。而考古证据表明，雄踞波斯湾北岸的波斯阿契美尼德王朝（Achaemenid，前550—前330年）珍珠的使用已颇为流行。如波斯古城帕萨尔加德（Pasargadae）曾出土约公元前5—前4世纪的阿契美尼德王朝时期的珍珠240多颗，其中有的有穿孔，可能是耳饰[④]；又如古波斯都城苏萨（Susa）出土的一具约公元前4世纪的阿契美尼德

---

① J. G. Lorimer, *Gazetteer of the Persian Gulf, Oman and Central Arabia, Volume 1: Historical*, Calcutta, 1915, p. 2220.

②作为巴林采珠业辉煌历史的见证，巴林境内包括穆哈拉格（Murharraq）市的17座建筑、三座海上珍珠繁殖场、部分海岸地带以及穆哈拉格岛南端的卡拉布马希尔（Qal' at Bu Mahir）要塞等，于2012年被联合国教科文组织列入《世界遗产名录》。

③ Robert Carte, "The History and Prehistory of Pearling in the Persian Gulf", *Journal of the Economic and Social History of the Orient*, Vol. 48, No. 2, 2005, p.189. 笔者在《十字莲花——唐元景教艺术中的佛教因素》一文中对波斯湾地区采珠业起始年代的判断明显偏晚，现予纠正。

④ P. R. S. Moorey, *Ancient Mesopotamian Materials and Industries*, Oxford: Clarendon Press, 1994, p.93; R. A. Donkin, *Beyond Price: Pearls and Pearl-Fishing: Origins to the Age of Discoveries*, Philedelphia: American Philosophical Society, 1998, p.46.

王朝时期的石棺中发现了一件由数百颗珍珠串成的三股项链[①];再如法国卢浮宫收藏有一件约公元前5—前4世纪的阿契美尼德王朝时期的项链(编号Sb 9374),这件项链也出土于苏萨,且保存完好,由黄金和珍珠以及其他珠子混合而成[②]。

阿契美尼德王朝时代波斯人的这一偏好传统一直延续到了萨珊波斯时期,由偏好珍珠进而使珍珠成为波斯艺术中十分流行的元素,这可以以萨珊波斯艺术中无处不在的珍珠元素为证。萨珊波斯艺术中珍珠元素的普遍存在从一个侧面反映了萨珊时期的波斯人对珍珠的偏好,因为从整个世界范围来看,虽然喜爱珍珠者众,但鲜有哪个民族能像波斯人那样在自己的民族艺术中如此普遍地使用珍珠元素。

(二)波斯艺术中的珍珠元素

一提及萨珊波斯艺术中的珍珠元素,人们马上就会想起对鸟或单鸟、对兽或单兽联珠纹图案,或以联珠纹为边缘装饰的其他各种图案,这是萨珊波斯艺术的鲜明特色,因而我们或许可以称之为萨珊波斯式联珠纹。其基本构图形式是,将主题图案置于一个由珍珠联缀而成的联珠纹圆圈中。萨珊波斯式联珠纹对中古时期的中亚美术、粟特美术以及我国南北朝隋唐时期的美术均产生过深远的影响,影响既包括世俗美术,也包括宗教美术,这已为上述区域的宗教艺术遗存以及近世发现的美术考古资料所充分证明。中亚、粟特地区应是

---

① T. Howard-Carter, *Eyestones and Pearls*, In *Bahrain Through the Ages: the Archaeology*, ed., Shaikha H. A. Al-Khalifa and M. Rice, London:KPI,1986, p.308;R. A. Donkin, *Beyond Price*, *Pearls and Pearl-Fishing: Origins to the Age of Discoveries*, p.46.

② N. B. Kashani, *Studies of Ancient Depostional Practices and Related Jewellery Finds Based on the Discoveries at Veshnaveh: A Source for the History of Religion in Iran*, Dissertation of Ruhr-University Bochum,2014, p.147.

受到了萨珊波斯的直接影响，而西域以及内地美术中的萨珊波斯因素既有萨珊波斯的直接影响，也有来自中亚、粟特的间接影响。甚至在西亚、中亚地区伊斯兰化之后，萨珊波斯式联珠纹继续影响着当地的伊斯兰美术[①]。上述情况中外学界已有较多关注，已为人们所熟知，无须赘述。

但从本文的角度，需要对对鸟或单鸟联珠纹图案予以特别关注，因为除了主题图案周缘的联珠纹圆圈外，部分对鸟或单鸟的喙中有时或共同衔着或单独衔着一条珍珠项链（图1、2）。图1、2的材料虽然出自粟特地区或阿富汗，但其母题无疑都来自波斯[②]。这是不是暗示波斯人对珍珠项链的偏爱呢？这一推测从波斯波利斯（Persepolis）附近的萨珊时期的摩崖浮雕人物形象、中亚出土的萨珊金银器上的人物形象以及萨珊银币上的人物形象上得到印证，这些人物形象表明，在萨珊波斯时期，珍珠项链并不是女性的专属品，身份高贵的男性也往往佩戴珍珠项链，萨珊王当然更是如此。图3为萨珊王朝的建立者阿尔达希尔一世（Ardashīr I，公元224—240年在位）时期的祆教祭司卡迪尔（Kartir）的浮雕半身像，其颈部佩戴的珍珠项链十分醒目，因为珍珠硕大（图3）[③]；图4银盘上的图像为萨珊王库思老二世（Khusraw II，公元590—628年在位）狩猎的场景，库思老二世佩戴的珍珠项链更加夺目，项链分内外两重，每重又由平行并列的两串珍珠

---

①参看 André Godard, *The Art of Iran*, New York: Frederick A. Praeger, Publishers, 1965, p.270, figs.182, 183, pl.171.

②Tamara T. Rice, *Ancient Arts of Central Asia*, New York: Frederick A. Praeger, Publishers, 1965, pp.113, 169. 新疆克孜尔年代约6—7世纪的石窟中有与图1构图形式完全一致的装饰壁画，勒柯克称其为“萨珊式装饰”，称鸟喙所衔为“珍珠带”，清晰地呈现了萨珊式联珠纹对帕米尔以东的影响。参看［德］阿尔伯特·冯·勒科克、恩斯特·瓦尔德施密特著，管平、巫新华译《新疆佛教艺术》（上），乌鲁木齐：新疆教育出版社，2006年，296页及333页图版15-o。

③除图3外，纳克希伊·拉德加布摩崖浮雕中还有其他萨珊贵族或萨珊王的形象，他们也无一例外地佩戴着珍珠项链，参看 André Godard, *The Art of Iran*, pl.100, 103, 104.

图1 布哈拉瓦拉沙（Varaksha）遗址出土的企鹅单衔珍珠项链壁画残片，6—7世纪（采自Tamara T. Rice, Ancient Arts of Central Asia, Ills.98）

图2 阿富汗巴米扬（Bamyan）壁画中的一对企鹅共衔一条珍珠项链图案，5—6世纪（采自Tamara T. Rice, Ancient Arts of Central Asia, Ills.155）

图3 祆教祭司卡迪尔半身浮雕像，位于波斯波利斯附近的纳克什伊·拉德加布（Naqsh-i Radjab），接近阿尔达希尔一世授权仪式中的场景，3世纪前期（采自André Godard, *Art of Iran*, pl.97）

图4 法国国家图书馆藏萨珊波斯银盘上的图像（局部），图像为库思老二世狩猎场景，6世纪（采自André Godard, *Art of Iran*, pl.117）

组成,内重正中还坠着两颗宝石,外重则及胸部(图4)[①]。内外两重的做法在萨珊银币上的国王肖像上十分常见,限于篇幅,图例从略。

其实,萨珊波斯式联珠纹源自波斯更古老的艺术传统。考古发现表明,在古代伊朗高原,珍珠元素在艺术中的运用可以追溯到阿契美尼德王朝以前的更古老的时代,阿契美尼德王朝继承了这一传统,兹列举数例。

图5为伊朗西部山区卢里斯坦(Luristān)出土的众多的圆片状铜别针中的一枚,虽然它们表面的图像题材内容与两河流域的苏美尔人或亚述人的文化关系密切,但学者还是将它们归入了古代伊朗艺术的范畴[②],值得注意的是主题图案周缘密集的联珠纹(图5);图6是一件出自"兹维亚(Ziwiya,位于伊朗西部的库尔德斯坦境内)宝藏"的银牌饰,虽然接近亚述和艾特鲁斯坎(Etruscan)艺术特征,但学者们倾向于认为其属于波斯阿契美尼德王朝遗物,主题图案周缘双排密集的联珠纹同样值得注意(图6);图7为阿契美尼德王朝银币,银币正面图像同样为主题图案周缘饰以密集联珠纹的构图形式(图7)[③];图8为南西伯利亚巴泽雷克(Pazyryk)墓葬群5号墓出土的一件绒毯,虽然这里已远离波斯本土,但学者根据绒毯图案中的动物呈现出阿契美尼德王朝艺术的特征,将该绒毯归属阿契美尼德王朝遗物[④],绒

---

①萨珊王或萨珊王族的狩猎场景还见于其他萨珊时期的银盘中,其中包括3—4世纪萨珊某王族成员的猎虎图以及沙普尔二世(Shapur II,公元309—379年在位)的猎熊图等,这些萨珊王或王族成员也都佩戴着珍珠项链,参看[日]田辺胜美、前田耕作编《世界美术大全集·东洋编15·中央アジア》,京都:小学馆,1999年,图版161、162。

②参看André Godard, *The Art of Iran*, pp.51-75.

③最早开始用轧制法制造货币的公元前7世纪的小亚细亚的吕底亚(Lydia)王国的货币正面仅有国王头像,周缘并没有联珠纹装饰,因此最早在硬币边缘装饰联珠纹的很可能是阿契美尼德王朝。阿契美尼德王朝在硬币边缘装饰联珠纹的其他实例,还可参看John Curtis, Nigil Tallis, eds, *Forgotten Empire: The world of Ancient Persia*, The British Museum Press, 2005, figs.327, 355, 356, 360, 361, 363, 365, 377, 378等。

④参看[日]田辺胜美、前田耕作编《世界美术大全集·东洋编15·中央アジア》"作品解说·绒毯条",345页。

图5　圆片形铜别针，素描图，伊朗卢里斯坦出土，主题图案为精灵（居中半人半兽者）驯兽，公元前15世纪中后期（采自André Godard, *Art of Iran*, fig.43）

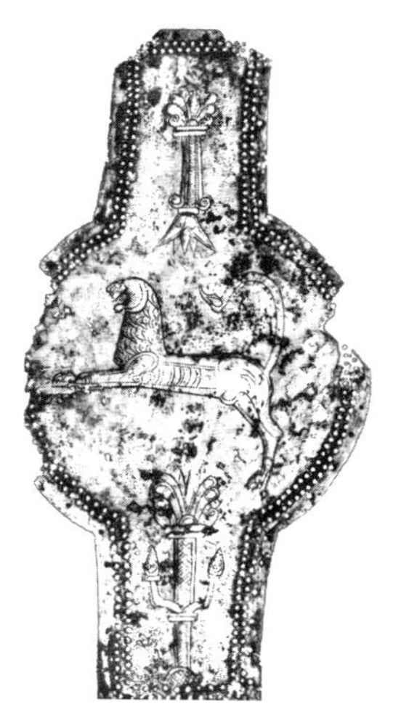

图6　"兹维亚宝藏"中的银牌饰，德黑兰考古博物馆藏，公元前6世纪（采自André Godard, *Art of Iran*, pl.30）

图7　阿契美尼德王朝银币（采自王樾《货币上的丝路》，《澎湃新闻》2019年8月4日）

毯上的主题图案同样由联珠纹环绕着（图8）；图9系出自"阿姆河宝藏"的一件圆片状金饰物，可能是马具的饰件，根据居中的主题图案鹰及其造型特点，以及圆片边缘所饰莲瓣纹，学者将其判定为古波斯帝国遗物①，这件饰物上的联珠纹分内外两重，表现似乎更加成熟（图9）。

由此可见，虽然在阿契美尼德王朝时期还没有出现类似后来萨珊时期流行的对鸟、对兽等联珠纹图案，但受更古老的伊朗艺术的影响，在主题图案周缘饰联珠纹的构图形式在阿契美尼德王朝之前的米底王国

① 参看John Curtis, Nigil Tallis, eds, *Forgotten Empire: The world of Ancient Persia*, p.221.

图8 巴泽雷克墓葬群5号墓出土的绒毯（局部，小方框的边缘均由联珠纹围成），圣彼得堡埃米尔塔什博物馆藏，公元前5世纪末一前4世纪初（采自网络）

图9 出自“阿姆河宝藏”的圆片状金饰物，大英博物馆藏，古波斯帝国时期（采自John Curtis, Nigil Tallis, eds, *Forgotten Empire: The world of Ancient Persia*, fig.397）

时期应该已经比较流行，阿契美尼德王朝时期更为流行。

如前所述，萨珊波斯艺术中珍珠元素的普遍存在可以从一个侧面反映波斯人对珍珠的偏好，那么反过来也可以由此想见珍珠在波斯人现实生活中的使用也应该比较普遍。当然，考虑到珍珠的贵重属性，“比较普遍”恐怕只能限定在贵族、商人层面。其具体使用，考虑到其本身价值不菲，首先无疑是财富的象征，其次应当是充当贵族的首饰，如项饰、耳饰、手链、臂链等，图3、图4所见祭司、萨珊王所戴项链以及前述阿契美尼德王朝时期的项链遗物即是其充当首饰的真实写照。再次，它也往往出现在波斯式飘带的末端或作为波斯高等级贵族的冠饰，对于前者，笔者已作讨论[①]，这里唯须补充的是，读者可以同时参看图4库思老二世身后下方的两条飘带末端的饰物。另外，从部分萨珊银币上的萨珊王脑后的飘带末端饰物的形

①参看前揭拙稿《十字莲花——唐元景教艺术中的佛教元素》，244—245页。

状看，飘带末端所饰也有其他物品。对于后者，只要我们仔细看看萨珊银币上波斯王的日月冠，便不难发现，王冠上满嵌宝石和珍珠①，象征太阳的圆形饰物很可能就是一颗硕大的珍珠。上述情况，基本上能得到中国史籍的印证②。当然，皇宫中皇帝的专用物品除王冠嵌饰珍珠外，其他物品嵌饰珍珠的做法也应该比较普遍③。

值得注意的是，这一构图形式并没有随着古波斯帝国的灭亡而消失，不仅在西亚地区延续着，还进一步对中亚地区产生了广泛的影响④。直到萨珊波斯崛起，这一构图传统又被萨珊波斯接续，并进一步发扬光大——无论是在图像中出现的频率还是对传统联珠纹图案的创新，萨珊波斯艺术中都将珍珠元素运用到了极致⑤。

---

①这可以得到文献记载的印证。据载萨珊波斯王库思老一世（Khusraw I）的缀满宝石的王冠因太重而无法直接戴在头上，需要以粗索从九十五尺高的天花垂悬于宝座上（参看［美］S. H. 莫菲特著，中国神学院编译《亚洲基督教史》第1卷《开端至1500年》，香港：基督教文艺出版社，2000年，234页）。参照图像资料，可以肯定库思老一世的王冠上还应满饰珍珠，只不过王冠的重量主要来自宝石而不是珍珠，故而文献没提珍珠。

②《魏书》卷一〇二《波斯国传》："其王……坐金羊床，戴金花冠，衣锦袍，织成帔，饰以真珠宝物。……妇女服大衫，披大帔，其发前为髻，后披之，饰以金银花，仍贯五色珠，络之于膊。"（北京：中华书局，1974年，2271页。《周书》卷五〇《波斯传》所载略同）这里所谓的"真珠"、"五色珠"等显然即"珍珠"。

③据载库思老一世坐在镶嵌了珠宝的黄金宝座上召见群臣，参看莫菲特《亚洲基督教史》第1卷《开端至1500年》，234页。

④这里仅举货币图案为例。阿契美尼德王朝之后在西亚、中亚先后崛起的塞琉古王国、帕提亚（安息）王国、巴克特里亚（大夏）王国以及贵霜帝国等，它们的钱币构图范式大多沿袭了阿契美尼德王朝的传统，即正面居中为君主的头像，周缘饰联珠纹，只不过有的联珠纹没有形成像阿契美尼德王朝银币那样的闭合的圆圈，有的背面也饰联珠纹。当然，这些钱币受希腊艺术的影响也很明显。另外，塞琉古王国的少数银币也有用宝石串纹样代替联珠纹的（如André Godard, *Art of Iran*, fig.84），这可能是受到了米底王国的影响。另外，贵霜帝国时代兴起的佛教造像艺术，虽然没有直接照搬这一构图模式，但显然也受到联珠纹的启发，开始在其造像的周缘饰以联珠纹（参看［日］田边胜美、前田耕作编《世界美术大全集・东洋编15・中央アジア》，图版152"舍卫城双神变佛传浮雕"，2—3世纪），从此以后，作为重要的装饰纹样之一，联珠纹在佛教艺术中经久不衰。限于篇幅，货币及造像图例从略。

⑤就萨珊波斯银币而言，在忠实继承阿契美尼德王朝银币构图形式的基础上，又有进一步发展。首先，一如前者，萨珊波斯银币的联珠纹圆圈均为闭合式，其次，一部分萨珊波斯银币的联珠纹圆圈由一重变为二重，甚至三重，且均双面施纹。又，萨珊波斯银币又直接影响了嚈哒的钱币图式。限于篇幅，图例从略。

图10 拜占庭皇帝列奥六世（Leo VI，886—912年在位）的皇冠，其上的圣像用真正的珍珠围成，出自威尼斯“圣马可宝藏”（采自Charles Bayet, *Byzantine Art*, Illus. in p.134）

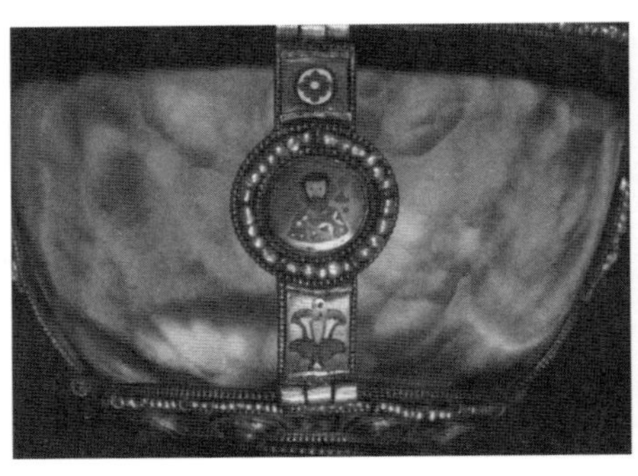

图11 拜占庭君士坦丁堡大主教的圣餐杯，其上的圣像用真正的珍珠围成，10世纪，出自威尼斯“圣马可宝藏”（采自The Metropolitan Museum of Art, ed., *The Treasury of San Marco Venice,* fig.16 in p.159）

迹象表明，波斯人用珍珠直接装饰贵重物品与珍珠的图案化二者之间存在密切联系。具体而言，用珍珠直接装饰贵重物品的做法在先，进而将其图案化，变为装饰纹样。直接装饰的具体方式通常是将珍珠环绕物品上的某母题镶嵌，或环绕物品边缘镶嵌，珍珠图案化以后，就变成了联珠纹。虽然我们目前无法得见波斯人用珍珠直接装饰的贵重物品的实物资料，但存世的某些拜占庭贵重物品的装饰为我们提供了间接线索。事实上，波斯联珠纹装饰艺术传统对其西边的邻居拜占庭艺术也有明显影响，跟其对东方的影响一样，拜占庭艺术直接吸收了上述波斯联珠纹最流行的构图形式，而且在圣物或极其贵重的物品上，使用了真正的珍珠（图10、11、12）。笔者相信，这种使用真正的珍珠做装饰的做法也应是源自波斯，因为一望便知这种装饰做法与萨珊波斯式联珠纹之间的联系。

综上所述，不难看出波斯人对珍珠的“情有独钟”，不难看出波斯人有很深的“珍珠情结”。

图12 带有基督祷告和圣母祈祷像的圣书封面，拜占庭，直接嵌入珍珠装饰圣书封面和圣像，10世纪晚期—11世纪早期，出自威尼斯“圣马可宝藏”（采自The Metropolitan Museum of Art, ed., *The Treasury of San Marco Venice,* fig.14 in p.152）

二、景教艺术中的珍珠元素

为确保本节考察对象的准确性，首先需要对“景教”这一概念的内涵重新加以界定。随着西方学术界对亚洲基督教史研究的推进，在叙利亚教会、波斯教会以及涅斯托利派研究方面已取得许多新的认识，从而可以藉以反思我们以往在景教认识方面存在的某些误区①。现在看来，“景教”不能等同于“涅斯托利派”，尽管6世纪以后涅斯托利派一度控制过波斯教会，但“涅斯托利派”也不能等同于“波斯教会”。“景教”更恰当的定义应当是“来源于波斯、有浓厚涅斯托利派色彩的基督教”②。这里的“源于波斯”，暗含了对涅斯托利派进入波斯前业已存在的波斯教会的影响的权衡③。那么，“景教艺术”应当包含两方面的内容：一是波斯艺术传统和波斯教会的影响，二是涅斯托利派的自身传统。

如前文所言，由于今天能见到的景教艺术遗存十分有限，考察景教艺术很大程度上仰赖于景教十字架图像资料，考察波斯景教艺术自然也只能以十字架图像资料为主。不过如所周知，十字架是“基

---

①参看Sebastian P. Brock, “The Nestorian Church: A Lamentable Misnomer”, *Bulletin of the John Rylands Library*, 78-3（1996）, pp. 23-35；B. A. Litvinsky, ed, *History of Civilization of Central Asia*, Vol. III, p.423；吴莉苇《关于景教研究的问题意识与反思》，《复旦学报》2011年第5期，95—106页；Johan Ferreira, *Early Chinese Christianity: The Tang Christian Monument and Other Documents*, Australia: St Pauls Publications, 2014, p.90.

②这是笔者给“景教”下的定义，参看前揭拙稿《十字莲花——唐元景教艺术中的佛教元素》，220页注1。

③事实上，波斯教会早在公元2世纪的帕提亚王朝后期就已经存在，且在管理上和组织上有相当的独立性，410年波斯教会完全获得自主独立。而一般认为，涅斯托利派进入波斯在5世纪中期以后，因此涅斯托利派的思想对波斯教会产生影响是在5世纪中期以后（参看［美］莫菲特《亚洲基督教史》第1卷《开端至1500年》，12—13、161，202页；B. A. Litvinsky, ed, *History of Civilization of Central Asia*, Vol. III, pp. 421-423；吴莉苇《关于景教研究的问题意识与反思》，96—97页），因此波斯教会不能等同于涅斯托利派。

图13 叙利亚境内发现的刻于6世纪的叙利亚文基督教碑铭，碑铭顶端雕刻的十字架属典型的马耳他式（采自Johan Ferreira, *Early Chinese Christianity*, fig.2）

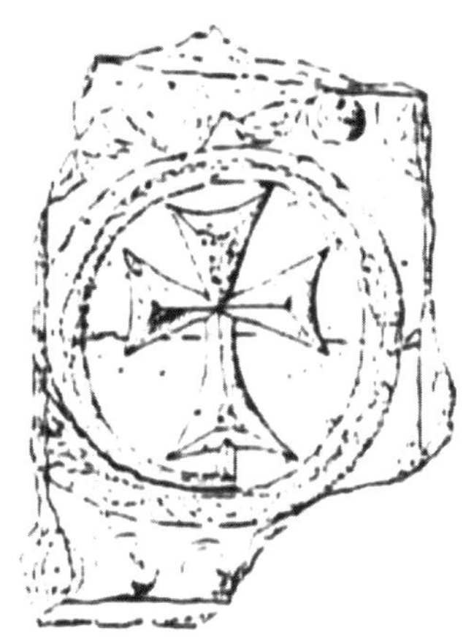

图14 阿联酋首都阿布扎比西部群岛上的阿里－卡乌尔（Al-Khawr）基督教教堂遗址出土带十字架图案的残构件，6、7世纪，十字架属马耳他式，但下臂略长（采自陈怀宇《高昌回鹘景教研究》，图九）

督教世界最重要的象征符号”[①]，因此十字架图像虽有局限但仍承载了部分与基督宗教有关的重要信息。不过，十字架并没有在基督教创立伊始即被教徒重视而成为信仰的标志，相反地，直到公元3世纪以前，基督徒一直把十字架视为异教的符号而加以排斥。一般认为，公元4世纪初罗马皇帝君士坦丁大帝和李锡尼联合签署《米兰敕令》使基督教在罗马帝国合法化以后，十字架才逐渐成为基督教的信仰标志。

十字架的基本形式有两种，一种是四臂等长且等宽的十字架，即希腊式十字架（Greek Cross）；一种是横臂较短竖臂上短下长、四臂等宽的十字架，多用于西方拉丁教会，被称为拉丁式（Latin Cross）[②]。而东方叙利亚教会流行马耳他式十字架（Maltese Cross），其基本特征是四臂等长（有时下臂略长）但不等宽，四臂末端较宽，自末端向中间逐渐内收。其末端稍富变化：有的末端正中内凹，略呈V状或燕尾状，有的末端正中外凸，略呈三角状，也有的末端不凸不凹，呈直线，这从中东地区出土的十字架图像得到印证（图13、14）。从中国境内发

① ［德］贡布里希著，范景中等译《秩序感——装饰艺术的心理学研究》，长沙：湖南科学技术出版社，2000年，273页。

② 当然，十字架还存在着形形色色丰富的变体，不一而足，这里仅指其最基本的形式。下文即将提示的马耳他式十字架或可视为希腊式的变体。

现的唐元时期的景教十字架图像看，景教继承了叙利亚教会的传统，普遍使用马耳他式十字架[①]。

我们现在需要按时序，首先考察涅斯托利派进入波斯之前波斯教会的十字架。波斯教会本有其传统的十字架样式，有别于叙利亚教会流行的马耳他式十字架，特征明显，这可能是波斯教会一直有相当的独立性所致。波斯教会十字架的基本特点是：基本形状呈希腊式，但有时纵臂稍长于横臂，其最重要的特点是，臂端多镶嵌珍珠（有的每个臂端嵌两颗，有的每个臂端嵌三颗）。典型的实例可举现镶嵌于印度两座基督教教堂墙壁上的两通十字架主题石刻（图15、16），确定这两通石刻属于波斯教会的主要依据是，它们都带有巴列维文（Pahlavi）铭文。印度早期的基督教与波斯教会关系密切，且受到波斯的直接影响，非常倚重波斯教会[②]，至迟4世纪前期，波斯教会已开始在印度传教[③]，因此印度留有具有波斯基督教艺术属性的遗存并不奇怪。

这两枚十字架臂端均嵌珍珠，其中图15中的四臂等长等宽，图16中的纵臂稍长于横臂，这两枚十字架可视为波斯传统型十字架的代表。由此可见，在十字架四臂末端装饰珍珠的做法应是源自萨珊波斯的基督教艺术，除上举图像资料可资参证外，这种风格在叙利亚文写本中和萨珊时期的印章上也出现过[④]。图像应是实物的折射，因此应该是在现实中首先出现用珍珠装饰十字架的做法，之后才将珍

---

①参看前揭拙稿《十字莲花——唐元景教艺术中的佛教元素》，232—242页。

②参看［美］莫菲特《亚洲基督教史》第1卷《开端至1500年》，284—290页。

③据研究，早在公元345年，波斯教会就委派艾德萨（Edessa）的约瑟夫（Joseph）作为印度的第三大主教前往印度传教，参看Ian Gillman and H. -J. Klimkeit, *Christians in Asia before 1500*, New York：Routledge, 1999, p.167.

④ J. Leroy, *Les manuscrits syriaques à peintures*, 2 vols, Paris, 1964；J. A. Lerner, *Christian Seals of the Sasanian Period*, Leiden, 1977. 转引自［澳大利亚］肯·帕里（Ken Parry）撰，李静蓉译《刺桐基督教石刻图像研究》，《海交史研究》2010年第2期，118页。

图15 镶嵌于印度卡拉拉邦（Kerala）戈德亚姆（Kottayam）的圣玛丽教堂（St. Mary's Church）墙壁上的十字架主题石刻，拱形龛楣周缘刻巴列维文，约8、9世纪（采自Johan Ferreira, *Early Chinese Christianity,* fig. 4）

图16 镶嵌于印度泰米尔纳度（Tamilnadu）澄奈（Chennai）的圣托马斯山（St. Thomas Mount）教堂墙壁上的十字架主题石刻，拱形龛楣周缘刻巴列维文，约8、9世纪（采自Johan Ferreira, *Early Chinese Christianity,* fig. 5）

珠图案化，出现在十字架图像中，也就是说，萨珊波斯存在用珍珠装饰十字架的做法。

从更大的范围看，用珍珠装饰十字架的做法似乎首先出自波斯人，这显然跟波斯人的“珍珠情结”直接相关。波斯人对珍珠的喜爱和偏好以及波斯人喜欢用珍珠直接装饰贵重物品的传统有关——相对其他贵重物品，十字架更显贵重，因为它是基督教圣物，波斯人用珍珠装饰十字架也就顺理成章了。

当然，作为基督教圣物的十字架，用贵重材料对其进行装饰的做法应当不始于波斯。据记载，公元540年，库思老一世击败拜占庭军队，波斯军队在拜占庭境内的亚帕玛尔（Apamaea）夺得一块嵌了宝石的著名的“真十字架”碎片（真十字架的碎片在当时也被视为圣物，故而著名）。他们割下宝

主教[①]。这种嵌着宝石的十字架
十字架”，西方学者称之为“宝石十字架”
而嵌着珍珠的十字架我们可以称为“珍珠十字架”
cross)[②]。饶有趣味的是，下文即将见到的一枚拜占庭十字架
的遗物，既嵌有宝石，也嵌有珍珠，我们认为，嵌宝石的做法或是出自拜占庭的传统，而嵌珍珠的做法应是受波斯影响的结果(详后文)。

随着5世纪中期涅斯托利派信徒开始进入波斯，“景教”在波斯逐渐形成[③]。由于涅斯托利派的影响在波斯日渐扩大[④]，其使用的马耳他式十字架开始在波斯境内流行。当然，如图13、14所示，涅斯托利派使用的马耳他式十字架原本与叙利亚教会其他基督徒使用的十字架一样，是没有装饰的。他们进入波斯后，受波斯教会用珍珠装饰十字架做法的影响，也开始用珍珠装饰马耳他十字架，于是，一种新型十字架首先在波斯境内出现，笔者将其称为“叙-波混合型十字架”，即叙利亚教会的马耳他式十字架+波斯教会的珍珠[⑤]。法国卢浮宫收藏的一件萨珊波斯时期的灰泥残浮雕上刻画着一枚十字架，这枚十字架基本形状为马耳他式，纵臂下半部分稍长，四臂末端每一角各嵌一颗珍珠(图17)。这枚十字架可视为“叙-波混合型十字架”的早

①参看[美]莫菲特《亚洲基督教史》第1卷《开端至1500年》，233页。

②由于笔者以往对“宝石十字架”不够了解，误以为“宝石十字架”其实就是“珍珠十字架”，是西方学者混淆了“宝石”和“珍珠”(参看拙稿《十字莲花——唐元景教艺术中的佛教因素》，245页)，现特予纠正。

③“强盗会议”(即449年第二次在以弗所召开的大公会议)之后，拜占庭境内的涅斯托利派(即“二性论派”，Dyophysites)信徒为了躲避“一性论派”(Monophysites)的迫害，开始从拜占庭与波斯边境之地艾德萨逃向波斯境内(参看[美]莫菲特《亚洲基督教史》第1卷《开端至1500年》，202页)。因此如前所言，涅斯托利派信徒最早5世纪中期开始进入波斯。

④5世纪八九十年代涅斯托利派思想一度成为波斯基督教的主导教义，这一时期波斯的大主教也由涅斯托利派担任，参看[美]莫菲特《亚洲基督教史》第1卷《开端至1500年》，209—217页；B. A. Litvinsky, ed, *History of Civilization of Central Asia*, Vol. III, p.423.

⑤参看拙稿《十字莲花——唐元景教艺术中的佛教因素》，235页。

期形态。

随着“景教”在波斯的形成，“叙-波混合型十字架”逐渐成为景教的特有标志，它也成为中亚、西域和内地景教十字架样式的源头。不过，从上述地区所见所有的景教十字架图像遗存及少量景教十字架实物遗存看，并非所有的景教十字架都饰珍珠，饰珍珠和不饰珍珠的情况并存[①]，不饰珍珠者则与叙利亚教会使用的马耳他式十字架无异。尽管如此，这并不妨碍我们仍然可以将“叙-波混合型十字架”认定为景教的特有标志。

中亚地区的基督教直接来自波斯，其中有些地区是早期波斯教会传播的，如巴克特里亚（吐火罗斯坦）的基督教是从帕提亚传入的，而传教士又从巴克特里亚前往索格底亚那传教[②]，因而在早期基督教时代，粟特人的基督教的影响主要来自萨珊波斯而不是拜占庭[③]。但是约6世纪以后，直到中亚面临伊斯兰化强大威胁的8、9世

图17 一件刻画着一枚十字架的灰泥残浮雕，萨珊波斯时期，法国卢浮宫东方古物部藏（采自B. A. Litvinsky, ed, *History of Civilization of Central Asia,* vol. III, p. 423, fig. 1）

---

①上述地区所见景教十字架图像遗存及少量景教十字架实物遗存，参看拙稿《十字莲花——唐元景教艺术中的佛教因素》，图5、6、15—18、20—26、29—31、33—35、54；努尔兰·肯加哈买提《碎叶》，上海：上海古籍出版社，2017年，图6-19。另外，2019年8月19日在新疆大学举行的“第四届北庭学学术研讨会”上，中国社会科学院考古研究所新疆北庭故城考古队领队郭物先生披露，近期在北庭故城遗址出土了一枚青铜十字架，郭先生在会上展示了图片资料。观其形制，属典型的马耳他式，应属景教徒遗物，但明显有别于鄂尔多斯地区所出青铜十字架徽章造型。典型的马耳他式十字架遗物我国境内极为罕见。其年代郭先生未作判断，笔者推测为蒙元时期。关于这枚十字架的更多信息，尚有待郭先生正式考古报告的发表。

②参看B. A. Litvinsky, ed, *History of Civilization of Central Asia*, Vol. III, pp.424-425.

③参看Tamara Talbot Rice, *Ancient Arts of Central Asia*, New York: Frederick A. Praeger Publishers, 1965, p.114.

图18 塔什干出土的古代硬币背面的十字架图案，约6—8世纪（采自陈怀宇《高昌回鹘景教研究》，图八）

图19 艾米尔塔什博物馆藏中亚出土的粟特景教残浮雕，约7、8世纪（采自克林凯特《丝绸之路上的基督教艺术》，附录图版3-11）

图20 吉尔吉斯阿克贝希姆遗址出土的粟特景教青铜十字架，约7、8世纪（采自努尔兰·肯加哈买提《碎叶》，图6-19:4）

纪，中亚地区的基督教主要来自波斯的涅斯托利派，他们甚至在中亚的嚈哒人和突厥人中成功传教①。同时，7、8世纪以后，由于伊斯兰势力的挤逼，波斯境内的基督徒（主要是景教徒）不断迁往中亚，如762年，阿里·曼苏尔（al-Mansur）就曾驱赶境内泰西封（Ctesiphon，萨珊波斯首都）的景教主教及其教徒到中亚的塔什干②。因此，目前所见中亚地区的十字架图像遗存或实物遗存绝大多数都属于景教，具体而言，有两种类型，一种是叙-波混合型，一种是无任何装饰的马耳他式（图18、19、20）。图18中的这枚十字架属于无任何装饰的马耳他式，其周缘的联珠纹延续了萨珊波斯的造币传统，与十字架本身无关；图19浮雕人物左侧残留有一枚十字架的三分之一，残存的两臂末端仍可见三颗珍珠，这三颗珍珠与画面中出现的用于区隔画面的呈直线排列的波斯式联珠纹显然不是一回事，它们是十字架图案的组成部分，因此这枚十字架属叙-波混合型；

①参看B. A. Litvinsky, ed, *History of Civilization of Central Asia*, Vol. III, pp.424-426;［美］莫菲特《亚洲基督教史》第1卷《开端至1500年》，220—222页。

②参看努尔兰·肯加哈买提《碎叶》，234页。

图20是一枚小型青铜十字架，四臂末端的两角分别饰珍珠，一望便知也属叙-波混合型。

在中国境内，现存叙-波混合型十字架图像最早见于《大秦景教流行中国碑》（781年）碑额（图21），这也是我国境内迄今所见最早的景教十字架图像，叙-波混合型十字架图像稍后又见于洛阳出土的唐代景教经幢（814年），蒙元时期的景教仍然保持了这一传统①。

叙-波混合型十字架被同样源于波斯、善于吸收其他宗教元素的摩尼教直接吸收。一幅吐鲁番出土的高昌回鹘摩尼教残绢画中也出现了同一类型的十字架，学者认为，这是摩尼教中"光明耶稣"（Light-Jesus）手中所执的十字架节杖，又称"光明十字架"②。这里所谓"光明耶稣"手执十字架节杖的做法直接照搬自基督教的耶稣手执十字架节杖的形象③。这枚十字架臂形为马耳他式，四臂臂端各嵌三颗珍珠，属于典型的叙-波混合型（图22）。当然，具体到这枚摩尼教十字架，完全不必舍近求远，就近模仿高昌回鹘景教即可④。

叙-波混合型十字架的影响还远不止此。

介于拜占庭和波斯之间的高加索地区的亚美尼亚、阿尔巴尼亚和格鲁吉亚等虽然受到拜占庭文化的直接影响，但波斯的影响仍然十分强大，包括伊朗本土宗教和宗教艺术，因为高加索地区与伊朗之

---

①唐元时期景教十字架图像资料笔者已作分析，这里不再赘述，参看拙稿《十字莲花——唐元景教艺术中的佛教因素》，232—260页。

②［德］克林凯特著，林悟殊译《古代摩尼教艺术》，广州：中山大学出版社，1989年，91—93页；颜福《高昌故城摩尼教绢画中的十字架与冠式——以勒柯克吐鲁番发掘品中的一幅绢画为例》，《敦煌学辑刊》2016年第3期，170—171页。唐元时期景教十字架图像资料笔者已作分析，这里不再赘述，参看拙稿《十字莲花——唐元景教艺术中的佛教因素》，232—260页。

③如敦煌藏经洞出土的景教绢画中的耶稣形象，参看拙稿《十字莲花——唐元景教艺术中的佛教因素》，图54。

④高昌回鹘景教的十字架亦属典型的叙-波混合型，参看冯佳班《高昌回鹘王国的生活》，图190。

图21 景教碑碑首雕刻十字架拓片（采自顾卫民《基督教艺术在华发展史》，4页插图）

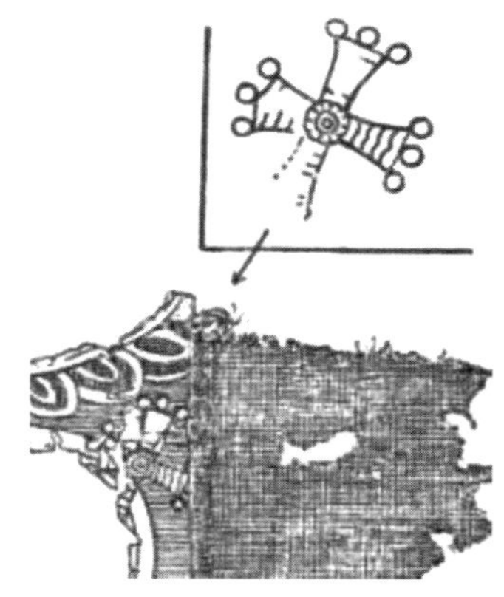

图22 高昌回鹘摩尼教绢画中的十字架线图及特写，9、10世纪（采自冯·勒柯克、恩斯特·瓦尔德施密特著，管平等译《新疆佛教艺术》上册，122页插图6）

间有长期的跨文化对话①，而且亚美尼亚的统治者与帕提亚的统治者有联系，且对波斯有很强的文化依从和政治倾向②。因此接受基督教的确强化了该地区与西方世界的联系，如亚美尼亚的基督教艺术主要来自叙利亚和拜占庭，但我们仍然能感受到波斯景教艺术对该地区的影响。如果说该地区流行的纯粹的马耳他式十字架或许是直接受到了叙利亚而非波斯景教影响而不予考虑的话③，那么该地区流行的叙-波混合型十字架则无疑是波斯景教艺术影响的结果（图23、24）。不仅如此，

---

① Stephen H. Rapp Jr, *The Sasanian World through Georgian Eyes*: *The Iranian Commonwealth in Late Antique Georgian Literature*, New York: Routledge, 2016, p.252.

② ［美］莫菲特《亚洲基督教史》第1卷《开端至1500年》，13页。

③ 该地区纯粹的马耳他式十字架的典型实例可举格鲁吉亚季瓦里（Juari）大教堂外墙门楣上的二天使托举的十字架浮雕，585—604年，参看Stephen H. Rapp Jr, *The Sasanian World through Georgian Eyes*: *The Iranian Commonwealth in Late Antique Georgian Literature*, fig.4.6.

图23 亚美尼亚基督教碑刻上浮雕的十字架图案，出自意大利嘉亚纳（Gaiana），9、10世纪（采自Tamara Talbot Rice, *Ancient Arts of Central Asia*, fig.212）

图24 亚美尼亚诺拉杜兹（Noraduz）公墓墓碑上浮雕的十字架图案，约13世纪（采自Robin M. Jensen, *The Cross: History, Art, and Controversy*, Harvard University Press, 2017, fig.6.4）

图25 为格鲁吉亚卡库里（Khakuli）圣母大教堂制作的三联式圣像折页板（局部），12世纪（采自Tamara Talbot Rice, *Ancient Arts of Central Asia*, fig.242）

该地区也有用珍珠直接装饰圣像的做法，珍珠皆环绕圣像一周（图25），同样是波斯影响的结果。图23除居中1枚大十字架外，左右两侧上下各有1枚小十字架，皆饰珍珠，尤以居中大十字架为甚。不难看出，图23中的4枚小十字架和图24中的2枚十字架与图17中的造型比较接近，与图20中的则完全一致，同时也与高昌回鹘景教十字架的造型完全一致[①]，这足以证明，上述地区的叙-波混合型十字架是波斯景教艺术影响的结果。

波斯人用珍珠装饰十字架的做法最终也影响了西方的十字架装饰艺术，特别是影响了

---

① 参看冯佳班《高昌回鹘王国的生活》，图190。

拜占庭。

如前文所言，西方有用宝石装饰十字架的传统，现存最典型的宝石十字架恐怕首推拜占庭皇帝查士丁二世（Justin II）的圣骨匣十字架了，其上嵌满了各种宝石，豪华无比（图26）。但在吸收了波斯的做法之后，拜占庭境内出现了纯粹用珍珠装饰十字架的做法，这里仅举"圣马可宝藏"中的一部带有十字架图案和圣像的圣书的封面装饰为例。圣书封面的十字架、圣像甚至书的边缘皆由嵌入的真正的珍珠环绕（图27），一望便知是萨珊波斯式联珠纹的实物版。

更易见的情况是，拜占庭不少十字架更多地受到叙-波混合型十字架造型的影响，而又加以变通。比如在臂端本来表示珍珠的圆圈中置入圣像（图28），或在臂端嵌入宝石代替珍珠（图29），图28、29中的这两枚十字架均为拜占庭10世纪之后的游行十字架，因此都带柄[①]。当然，马耳他式的基本造型拜占庭无须模仿，模仿的主要是末端饰珍珠的做法。

由此可见，虽然从教义教理的角度，当时的基督教内部分裂比较严重，尤其是"一性论派"和"二性论派"之间存在尖锐对立，但在圣物装饰方面，拜占庭境内的"一性论派"、"正统派"甚至埃及境内的科普特教会（Coptic Church）[②] 等也并没有排斥独立性甚强的波斯教会和具有"异端"色彩的"二性论派"（涅斯托利派）用珍珠装饰包括十字架在内的圣物的做法。因此接下来的问题是，用珍珠装饰基督教圣物是否符合基督教教义呢？要回答这个问题，我们需要考察基

---

①参看Helen C. Evens, William D. Wixom, eds, *The Glory of Byzantium: Art and Culture of the Middle Byzantine Era, A.D.843-1261*, New York: The Metropolitan Museum of Art, 1997, pp.56-59.

②科普特教会亦属"一性论派"。一件收藏于英国伦敦维多利亚和阿尔伯特博物馆的科普特纺织品中绘有一幅饰珍珠的十字架图案，与叙-波混合型十字架造型十分相似，参看Martin Werner, "On the Origin of the Form of the Irish High Cross", *Gesta*, Vol.29, No.1, 1990, p.106, fig.12.

图26 拜占庭皇帝查士丁二世圣骨匣十字架，568—574年（采自Robin M. Jensen, *The Cross: History, Art, and Controversy,* fig.5.6）

图27 带有十字架和圣像的圣书封面，拜占庭，9世纪早期—10世纪，出自威尼斯“圣马可宝藏”（采自The Metropolitan Museum of Art, ed., *The Treasury of San Marco Venice*, fig.9 in p.124）

图28 拜占庭游行十字架，镀银，臂端8个小圆圈均有圣像，雅典伯纳克（Benaki）博物馆藏，10世纪晚期（采自Helen C. Evens, William D. Wixom, eds, *The Glory of Byzantium: Art and Culture of the Middle Byzantine Era, A.D.843-1261,* fig.23）

图29 拜占庭游行十字架，青铜，臂端嵌有绿松石珠，可能出自小亚细亚，纽约私人藏品，11—12世纪（采自Helen C. Evens, William D. Wixom, eds, *The Glory of Byzantium: Art and Culture of the Middle Byzantine Era, A.D.843-1261,* fig.21A）

督教语境中珍珠的象征意义。

三、基督教语境中珍珠的象征意义

依据现存的各种文本的圣经文献讨论基督教语境中珍珠的象征意义存在一定的风险，因为对用古希伯来文书写的《旧约》中的一个可能与“珠宝”有关的词汇存在多种翻译，如绿宝石、红宝石、珍珠、珠宝、宝石甚至珊瑚等，这些译本包括希腊文译本、旧拉丁文译本、叙利亚文译本、塔古姆译本（Targum，《希伯来圣经》的意译本）、圣杰罗姆译本（St. Jerome，从希伯来文和希腊文翻译的拉丁文圣经）等，其中有不少存在误读（misread）和错抄（miscopy）的情况。因此不少翻译是猜测，比如这个词汇在《旧约》的《箴言》中特别是在《旧约》的《传道书》中更有可能指珍珠而不是珊瑚①。这是首先需要我们注意的一点。

在宗教语境中，珍珠似乎蕴含着宗教的圣洁和神秘感，而在某些起源于中东、西亚的古代宗教中被视为“灵魂”的象征，如与基督教同样起源于地中海东岸的诺斯替宗教（Gnostic Religion）就将其视为灵魂的象征。美国研究诺斯替宗教的权威学者汉斯·约纳斯（Hans Jonas）通过对包含在诺斯替宗教伪经《多马行传》中的一篇象征故事《珍珠之歌》文本的分析，认为作品中的珍珠其实就是灵魂的隐喻，故事的主人公“王子”找回珍珠就相当于找回自己的灵魂②。诺斯替宗教曼达派（Mandaean）则将珍珠视为总体的灵魂或所有灵魂的总

---

①参看 Eric Burrows, “Notes on the Pearl in Biblical Literatur”, *The Journal of Theological Studies*, Vol. 42, No. 165/166, 1941, pp.53-54, 59-60.

②参看［美］汉斯·约纳斯著，张新樟译《诺斯替宗教——异乡神的信息与基督教的开端》第五章《珍珠之歌》，上海：上海三联书店，2006年，105—120页。

和[①]。值得注意的是,曼达派主要的活动地域在今伊拉克和伊朗西南部,即古代波斯境内,且该派与基督教关系极为密切,虽然认为耶稣基督是假弥赛亚,但崇奉施洗者圣约翰。诺斯替宗教及曼达派将珍珠视为灵魂象征的观念后为起源于波斯的摩尼教所吸收,在摩尼教"圣教会"的大寓言中,蚌壳就相当于人的肉体,而珍珠就是人的灵魂[②]。此外,在具有二元论性质的诺斯替宗教中,珍珠还代表宇宙和人间中被囚禁在黑暗中的光明[③]。

诺斯替宗教因其过于标新立异,强调神秘知识和挑战神的权威,泯灭了人类的基本意识,思想近乎异端,因而被正统宗教如基督教、天主教等所不容。早期基督教的部分教徒,曾因倾向于该教派的教义而被"护教派"(即正统派)斥为异端。尽管如此,基督教受到诺斯替宗教的潜在影响却是显而易见的。迹象表明,基督徒对珍珠象征意义的重视,可能与诺斯替宗教特别是曼达派的影响有关,而最初的影响可能首先出现于东方的波斯。纳迪亚·易卜拉欣·弗雷德里克森(Nadia Ibrahim Fredrikson)在研究珍珠的基督教象征意义时注意到,"基督教作家们,尤其是东方作家,受到诺斯替主义(Gnosticism)的影响,明白了珍珠是多么具有象征意义,它可以表达基督教信仰的独特和奥秘",因此他认为,在考虑珍珠在基督教中的象征意义时,还应考虑一个诺斯替宗教的维度,"这一维度在基督徒用叙利亚文撰写的文献中可以看到,这一维度无疑受到了诺斯替宗教曼达派信仰和摩尼教信仰的影响,诺斯替宗教曼达派的信仰和摩尼教的信仰也将

① [美]汉斯·约纳斯著,张新樟译《诺斯替宗教——异乡神的信息与基督教的开端》第五章《珍珠之歌》,118页注1。

②同上注。

③参看Nadia Ibrahim Fredrikson,"La perle, entre l'océan et le ciel. Origines et évolution d'un symbole chrétien", Vol. 220, No. 3, 2003, pp.283, 302.

这一象征提升到了它们的救赎信条的最高水平"①。这里所说的基督教"东方作家"应是指波斯基督教作家;这里虽然同时提到了曼达派的影响和摩尼教的影响,但如上文所述,摩尼教的传统其实也来自诺斯替宗教曼达派,因此对基督教珍珠象征意义的影响归根结底还是来自曼达派的影响。而曼达派恰在波斯境内,因此首先影响的应该是波斯的基督教,这大概就是纳迪亚强调"东方"这一地理概念背后的逻辑。

当然,这并不是说,基督教珍珠的象征意义源自波斯教会或源自波斯境内诺斯替宗教曼达派的启发,事实上,通过对圣经的整体考察不难看出,新约时代珍珠在基督教中的象征意义已经出现了。上文的提示只是想强调,在考察基督教珍珠的象征意义时,也必须充分考虑"波斯"和"诺斯替宗教"两个维度,因为这两个维度的结合使基督教珍珠的象征意义得以丰富和完善。

有人认为嵌有十三颗珍珠的十字架上的珍珠代表的是耶稣及其十二使徒②,但十字架上的珍珠数量并不固定,多寡不等,除有十三颗者外,还有八颗者,有十二颗者,甚至有十七颗者,因此这一说法不能成立。佐伯好郎认为,珍珠代表着基督教会所有信仰者以及祈祷者心目中信条的化身,是信仰的表征,他还列举《叙利亚日课经》的内容加以说明③。《新约》的《马太福音》第7章第6节载耶稣劝门徒不要跟不愿聆听福音的人较劲时说:"不要把圣物给狗,也不要把你们

---

① Nadia Ibrahim Fredrikson, "La perle, entre l'océan et le ciel. Origines et évolution d'un symbole chrétien", p.312.

② Iain Gardner, "The Medieval Christian Remains from Zayton: A Select Catalogue", in Iain Gardner, Samuel Lieu *and* Ken Parry, eds, *From Palmyr to Zayton: Epigraphy and Iconography* (*Silk Road Studies*, 10), Turnhout: Brepols, 2005, p.220.

③ P. Y. Seaki, *The Nestorian Monument in China*, London: Society for Promoting Christian Knowledge, Billing and Sons Ltd., Britain, 1916, pp.12-14.

的珍珠丢在猪前，恐怕它践踏了珍珠，转过来咬你们。”[①] 在圣经文献中，猪和狗都被视为不洁净的动物(《旧约·箴言》26:11;《新约·彼得后书》2:22)，它们不会欣赏宝贵之物(《旧约·箴言》11:22)。因此这里用猪狗首先反衬出珍珠的洁净，但这句话的隐意似乎是说，不宜向顽固不信的大恶人陈明宝贵的真理、正信，以免糟蹋宝物，招惹危险。因此这里的“珍珠”应是比喻真理、正信，将其视为信仰的表征似乎可通。

《马太福音》第13章第45—46节：“天国又好像买卖人寻找好珠子，遇见一颗重价的珠子，就去变卖他一切所有的，买了这颗珠子。”[②] 这里的“珠子”显然就是指珍珠，那么珍珠在这里似乎又成了天国的比喻了[③]。

除了上述象征意义之外，根据纳迪亚的研究，珍珠在基督教中的象征意义至少还包括：象征基督，基督教中珍珠的比喻也出现在礼拜仪式中，在某些情况下，它指的是圣餐中耶稣的身体；象征基督的初生；象征永生，珍珠在成为福音书和教堂神父宣扬的“价值连城的珍珠”之前，预示着永生；象征复活，基督徒在其墓地中将贝壳视为复活的象征；象征贞洁，在圣母玛利亚的基督教肖像学中，珍珠是她贞洁的确切表达，处女有时也被称为“神秘的贝壳”(当然，在涅斯托利派的传统中，不存在圣母崇拜，也就不包括这一层象征意义，但在一性论派和正统派那里，应包括这一层象征意义。涅斯托利派进入波斯

①中国基督教协会编新标点和合本《圣经》之《新约》，南京：爱德印刷有限公司，1995年，11页。

②同上注，25页。

③美国学者季纳(Keener C. S.)对这两句话注释道：“潜水员会在红海、波斯湾和印度洋寻找珍珠，而有些珍珠身价万贯。耶稣的听众大概对这类故事耳熟能详，似乎有一个民间传说与此类似，不过它的重点不是天国。”([美]季纳著，刘良淑译《新约圣经背景注释》，北京：中央编译出版社，2013年，55页)这一注释揭示了圣经故事与犹太民间有关珍珠的传说之间的渊源关系，只不过，圣经中天国已成为重点。

之前，波斯教会属于一性论派）；象征光明，常被比作一盏灯，因此，珍珠是圣光的象征，珍珠是光明使者；象征生命，为病人准备的圣餐面包被称为珍珠，如果珍珠指的是圣餐的面包，或者是上天赐给饥饿的人的食物，那么根据古代信仰，它就是治疗各种疾病的药物，从而证实了其强大的生命象征意义①。

上述象征意义中，仍能看到诺斯替宗教影响的痕迹，如光明的象征、生命的象征等。饶有趣味的是，珍珠在波斯传统文化中的象征意义与其在基督教中的象征意义似乎存在一定程度的契合。

有学者曾对一张织造于伊朗萨非（Safavid）王朝（1501—1736）早期的小地毯（瑞士私人收藏品）上图案的宗教象征意义进行过分析。画面描绘的是几位苏菲派（Sufi）寻访者从黑暗前往“终极光明”的精神之旅，即“脱勒盖提”（Tariqat，意为“真主之道”）。画面中每位骑着马的旅行者都戴着皇冠，以表示其上乘的（精神上的）成就。值得注意的是，每位旅行者的右手都举着一颗发光的珍珠。学者认为，这颗珍珠可能至少具有以下三种含义：首先，它可能表达了这样一层意思，即苏菲派的人擅长拥有如圣经中的“高价珍珠”那样昂贵而其他人所缺乏的东西；其次，它可能表示波斯民间传说中的叫作gauhar-i shab cheragh的珍珠，它在黑暗中闪耀着光芒，可以通宵达旦地帮助夜间旅行者；最后，最有可能的是，它可能是一个颇受苏菲派诗人青睐的双关语：波斯语中的“珍珠”或“珠宝”，即gauhar（或jauhar），也有“生命精华”的意思，因此，每位旅行者，举起手来作献祭状，可以被看作是将他最初从上帝那里得到的生命恩赐带回给上帝②。

---

① Nadia Ibrahim Fredrikson, “La perle, entre l'océan et le ciel. Origines et évolution d'un symbole chrétien”, pp.283, 287, 288, 293, 299, 300, 304, 305.

② Schuyler V. R. Cammann, “Religious Symbolism in Persian Art”, *History of Religions*, Vol.15, No.3, 1976, pp.202-203.

如果上述解释不误,那么我们既能看出珍珠在波斯传统文化中的象征意义与其在基督教中的象征意义有契合的一面,又能看到伊朗伊斯兰教对基督教珍珠象征意义以及波斯传统文化中珍珠象征意义的继承。

结　论

通过本文的考察似可确定,波斯教会首先将珍珠纳入其圣物装饰系统,继而珍珠元素开始出现在波斯基督教艺术中,这一传统为后来进入波斯的涅斯托利派所继承并发扬光大,最终使“珍珠”与“马耳他式十字架”变成“固定搭配”,从而形成了景教特有的“叙-波混合型十字架”,并在东方景教传播区域广泛流行,考古发现的众多的此型十字架的图像资料即是明证,珍珠和珍珠元素与景教和景教艺术的渊源关系也由是得以明了。不仅如此,景教的这一传统还西向对拜占庭产生了一定的影响,启发了西方基督教和基督教艺术对珍珠和珍珠元素的利用,尽管西方基督教与东方景教存在分歧,但这并不妨碍彼此的艺术交流与借鉴。

珍珠元素进入景教装饰艺术是诸多“因缘”和合的结果,这些“因缘”包括:盛产珍珠的波斯湾及当地古老的采珠业、波斯人对珍珠偏爱的古老传统、波斯艺术中珍珠元素的久远且广泛的使用、诺斯替宗教特别是曼达派语境中珍珠的象征意义对波斯传统基督教进而对波斯景教的影响,以及珍珠在波斯传统文化中的象征意义与其在基督教中的象征意义存在一定程度的契合等。这恰好符合历史的“因果律”,可见宗教与宗教艺术现象也符合这一定律。

宗教象征主义与宗教的物质文化密不可分,研究宗教的物质文化绕不开宗教象征主义[①]，从这个意义上讲，珍珠元素进入景教艺术绝不只是起装饰作用。宗教象征主义的形成如何与宗教教义契合，如何与信仰该宗教的民族的物质文化传统相结合，如何借鉴和吸收其他宗教的理念主张，本文似可作为一个观察窗口。

（本文原载《西域研究》2021年第1期，标题编辑改为《珍珠与景教》，现恢复原标题）

① 一个很好的实例是，美国学者柯嘉豪（John Kieschnick）在其研究佛教物质文化的专著中专辟一章讨论佛教物品的象征意义，参看［美］柯嘉豪著，赵悠等译《佛教对中国物质文化的影响》第二章《象征》，上海：中西书局，2015年，82—151页。

景教“十字莲花”图案来源补说
——兼答穆宏燕先生

2019年底，穆宏燕先生发表了《景教“十字莲花”图案再认识》一文（以下简称《再认识》）①，对笔者《十字莲花——唐元景教艺术中的佛教因素》（以下简称《十字莲花》）②一文中的部分观点提出了质疑，主要是不同意笔者所主张的景教艺术中的“十字莲花”造型的形成是受佛教影响的结果的观点，认为“十字莲花”造型是出自西亚、波斯基督教固有的传统，与佛教无关。同时还批评笔者有先入为主之嫌，大概是想说笔者对有关莲花的知识掌握得不够全面，因此一看到莲花，就联想到了佛教。朱子有云，“旧学商量加邃密，新知培养转深沉”，这是推进学术的正途，学术问题正是在不断“商量”中逐渐达成共识或逐渐接近正解的，学术共同体也在他人个案的不断“商量”中共同获益，因此我很钦佩穆先生的质疑精神。不过，在认真拜读《再认识》之后，笔者觉得仍然有必要就这一问题与穆先生再作“商量”，因而草就此文，以进一步就教于穆先生。需要说明的是，该文于2019年12月28日在微信公众号推出网络版，作者称之为“再修订稿”，较之期刊版，网络版文字内容增加不少，同时增加了大量的图片资料。笔者推测，这是因期刊版有篇幅限制而不得不有所删节，因此网络版

---

①《世界宗教文化》2019年第6期，51—57页。

②原载《敦煌吐鲁番研究》第17卷，2017年，收入拙著《观音与神僧——中古宗教艺术与西域史论》，北京：商务印书馆，2019年，218—275页。

应是该文的完整版,故笔者的讨论以网络版为准。

一

为方便读者理解,笔者先简要介绍一下拙稿有关“十字莲花”图案的基本观点。拙稿认为,景教自唐代入华以后,受佛教的影响和启发,将莲花置于十字架下,成为景教圣物十字架的托座,类似佛教艺术中托承佛教圣像的“莲座”,从而逐渐形成“十字架+莲花”这一固定构图范式;这一图案广泛流行于唐元时期的景教艺术中,从而成为中国景教艺术的标志性符号,因而“十字莲花”图案是中国景教艺术的创造,它主要流行于中国境内。

黄侃先生说,“所谓科学方法,一曰不忽细微,一曰善于解剖,一曰必有证据”①。顺着黄先生的思路,笔者首先想强调的是,类似景教“十字莲花”图案来源问题这样的实证研究,提供有效证据至关重要。其次想强调的是,这一议题属于宗教艺术的交流借鉴问题,当然也属于广义的跨文化交流议题,因此在接触这类议题之前,首先要清楚跨文化交流研究的基本方法与径路及有效证据。那么,跨文化交流研究的基本方法与径路及有效证据究竟是什么呢?笔者以为邢义田先生所提示的两点可以参考:一,需要具体指出文化传播的过程和路线证据;二,需要说明是什么力量或媒介促成文化传播的②。如果忽视以上两点,就很难建立自己有效的证据链,同时也会对他人精心建立的

---

①张晖编《量守庐学记续编》所收“黄先生语录”,北京:生活·读书·新知三联书店,2006年,4页。

②参看邢义田《赫拉克里斯在东方——其形象在古代中亚、印度与中国造型艺术中的流播与变形》,载荣新江、李孝聪编《中外关系史——新史料与新问题》,北京:科学出版社,2004年。此据增补修订稿,修订稿收入氏著《画为心声——画像石、画像砖与壁画》,北京:中华书局,2011年,459页。

证据链视而不见，这样的研究方法显然存在缺陷。比如，有学者反复强调滇缅道开通之早（这当然也是事实），因而认为佛教最早是由滇缅道入华的。但实际情况是，在缅甸北部甚至整个缅甸境内以及我国云南中南部找不到任何佛教早期传播的证据（云南北部东汉晚期墓中的佛教因素与滇缅道无关）。这一论证逻辑存在的问题是，只提供了佛教传播的“路线”证据，而传播的“过程”、“媒介”、“痕迹”等证据皆付阙如。事实上，道路的开通只是为佛教的传播提供了基本条件，从而为佛教沿该道传入提供了可能性，但佛教能否沿此道成功传入中国，还受其他条件制约，至少要考虑沿途区域的社会经济发展状况①。蔡鸿生先生强调一定要将历史研究“过程化”②，意即在于此。

为便于读者作准确的对比分析判断，这里有必要先将笔者讨论对象的具体信息再明确一下。首先，笔者讨论的十字架图案是基督教属性的十字架；讨论的莲花图案是典型的莲花，即其外形上是十分写实的莲花，绝对没有抽象化的表达，因此在视觉判断上绝对不会产生歧义；莲座的构图形式是以单层或多层的仰莲座为主，兼有束腰仰覆莲座；目前我们能见到的此种“十字莲花”图案遗存的时空分布范围，时间为唐元时期，空间主要为唐代中国以及元代中国（包括蒙元察合台汗国）境内。为避免歧义和混淆，这里特提供标准图像四幅以供参考（图1、2、3、4）。

通览《再认识》全文，笔者觉得该文存在的一个普遍问题是，在使用考古材料或文物资料时太过随意，不太在意考古材料或文物资

---

①关于滇缅道与佛教初传中国关系的最新讨论，参考拙稿《佛教海道传入说、滇缅道传入说辨正》，原载荣新江、朱玉麒主编《西域考古·史地·语言研究新视野：黄文弼与中瑞西北科学考查团国际学术研讨会论文集》，北京：科学出版社，2015年；收入拙著《观音与神僧——中古宗教艺术与西域史论》，134—143页。

②蔡鸿生《中国学术三名著》，收入氏著《读史求识录》，广州：广东人民出版社，2010年，59页。

图1 洛阳出土唐代景教残经幢幢身上端“十字莲花”雕刻拓片之一（采自葛承雍主编《景教遗珍》，图版十一）

图2 洛阳出土唐代景教残经幢幢身上端“十字莲花”雕刻拓片之二（采自葛承雍主编《景教遗珍》，图版十二）

图3 北京房山十字寺遗址出土的景教“十字莲花”雕刻拓片，辽—元（采自顾卫民《基督宗教艺术在华发展史》，18页插图）

图4 泉州出土景教墓顶石“十字莲花”雕刻之一，元（采自牛汝极《十字莲花》，图版1-45a）

料所处的时间、空间，也不怎么考虑考古材料所处原境，只是孤立地提取自己需要的材料信息。而考古学和文物学的常识告诉我们，在使用考古材料或文物资料时，不考虑这些问题其实是很危险的。对“物象”的考察不能脱离“时”、“地”、“人”三要素，而且需要将这三要素尽可能清晰化，这是研究考古文物材料的基本要求。

比如,《再认识》用隋虞弘墓、北周安伽墓中用莲瓣装饰的火坛图像来证明源自西亚的琐罗亚斯德教也有将莲花视为“圣花”的传统(《再认识》图4、图5)[①],在我看来论证逻辑还是有问题的。如果我们将中亚地区的祆教火坛图像与上述火坛图像进行比较就不难发现,中亚地区的祆教火坛虽然也有花卉装饰,但显然不是莲花[②],且上述火坛形制较之中亚地区的,除个别仍因袭中亚地区的以外(如史君墓墓门左下方的火坛仍为方形),其余都发生了较大改变,由方形变为圆形(图5、图6)。事实上,用莲瓣装饰祆教火坛的做法仅见于中国境内,再结合其形制的较大改变,我们与其说这是对中亚传统的继承,毋宁说这是经过中国改造的“中式祆教火坛”。那么,如果将其上的装饰元素“莲花”直接视为源自西亚该宗教的固有传统的话,就不太合适了。要想证成这一观点,尚须提供西亚、中亚地区祆教火坛用莲花装饰的图像证据资料,且这些证据资料原则上不能晚于中国境内的资料,这样才能形成有效证据链,形不成有效证据链的论证基本是无效的。穆先生使用的是“反推法”,指出“并非一定要用伊朗本土的实物来证实”,但当中国境内的材料的内在逻辑能得到充分解释与自洽,而西亚、中亚又找不到任何证据资料时,这种反推法是无效的。因此笔者认为,

图5 出自撒马尔罕莫拉-库尔干(Molla-Kurgan)的纳骨瓮上的火坛与祭司图像,7世纪(采自葛乐耐《驶向撒马尔罕的金色旅程》,彩版插图)

图6 虞弘墓椁座前壁浮雕祭司火坛图像线图(采自《太原隋虞弘墓》,图181)

① 穆先生在《印度-伊朗“莲花崇拜”文化源流辨析》一文中已有类似观点,认为这里的莲花可以与豪姆(苏摩)等同,《世界宗教文化》2017年第6期,68—69页。

② 中亚地区的祆教火坛图像,参看拙稿《略论宗教图像母题之间的借鉴问题》,载荣新江、朱玉麒主编《丝绸之路新探索——考古、文献与学术史》,南京:凤凰出版社,2019年,图14;亦收入本书。

虞弘墓、安伽墓中用莲瓣装饰火坛的做法仍来自佛教的影响，是中国本土祆教火坛构图的新做法[①]。

其实，如果将上述火坛图像放入虞弘墓、安伽墓的原境观察，便不难发现，在同一墓葬的其他图像中，还能同时发现其他受佛教因素影响的痕迹，如安伽墓火坛上方对称出现的两身伎乐飞天[②]，再如虞弘墓中除了火坛用莲瓣装饰外，柱础一律为覆莲柱础[③]，而在中国中古以降，柱础用覆莲作装饰的做法主要是受到了佛教的影响，这已是学界共识。因此，在对装饰火坛的莲瓣做判断时，需要将同一墓葬中的相关资料综合考察，而不能只考虑火坛装饰，这是使用考古材料的基本要求。如果《再认识》的观点是正确的，那么就会出现这种情况，即同一墓葬中的莲花装饰，却有两种不同的来源：一种来自祆教固有，一种来自佛教的影响，这也太不符合情理了吧？综合以上分析，笔者认为《再认识》的上述判断难以成立。

再如，《再认识》用新疆吐鲁番柏孜克里克石窟出土的约公元9—10世纪的粟特文摩尼教古信札的一幅插画来证明作为源自西亚的摩尼教也有视莲花为"圣花"的宗教传统，因为图中摩尼教圣物"摩尼之冠"两侧相向而立的两位胁侍身份的女神脚踩带梗莲花足踏（《再认识》图6）。这也是一种反推法。《再认识》这一判断存在的问题是，一，这幅绘画发现于中国境内，且年代较晚，而摩尼教的发源地——西亚境内并未发现吸收了莲花元素且年代更早的摩尼教绘画；二，笔者将其判断为来自佛教的影响，除了莲花元素以外，还考虑了莲座结构与佛教造像的相似性、两位女神的衣冠服饰与体征跟唐代菩萨造

①参看前揭拙稿《略论宗教图像母题之间的借鉴问题》，94—96页。

②陕西省考古研究所编著《西安北周安伽墓》，北京：文物出版社，2003年，图一三、图版一五。

③山西省考古研究所编著《太原隋虞弘墓》，北京：文物出版社，2005年，图64—66。

型的相似性，以及本着孤证不立的原则，还提供了另一幅当地出土的、年代接近且母题相同的摩尼教绘画作为旁证[①]。其实，如果我们再把目光投向吐鲁番高昌回鹘时期的摩尼教石窟艺术以及福建晋江草庵元代摩尼光佛摩崖造像，就会发现中国境内的摩尼教艺术受佛教影响的证据是确凿无疑的。对这些情况有了综合的了解，也就不难理解上述绘画为何如此多地吸收佛教因素了。综合以上分析，笔者认为《再认识》的上述判断同样难以成立，吐鲁番摩尼教艺术中的莲花元素应是来自佛教的影响。

同样地，《再认识》将泉州伊斯兰石刻中的莲花元素径视为伊斯兰教固有的传统也未必合适(《再认识》图7、8、9)。首先，作者没有考虑唐宋元时期莲花艺术在泉州地区使用的整体情况，特别是它在当地除伊斯兰教以外其他宗教如佛教、景教艺术中的使用情况；其次，作者没有提供源头上的证据，须知泉州的材料只能反映伊斯兰教艺术“流”的情况，如果要证成莲花元素的使用是伊斯兰教艺术的固有传统，尚须从“源”上提供证据，即“溯源”。毫无疑问，溯源地应在西亚地区。

由此可见，在使用考古材料时，我们必须作“整体观”，必须将所有相关资料作通盘考虑，必须使所有相关资料都得到合理解释。只摄取对自己有用的部分，对其他部分或其他相关资料不予考虑，显然是不合适的，这会使我们的判断出现偏颇。同时，不注意考古材料或文物资料的年代、空间及所处原境，也是使用考古材料或文物资料的大忌。从这个意义上讲，《再认识》的作者在使用考古材料或文物资料的方法上，明显存在不足。《再认识》一文所使用的其他考古材料，特别是以图片的形式列举的材料，很多都存在同样的问题，限于篇

---

①详参前揭拙稿《略论宗教图像母题之间的借鉴问题》，102—103页及图30、31。

幅，不再一一辨析。

笔者这里还想顺带补充强调一点，我们切莫低估古代中国人对外来宗教和宗教艺术的改造能力，以及中国佛教和中国佛教艺术对中国境内曾经流行的其他宗教的影响力。这已为无数事实所证明，在思考类似本文所讨论的议题时对这些情况必须要有清醒的认识。

二

《再认识》用大量篇幅论证古代埃及、西亚等地一直有莲花崇拜的古老传统，事实上，穆先生此前已专文讨论过这一传统①。《再认识》中作者再次强调这一传统的主要目的是想说明，因为埃及、西亚存在这一古老传统，而起源于西亚的宗教，如瑣罗亚斯德教、摩尼教、伊斯兰教等，都视莲花为“圣花”而加以崇拜，因而起源于西亚的基督教在其艺术表现中吸收莲花元素是很自然的事情。若单从简单逻辑来讲，这样论证当然没有问题。的确，莲花品格高洁、气质独特、色彩艳丽，堪称花中翘楚，因此笔者丝毫不怀疑世界上有许多民族对莲花心存偏爱，包括古代印度人、波斯人、埃及人以及西亚的其他古代民族，莲花图案进入到他们的建筑装饰艺术、生活装饰艺术、宗教艺术乃至神圣空间完全可以理解。事实上，中国人对莲花的关注也远早于佛教入华，当今世界有些国家甚至将其作为国花。

但是，无论穆先生如何强调上述“传统”的存在，也只能说明基督教艺术存在吸收莲花元素的可能性，就如同滇缅道的开通只能说明存在佛教沿该道传入中国的可能性一样，都不能视为景教“十字莲花”造型来源问题的“直接证据”。其实，关于景教“十字莲花”造型

---

①参看前揭穆宏燕《印度-伊朗“莲花崇拜”文化源流辨析》，61—70页。

的来源问题，也并不难解决，只要搞清楚具有基督教属性的“十字莲花”这一图案最早是在何时何地出现、又是如何流播的就可以了。如果要论证其源于西亚或波斯，仅用反推法是不够的，尚须提供更直接有效的证据。

《再认识》在“‘十字莲花’图案的流变”一节的确提供了一些西亚或波斯地区的十字架与某些植物花卉图案组合的文物资料证据。“流变”一词用得很好，可惜作者在对资料的具体分析中没有很好地体现出物象的“流变”过程，当然也还存在其他一些问题，因此笔者觉得，这些证据资料都还有进一步“商量”的余地。

《再认识》首先列举的证据是伊朗帝王谷的自阿契美尼德王朝大流士一世（前550—前486）以下至大流士二世（前423—前404在位）等四位国王的陵墓（《再认识》，图32）。这四座依山而建的陵墓外形均雕凿成巨大的凹十字形，被称为“波斯十字（Persian Crosses）”（图7）。按波斯人是最早使用十字架的民族，因此其国王陵墓外形被雕凿成十字形并不奇怪。当然穆先生关心的不仅仅是这些“波斯十字”，也关心附着其上的装饰图案。

图7 伊朗帝王谷薛西斯一世的陵墓。《再认识》提供的是四座王陵的远景照，画面不够清晰。为了使画面更清晰，笔者采用了单座陵墓的近景照

穆先生指出，“这些十字架陵墓表面皆有莲花瓣图案装饰，但现已模糊”，虽已模糊，但她仍然认为，“古波斯阿契美尼德王朝时期的帝王陵即是‘十字+莲花’的构图模式”，从而试图找到基督教属性的

"十字莲花"图案的源头。

首先,笔者怀疑"现已模糊"的莲花瓣图案是否是真正意义上的莲花,因为一则即便从清晰度较高的图7看,也看不出莲花瓣图案的任何痕迹;二则从穆先生在文中所举其他西亚图像资料看,有的显然不是真正的莲花,如《再认识》图24、25中的花卉,无论怎么看,都不像莲花及莲梗,但穆先生均把它们视为莲花。

这跟穆先生的图像观念有关,穆先生并不在乎图像的"像与不像",她说:"我们应当关注艺术图像的变异,并非一定要画得、雕刻得'像'莲花,才承认其为莲花。我们更应该关注图像的内在逻辑,而不是表面的像与不像。"但是图像学的常识告诉我们,做图像比较研究,在讲不出更多理由的情况下,图像元素的外观形态是否存在一定程度的相似性是比较的基础。当然,"相似"不一定就等于"是",但是图像比较不能没有这样一个"基础",否则就会毫无章法,牛头马面也可以比较,只要打着"图像变异"的旗号,什么都可以进行比较。这就意味着,只要是花卉植物都可比较,因为如果彼此外观形态差异很大的话,我们可以说这是"变异"的缘故。显然,这种做法已超出我们的常识了。这里不妨以泉州蒙元时期的景教墓石"十字莲花"雕刻为例来补充说明我的看法。笔者之所以将泉州蒙元时期的景教墓石"十字莲花"雕刻中的莲花也归为佛教影响的结果,是首先注意到了它们与泉州本地年代稍早于蒙元的佛教造像中的莲花座的造型高度相似。下图是镶嵌在泉州古榕巷和旧馆驿巷之间的一户人家的祖厝外墙上的"观音与鹦鹉、净瓶"组合石刻造像(图8),年代约为南宋时期,如果将观音的莲座与本文图4中的莲座进行比较,不难看出二者莲瓣的形状以及整朵莲花的构图高度相似,有了这个"高度相似"做基础,我想即便没有图像学常识的人也会得出二者关系密切的看法吧?如果进一步考虑二者的早晚关系,那么不难得出泉州地区佛教莲座影响景教十字架莲座的结论。面对图8观音的莲座，如果我们仍然坚持认为图4十字架下的莲座是源自西亚的传统，会有人相信吗？因此，图像表面的像与不像，是绝对不可以随便忽略的，在判断图像彼此之间的关系上，有时甚至能起决定性作用。就此而言，我认为图像学的研究首先要回归常识，回归一般逻辑。

我们当然“更应该关注图像的内在逻辑”，但关注的重点应在提供建立“内在逻辑”的有效证据上，因此，不能因为在古代西亚地区曾出现过克里依花、苏珊花、百合花等同莲花的观念，就可以当然地将外形与莲花差异巨大的花卉植物直接视为莲花。退一步说，就算这些花卉表现的的确是莲花，那也不能将这些“西亚莲花”与笔者所讨论的“东亚莲花”直接等同，因为二者在外观形态上同样存在巨大差异，更不要说还有巨大的时空差距！这就需要穆先生进一步告诉我们，“彼莲花”（西亚莲花）是如何“变异”成“此莲花”（东亚莲花）的？此时就必须提供二者内在联系的证据，即须提供建立“内在逻辑”的有效证据，也就是说，必须将这个“变异”过程化。不能简单地用“艺术图像的变异”一句话就架起了东西方之间跨时空联系的桥梁，否则仅通过这样简单的跨时空勾连架起的桥梁随时都有垮塌的危险。

图8　泉州古榕巷和旧馆驿巷之间的一户人家的祖厝外墙上的“观音与鹦鹉、净瓶”组合石刻造像，南宋（杨晴拍摄）

其次，即便认定这些陵墓上的装饰

花卉图案是真正的莲花图案，但这些表现为陵墓形式的“十字莲花”的构图与如图1至图3所示的拙稿讨论的“十字莲花”结构之间的差距显然十分巨大。如果穆先生执意要将伊朗帝王谷的这组“波斯十字”与基督教属性的“十字莲花”图案相联系，仍需要将这一判断“过程化”，交代其“流变”，即需要回答：早于基督教十字架崇拜五六百年（基督教十字架崇拜应是在公元2世纪以后才开始出现）出现的与基督教没有任何关系的“十字莲花”构图，是如何被基督教吸收并加以改造，改造成拙稿讨论的“十字莲花”样式的？但事实上，穆先生既拿不出吸收改造的“过程”证据，也拿不出在西亚地区改造后的“新样式”遗存的证据。那么，伊朗帝王谷的巨型“波斯十字”的证据价值究竟有多大，不言自明。

穆先生举出的另一图像证据，是伊朗伊斯法罕市著名的亚美尼亚旺克（Vānk）大教堂庭院中的一座石构墓的正前端雕刻的十字架。据穆先生提示，该教堂始建于1606年，完工于1655年，并特别指出，十字架“底座是莲花，两侧是净瓶，瓶里长出莲花”（图9）。

对这件图像证据，笔者同样有所质疑。首先，该墓的年代似不应早于旺克大教堂修建以前，即17世纪前期，用这么晚的西亚地区的材料做证据，而要观照的对象却是东亚地区早在8、9世纪就已出现的物象，这是使用考古文物材料不可取的做法；其次，从图片观察，该墓石为长方形，在其接近底部的四面统一凿出等高的二层台，因此，该枚十字架其实没有真正意义上的底座，仅由二层台承托，因此该枚十字架及其装饰在结构上与拙稿所讨论的“十字莲花”图案仍然没有可比性，二者没有任何相似性可言。其实，仅第一点质疑，就已完全消解了这条材料对讨论本文议题的价值。

穆先生比较看重亚美尼亚的十字架图像资料，认为它们可以作为“十字莲花”造型非中国独有的直接证据。她十分肯定地说，“‘十

图9 伊朗伊斯法罕亚美尼亚旺克大教堂庭院中的石构墓正前端雕刻的十字架，不早于17世纪前期（采自《再认识》，图33）

字莲花'造型碑也并非中国境内独有，古代曾隶属波斯统治的亚美尼亚境内也有比较丰富、造型各异的十字莲花碑。"

笔者当然不否认亚美尼亚与波斯的密切联系。的确，介于拜占庭和波斯之间的高加索地区的古代亚美尼亚、阿尔巴尼亚和格鲁吉亚等虽然受到拜占庭文化的直接影响，但波斯的影响仍然十分强大，因为高加索地区与伊朗之间有长期的跨文化对话①，而且亚美尼亚的统治者与帕提亚的统治者有联系，且对波斯有很强的文化依从和政治倾向②。因此接受基督教的确强化了该地区与西方世界的联系，如亚美尼亚的基督教艺术主要来自叙利亚和拜占庭，但我们仍然能感受到波斯

---

① Stephen H. Rapp Jr, *The Sasanian World through Georgian Eyes: The Iranian Commonwealth in Late Antique Georgian Literature*, New York: Routledge, 2016, p.252.

② [美]莫菲特《亚洲基督教史》第1卷《开端至1500年》，香港：基督教文艺出版社，2000年，13页。

景教艺术对该地区的影响。如果说该地区流行的纯粹的马耳他式十字架或许是直接受到了叙利亚而非波斯景教影响而不予考虑的话[①],那么,该地区流行的“叙-波混合型”十字架则无疑是波斯景教艺术影响的结果[②]。但问题是,亚美尼亚地区这些受波斯景教艺术影响的十字架雕刻在构图上真如穆先生所说,是典型的“十字莲花”造型吗?我们不妨先看看她提供图像资料。

穆先生提供的亚美尼亚境内的十字架图像资料主要包括:一方镶嵌于亚美尼亚葛伽尔德(Geghard)修道院墙体上的十字架及其装饰图案碑刻(图10);亚美尼亚哈格帕特(Haghpat)修道院墙体上雕刻的十字架及其装饰图案(图11);哈格帕特修道院庭院中的一块墓碑上的十字架及其装饰图案(图12)。它们的年代,依据穆先生提供的线索,除了图10的雕刻大概可以早到9世纪以外,其余图11、图12的雕刻都在10—13世纪。

图10 镶嵌于葛伽尔德修道院墙体上的十字架及其装饰图案碑刻,约9世纪(采自《再认识》,图34)

穆先生认为,这些十字架的底座都是“造型独特的莲花座”,由莲花座“伸展出亦花亦叶亦火的双翼,具有较强的抽象性”,并认为它们的造型与洛阳景教经幢上的十字莲花图案“具有较大程度的类似性”、这种“亦

① 该地区纯粹的马耳他式十字架的典型实例可举格鲁吉亚季瓦里(Juari)大教堂外墙门楣上的二天使托举的十字架浮雕,585—604年,参看Stephen H. Rapp Jr, *The Sasanian World through Georgian Eyes: The Iranian Commonwealth in Late Antique Georgian Literature*, fig.4.6.

② 关于“叙-波混合型”十字架的讨论,参看拙稿《十字莲花》,229—231页。

图11 哈格帕特修道院墙体上雕刻的十字架及其装饰图案，10—13世纪（采自《再认识》，图35）

图12 哈格帕特修道院庭院中的一块墓碑上的十字架及其装饰图案，10—13世纪（采自《再认识》，图36）

花亦叶亦火双翼”莲花座“与中国境内发现的景教十字莲花图像具有较大程度的相似性”。穆先生进而怀疑“中国境内发现的‘十字莲花’图案的物品未必全是景教物品，也有可能是亚美尼亚教会传教及其教徒的遗物”。

笔者首先的疑问是，这些是真正的莲花吗？从图片观察，这些植物的外形与莲花的差异十分明显，穆先生大概也注意到了这一点，于是归因于其“造型独特”、“有较强的抽象性”，因此它们看起来“亦花亦叶亦火”，看来穆先生自己也不得不承认它们已远离莲花的基本形态了。但是，无论多么独特、多么抽象，也不能完全脱离莲花的基本形态，否则它可能就不是真正的莲花了——如果不是真正的莲花，与笔者所讨论的莲花就丧失了比较的基础，因为如前文所言，笔者所讨论的莲花图案都是写实的、外观形态不会产生任何歧义的真正的莲花。其次，对照本文图1至图4便不难发现，亚美尼亚十字架与装饰植物的构图形式与笔者所讨论的“十字莲花”的构图形式有明显差异,从考古类型学的角度看,二者属于不同的类型,因此说它们“与中国境内发现的景教十字莲花图像具有较大程度的相似性”是站不住脚的。再次,相较于笔者所提供的材料的年代上限,穆先生所列举的这批材料并没有绝对的年代优势。最后需要补充说明的是,中国境内发现的“十字莲花”图案最早出现于唐代,因此如果穆先生认为中国境内带“十字莲花”图案的物品“是亚美尼亚教会传教及其教徒的遗物”的话,就意味着亚美尼亚教会在唐代就已入华传教。这一推测颠覆了基督教入华史的常识,但没有任何根据。事实上,如果亚美尼亚教会确曾入华传教的话,其时间节点最有可能是在蒙元时期。

穆先生最后列举的一件与波斯教会有关的十字架图案,是镶嵌于印度泰米尔纳度(Tamilnadu)澄奈(Chennai)的圣托马斯山(St. Thomas Mount)教堂墙壁上的十字架主题雕刻(图13)。这件图像资料其实拙稿也援引过[①],其拱形龛楣周缘还刻有巴列维文,约8、9世纪,《再认识》的图直接截取自拙稿。至迟4世纪前期,波斯教会已开始在印度传教,因此将该件十字架雕刻视为波斯基督教艺术遗存应该没问题,而且年代也相对较早。其实同一类型、年代也相仿的作品还见于印度卡拉拉邦(Kerala)戈德亚姆

图13 镶嵌于印度泰米尔纳度澄奈的圣托马斯山教堂墙壁上的十字架主题雕刻(采自Johan Ferreira, *Early Chinese Christianity*, fig. 5)

① 见拙稿《十字莲花》,图13。

（Kottayam）的圣玛丽教堂（St. Mary's Church）墙壁上的十字架主题雕刻，其拱形龛楣周缘同样刻着巴列维文[①]。

笔者在拙稿中已指出，这两枚十字架可视为波斯传统型十字架的代表。它的造型及其植物装饰的样式与亚美尼亚十字架及其装饰颇有几分相似，当然这并不奇怪，因为如前所述，亚美尼亚受到波斯教会的影响。不过，因为这样的相似，穆先生也同样认定它为“十字莲花”图案。但从十字架下方植物的造型看，将其判断为莲花，恐怕难以令人信服。其外观形态其实属于穆先生所说的“亦花亦叶亦火”的那一类，与笔者讨论的“十字莲花”图案中的莲花没有任何相似性。

至于印度境内以及亚美尼亚境内十字架图案下方的这类高度抽象化的植物究竟是什么，笔者不敢妄断，但可以确定的是，它们肯定不是莲花。因此，拙稿所做的某些判断，如“目前并没有可靠证据证明十字架与莲花的组合构图形式源自波斯教会”、“从地域范围来看，‘十字+莲花’的构图模式主要流行于中国境内，中国以外的地区罕见”等，似乎仍然可以成立。

三

事实上，“十字莲花”图案只是拙稿讨论的内容之一。拙稿主要的着眼点，是探讨景教艺术与佛教艺术的关系，因此在论证方式上，是将所有相关材料做通盘考察，力求做到不同类型的材料之间的互通互联，相互印证，而绝非孤立地仅据“十字莲花”图案来探讨景教艺术中的佛教因素问题。当然，这也是论证逻辑的内在要求，因此必须如此，唯有如此，得出的结论才能更加可靠。有心的读者只要稍稍

---

① 见拙稿《十字莲花》，图12。

浏览拙稿，便不难看出拙稿为“通盘考察”所做的努力。拙稿尽可能地把唐元时期不同类型的景教艺术材料中的佛教因素加以观照，从而形成相互支撑的证据链，这些材料包括景教经幢、景教碑、景教墓石雕刻、景教绢画、景教壁画等。所以如果论者仅论证“十字莲花”图案与佛教无关，而对其他景教艺术材料中的佛教因素视而不见，这显然不行，论者也必须要正面回应其他材料中与佛教有关的信息。如果不回应，这样的论证逻辑则存在重大缺陷。反观《再认识》一文，除了“十字莲花”图案以外，对拙稿涉及的其他景教艺术材料均无任何提示和回应。

同理，同一件文物上附着的信息也必须作整体考虑，这是我们做文物研究的最低要求，因此如果按照穆先生只关注“十字莲花”图案的做法，还会直接造成十分尴尬的情况。比如，就洛阳景教经幢而言，经幢本身是模仿佛教经幢而建造的，这是毋庸置疑的，其形制结构完全是佛教经幢的复制，而它上面的“十字莲花”图案的两侧还对称雕出了佛教的飞天，与“十字莲花”图案形成组合关系①。在这种情况下，如果我们认定经幢上的“十字莲花”图案与佛教无关，那么就会出现这样的奇怪判断：就经幢本身而言，与佛教有关，附着其上的飞天也与佛教有关，可附着其上的莲花却与佛教无关！这岂不是太匪夷所思了？这样的判断怎么可能让人接受呢？

最后必须指出，《再认识》还有不少地方做出的判断都太过随意，如果按照黄侃先生“不忽细微”的要求，这些判断都经不起进一步的逻辑推敲。

如穆先生推测说，“蒙古统治伊朗初期、改奉伊斯兰教之前，蒙古王公贵族们所信奉的基督教更大可能是亚美尼亚派系。因此，笔者

---

①参看拙稿《十字莲花》，图5、图6。

疑中国北方地区回鹘人和蒙古人所奉的‘也里可温’教或许是亚美尼亚基督教派系？”穆先生这样推测的目的，似乎是想表达这样一层意思：蒙元时期中国北方地区流行的“十字莲花”型十字架源自亚美尼亚。关于拙稿所讨论的“十字莲花”图案中的莲花与亚美尼亚十字架下所谓的“亦花亦叶亦火”植物装饰纹样之间的差异，前文已作分析，这里不再赘述，笔者仅想指出这段话本身存在的问题。事实上，考虑到蒙古西征这一历史背景以及蒙古汗国所涵盖的地理范围，的确不能排除蒙元“也里可温”教中也包含有来自中亚甚或西亚的景教新因素的可能性，但将“也里可温”教视为直接来自亚美尼亚基督教派系则肯定违背了常识。

再如穆先生认为，“犹太教、伊斯兰教为彻底的一神教，反对偶像崇拜，不太可能与佛教造型艺术发生什么影响与被影响关系”。这样的判断太过绝对，其实宗教图像母题之间的借鉴和相互影响并不受一神或多神、偶像崇拜或非偶像崇拜的影响，是否借鉴吸收，完全取决于自身的需要，因此在借鉴吸收的过程中，吸收者往往会改变被吸收者的宗教内涵和宗教功能，从而为己所用。这样的例子不胜枚举，笔者对此有专文讨论，这里不再赘述①。其实不唯宗教图像，任何图像、形象在流播过程中情况也大致相似。对此，邢义田先生的看法切中肯綮，他说：“形象特征在流播的过程里，会保留，也会变化、增添或丢失。在不同的文化脉络里，形象特征更会被其他身份的‘人’或‘神’所全部或部分借用，最后‘形象拥有者’原来的身份甚至可以消失，而以完全不同的身份再现。”②

综合以上分析，笔者认为《再认识》一文对拙稿的质疑似乎难以

① 参看拙稿《略论宗教图像母题之间的借鉴问题》，88—112页。

② 参看邢义田前揭文，463页。

成立，而且在材料使用、研究方法和论证逻辑上也存在一定的缺陷。从现有考古文物资料来看，“十字莲花”造型的确为中国景教艺术的创造，可视为中国景教艺术的标志性造型；其中的莲花元素是景教传入中国之后吸收自佛教，与西亚的所谓莲花崇拜、圣花崇拜传统不存在直接的渊源关系；从相关资料的空间分布范围看，它主要分布于唐元时期的中国境内，因此该物象无论时间轮廓还是空间轮廓都十分清晰。至于它在蒙元时期有没有可能辐射到中国以外的地区，特别是反向传到中亚、西亚和高加索地区，则是需要另外讨论的问题。总之，在穆先生没有找到新的证据以前，笔者的上述观点即拙稿的基本观点似乎仍然可以成立。

（本文原载《北方民族考古》第14辑，2022年）

从林伽到镇风塔
——泉州印度教文化演变一例

泉州是当之无愧的世界宗教博物馆，尤以宋元时期为盛，彼时此地流行的宗教包括佛教、道教、景教、天主教、摩尼教、印度教、伊斯兰教等，这在当时的中国无出其右。而泉州的印度教遗迹则更是我国考古文博界的一道独特风景线，因为在全国范围内，今天目之所及，泉州是唯一一座拥有真正意义上的印度教遗迹的城市，在泉州申遗工程中扮演了重要角色。就此而言，泉州堪称我国印度教文化的唯一标本库，其学术意义和宗教文化意义自不待言。泉州的印度教寺庙继承了印度本土印度教寺庙的建筑传统，以石材为主，因此泉州的印度教遗迹主要来自当地印度教寺庙被毁后的大量残存的石质建筑构件以及少量保存相对完整的石柱，其上丰富的浮雕图像为我们了解泉州印度教的宗教内涵及其与印度本土的关系，打开了一扇视窗。以往学术界对这些浮雕图像已有所关注与研究[①]，然而，大概是文献线索太少的缘故，泉州的另一处重要的印度教遗迹，即矗立于石笋公园的石笋，关注不是很多，对其年代、名称、性质、功能等均无明确研判，歧说甚多[②]。事实上，早在20世纪60年代，庄为玑先生就指

---

①相关研究综述，参看王丽明《泉州印度教石刻研究回顾与思考》，《海交史研究》2016年第1期，122—136页。

②石笋于1961年被确定为福建省第一批省级文物保护单位，从此有了正式的说明文字。现立于石笋旁的说明文字碑碑文如下："石笋系宋以前遗物，高三公尺，状如笋，（转下页）

出了石笋的印度教文化属性①,但没有得到应有的重视。近年来,笔者由于学术和教学的需要,先后多次带学生考察泉州的宗教遗迹以及其他古代遗迹,其中三次考察石笋,确认其为印度教的重要崇拜对象——湿婆的象征物林伽(Liṅga)。通过进一步考察泉州的其他古代遗迹,笔者进一步认识到,其功能在古代泉州发生了令人意想不到的转变,从而成为印度教文化在泉州演变的一个经典个案。

一、石笋及其年代

石笋,立于泉州临漳门外笋江边的一个叫龟山的小山丘上,紧靠笋江大桥和石笋古渡,它其实就位于古代笋江的津渡旁。石笋下粗上细、自下而上逐渐内收,直至顶端收为尖状,一收到顶,不分层级,因此其整体上呈圆锥状结构,高约3.15米,底部周长4米。石笋原由一方含粗砂粒的花岗岩巨石通体雕凿而成,后屡遭人为破坏,最终断裂为7段,现已将断裂的7段用粘合剂粘接复原。石笋的外形酷似勃起的男性生殖器,事实上,它表现的就是勃起的男根,即印度教崇拜的林伽(图1)。从20世纪三四十年代拍的老照片看,尖端下部稍膨大,其表现的应是男根龟头部分的冠状沟,彼时这部分尚未断裂(图2),现在这部分已经断裂,并重新缀接,但尖端下部不复有膨大的表现,疑尖端部分已非原物(参看图1)。老照片所见并不是石笋的全部,石笋

(接上页)故名。可能为古代人民镇邪或原始祖先崇拜的遗存。是考古和民俗学的研究资料。”说明文字对石笋的年代、得名以及性质和功能作了简要提示。由于这些说明文字具有官方性质,因此这些说法影响颇大。除了镇邪说、原始图腾崇拜说,还有风水说、生殖崇拜说等,但现在看来,这些说法与事实均相去甚远。

① 参看庄为玑《泉州印度教寺址的调查与研究》,《泉州文史》1982年6、7期合刊,84—85页;同氏《泉州印度教史迹及其宗教艺术》,《世界宗教研究》1982年第2期,78—80页。

图1 石笋现状（笔者自摄，带比例尺，比例尺高度为1米）

图2 20世纪三四十年代的石笋（采自吴文良《泉州宗教石刻》，图版D75）

下部的一部分尚埋在地下，直到80年代才彻底恢复原貌[①]。观察石笋细部的表现，不难看出，它所呈现的男根形象是很写实的，因此石笋表现的是确凿无疑的男性生殖器。所以“石笋”并不是它的原名，它的原名应叫林伽。人们以石笋相称，不仅仅是因为它状如春笋，主要还是想回避它与男根的联系。从下文所引古代诗文、方志等文献看，早在宋代，人们就以石笋相称，且石笋所临的江及所临的渡桥，皆以石笋为名，称“笋江”、“石笋桥”。

按照印度教的传统，林伽一般不会孤立存在，通常与约尼（Yoni）形成组合关系。约尼是女阴的象征，呈磨盘状，中间内凹，并有一个外伸的流。林伽通常立于约尼的正中央，形成固定搭配，因此约尼看上去像是林伽的基座。所以石笋的底部

① 参看黄天柱《石笋的象征性和建造年代》，载氏著《泉州稽古集：泉州文物史迹杂识》，北京：中国文联出版社，2003年，115页。

应该配有约尼基座才合理，但现在，石笋的底部并不见约尼基座。据1964年厦门大学考古队进行的考古调查，始知石笋基址与石笋本身已经分离，并不是连在一起的①。可惜基座今已不存。据了解，基座由两块花岗岩叠砌而成，近似磨盘，其中上面一块中间下凹，当地人将其形象地俗称为"仙尿盆"，其实这个被称为"仙尿盆"的磨盘状物就是约尼，当然也应该有一个外伸的流。这说明石笋与"仙尿盆"的组合其实就是林伽与约尼的组合。这是我们判定石笋为印度教的林伽而不是一般的男根崇拜物的主要依据。这种组合的石刻图像后来反复出现于泉州的其他印度教石刻中，可以作为旁证。

我们的文化传统中，比较多见的是独立的男根崇拜物（如考古发现的石祖、陶祖一类），因此这种将男根女阴组合在一起的做法在我们自己的文化传统中没有任何线索，而印度教恰好有这样的做法，而泉州恰好又是全国唯一存在印度教遗存的地方，而且这类文物泉州以外地区也未见。在这种情况下，我们不将其跟印度教联系，似乎没有更好的选择。

既然石笋原有基座，应比现在更高，可以想象它孑然卓立、一柱冲天的气势。虽然如上所述，我国古代特别是上古先民也有男根崇拜习俗，因而考古发现中石祖并不罕见，但体量如此之大、如此露骨地表现男根的形象，在我国传统文化环境中十分罕见，因而视其为不雅之物、有伤风化之物者，代不乏人，故人们不愿称其原名，回避它与男根的关系，以"石笋"代称。不幸的是，石笋一再遭到损毁。现存最早记载石笋及其被损毁情况的文献是《（万历）泉州府志》，其卷二载："清源之前、郡城西南则有龟山，在三十四都，出临漳门一里许。其形如龟，今置山川坛。其西有石，高二丈许，卓立如笋。宋郡守高惠连

---

①参看庄为玑《泉州印度教史迹及其宗教艺术》，79页。

以私憾击断之，成化中，知府张嵓以旧断之石补之。”[①]《闽书》卷七略有补充：“坛西有石，卓立二丈许，名石笋。其下为江，名笋江也。”[②]“二丈许”可能稍显夸张，推测加约尼基座，石笋总高度大约4米多。

高惠连系晋江安平（今安海镇）人，大中祥符四年（1011），以朝奉大夫知泉州[③]，但因其在任期间迁府学、断石笋事，不见容于泉人，以致现存主要的泉州方志文献，如《（万历）泉州府志》、《（乾隆）泉州府志》、《（乾隆）晋江县志》等，均不专载其事迹[④]。高氏是目前所知最早毁坏石笋的人，但当时石笋仅一断为二。

有学者认为，自石笋被高惠连击断后，直至明成化间张嵓知泉州时才修复，其间废置了四百多年，没有任何修复[⑤]。现在看来这一判断与事实不符，试想，如果一直得不到修复，石笋的残段很难在原地原封不少地保存四百多年。一种观点认为，石笋被高惠连毁坏后，很快就被修复了[⑥]，不过论者所据的主要证据可能存在问题。所据主要是北宋谢履（1017—1094）写泉州风物的一句诗：“秋日莲峰净，春风石

---

① ［明］阳思谦修《（万历）泉州府志》卷二《舆地志中・山》，明万历刻本，爱如生中国方志库，100页。顺带需要提及的是，有人认为“龟”字的发音与闽南语称女阴的发音一致，因此此山既名“龟山”，暗示此山形近女阴。但《（万历）泉州府志》已明确交代了此山的得名是因为“其形如龟”，因此将此山名与女阴相联系有穿凿之嫌。

② ［明］何乔远纂，厦门大学古籍所点校《闽书》卷七《方域志・泉州府・山》，福州：福建人民出版社，1994年，168页。

③《（万历）泉州府志》卷五《规制志・学校》、《（乾隆）晋江县志》卷四《泉州府学》、《（乾隆）泉州府志》卷十三《泉州府学》以及《（道光）晋江县志》卷十四《学校志》等均载高惠连迁府学事在大中祥符二年（1009），据此则高惠连知泉州在大中祥符四年之前，但其实是误记。学者已据李之亮《宋福建路郡守年表》（巴蜀书社，2001年）的记载予以辨正，参看林振礼《宋代泉州府学、石笋变迁管窥》，《泉州师范学院学报》2006年第5期，51页注②。

④ 相关分析，参看陈泗东《俞大猷、高惠连、李卓吾、许邦光父子事迹考》，原载《泉州文史》1989年第10期，此据《陈泗东文史类稿》，香港：闽南文化出版社，2018年，281—283页。

⑤ 参看林振礼《宋代泉州府学、石笋变迁管窥》，54页；［美］余得恩著，王丽明译《泉州印度教石刻艺术的比较研究》，《海交史研究》2007年第1期，14页；傅金星《山川民俗话石笋》，载《傅金星文史类稿》，香港：闽南文化出版社，2018年，165页。

⑥ 黄天柱先生就持类似的看法，参看氏著《石笋的象征性和建造年代》，115页。

笋抽。”按这句诗最早见录于南宋王象之的《舆地纪胜》中[①]，但窥诸文意，诗里的“石笋”并不是指本文所讨论的石笋。检诸舆地文献，可知泉州有莲花峰、石笋峰，皆在清源山中，而且二峰相距不远[②]。所以谢诗上句的“莲峰”无疑即莲花峰，那么下句也当以山峰对，更显对仗工整，因此这里的“石笋”自然当指“石笋峰”了。当然，以石笋峰为对，还因为它与莲花峰邻近。

不过，结合后文对洛阳桥上的镇风塔与石笋关系的分析看，石笋的首次修复不晚于洛阳桥的建成，即北宋嘉祐四年（1059）。

南宋绍兴三十年（1160），僧文绘将石笋旁的渡桥改作石桥，并以“石笋”命名（参看下文所引《八闽通志》卷十八“石笋桥”条的记载）。乾道四年（1168）泉州知州王十朋作《石笋桥诗》以记之：“刺桐为城石为笋，万壑西来流不尽。”[③]这表明，至南宋绍兴时期，石笋早已成为附近地面的标志性建筑。

如果张嵓修补的记载也属实，那只能说明，南宋乾道以后至明成化以前，石笋曾再遭损毁。迹象表明，经张嵓修补复原后，又遭损毁。从20世纪三四十年代的照片看，石笋已至少断为5段，但彼时石笋根部埋入土中较多，笋身并未全部露出（参看图2），根据吴文良先生的提示，知当时已断为6段[④]。而目前已断为7段，说明40年代以后仍有损断，推测新的损断应在冠状沟部位。可见石笋曾历经劫难，伤痕累累，而今仍能基本存其原貌，实属不幸中的万幸。

据上文所引《闽书》的记载以及下文所引明《（弘治）八闽通志》

---

① ［南宋］王象之著，李勇先点校《舆地纪胜》卷一三〇《福建路·泉州·诗》，成都：四川大学出版社，2005年，4130页。

②参看下文所引《（万历）泉州府志》卷二《舆地志中·山》“清源山”条。

③［南宋］王十朋《梅溪先生后集》卷十九，四部丛刊景明正统刻本，上海：商务印书馆，1919年，403页。

④吴文良原著，吴幼雄增订《泉州宗教石刻》，北京：科学出版社，2005年，502页。

的记载，石笋所临的江以及所临的桥的确均以石笋命名，且这种命名在宋代已经出现，可见石笋年代的久远，但其建造的具体年代，文献无征。根据上引高惠连击断石笋的记载，可知高氏知泉州之前，即1011年之前，石笋已经存在。值得注意的是，如前所述，石笋的石材是粗质花岗岩，跟泉州现存的其他印度教石刻形成鲜明的对比，后者多用青石。石材的不同意味着年代的差异，同为印度教遗迹，但石笋的年代远早于泉州现存的青石类印度教石刻①。

关于石笋的年代，有主张秦汉以前，有甚至主张史前时期。现在，既然我们已经确定其为印度教遗迹，那么秦汉以前、史前时期等说法可置不论，因为没有任何直接证据表明，婆罗门-印度教在唐以前已在我国正式传播②。有主张唐代③，这一说法倒是值得重视，因为唐代

---

①韩振华先生最早注意到石质差异意味着年代差异，他说，凡石作青色者，其年代未能早于宋元之间以前，凡石作白色者，属早于此一年限之古石刻，他还解释了其中的原因。这是非常有见地的判断。参看韩振华《宋元时代传入泉州的外国宗教古迹》，《海交史研究》1995年第1期，99页。

②一种观点认为，婆罗门教在秦汉以前已传入我国，受其影响，有学者认为泉州的石笋是秦汉以前的遗物，参看吴文良《婆罗门教的传入和泉州的印度教寺》，载《泉州宗教石刻》，516页。有学者认为印度教大概与佛教同时传入我国，参看黄心川《印度教在中国的传播和影响》，《宗教学研究》1996年第3期，77页；有学者认为婆罗门教在隋以前的中国就存在过，参看严耀中《〈隋书·经籍志〉中婆罗门典籍与隋以前在中国的婆罗门教》，《世界宗教研究》2009年第4期，107—116页。但上述观点所列的主要证据其实是婆罗门教文化因子对中国的影响以及零星的婆罗门教徒的在华活动，这与婆罗门-印度教在华的正式传播还有很大差距——是否建有寺院是正式传播的标志之一。有学者注意到东南亚地区很早就受到了婆罗门-印度教的影响，进而认为我国南方沿海地区很早就受到了婆罗门-印度教的影响。虽然东南亚地区早在公元1世纪就出现了印度化国家（参看［法］赛代斯著，蔡华等译《东南亚的印度化国家》，北京：商务印书馆，2008年，69—72页），但婆罗门-印度教对我国产生的影响，与东南亚地区相比，不可同日而语。有学者认为汉画像石中出现了贵霜王和公牛南迪的形象（朱浒《汉画像胡人图像研究》，北京：生活·读书·新知三联书店，2017年，358页），因为公牛南迪是湿婆的坐骑，所以有学者进一步将其视为婆罗门教相关因子很早即入华的证据之一。且不论这一图像比定是否存在问题（事实上存在很大问题），即便比定正确，也不宜视为汉代婆罗门教因子入华的证据，因为它只能代表贵霜艺术的东传，在东传过程中，这些图像元素已符号化了，很难说还保有其原有的内涵。

③参看庄为玑《泉州印度教史迹及其艺术》，80页。

在南方沿海地区的确出现了印度教寺庙。据日本真人元开所著《唐大和上东征传》的记载，鉴真和尚于天宝七载（748）底抵达广州时，广州有婆罗门寺三所，并梵僧居住，又江中有婆罗门（印度）、波斯、昆仑（爪哇）等船，并载香药、珍宝，积载如山①。这里所说的婆罗门寺，应即印度教寺庙，这里所说的梵僧，应即婆罗门教徒或印度教徒，可见当时广州已有印度教寺庙，且不止一座。可惜广州的印度教遗迹今已荡然无存。

但并没有证据表明，印度教在唐代已传入泉州。近期，有学者认为找到了石笋建于唐代的新证据，认为这一证据可以终结百年来有关石笋年代的争论②。作者所谓新发现的史料证据，是《（乾隆）泉州府志》卷六五《方外志·仙道》"唐蔡尊师"条的记载："（蔡如金）后炼丹北山清源紫泽洞。时有邬使君者，同游石笋……又同游金鸡，坐榕树下，如金含酒喷树，木叶尽脱……邬则不能也。"③据该条记载，唐代道士蔡如金曾居泉州清源山紫泽洞从事炼丹活动，并曾与道友邬使君同游石笋。作者由此断定本文所讨论的石笋为唐代遗物无疑。

关于唐代道士蔡如金晚年居清源山修炼事，较早的记载见于《舆地纪胜》卷一三〇《福建路·泉州府·仙释》"蔡尊师"条："名如金，泉州人，唐天宝间为太原守。弃官居清源洞，修真炼法，蝉蜕而去，敕赐灵应先生。"④但王象之并未载其与道友同游石笋事，直到《（弘治）八闽通志》卷六八《人物·泉州府·仙释》"唐蔡如金"条，仍不载此事，可见其与道友同游石笋事是清代以后添加的，不足凭信。退一步

---

①［日］真人元开著，汪向荣校注《唐大和上东征传》，北京：中华书局，2000年，74页。

②不具姓名者《终结百年争论的史料新发现：泉州石笋系唐代遗物》，文载"乡音文化"微信公众号第184期，2021年7月。

③［清］怀荫布等纂修《（乾隆）泉州府志》卷六五，清光绪八年补刻本，爱如生中国方志库，7450页。

④［南宋］王象之著，李勇先点校《舆地纪胜》卷一三〇，4128页。

说，即便将《（乾隆）泉州府志》的记载视为可靠材料，也不能作为石笋建于唐代的证据。因为这里记载的“石笋”并不是本文所讨论的石笋，而是指清源山的“石笋峰”。

泉州的确有山峰称石笋峰，但几乎所有的学者都将文献中指石笋峰的“石笋”误以为是指本文所讨论的林伽石笋了[①]，严重地张冠李戴，在此不得不稍加辨析。现存记载泉州“石笋峰”最早的舆地文献是南宋祝穆的《方舆胜览》，该书卷十二《福建路・泉州・山川》列有“石笋峰”条，该条下引出了宋无名氏《谯楼上梁》诗“人杰已知符石笋”[②]。因此诗里的“石笋”，毫无疑问是指石笋峰。这句诗实际上是在讲泉州的形胜，看了诗的下半句就更清楚了[③]。所谓“形胜”，是指地理形势优越，其对象是山川河流、江海湖泊，因此诗里的“石笋”，跟本文所讨论的石笋完全是两回事儿。

《舆地纪胜》卷一三〇《福建路・泉州・风俗形胜》引南宋陈知柔《修二门记》：“表以紫帽、龙首之峰，带以金鸡、石笋之阻。”同书同卷《福建路・泉州・景物下》“紫帽山”条：“郡之前案也。常有紫云覆其顶上。”[④]所以陈知柔的这两句话实际上也是在讲泉州的形胜，其中涉及紫帽峰、龙首峰、金鸡山、石笋峰等。这两句话涉及的山峰的名字后来被当地方志文献在讲泉州形胜时反复引用。

《方舆胜览》卷十二《福建路・泉州》卷末附诗：“清源、紫帽，

---

① 如傅金星《山川民俗话石笋》，164—165页；黄天柱《石笋的象征性和建造年代》，115页；林振礼《宋代泉州府学、石笋变迁管窥》，54页，等等。

② ［南宋］祝穆著，施和金点校《方舆胜览》卷十二，北京：中华书局，2003年，209页。

③ 该诗的下半句是：“魁星还复谶金鸡。”“魁星”应是指今泉州永春县的魁星岩，《方舆胜览》卷一二《福建路・泉州・山川》“魁星岩”条：“魁星岩，永春县庠之对山。”施和金点校本，209页。“金鸡”应指今泉州南安县的金鸡山，《舆地纪胜》卷一三〇《福建路・泉州・景物下》“金鸡山”条：“金鸡山，《九域志》云，在南安县南六里，昔常有金鸡见于上。”李勇先点校本，4118页。

④ ［南宋］王象之著，李勇先点校《舆地纪胜》卷一三〇，4114、4119页。

素标图牒之传；石笋、金鸡，屡谶衣冠之盛。”[①]《八闽通志》卷二《形胜·泉州府》：“表以紫帽、龙首之峰，带以金鸡、石笋之阻。北枕清源，西拱紫帽。涨海经其南，岱屿襟其会。”[②] 这里的“清源”，当然是指泉州著名的清源山了，紫帽、龙首、金鸡等皆为山峰的名字，已见前述，那么毫无疑问，这里的“石笋”，都应是指石笋峰了。

《闽书》卷七《方域志·泉州府》在总结泉州形胜时说：“川逼溟渤，山连苍梧。表以紫帽、龙首之峰，带以金鸡、石笋之阻，其形胜也。”[③] 显然，这里的石笋也是指石笋峰。

其实，将山峰名“石笋”并非孤例。四川眉山、青神地带也有山峰名“石笋”，宋代以来即有此称谓（见范成大《吴船录》上卷《中岩行记》）。“灵岩石笋”是明代“眉州八景”之一，石笋峰是眉山、青神地带的胜景之一。《古今图书集成·职方典》、《四川通志·外纪》以及《青神县（旧）志·山川古迹》等均有载。盖山峰崎峭、高耸如笋者，往往能得是名。

非常遗憾的是，多年以来，在讨论本文所讨论的石笋时，几乎所有的学者都将上引诸舆地文献中指石笋峰的“石笋”，误认为是本文所讨论的石笋了。这一误读对持风水说的学者影响尤大，一起误读的还有金鸡山，但对象既错位，其谬也远矣。

那么，石笋峰究竟在泉州什么地方呢？《（万历）泉州府志》卷二《舆地志中·山》“清源山”条给出了答案：“又南左为瑞像岩，岩石崒嵂，面平如砥，名天柱峰，镌释迦石像。对峙一峰，危立成列，号罗汉峰。又有狮子峰、回舶峰、莲花峰、云髻峰、石笋峰。”[④] 据此可知，

---

① ［南宋］祝穆著，施和金点校《方舆胜览》卷十二，215页。按“鸡”，旧版误刻为“溪”，因为“鸡”的繁体“雞”与“溪”形近，但点校本未校改。

② ［明］黄仲昭修纂《八闽通志》卷二，福州：福建人民出版社，2006年，46页。

③ ［明］何乔远纂，厦门大学古籍所点校《闽书》卷七，480页。

④ ［明］阳思谦修《（万历）泉州府志》卷二《舆地志中·山》，95页。

石笋峰在清源山中，离瑞像岩不远。

蔡如金既居清源山紫泽洞，与道友同游同在清源山的石笋峰可谓近便，后来他们又同游了金鸡山，因此根据上下文不难看出，他们游历的对象都是山川，这也符合古人游历的一般逻辑，难以想象若以本文所讨论的这个孤零零的石笋为游历对象，不知该如何游历？要之，即便我们相信一回清人对唐人的追记，那蔡如金与道友同游的石笋，也应是清源山的石笋峰，而不是我们现在所讨论的林伽石笋。因此，石笋唐代说难以成立。

婆罗门-印度教的传入，不能不考虑大量的印度商人东来这样一个大背景，有唐一代，并没有大量的印度商人泛海来泉州的迹象。泉州现存的其他主要印度教遗迹应是宋元时期印度商人在泉州活动的结果，这一点当无异议。唐代泛海而来的印度人主要集中于广州，因此广州出现印度教寺庙并不奇怪。所以，不考虑泉州与印度的商贸情况，孤立地谈石笋的年代，是不符合逻辑的。

笔者倾向于石笋建于五代十国的闽国（909—946年）至北宋早期，即公元10世纪。这与闽国以来泉州海外贸易逐渐兴盛、泉州港逐渐获得始发港的地位息息相关。泉州港的兴盛始于公元10世纪[①]。

外商至福建沿海贸易，在唐代已为数不少，其中泉州当为外商最多之地[②]。但我们可以从一个侧面观察泉州海外贸易真正兴起的时间节点。迄今为止，包括泉州湾在内的福建海域发现的古代沉船年代最早为五代时期，主要集中于两宋时期，兹举其要者：1973年，在泉州后渚港发现宋末沉船；1980年代末，在连江定海湾发现宋元时期沉船“白礁一号”和“白礁二号”；2008年，在莆田北土龟礁海域发现宋代

①参看庄为玑《宋元明泉州港的中外交通史迹》，原载《厦门大学学报》1956年第1期，收入氏著《海上集》，厦门：厦门大学出版社，1996年，179页。

②方豪《中西交通史》上，上海：上海人民出版社，2015年，226页。

沉船，判断年代为“南宋早期”；同年，在漳浦沙洲岛海域发现元代沉船；2009年，在平潭分流尾屿发现五代时期沉船；同年，在平潭大练岛北部西南屿再次发现宋代沉船；2010年，在漳浦半洋礁海域发现宋代沉船①。这些沉船的年代上起五代，下至明清，而以宋代居多，相信这不是偶然的巧合，它似乎可以间接说明，泉州海外贸易的勃兴始于五代十国时期。

闽国时期，特别是王审知统治福建期间，为政以德，劝课农桑，轻徭薄赋，奖励通商，深得民心。东南海陬蛮荒之地，经王氏开发后，面貌大为改观。

王审知对海外商业贸易极为重视，主动“招来海中蛮夷商贾”②，并委托同乡张睦专门负责海外贸易。睦佐审知甚忠，雍容下士，招来蛮夷商贾，敛不加暴，国用日以富饶。睦卒，闽人思其德政，立祠以纪念③。据记载，当时王审知的侄子王延彬兼泉州刺史，经过他的管理，泉州空前繁盛，其经济主要靠海外贸易支撑，最具代表性的就是所谓“蛮舶”，即从南方来的外国船只。王延彬在任二十六年，岁屡丰登。由于在鼓励海外贸易上取得很大成就，他获得了广为人知的“招宝侍郎”的雅号④。故而学者判断，闽国的贸易，无论是与中原其他国家的贸易，还是与南方海上诸国的贸易，数量都是十分可观的⑤。可见其时泉州的海外贸易已非常发达，当时泛海而来的蕃商应主要由印度人、

---

①参看泉州海外交通史博物馆编《泉州湾宋代海船发掘与研究》（修订版）上编，北京：海洋出版社，2017年；福建沿海水下考古调查队《福建沿海水下考古调查》，《文物》2014年第2期，29—40页；国家文物局水下文化遗产保护中心等编著《福建沿海水下考古调查报告（1989～2010）》，北京：文物出版社，2017年。

②《新五代史》卷六八《闽世家第八·王审知世家》，北京：中华书局，1974年，846页。

③张睦事迹，参看《八闽通志》卷六三《人物·福州府·寓贤》“五代·张睦”条，675—676页。

④王延彬事迹，参看［清］怀荫布等纂修《（乾隆）泉州府志》卷四十《封爵》“五代·王延彬”条，4033—4034页。

⑤［美］薛爱华（Edward H. Schafer）著，程章灿等译《闽国：10世纪的中国南方王国》，上海：上海文化出版社，2019年，114页。

阿拉伯人和波斯人组成，其次是东南亚诸国以及高丽等国的商人，因此我们有理由相信，闽国时期泉州迎来了其历史上蕃商聚集的第一个高峰，同时也是泉州历史上印度人聚集的第一个高峰。

入宋，泉州的海外贸易势头不减。据《宋史》记载，太平兴国初，“诏诸蕃香药宝货至广州、交趾、两浙、泉州，非出官库者，无得私相贸易”①（《宋会要》所载同）。这则诏令明确将泉州与广州、交趾、两浙并提，其时泉州在全国海外贸易中的地位可见一斑。太平兴国二年（977），泉州节度使陈洪进及其子陈文颢来朝，以“贺登极”等繁多名目，进贡了大量的海外产品，仅乳香一项，总计就达数万斤②。是故学者认为，早在北宋初年，泉州的海外贸易已经有很大的发展③。其实，更确切地说，较之闽国时期，有了更大的发展，所以此时来泉州经商的印度人应更多。

闽国以来泛海而来泉州的印度商人越来越多，印度教也随之传到了泉州，因为这些印度商人中，多数是属于构成印度文化主流的印度教教徒④。

综上所述，笔者将石笋建造的年代推定为闽国至北宋早期，庶几符合历史事实。

二、印度教的林伽崇拜及其在泉州的遗痕

印度的林伽崇拜非常古老，早于印度教的产生，起源于远古的印度河文明时期。《往世书》认为林伽是宇宙的起源，《室犍陀往世书》

① 《宋史》卷一八六《食货志下》，北京：中华书局，1985年，4559页。

② ［清］徐松辑，刘琳等点校《宋会要辑稿·蕃夷七》，上海：上海古籍出版社，2014年，9936页。

③ 周中坚《宋代泉州港地位的三次演变及其繁荣》，《泉州文史》第六、七辑，1982年，119页。

④ ［日］井原御山《印度教》，东京：大东出版社，1943年，545页。

尊林伽为宇宙的最高存在。在《往世书》有关林伽现形的神话中，湿婆是众神所尊崇的世界之主。当梵天与毗湿奴争夺创造神的地位时，一个巨大无边、光芒万丈的林伽出现在他们面前，被认为是整个宇宙的中心点。

在印度教语境中，林伽是印度教湿婆派和性力派崇拜的男性生殖器，是印度教寺庙里膜拜湿婆的标志，是湿婆永恒的象征。在印度教诸神中，湿婆是毁灭之神，也是生殖之神，代表着人口繁衍，多子多福，因此祭祀膜拜林伽也包含了生殖崇拜。在供奉湿婆的庙宇中，湿婆主要是以林伽的形式得到祭祀，林伽在神龛中牢固地占有一席之地[①]。印度东部有些地方甚至成片出现湿婆林伽崇拜的神庙，如在奥里萨邦（Orissa）首府布巴内斯瓦尔（Bhubaneswar）周围就有百余座湿婆林伽神庙，其中林伽之王神庙是最宏伟的一座[②]。家宅湿婆神龛也主要供奉林伽，性力派教徒胸前还佩戴林伽标志。如前所述，林伽呈勃起状，以约尼为底座。约尼代表女阴，象征湿婆的妻子。这种组合的含义是：阴阳二性永不分离，阴阳交合即万物的总体。

随着印度教向古代东南亚地区的传播，林伽崇拜也传播至东南亚，因此该地区也留存了大量的古代林伽实物，以石材雕刻为主，也有铜石结合者，即约尼及基座为青铜，林伽为石质。从印度、东南亚的林伽约尼组合来看，其结构自上而下是：林伽、约尼、束腰须弥座底座。林伽插于约尼正中，约尼延伸出一个象征女阴的长长的流（图3、4）。不过，有的林伽上还刻有湿婆的头像作为装饰，被称为穆卡林伽（Mukhaliṅga），即有首林伽，有时也刻其他神祇的头像[③]。

---

① ［德］施勒伯格著，范晶晶译《印度诸神的世界——印度教图像学手册》，上海：中西书局，2016年，85页。

② 马维光《印度神灵探秘》，北京：世界知识出版社，2014年，115页。

③ 同上注，86页。

图3 柬埔寨国家博物馆收藏的一件林伽，9—13世纪。林伽为花岗岩，约尼与基座为青铜。其体量较小，可能属于私人祭坛用品（采自Louise Allison and Paul Jett, eds., *Gods of Angkor*, 2010, p.117, fig.56）

图4 柬埔寨国家博物馆收藏的另一件林伽，9—13世纪。林伽为水晶，约尼与基座为麻石。其体量较小，可能属于私人祭坛用品（采自Helen Jessup, eds., *Masterpieces of National Museum of Cambodia*, fig.42）

随着印度教的传入泉州，林伽崇拜的痕迹在当地的印度教石刻中一再出现，目前在泉州现存的宋元时期的印度教石刻中，至少有5幅表现林伽的浮雕图像：一幅是“牛舔林伽”，林伽位于一头牛的身体下方，牛正回头够舔林伽（图5），“牛舔林伽”主题也见于南印度的印度教寺庙中，如泰米尔纳杜、普杜果泰的神庙中（图6）。一幅是林伽与大象组合，石刻浮雕一头象，左侧雕一棵树，树下为林伽，象鼻吸一朵莲花，覆盖于林伽上（图7）。这种“林伽与大象”的雕刻也是南印度许多印度教寺庙石柱上常见的装饰母题，因此以上两幅图像为考察宋元时期泉州印度教的具体来源提供了重要线索。学者很早就注意到泉州印度教石刻与南印度印度教的关系，特别是与南印度朱罗时期（Chola，850—1350）艺术的联系①。还有两幅是林伽

① 如萨布拉玛尼恩（T. N. Sabrahmaniam）和约翰·盖依（John Guy）分别于1978年和2001年表达了类似的观点，参看［美］余得恩著，王丽明译《泉州印度教石刻艺术的比较研究》，2页。

与湿婆的组合造像，湿婆一四臂，一双臂，皆结跏趺坐，双手当胸合十，表现的可能是湿婆在林伽前坐禅入定的场景(图8、9)。还有一幅是林伽与双神组合造像，林伽居中，疑此双神仍是湿婆[①]。这些林伽的造型基本一致：林伽呈圆柱状，立于约尼正中，约尼延伸出一个长长的流，约尼下部为束腰须弥座底座，有的须弥座下复施以仰覆莲座。其造型与印度本土的基本一致。

由此可见，在比上述造像更早些的时候，随着印度教的传入，在侨居泉州的印度人群体中，出现林伽崇拜并不奇怪，因此，石笋可以视为五代十国至北宋早期侨居泉州的印度人信奉印度教的产物。因此，泉州的印度教寺庙最早也应出现在这一时期。

不过，石刻图像中的林伽呈柱状而非圆锥状，因此石笋的造型与它们存在一定差异，但不能因此否认它跟印度教的联系。宗教物象在传播过程中发生变异是常见现象，主要是基于其新用途新功能的考

图5 泉州“牛舔林伽”浮雕，宋元时期。石刻原砌于白耇庙焚香炉上，今藏北京故宫（采自《泉州宗教石刻》，图D62）

图6 印度东南部泰米尔纳杜邦（Tamil Nadu）的布里哈迪斯瓦拉（Brihadisvara）神庙里的“牛舔林伽”浮雕，10—13世纪（采自余得恩《泉州印度教石刻艺术的比较研究》，图117）

图7 泉州大象与林伽浮雕，宋元时期。石刻原砌于白耇庙焚香炉上，现藏泉州海交史博物馆

---

①参看吴文良原著，吴幼雄增订《泉州宗教石刻》，图D51。

图8 泉州林伽与湿婆组合浮雕之一，宋元时期（采自《泉州宗教石刻》，图D47）

图9 泉州林伽与湿婆组合浮雕之一，宋元时期（采自《泉州宗教石刻》，图D48）

虑[1]。结合下文从林伽到镇风塔功能转变的分析，笔者对这一变化原因的初步思考是，毕竟用作镇风塔的建筑至少是塔状结构，没有柱状结构的建筑作镇风塔的。所以如果要将林伽当作镇风塔用，就需要将其柱状结构适当改作锥状结构。但锥状更接近男根的形象，因此在印度教语景中，从柱状到锥状的外形改变，并没有改变林伽的性质，只是当它被当作镇风塔用的那一刻起，它的性质就变了。

三、从林伽到镇风塔：功能的转变

石笋虽然可以视为侨居泉州的印度人林伽崇拜的产物，但是人们建造它的原初动机真的就是为了呈现其作为印度教的宗教功能吗？种种迹象表明，它的印度教的宗教属性并不

---

① 参看拙稿《略论宗教图像母题之间的借鉴问题》，载荣新江、朱玉麒主编《丝绸之路新探索：考古、文献与学术史》，南京：凤凰出版社，2019年，88—112页；亦收入本书。

明显。

被称为石笋的林伽矗立笋江边千年以来，已经逐渐融入当地的民间信仰，而成为当地生殖崇拜的对象。以男根为生殖崇拜对象也是我国上古先民的传统，而泉州民间素来认为石笋是男根，是石祖，因而很早就成为当地的生殖崇拜对象了，只要祭祀石笋并以手抚摸，据信便可使不孕的妇女怀孕[①]。湿婆本来就是生殖之神，将其象征物林伽视为生殖崇拜对象，是很自然的，如前所述，这种崇拜在印度民间也广泛存在。从这个意义上讲，其被融入当地的民间信仰而成为当地生殖崇拜的对象，不能视为功能的异化，而是与我国生殖崇拜文化的有机结合。但笔者认为，这并不是该林伽建立的初衷。

我们所说的功能异化，是指其建造伊始的功能定位可能就有所不同。按理，这个后来被称为石笋的林伽本应该遵循印度教的基本传统，供奉在泉州当地的印度教寺庙里，但石笋周围看不到印度教寺庙遗迹的存在[②]，而且石笋比供奉在印度教寺庙的林伽体量大得多，是后者的若干倍，因此石笋不可能是供奉在印度教寺庙里的林伽，而是脱离印度教寺庙独立存在的，这使人首先对它建立的初衷是否出于印度教林伽崇拜的目的产生了怀疑。那么，如果其建立的初衷既不是林伽崇拜，又不是生殖崇拜，那究竟是什么呢？

它所在的位置给了我们重要的启发。石笋所在的位置，是笋江的津渡所在地。根据《八闽通志》的记载，石笋桥“在临漳门外。宋皇祐元年（1049），郡守陆广为浮桥，名履坦。嘉祐间，郡守卢革重修，

---

① 参看吴文良原著，吴幼雄增订《泉州宗教石刻》，503页。

② 据前人调查，石笋附近原有一座寺庙，大约毁于清末民初，有学者怀疑它可能是印度教寺庙，因而认为石笋可能与该寺庙有关（参看庄为玑《泉州印度教史迹及其宗教艺术》，79页）。但笔者认为这座寺庙不可能是印度教寺庙，很可能是一座佛寺，因为泉州的印度教寺庙在元末明初被摧毁后，泉州的印度教几乎销声匿迹，不可能有印度教寺庙存续至清末民初，若有，则一定会引起世人关注。白耇庙不能视为严格意义上的印度教寺庙。从方志文献的记载看，石笋附近最重要的建筑是山川坛。

改名济民。元丰初，通判谢仲规重修，改名通济。绍兴间，僧文绘始作石桥”[①]。由此可见，石笋所在地最早是一个渡口，北宋皇祐元年始建浮桥，至南宋绍兴间（1131—1162）[②]，僧文绘改浮桥为石桥。也就是说，石笋位于江边，并紧靠桥梁渡口。本应供奉在印度教神庙里的林伽却孤零零地出现于江边的桥梁渡口旁，真的有些匪夷所思，我们不禁要问，其用意究竟何在？这不得不让人怀疑此林伽另有他用，它的功能可能已经被异化了。

进一步考察泉州宋元时期的桥梁、港口遗迹，我们注意到这样一个现象：即无论桥梁还是港口，都建有佛塔，如建于北宋嘉祐四年（1059）的洛阳桥现存有六座佛塔和一座佛教经幢，均为石质结构，有的与桥同时建立，有的是后来桥体维修时建立，因此并非同一时期。它们分布在桥的南北两端及中亭、江心岛等处，分别是：桥北头两侧对称而立的两座宋代五级八面体佛塔，二者结构规格完全一致，当是与桥统一布局，与桥同时建成（图10）；桥中亭靠西一侧的宝箧印经塔（图11），题“己亥岁造”，此“己亥岁”当即嘉祐四年，因此此塔也与桥同时建成；江心岛桥西一侧的阿育王塔，顶部四角蕉叶及相轮已失（图12），也当与桥同时建成；桥南端西侧三级六面体佛塔（图13）、桥南端东侧藏式佛塔（图14），均为元代所建。此外，江心岛中部还立有一座佛教石经幢（图15），顶部已残失，很可能也是与桥同时建成。此外，江口码头遗址也还保存有一座宋代方形石佛塔（图16），后渚港遗址也曾有五座方形石佛塔[③]，现已毁。

这些佛塔（包括经幢）的体量一般都不大，高度一般在3—5米

---

①［明］黄仲昭修纂《八闽通志》卷十八《地理·桥梁·泉州府·晋江县》“石笋桥”条，490页。

②《闽书》卷八《方域志·泉州府·川》“笋江”条记作绍兴三十年，见前引。

③参看庄为玑《古刺桐港》，厦门：厦门大学出版社，1989年，52—53页。

图10 洛阳桥北端石佛塔线绘示意图（底图采自洛阳桥文物陈列室）

图11 洛阳桥中亭西侧石佛塔线绘示意图（底图采自洛阳桥文物陈列室）

图12 洛阳桥江心岛西侧阿育王石塔（笔者自摄）

图13 洛阳桥南端西侧石佛塔线绘示意图（底图采自洛阳桥文物陈列室）

图14 洛阳桥南端东侧石佛塔线绘示意图（底图采自洛阳桥文物陈列室）

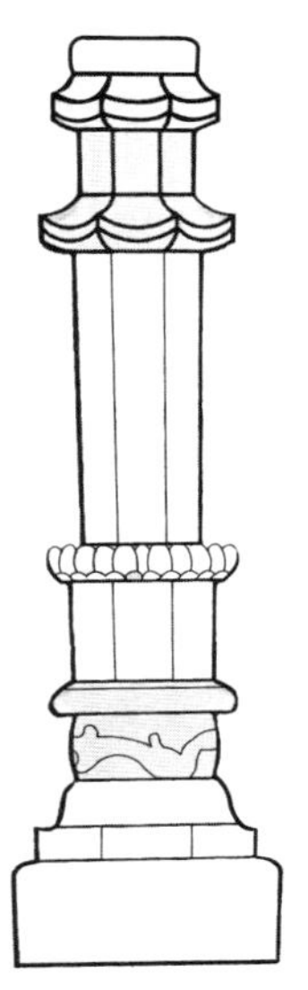

图15 洛阳桥江心岛中部石经幢线绘示意图（底图采自洛阳桥文物陈列室）

图16 泉州江口码头遗址的佛塔，宋，顶部系后来修补（笔者自摄）

之间，所以应该不是做航标用的，这样的高度做航标远远不够。那么在桥梁、港口建造佛塔用意何在呢？方志文献有所提示，如《（乾隆）泉州府志》记载道，在石笋桥竣工之后，又“翼以扶栏，镇以浮屠”[①]。浮屠就是佛塔，也就是说，石笋桥竣工之后，又在桥的两侧建了扶栏，并在桥头修建了佛塔。按石笋古桥今已废弃，但部分遗迹尚存，据吴文良先生拍摄于20世纪40年代初的照片，石笋桥上的确有数座石构佛塔，证实《（乾隆）泉州府志》所言不虚。从照片看，其中两座为阿育王塔，当建于石笋桥竣工之后不久，两座藏式佛塔，当建于蒙元时期[②]。一个“镇”字道出了佛塔的功能，即，这里的佛塔是用来镇江海风浪，从而保佑人们水上出行平安的。当地方志文献在提到这类塔时，时或用“镇”字，如若某处江流甚险，就要建塔以镇之[③]，可见这种做法在当地早已形成传统。在这里，佛塔的功能和性质其实也已经被异化了。洛阳桥位于洛阳江出海口附近，此处江面宽阔，江流与海潮相激，风急浪高，摆渡者时有覆舟之险，商旅一向视为畏途，故特别需要多建镇物以镇风浪，这应该是洛阳桥上多建佛塔的主要原因。按，用塔形建筑特别是用佛塔作“镇物”来镇水患，也符合我国民间的传统做法[④]。

---

①［清］怀荫布等纂修《（乾隆）泉州府志》卷十《桥渡 · 晋江县》“石笋桥”条，788页。

②参看吴文良原著，吴幼雄增订《泉州宗教石刻》，579页及图版E44.4、E44.3、E44.4、E44.5。吴先生将佛塔的年代均定为宋代，不妥。其中，E44.4、E44.3为阿育王塔，E44.4、E44.5为藏式佛塔。

③如［清］杜臻《粤闽巡视纪略》卷上载：“江又东至德济门外，曰浯江。……江又东径溜石，在江之南，流甚险，万历间建塔以镇之。”清康熙三十八年刻本，爱如生中国基本古籍库，527页。德济门，即泉州德济门。江径溜石地方，因江流甚险，故建塔以镇之。

④如，清乾隆五十、五十一年（1785、1786），迪化（今乌鲁木齐）连续两年洪水成灾，于是民间谣传，位于乌鲁木齐东侧的红山和西侧的雅玛里克山正在相互靠拢，一旦合拢，两山之间的乌鲁木齐河将被堵塞，乌鲁木齐将变成一片汪洋。于是迪化都统尚安于乾隆五十三年（1788）在红山和雅玛里克山的顶部各建了一座六面体九级砖塔，名“镇龙宝塔”。完全按照佛塔的形制结构而建，红山塔至今保存完好，雅玛里克山塔原塔已倒塌，1985年重建（参看新疆文物普查办公室等《乌鲁木齐市文物普查资料》，《新疆文物》1991年第1期，24—25页）。

由是我们得到一个重要启发：出现在江边渡口桥梁旁的石笋，其功能也应该跟佛塔一样，也是用来镇风浪、保佑人们水上出行平安的镇物！因为其外形虽与佛塔颇不类，但总体上也是一个塔状结构，属塔形建筑。虽然石笋桥已有佛塔作镇物，但人们并不介意多一种镇风浪的工具，这就是为什么洛阳桥已有那么多座佛塔，还要建佛教经幢以及镇风塔的原因。本来，当地人习惯于将立于桥梁、港口的佛塔称为镇风塔或风水塔①，但洛阳桥镇风塔的特殊之处在于，它与佛塔没有任何关系，所以至少洛阳桥上的镇风塔是专指的。洛阳桥镇风塔的存在，是对笔者对石笋功能推测的有力佐证。

镇风塔立于江心岛东侧，由花岗岩石叠砌而成，其外形与石笋高度相似，由底部向顶端逐渐内收成圆锥状，一如石笋，一收到顶，不分层级。高约4.4米，底部周长5.15米，塔身中部临江一面镌刻“镇风塔”三字，因以知其名曰镇风塔（图17、18）。从它的名字可以清楚地知道它的功能——也是用于镇风浪的。镇风塔旁立有《重建镇风塔捐名》碑，刻捐建者名氏，可知现镇风塔系重建。据明泉州知府姜志礼于明万历三十七年（1609）所撰《重修万安桥碑记》载，“旧者（桥）中亭有石关、有镇风塔，俨然巨观”，万安桥即洛阳桥，可知洛阳桥镇风塔古已有之。但万历三十五年（1607）当地发生大地震，石关、镇风塔“一时悉毁”，而“桥圮尤甚”。在姜志礼主持下，洛阳桥不久得以修复，同时“增两翼镇风塔各一”②。由此可知，现镇风塔系万历三十五年之后不久重建，而且是两座，“两翼”即江心岛东西两侧各一座，目前仅剩东侧一座。这也暗示，洛阳桥上的镇风塔是两座，对称立于江心岛的

---

①前文提及的后渚港的几座佛塔就被当地人称作镇风塔或风水塔，参看庄为玑《古刺桐港》，52—53页。

②该碑尚存，立于洛阳桥江心岛文物陈列室北侧，录文参看泉州市文物保护管理所编《洛阳桥石刻》，福州：海峡书局，2016年，127页。万历三十五年地震致洛阳桥塌圮并复修事，《（万历）泉州府志》也有明确记载，见该书卷五《规制志下·桥渡》，423—424页。

图17　立于洛阳桥江心岛东侧的镇风塔，明代重建（笔者自摄）

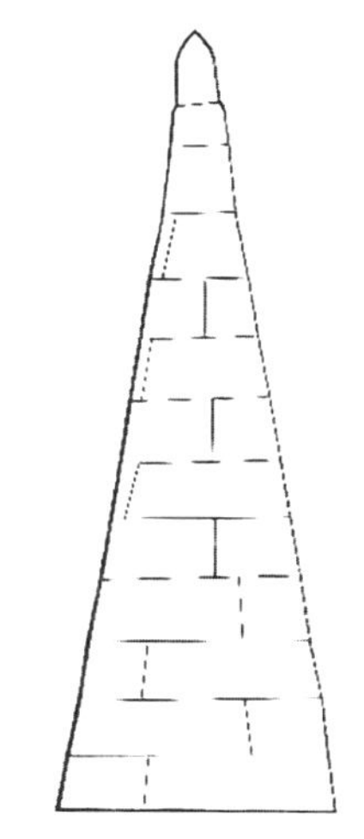

图18　镇风塔线绘示意图（底图采自洛阳桥文物陈列室）

东西两侧。

洛阳桥镇风塔很可能与桥同时建成，因为从桥竣工的同时就建造了佛塔（包括经幢）的情况看，如前文所述，当时对桥上的"镇物"是有统一布局、统一安排的，现在结合镇风塔来看，这一布局更加周严：对称出现在江心岛两翼的两座镇风塔与对称出现在桥北端两侧的规格完全一致的两座佛塔遥相呼应，同样，也应与对称出现在桥南端两侧的两座佛塔遥相呼应，只是目前桥南端两侧的佛塔系元代重建，不复有宋塔原貌。由此可见，我们推测镇风塔与桥同时建成是符合逻辑的。

有人认为洛阳桥镇风塔是佛塔，这完全是缺乏常识的判断，说明他们对佛塔基本没有概念。放眼亚洲佛教传播的区域，从印度到中亚，到东南亚，到西域、西藏，再到中国内地，再到东北亚地区，不同时期的、不同类型的佛塔可谓不计其数，但没有一座佛塔的是真正的圆锥形的或圆柱形的[①]！特别是中国境内的佛塔，直接受到中国楼阁式建筑的影响，以四边形、多边形、重楼密檐为基本形态，藏式佛塔受印度、尼泊尔覆钵式佛塔的影响，但也仅仅塔身部分表现为椭圆形（如图14），因此圆锥形建筑与佛塔可谓风马牛不相及。就近观察而言，洛阳桥镇风塔独特的圆锥形结构与图10—15所示桥上的其他佛塔（包括经幢）形制相比，也可谓大异其趣。

相反地，镇风塔的外形结构却与石笋高度相似，体量也与石笋大体相当，意味着，它与石笋可能存在内在联系。石笋，作为印度教的遗迹，已成为泉州独有的特殊文物景观，他处未见，而洛阳桥上的镇风塔同样也是泉州独有的特殊文物景观，他处亦未见。既然二者均属"独有"，且外形相似、体量接近，且仅见于泉州境内，那么，就更没有理由怀疑二者之间的联系了。

如果我们无法排除镇风塔与石笋之间的内在联系，于是我们就有了以下合理的推断：在笋江边树立后来被称为石笋的林伽的最初动机，不是出于印度教的宗教目的，而是利用它的塔形结构，跟江边的佛塔一起，充当津渡桥梁码头的镇物，镇江上风浪、保江上出行平安。洛阳桥的建造晚石笋的树立数十上百年，因此石笋的这一做法在修建洛阳桥时被模仿，于是，作为洛阳桥镇物的一种，仿石笋的林伽状石塔也成对出现在了洛阳桥上。只是，当时当地人直接称其为"镇风塔"，如前所述，"镇风塔"本来是当地人对镇风浪的这类佛塔的称谓。不过这样一来，从称谓上已完全抹去了林伽的痕迹了。不仅如此，还要在外部造型上避免尴尬。仔细比较石笋与镇风塔的外部造型可以发现，虽然镇风塔的造型脱胎于石笋即林伽造型，与后者高

---

① 虽然泰国佛塔有的外形略呈圆锥形，但那是印度覆钵式佛塔的变体，且有层级，并不是真正意义上的圆锥形。

度相似，但某些关键部位并没有模仿得那么逼真，比如其顶端稍异于石笋的做法，作圆锥形处理，这样，就巧妙地避免了石笋实为男根的尴尬。

由此可见，石笋和镇风塔的功能其实是一致的。无论石笋也好，镇风塔也罢，虽然它们的出现根源于10世纪以来泉州的印度教传播，特别是印度教的林伽崇拜，但建立它们的初衷，却不是宗教信仰目的，而是将它们当作镇风浪的镇物来看待的，缘因它们的塔状结构。

至此，我们对石笋和镇风塔何以成为他处未见而泉州独有且造型奇特的文物景观，也有更好的理解了：这与泉州曾经是印度教在华真正得以传播的为数不多的城市直接相关。

结　论

文物遗存的年代问题，是深入研究文物遗存的前提和基础。石笋的年代众说纷纭，因此本文首先对石笋的年代重新进行了深入探讨，认为其建造于闽国至北宋早期，即公元10世纪，庶几近乎历史事实。然而，它身上隐含千年的历史密码仍有待我们去解读。石笋是10世纪以来印度教在泉州传播的产物，与印度教的林伽崇拜息息相关，这是毋庸置疑的。应当承认，林伽崇拜传入泉州伊始，毫无疑问，它是作为印度教徒的宗教崇拜对象而存在的，但从它矗立江边的那一刻起，其性质与功能已发生了改变：当地的人们利用其塔状结构，赋予了其新的功能，使其与江边、桥上所建佛塔具有相似的功能，即镇江上风浪、保江上出行平安，从而最终变成了洛阳桥上的镇风塔。从林伽到石笋，再到镇风塔，在10至11世纪的泉州，悄然完成了一种印度教文化因子的中国化转变。虽然，在古代中国，将某些宗教物象的内涵与性质加以异化，再将它们挪作他用的做法并不罕见（将佛塔做镇物用或航标用即是典型之例），但我们仍然不得不叹服古代泉州人民对难登大雅之堂甚至难以见容的异质宗教文化的融摄力和高超智慧。从林伽到镇风塔的转变，虽然属于个案，但却为我们探讨泉州印度教文化演变的轨迹提供了一条隐线。从这个意义上讲，本文虽属管锥之见，但也可能对研究泉州印度教文化的演变有一些启发意义。当然，这并不意味着，此后泉州出现的林伽的功能全部被异化了，事实上，在宋元泉州的印度教语境中（比如在印度教寺庙中）出现的林伽及其图像，毫无疑问，仍然扮演着其原有的宗教角色，仍然拥有其原有的宗教功能。因此，研究泉州印度教文化的演变和在地化轨迹，也需要具体问题具体分析。

略论宗教图像母题之间的借鉴问题

宗教图像母题之间的相互影响和相互借鉴是比较常见的现象，它源自一种宗教对另一种宗教的神祇或其他元素的吸收，但在宗教图像的研究实践中，部分学者还存在一定的认识误区，主要表现在不能准确把握吸收新因素之后的图像的宗教属性。而对研究者而言，必须尽可能对影响或借鉴的性质作出准确的研判，否则会影响对整个图像内涵和性质的判断——这是我们思考宗教图像母题借鉴问题的主要意义所在。同时，探讨这一问题对图像研究而言，还可能有一定的方法论意义，至少可以提醒图像研究者注意，在对图像资料进行跨时空勾连时，一定要提供有效证据①。笔者以往在探讨祆教艺术和景教艺术时对宗教图像母题之间的借鉴问题已有所思考，并作了初步的归纳与总结②，但均不是针对这一问题的专门研究，不够全面和系统，相关认识有待进一步完善。因此本文拟在以往思考的基础上，

①近年来，受艺术史研究趋热的影响，我国学术界特别是历史学界和考古学界对图像资料的兴趣越来越浓，《艺术考古》、《古代墓葬美术研究》、《形象史学研究》（现已改为《形象史学》）等相关刊物的相继问世即是明证。时下，谈论图像甚至已成为一种时尚，但部分学者缺乏必要的图像知识储备和图像研究方法的掌握，研究成果良莠不齐。目前一种比较流行的做法是，将图像资料进行跨时空的勾连，从而达成图像跨时空交流的宏大叙事的预设，但研究者又往往拿不出切实的证据证明图像彼此之间的内在联系，比如探讨西王母图像与娜娜女神图像之间的联系、在汉画像石中过度搜求贵霜艺术因素等即属此种情况，这样的做法令人担忧。

②姚崇新、王媛媛、陈怀宇《敦煌三夷教与中古社会》第二章《敦煌及其周边的祆教艺术》，兰州：甘肃教育出版社，2013年，102—103页；拙稿《十字莲花：唐元景教艺术中的佛教因素》，《敦煌吐鲁番研究》第17卷，2017年，260—261页。

就此问题试作专门探讨,但显然,专门研究需要进一步拓宽视野,考察范围应当涉及多种宗教,从而确保考察的全面性和系统性,因此本文首先对宗教图像母题借鉴现象作"面面观"。

一、宗教图像母题借鉴现象面面观

(一) 佛教对印度教神祇及其图像母题的吸收

一种宗教对另一种宗教的图像母题的吸收相当程度上源自对该宗教神祇的吸收。在古代印度,金刚乘佛教曾对印度教神祇及其图像母题大量吸收,从而使密教曼荼罗中充斥着大量的印度教神祇,这一传统直接影响了藏传密教。从事密教图像研究的学者对这一事实并不陌生,因此这里仅选取几种典型神祇作简要说明与图像举证。

在成就法(Sādhanas)中,大量的印度教神祇是作为伴护神或重要的佛教神祇的骑乘出现的,但萨拉斯瓦蒂(Sarasivati)和伽那帕蒂(Ganapati)却作为成就法中的重要神祇而独立存在。前者即知识和雄辩女神,是印度神话中大神梵天之妻(一说是女儿),有着除人之秽,给人财富、后代、勇气的神力,佛教称辩才天女、妙音天,主智慧与福德。后者即象头神,又名伽内什(Ganesha),系印度神话中的智慧之神、财富之神,印度教奉为智慧神,尤为印度教中的湿婆派与毗湿奴派所崇奉。

萨拉斯瓦蒂其实是印度拉吉普塔纳(Rajputana)地区的一条古老河流的名字,河两岸是吠陀雅利安人移民的最初聚居地。由于该河两岸被创作了许多赞美诗的吠陀雅利安人占据着,并成为祭祀场所,该河后来被神化为知识女神。佛教徒借用了这个印度教女神,在密教时代将其整体并入佛教的万神殿,但她在印度教徒和佛教徒中同样受欢迎,并被改造成多种形式。佛教的萨拉斯瓦蒂一般为一面二臂或三面六臂，当以二臂呈现时，她有四种不同的变体(图1)。由于佛教徒相信她能像文殊菩萨和般若波罗蜜多那样，赋予智慧、知识、智力、记忆力等，因此她的崇拜在佛教徒中很普遍。在《成就法鬘》(*Sādhanamālā*) 中，相当数量的成就法被分配给她[①]。

象头神伽内什是印度最流行的神，因为他除了象征智慧、财富外，还能清除各种障碍，因此又被称为"障碍之主"(Vighnesvara)[②]。在《成就法鬘》中，只有一种成就法描述了伽那帕蒂的形态：一面十二臂，三只眼，一根象牙，坐骑为老鼠，腹部隆起，作舞蹈状。手中执物包括箭头、刺棒、金刚杵、剑、箭弓以及盛满血的嘎巴拉碗(Kapāla)和盛满干肉的嘎巴拉碗等(图2)[③]。

金刚乘将印度教三大主神也全部加以吸收，兹以大自在天(Maheśvara，音译摩醯首罗) 为例略加说明。大自在天在印度教中为湿婆神(Shiva)，湿婆是毁灭之神与创生之神，又是苦行与舞蹈之神，因此在印度教中地位很高。在成就法中，大自在天骑公牛，宝冠上饰以月亮，四臂，两只主手将安加利(Añjali) 举过头顶，另两只手分执三叉戟(Triśūla) 和嘎巴拉碗(图3)。

其实，在金刚乘佛教兴起之前，大自在天就已被佛教吸收，多为三面六臂或三面四臂。中国内地最早见于5世纪下半叶的云冈石窟

---

① B. Bhattacharyya, *The Indian Buddhist Iconography*, Calcutta: Firma K. L. Mukhopadhyay, 1958, p.349.

② [德] 施勒伯格(E. Schleberger) 著，范晶晶译《印度诸神的世界——印度教图像学手册》，上海：中西书局，2016年，106页。

③ B. Bhattacharyya, ed., *Sadhanamala*, 2 vols., Baroda: Oriental Institute, 1925–1928, pp.592–593. 转引自 B. Bhattacharyya, *The Indian Buddhist Iconography*, p. 348. 按《成就法鬘》系印度密宗文献，成书于12世纪末，撰者不详，有学者认为是活跃于12世纪的印度密宗大师无畏笈多(Abhayākaragupta) 所编。该书是在金刚乘佛教的时代背景下出现的一部指导修习者观想佛教尊神的密教仪轨文本，其中收录了三百篇尊神成就法，从某种程度上看，该书实际上是一部细致描绘金刚乘尊神的图像典籍(参看郝一川《〈成就法鬘〉之梵藏版本概述》，《法音》2012年第9期，42页)。

图1 金刚辩才天（Vajrasarasvati），尼泊尔绘画（采自B. Bhattacharyya, *The Indian Buddhist Iconography,* Fig. 235）

图2 迦内什，十二臂，金属铸造，印度巴罗达（Baroda）的私人收集品（采自B. Bhattacharyya, *The Indian Buddhist Iconography,* Fig. 228）

图3 成就法中的摩醯首罗天，藏传佛教文物，北平地区收藏品（采自B. Bhattacharyya, *The Indian Buddhist Iconography,* Fig. 240）

图4 云冈石窟第8窟摩醯首罗天，5世纪后半（采自网络）

图5 和田丹丹乌里克遗址出土D. VII. 6号木板彩绘摩醯首罗天，约8世纪（采自A. Stein, *Ancient Khotan*, pl. LX）

中(图4)，新疆和田地区的古代佛寺遗址中也有发现(图5)，这是其在古代西域地区的踪迹。

(二) 祆教对印度教神祇及其图像母题的吸收

从我们目前掌握的中亚地区的祆教图像资料看，其受印度教图像的影响很明显，这是祆教吸收印度教神祇的直接结果。

研究表明，粟特人将印度教的三大主神梵天（Brahmā）、因陀罗（Indra，即帝释天）、大自在天（湿婆）纳入到了粟特祆教的万神殿中。他们将梵天等同于祖尔万（Zurvan），因陀罗等同于大神阿德伯格（Adbag），大自在天等同于风神维施帕卡（Veshparkar）。因此，一份新的神祇名单出现了：祖尔万、阿德伯格、维施帕卡……。它们的图像志信息在一件粟特语文献中被加以描述：梵天–祖尔万蓄有大胡子，因陀罗–阿德伯格有第三只眼，而大自在天–维施帕卡有三面，等等[①]。当然，早在贵霜时期琐罗亚斯德教已开始吸收婆罗

①关于拜火教神庙里的印度教神祇，参看A. M. Belenistkii, B. I. Marshak and M. J. Dresden, *Sogdian Painting. The Pictorial Epic in Oriental Art*, University of California Press, 1981, pp.29-30；[法]葛乐耐（F. Grenet）著，毛铭译《粟特拜火教神庙里的印度神祇》，收入氏著《驶向撒马尔罕的金色旅程》，桂林：漓江出版社，2017年，122—132页；[意]康马泰（M. Compareti）著，毛铭译《拜火教神殿中的印度教神祇》，收入氏著《唐风吹拂撒马尔罕：粟特艺术与中国、波斯、印度、拜占庭》，桂林：漓江出版社，2017年，125—134页。

图6 片治肯特XXII号地点壁画中的维施帕卡(采自A. M. Belenistkii, etc., *Sogdian Painting,* p. 25, Fig. 4)

门教神祇[①],因此上述粟特祆教的做法可视为这一传统在中亚地区的延续与发展。片治肯特壁画中的维施帕卡形象正可与上述文献的描述相互印证,通过比较不难看出,维施帕卡与大自在天在形象上大同小异(图6)。

按唐宋多家文献均谓祆神形象犹如佛经所谓摩醯首罗天,如唐杜佑《通典》卷四〇“大唐官品”条注、唐韦述《两京新记》卷三“布政坊”条注、宋董逌《广川画跋》卷四《书常彦辅祆神像》、宋姚宽《西溪丛语》卷上“山谷《题穆护歌后》”条等均载。谓其形同摩醯首罗,而并不就是大自在天。这些记

① 中外学者特别是西方学者根据贵霜钱币上的神祇图像及铭文资料,对包括婆罗门教神祇在内的贵霜琐罗亚斯德教神祇已做过较深入的研究,相关研究综述参看孙武军《贵霜琐罗亚斯德教神祇研究史》,《丝绸之路研究集刊》第三辑,北京:商务印书馆,2019年,206—223页。

载陈垣先生最早予以注意[①]，姜伯勤先生称其为“摩醯首罗”式祆神，并将其比对为祆神维施帕卡[②]。现在看来，祆神形象之所以可以与佛教的摩醯首罗天相类比，缘因祆神维施帕卡与佛教的摩醯首罗天都源自印度教的大自在天。

(三) 灌口祆神向二郎神的转化

唐五代时期，位于成都西北部的灌口地区可能存在以粟特人为主的胡人聚落，因而当地有祆庙存在，庙中所奉祆神应是风神维施帕卡，当地人称灌口神或灌口祆神。此地出现祆庙之前，最重要的神庙当是李冰庙。在灌口，二郎神是一位后来者。与祆神一样，二郎神也属外来神，来自西域。根据较早的文献记载，它是北方毗沙门天王第二子独健，天宝年间因领天兵解了安西之围而在中国轰动一时，二郎神信仰大概就在此时和毗沙门信仰一起由西域传入中国内地[③]。约略与此同时，“二郎神”这一称谓开始出现，这一称谓最早见于盛唐时期崔令钦所撰的《教坊记》中，在该书中，“二郎神”是作为词牌名出现的。二郎神传到灌口，大约在唐代后期，后来居上，庙大位尊，原来的李冰庙遂处于偏殿配享的地位[④]。不仅如此，当地的祆庙也受到影

---

①参看陈垣《火祆教入中国考》，初刊《国学季刊》第一卷第1号，1923年，校订稿收入《陈垣学术论文集》第一集，北京：中华书局，1980年，304—324页。

②参看姜伯勤《敦煌白画中的粟特神祇》，原载中国敦煌吐鲁番学会编《敦煌吐鲁番学研究论文集》，上海：汉语大词典出版社，1990年，收入氏著《中国祆教艺术史研究》，北京：生活·读书·新知三联书店，2004年，243—247页。

③参看张政烺《〈封神演义〉漫谈》，原载《世界宗教研究》1982年第4期，收入《张政烺文集》第二卷《文史丛考》，北京：中华书局，2012年，365—367页。

④关于二郎神的来源及其与灌口的关系，学界有不同主张，除张政烺前揭文外，还有若干讨论：李思纯《灌口氏神考》，收入氏著《江村十论》，上海：上海人民出版社，1957年，66—67页；王纯五《灌口二郎神探源》，载《都江堰与李冰》，成都：巴蜀书社，1994年，224页；干树德《也谈二郎神信仰的嬗变》，《宗教学研究》1996年第2期，44—50页；李耀仙《二郎神考》，《四川师范大学学报》1998年第1期，23—28页；康保成《二郎神信仰及其周边考察》，《文艺研究》1999年第1期，58—68页；黎国韬《二郎神之祆教来源——兼论二(转下页)

响，迹象表明，当地的二郎神信仰兴起后，在形象塑造上吸收了当地业已存在的祆神造型，使灌口祆神与灌口二郎神逐渐合二为一，后者并最终取代了前者。上述情况笔者已根据《蜀梼杌》及《十国春秋》等的记载作过讨论，这里不赘①。

灌口祆神既然是风神维施帕卡，那么其形象应当接近上图所见片治肯特壁画中的维施帕卡形象：三头六臂，每面三只眼，身着铠甲，戴头盔，一手执三叉戟。而根据《蜀梼杌》及《十国春秋》的记载，前蜀后主王衍曾戎装金甲、执弓挟矢巡游，百姓望之如灌口祆神，的确与维施帕卡的造型有相似之处。反观后来流行的二郎神形象不难发现，其基本形象与维施帕卡的形象多有相似之处——身披铠甲、手执戈戟（多为三叉戟）、有时化现为三头六臂，由此约可推知，灌口二郎神形象的母题应源自"摩醯首罗"式祆神维施帕卡②，而又略有变通，而且，灌口二郎神形象对宋代以后二郎神的形塑产生了重要影响。

（四）敦煌祆画中的佛教因素

这幅纸质绘画出自敦煌藏经洞，为伯希和收集品，编号为P.4518（24），现藏巴黎法国国立图书馆，1978年，饶宗颐先生将其刊载于《敦

（接上页）郎神何以成为戏神》，《宗教学研究》2004年第2期，78—83页；彭维斌《四川二郎神信仰在闽台及东南亚地区的传播与嬗变》，《南方文物》2005年第2期，34、48—51页等。不过，就二郎神的来源探讨而言，以张政烺先生的解释最为接近事实，参看张政烺前揭文，368页；就二郎神与灌口的关系分析而言，康保成先生的解释别开生面，可备一说。他认为，"灌口"一名本因李冰施灌祭而起，灌祭的本义是生殖崇拜，而二郎神信仰即是男根崇拜、生殖崇拜（参看康保成前揭文，64—67页）。这样，二郎神何以与灌口关系密切以及祭祀二郎神的主庙何以出现在灌口就可以理解了。

① 参看拙稿《唐宋时期巴蜀地区的火祆教遗痕》，载朱凤玉、汪娟主编《张广达先生八十华诞祝寿论文集》，台北：新文丰出版公司，2010年，1007—1013页。

② 干树德先生认为"灌口祆神"与祆教无关，因为他认为祆教中没有着戎装执弓矢的祆神（参看前揭氏著《也谈二郎神信仰的嬗变》，45页）。这显然是对祆神图像了解得不够深入。

图7 P.4518(24)敦煌祆教白画(采自网络)

煌白画》中,并作了图解说明(图7)[①]。姜伯勤先生首先辨识出这是一幅祆教绘画,并将其年代定为曹氏归义军时期[②]。虽然目前学术界对画面中两位女神身份的认定还存在一些分歧,但将这幅绘画认定为祆教绘画已没有异议。

值得注意的是,虽然这幅绘画的母题源自粟特本土祆庙中的万神殿,但它并不是完全意义上的粟特祆神形象的复制,应是在粟特祆神粉本的基础上经过了画工的本土化改造,因为二女神所戴头冠为当地回鹘式的,宽大的云鬟亦属唐式。

---

①饶宗颐《敦煌白画》,《法国远东学院考古学丛刊》第13种,巴黎,1978年,第3册,收入氏著《饶宗颐二十世纪学术文集》第8卷《敦煌学》(上),北京:中国人民大学出版社,2009年再版,441页。

②姜伯勤先生将其年代定为曹氏归义军、沙州回鹘及西夏时期,但藏经洞窟封闭的年代一般认为是在1006年前后,所以不可能到西夏时期,而"沙州回鹘"尚未论定,所以将此画年代定为曹氏归义军时期较为妥当。参看前揭姜伯勤《敦煌白画中的粟特神祇》,237—238页。

左侧女神所着裙袍为唐式，裙袍宽松肥大，胸部结带，阔袖宽摆，这是典型的唐代贵族妇女和宫廷妇女着装。左侧女神所托日月以三足乌和桂树作标志，也是典型的中式表现，而不再是粟特地区流行的弯月和光芒四射的圆环①。

但右侧女神服饰与左侧女神反差较大，而具有唐代菩萨装特征。首先，右侧女神选择披帛作装饰以及披帛自背部绕臂垂体侧的做法与唐代菩萨身上的佩饰及其表现形式完全一致；其次，其下着羊肠裙并于腹部结带的做法也与唐代菩萨装完全一致。唯一的区别在于上半身着装：唐代菩萨一般裸上身，仅有少量络腋和瓔珞作佩饰，而女神上身着窄袖紧身衫——我想这可以理解，因为女神毕竟表现为真正意义上的女性，身体不能如菩萨般完全裸露。

（五）中国本土祆教火坛构图对莲花、飞天等佛教因素的吸收

近年考古发现的祭司与火坛组合图像集中出现在粟特裔墓葬或与粟特关系极为密切的人群的墓葬中，如西安北周安伽墓、西安北周史君墓以及太原隋虞弘墓中，都有此类图像表现，有的还出现在突出位置，比如安伽墓出现在墓门门楣处（图8、图9、图10）。

以上述墓葬的发现为契机，更多的同类图像资料被学者从以往墓葬出土的葬具中甄别出来，它们均浮雕于北朝至隋时期的石葬具上，这些石葬具多为海内外私人博物馆收藏品（图11、12、13）。

---

①张广达先生认为，象征日月的三足乌和桂树的汉画布局可与敦煌画在纸上的“六臂观音”（如P. 4518［1］）和“千臂千手观音”（如P. 4030）的布局相对比。参看张广达《祆教对唐代中国之影响三例》，原载《法国汉学》第1辑，北京：清华大学出版社，1996年，此据氏著《文本、图像与文化流传》，桂林：广西师范大学出版社，2008年，248页，特别是注38。最近，刘惠萍女士对这幅绘画中的中土元素专门进行了分析，尤其考察了日、月图像的中土渊源，参看氏著《图像与文化交流——以P. 4518（24）之图像为例》，载朱凤玉、汪娟编《张广达先生八十华诞祝寿论文集》，1057—1084页。

图8　安伽墓祭司火坛浮雕线图，浮雕位于墓门门楣处（采自《西安北周安伽墓》图一三）

图9　史君墓墓门左下方祭司火坛浮雕（墓门右下方对称雕出另一祭司与火坛，采自《西安北周凉州萨保史君墓发掘简报》图三）

图10　虞弘墓椁座前壁祭司火坛浮雕线图（采自《太原隋虞弘墓》图181）

图11 一副石棺床前部浮雕的火坛与祭司图像，6世纪，施尔拜·怀特（Shelby White）与莱恩·列维（Leon Levy）收集品（采自P. Riboud, "Bird-Priests in Central Asian Tombs of 6th-Century China and Their Significance in the Funerary Realm", Fig.10）

图12 另一副石棺床前部浮雕的火坛与祭司图像，6世纪？施尔拜·怀特与莱恩·列维收集品（采自P. Riboud, "Bird-Priests in Central Asian Tombs of 6th-Century China and Their Significance in the Funerary Realm", Fig.9）

图13 安备墓石棺床前部左侧浮雕的火坛与祭司图像，589年，西安大唐西市博物馆藏（采自葛承雍《祆教圣火艺术的新发现》，《美术研究》2009年第3期，图二）

随着研究的推进，我们对这一组合的了解越来越深入，现在可以确定，火坛+戴着专门面罩帕达姆（padām）的祭司图像组合的祖型仍来自中亚地区（图14），差异在于火坛的造型和祭司的形象。

火坛造型的主要差异在于，中国本土火坛的造型较之中亚地区改变较大，除图9所示史君墓火坛尚具中亚火坛的特征外，其余均从方形改为圆形。中国本土火坛与中亚火坛构图的另一较大差异是佛教因素莲花、飞天的引入——这些佛教因素在中亚火坛构图中并未出现。飞天的造型与同时期佛教艺术中的飞天基本一致，均为两身一组，呈飞翔状，对称出现于火坛上方左右两侧，面向火坛，如图8、11、13所示。图8安伽墓火坛上方的二飞天各持乐器（一持琵琶，一似持箜篌），似乎暗示了被引入火坛构图中的飞天的身份指向。

祭司形象的主要差异在于，中国本土的祭司形象部分为完整的人的形象（如日本Miho美术馆藏北朝石棺床后壁第三块石板J上浮雕火坛旁站立的身着窄袖束腰长袍、双手持物伸向火坛的祭司形象；20世纪初叶，河南省安阳近郊古墓出土的一组石棺床雕刻，墓石八块，其中于德国科隆东亚艺术博物馆藏安阳出土的北朝二石阙浮雕火坛旁身着翻领胡袍站立的祭司形象），部分为人首鸟身形象（如图8—13所示），而中亚祭司目前图像资料所见是完整的人的形象。

图14 出自撒马尔罕莫拉-库尔干（Molla-Kurgan）的纳骨瓮上的火坛与祭司图像，7世纪（采自葛乐耐著，毛铭译《驶向撒马尔罕的金色旅程》，彩版插图）

中国本土的完整的人形祭司可与中亚祭司直接对接，而人首鸟身形象的具体来源及其身份认定目前学界尚存在一定的分歧，但主流观点均将其视为护持火坛的祭司[①]。笔者认为，中国本土发现的这类与火坛形成组合关系的形象，无论是真正的人形，还是人首鸟身形，参照中亚的图像资料，只能解释为护持火坛的祭司。迹象表明，人首鸟身形祭司形象也来自中亚地区[②]，这是完全可以理解的。不过，中国本土丧葬语境中出现的这类火坛+祭司组合图像仅仅是一种宗教象征符号呢，还是墓主族群的现实宗教信仰状况一定程度的反映呢，需要进一步思考。因该问题与本文讨论的主旨有一定关联，后文还将专门分析。

中国本土火坛的构图中莲花的使用也十分突出：图8中骆驼足下的托座为覆莲座，而骆驼背上承托火坛的底座为束腰仰覆莲座，而图10中的火坛由三重仰莲构成，图11中的火坛同样由束腰仰覆莲座承托。上述覆莲座抑或仰覆莲座显然是对佛教莲座的模仿。

（六）景教对莲花、飞天等佛教因素的吸收

从现存遗物资料看，景教对莲花的吸收最早见于唐建中二年（781）景教徒在长安义宁坊所建的《大秦景教流行中国碑》（以下简称“景教碑”）碑首雕刻的图像中；而景教对飞天的吸收最早见于洛阳出土的建于唐元和九年（814）的景教经幢幢身雕刻的图像中。景教艺术中何时开始吸收佛教元素，目前限于资料，不得而知，但有一

①有关这类人首鸟身形象的最新研究，参看张小贵《中古祆教半人半鸟形象考源》，《世界历史》2016年第1期，131—143页；孙武军《入华粟特人墓葬所见人首鸟身形象述论》，载《丝绸之路研究集刊》第二辑，北京：商务印书馆，2018年，63—71页。

②孙武军向澳大利亚学者贝兹（Alison Betts）请教，得知在公元1世纪，花拉子模即有与入华粟特人墓葬图像相似的人首鸟身祭司造型，因此孙氏认为入华粟特人墓葬图像中的人首鸟身祭司图像传统来自于中亚地区。参看前揭孙武军《入华粟特人墓葬所见人首鸟身形象述论》，69页。

图15 景教碑碑首十字架及附属图像拓片（采自Henri Havret, *La Stèle Chrétienne de Si-ngan-fou,* Chang-hai,1985, p. Ⅲ图版）

点可以肯定，即对佛教因素的吸收是景教入华之后才开始的，开始的时间应远早于景教碑[①]。但是从景教碑到景教经幢，正好为我们提供了一个纵向观察的视角。

景教碑中的佛教艺术因素见于碑首雕刻的十字架组合图像中。该枚十字架由仰莲座承托，自莲座上化现出两朵祥云环绕十字架两侧（图15）。这里的莲花座显然借自佛教，并非景教艺术的固有传统[②]。"十字架+莲花座"后来逐渐成为中国景教艺术特有的构图模式，一直延续到蒙元时期，因而这一构图模式是景教艺术在中国本土化的重要标志之一[③]。

景教经幢幢身图像可分为两组，第一组：正中雕等臂十字架，十字架由仰莲座承托，自莲座底部化现出两朵祥云，上升

---

①参看拙稿《十字莲花——唐元景教艺术中的佛教因素》，《敦煌吐鲁番研究》第十七卷，2017年，235页。

②一种观点认为，景教艺术中的莲花等因素出自亚述教会的固有传统，与佛教无关，参看陈剑光著，李圆圆译《中国亚述教会的莲花与万字符：佛教传统抑或雅利安遗产？》，《浙江大学学报（人文社会科学版）》第40卷第3期，2010年，21—29页。这一观点值得商榷，参看前揭拙稿《十字莲花》，243—244页。

③前揭拙稿《十字莲花》，232—244页。

环绕十字架两侧。十字架四臂末端分别对称装饰三颗珍珠，四臂相交处也嵌入一颗珍珠，四周由莲瓣环绕，四臂近末端处也分别对称雕出一朵莲花。十字架两侧对称雕出两身飞天，皆面向十字架，飞翔于云端之上，双手前伸，作持物供养状。二飞天皆头戴冠饰，长圆脸，体形较清瘦，通体着长裙，冠带、披帛、裙摆等于身后凌空飞扬，动作飘逸(图16)。第二组：构图形式与第一组基本一致，所不同者，一是十字架四臂交汇处的珍珠四周无莲瓣，四臂近末端处没有雕出莲花；二是飞天的造型稍有不同，第二组飞天束高髻，裸上身，披帛绕臂于身后形成环状，下着长裙，面相丰腴，体态婀娜。另外，左侧飞天右手托珍珠，右侧飞天手右手持带梗莲蕾(图17)。

由此可见，景教经幢在吸收佛教艺术因素方面继承了景

图16 洛阳出土景教残经幢幢身上端第一面至第三面“十字莲花飞天”组合图像拓片（采自葛承雍主编《景教遗珍》，图版十一）

图17 洛阳出土景教残经幢幢身上端第五面至第七面“十字莲花飞天”组合图像拓片（采自葛承雍主编《景教遗珍》，图版十二）

教碑的做法而又有所发展:十字架由仰莲座承托可视为是对景教碑的继承,飞天的进入可视为景教碑十字架图式的发展。

(七) 景教圣像对佛教造像全方位的模仿

以敦煌藏经洞出景教绢画为例。这幅残景教绢画为斯坦因(A. Stein)收集品,编号Stein painting48,年代约公元9世纪,现藏大英博物馆(图18)。

针对这幅绘画的研究,学界已达成以下几点共识:(1)画面人物为耶稣基督;(2)画面人物手持十字架并于头冠、胸部佩戴十字架的做法可以与文献所载十字架的配置佩戴方式相

图18 敦煌景教绢画修复线图,其中耶稣所持节杖顶端的十字架原已不存,原画耶稣头冠上的十字架末端所嵌珍珠,该线图也未表现出来(采自佐伯好郎《唐宋时代の支那基督教史》,483页插图)

互印证;(3)绘画受到了佛教造型艺术的影响①。这几点共识已基本成为定论,但就第三点而言,仔细梳理前人的研究不难发现,除个别学者如松本荣一外,学者们对这幅绘画中的佛教艺术因素普遍缺乏微观考察。笔者从画中人物的头光、头发、头冠、佩饰、体征、手势、着装等方面对这幅画中的佛教艺术因素作过具体分析②,这里仅作简要概括:

头光的造型并不是传统基督教艺术中的正圆形,其造型及其装饰无疑来自佛教,可视为佛教式头光;头发的处理方式不同于传统基督教艺术的做法,而是模仿佛教美术中菩萨的做法;头冠部分地模仿了菩萨的宝冠;传统基督教艺术中耶稣基督甚至圣母都罕见佩饰,因此画中人物佩饰项链臂钏手镯的做法应是直接模仿佛教美术中菩萨佩饰的做法;画中人物体征方面最值得注意的是颈部有三道蚕纹,这种做法不见于传统基督教艺术中,因此画中人物颈施三道蚕纹的做法无疑来自佛教的影响;画中人物右手拇指与中指相捻,其余三指自然舒展,这种手势也不见于传统基督教艺术中,这种手势其实是对佛陀说法印的模仿;画中人物着装与传统基督教艺术中流行的耶稣基督的宽大袍服完全不同,应是对佛教通肩式袈裟的模仿(包括衣纹的处理方式)。

(八) 耶稣会圣母子像中的送子观音元素

过去一种比较流行的观点认为,送子观音造型源于基督教耶稣会的圣母子形象,笔者通过对有关送子观音的文献、图像资料的梳

---

①参看[日]佐伯好郎《景教の研究》,东京:东方文化学院东京研究所,1935年,912页;又见同氏《唐宋时代の支那基督教史》(《支那基督教の研究》第一卷),京都:名著普及会,1979年,484页;[日]松本荣一《敦煌画の研究》(图像篇),东京:东方文化学院东京研究所,1937年,802—803页;[日]羽田亨著,耿世民译《西域文化史》,乌鲁木齐:新疆人民出版社,1981年,52页;朱谦之《中国景教》,北京:商务印书馆,2014年,199—120页;陈继春《唐代景教绘画遗存的再研究》,《文博》2008年第4期,69—71页等。

②参看前揭拙稿《十字莲花》,255—257页。

理，已论证这种观点不能成立，事实恰恰相反，是送子观音造型影响了中国境内的圣母子造型[①]。这里仅列举中国境内圣母子造像中的若干送子观音元素。

丹尼尔（P. J. Donnelly）《德化瓷》[②]一书图版122D的圣母子像，如果不是圣母脚下出现天使（seraph）头像的话，我们完全可以将圣母子造型认定为送子观音（图19）；又如同书图版122B的圣母子像，如果不是圣母的及膝短裙有别于观音装束的话，我们也完全可以将这尊像认定为送子观音（图20），圣母脚下踩饕餮的做法当是源自送子观音的造型（图21），饕餮原本就不是西方的元素。再如同书图版122C的圣母子组合式造像应是模仿了送子观音与善财龙女的组合模式（图22）。这件作品首先模仿了送子观音与善财龙女组合的造像布局（图23），只不过将二胁侍由善财和龙女换成了两身西洋人[③]。此外，德化瓷产品中某些圣母像脚下的底座也设计成了波浪形，这种设计的灵感当源自南海观音或送子观音造像（图24）。耶稣会的圣母子像的绘画或雕刻作品中有的对送子观音组合造型模仿得更加惟妙惟肖（图25）。图25中的圣子发式完全改成了如图23中的送子观音手中的男童模样，另外，圣母的头光也由西式的改成了中式的，即水月观音的头光。西式圣母的头光（周缘有字母装饰）及中式水月观音的头光（仅以圆圈表示，内无任何装饰）参看图26、图27。另外，所有圣母的形象都变成了观音的跣足。

①参看拙稿《白衣观音与送子观音——观音信仰本土化演进的个案观察》，《唐研究》第十八卷，北京大学出版社，2012年，268—272页。

② P. J. Donnelly, *Blanc De Chine*, London: Faber and Faber Limited, 1969.

③丹尼尔认为这两身胁侍是道教或佛教人物（*Blanc de Chine*, p.196），但他们高鼻深目的特征很明显，应是西洋人，而且道教或佛教人物胁侍圣母也不合常理。他们的具体身份不明，或许是圣徒。另外，在一件12世纪的法国木雕圣母子像中，出现了一对天使跪于圣母脚下、双手托着圣子双脚的场景（参看叶舒宪《千面女神：性别神话的象征史》，上海：上海社会科学出版社，2004年，图151）。但这里的天使并不是以胁侍的身份出现的，而且构图形式与丹尼尔书图122C也有一定差异，所以122C的构图形式应与它没有渊源关系。

图19　德化瓷圣母子像，17—18世纪（采自P. J. Donnelly, *Blanc de Chine,* 图版122D）

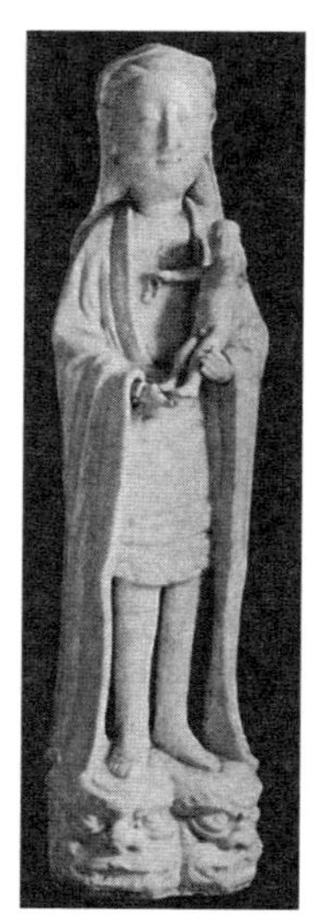

图20　德化瓷圣母子像，17—18世纪（采自P. J. Donnelly, *Blanc de Chine,* 图版122B）

图21　德化瓷送子观音，17—18世纪（采自R. H. Blumenfield, *Blanc de Chine*, 65页图a）

图22　德化瓷圣母子像，17—18世纪（采自P. J. Donnelly, *Blanc de Chine*, 图版122C）

图23　德化瓷送子观音，P. Hickley 收集品，17—18世纪（Rose Kerr and John Ayers, *Blanc de Chine*, 第18页图版）

图24　德化瓷圣母子像，新加坡亚洲文明博物馆藏，17—18世纪

图25 佚名《圣母子像》,17世纪,纸本水墨设色。芝加哥菲尔德自然历史博物馆(Field Museum of Natural History)藏。该画是罗马圣母大教堂(S. Maria Maggiore)中圣母像的中国版本,该圣像为耶稣会所特别供奉(采自柯律格《明代的图像与视觉性》,北京:北京大学出版社,2011年,图92)

图26 木刻版画《圣母子像》,出自程大约《程氏墨苑》,1606年版,加州大学伯克利分校东亚图书馆藏(采自柯律格《明代的图像与视觉性》,图91)

图27 送子观音与水月观音的混合型造像,明代,传秦观书《白衣大悲五印心陀罗尼经》刻石拓片(采自Chunfang Yu, *Kuan-yin: the Chinese Tranformation of Avalokiteśvara*, Fig.3.7)

通过上列图像我们还能注意到:圣母的坐姿模仿了观音的左舒相坐姿,圣子的坐姿和手势也与观音怀中的孩童完全一致。圣子坐于圣母右膝上,圣母右手扶着圣子,这也与观音怀中小孩的位置及观音的手势完全一致。另外,观音座前出现莲茎和莲蕾,而圣母座前也出现了莲茎莲蕾。

(九) 摩尼教对佛教艺术的模仿

1. 泉州晋江草庵元代摩尼光佛雕像

泉州晋江草庵元代摩尼光佛像,依庵内石壁浮雕而成,圆

图28 晋江草庵摩尼光佛摩崖造像，元至元五年（1339），位于福建晋江万山峰（又名华表山），距泉州市13公里（作者自摄）。

形浅龛中浮雕摩尼光佛一尊，虽经后代彩绘，但仍基本保持着原貌。摩尼光佛结跏趺坐，身着对襟广袖式宽大袍服，内衣于胸部结带垂于胸前，长发披肩，下颌有两缕长须，双手相叠置于膝上，掌心向上。身后有正圆形背光，圆内雕十八束放射状光芒，每束光芒由红、绿、黄三色相间组成（图28）。造像顶部刻“摩尼光佛”四字。学界已经确认，此摩尼光佛像即摩尼教教主摩尼像，是宋元以来摩尼教继续在东南沿海地区流传的见证。

此身造像的坐姿和手印皆模仿自佛教：结跏趺坐是佛教造像的特有坐式，而此手印其实就是佛教的禅定印。此外，背光的做法也仿自佛教，如敦煌藏经洞所出晚唐绢画炽盛光佛身后也绘有放射状光芒，光芒也由红、蓝、黄、黑等多重颜色相间组成（图29）。

图29 敦煌藏经洞所出《炽盛光佛并五星神图》(局部)绢画,897年

按佛像无须髯，因此此像下颔的两缕长髯当是模仿自道教，而服式亦不类同时期的袈裟而更似道袍。不过，若追根溯源，道袍也来自对佛教褒衣博带式袈裟的模仿（详下文），但褒衣博带式袈裟仅流行于南北朝时期，因此此尊摩尼光佛的服式当是模仿自道袍。可见草庵摩尼光佛像不仅吸收了佛教因素，还吸收了道教因素，有道士风貌①。

2. 高昌摩尼教绘画

1981年柏孜克里克千佛洞第65号窟出土了数件用粟特文书写的摩尼教书信长卷，其中书信A中间的部位有一幅工笔重彩的精美彩绘插图，色彩十分鲜艳。插图正中是一行粟特文金字榜题，榜题两侧各绘一身女性胁侍，相向而立于带茎莲座上，身体呈S形扭曲，体态婀娜。二胁侍服饰统一，皆戴饰珠宝冠，头后有圆形头光，着圆领窄袖红色上衣，下着绿色/蓝色曳地长裙。左侧胁侍双手托笙，作吹奏状；右侧胁侍双手执筚篥，亦作吹奏状，故二女胁侍的身份应属伎乐一类，但其身后的头光又表明她们绝非凡间伎乐，应属于女性神灵一类（图30）。两位神灵供护着一顶白色筒状高帽，据学者研究，该帽象征教主摩尼②。

但这幅绘画显然受到佛教艺术的较多影响。按带茎莲座早在贵霜时期的犍陀罗佛教造像中即已出现③，随佛教传入中土，北朝造像中时或可见，唐代更为流行，常见于一佛二菩萨一铺三尊组合造像中。通常的做法是，二胁侍菩萨座下的莲茎与主尊的座相连，无论主尊的座是莲座还是其他类型的座，如西安碑林博物馆藏唐上元三

① 参看林悟殊《泉州草庵摩尼雕像与吐鲁番摩尼画像的比较》，《考古与文物》2003年第2期，79页。

② 参看林悟殊《粟特文及其写本述略》，见［德］克林凯特（Hans-Joachim Klimkeit）著，林悟殊译《古代摩尼教艺术》（增订本）附录，台北：淑馨出版社，1995年，113页。

③ 郭乃彰《印度佛教莲花纹饰之探讨》，收入星云监修《中国佛教学术论典》第九十卷，高雄：佛光出版社，2003年，55页及第五章图五。

图30 吐鲁番出土摩尼教粟特文书信写卷A插图,9—10世纪

图31 吐鲁番出土摩尼教粟特文写卷插图,8—9世纪,柏林印度艺术博物馆藏(采自林悟殊《泉州草庵摩尼雕像与吐鲁番摩尼画像的比较》,图版封三:2)

年(676)王仁静造阿弥陀佛像、唐仪凤二年(677)王仁静造弥勒佛像、无纪年王仁静造阿弥陀佛像、唐开元七年(719)造像、唐至德三载(758)造像等,这些造像均为一佛二菩萨一铺三尊组合[①]。由此可见,这幅摩尼教绘画不仅模仿了佛教的带茎莲座,还模仿了唐代带茎莲座类造像流行的"一佛二菩萨"式构图形式,那么,两位女性神灵的造型与唐代菩萨相似也就可以理解了。唯一的变化是,主尊的佛在这里被置换成了象征摩尼的帽子,因而崇拜方式也就由佛教的偶像崇拜转变为摩尼教的象征物崇拜。无独有偶,德国探险队在吐鲁番还发现了另一幅内容与构图形式与上幅作品完全一致的摩尼教写卷插图绘画,只是两位女性神灵的衣冠服饰及体征更接近唐代菩萨的造型(图31)[②]。这幅作品的年代应该与上幅相去不远,或略早。

(十)道教对佛教艺术的模仿

在"道无形质,故能出入无间,通于神明,济于群生"(《道德经》)以及"道至尊,微而

---

①图版参看西安碑林博物馆编《西安碑林佛教造像艺术》,西安:陕西师范大学出版社,2010年,157—162页。

②克林凯特也注意到这幅画受到了佛教艺术的影响,他说画面上旗幡两侧站着的精灵或神,"其形象令人想到同时代柏孜克里克的佛教绘画"。参看[德]克林凯特著,林悟殊译《古代摩尼教艺术》,广州:中山大学出版社,1989年,99页。

隐，无状貌形象”（《老子想尔注》）等观念的影响下，早期道教并无偶像崇拜观念。在道教徒看来，无形无象、超形绝象正是“道”的高深玄妙之处。但在佛教造像风气的影响下，为了获得同样的竞争优势，提高与佛教抗衡的能力，造出道像，确也是时势之必然[①]。不过，道教徒还是杜撰出了造道像的逻辑：大道本无形无象，湛然圆满，为度化众生而应显变化身，变化之身与大道本身没有差别，这种应显变化之身，即是神仙法相。这套逻辑也显然是佛教应身化身观念的翻版。

南北朝时期随着道教神祇系统建构的逐渐完善[②]，道教初步形成了自己具体的造像内容，并进一步杜撰出了自己的造像仪轨。成书于隋以前的《洞玄灵宝三洞奉道科戒营始》，是道教较早的戒律仪范文献，其《造像品》对道教造像仪轨有详细交代：“科曰：‘凡造像，皆依经。具其仪相……衣冠华座，并须如法。天尊上帔，以九色离罗，或五色云霞山水，杂锦黄裳，金冠玉冠。左右皆璎珞环佩，亦金玉冠，彩色间错……真人又不得散发、长耳、独角，并须戴芙蓉、飞云、元始等冠……左右二真，皆供献，或持经执简，把诸香华，悉须恭肃……天尊平坐，指捻太无，手中皆不报如意麈拂，但空而已。’”[③] 但道教造像无论是造像特征还是造像布局，都直接受到了佛教造像的启发和影响，以致遭到时人的嘲笑。

---

①参看丁明夷《从强独乐建周文王佛道造像碑看北朝道教造像》，《文物》1986年第3期，56页。

②齐梁时期的著名道士陶弘景撰《真灵位业图》等引儒家等级思想入道，完成了道教神阶等级的划分，使道教神祇谱系得以完善，尽管“此书杜撰凿空，又出《真诰》之下”（《四库全书总目》语），但毕竟使道教造像的具体内容建构以及神祇的身份等级的确定有了更多的“依凭”。不过《真灵位业图》代表的是上清派的神谱，灵宝派和天师道并不认同，特别是在最高神的认定上三派各有主张。随着道教的发展和各派的互相交融，大概在南北朝末期，出现了统一的最高尊神“三清”，即元始天尊、灵宝天尊、道德天尊。三清神的出现，标志着道教神仙谱系的最终定型（参看卿希泰主编《中国道教》第三卷“三清”条，上海：东方出版中心，1994年，13—17页）。

③［南北朝］佚名《洞玄灵宝三洞奉道科戒营始》卷二《造像品》，《中国基本古籍库》据明正统道藏本整理本，10页。

王淳《三教论》云："近世道士，取活无方，欲人归信，乃学佛家制立形像，假号天尊及左右二真人，置之道堂，以凭衣食。梁陆修静之为此形也。"①《三教论》具体形成时间不详，亦未见著录，但为成书于唐武德贞观年间的《辨正论》所引，约可推知该文献形成于隋及其以前。按照王淳的说法，道教造像始于陆修静，但陆氏为刘宋时期人而非萧梁时期人，若其说可信，道教造像在南方始于刘宋时期，不过刘宋时期的道教造像尚未得到实物资料证实。这段话虽然有嘲笑道士的成分，但所说道教造像的渊源却是事实，大体反映了隋及南北朝时期的情况。北周甄鸾的《笑道论》说得更直接："有道士造老[子]像，二菩萨侍之：一曰金刚藏，二曰观世音。又道士服黄布帔……偷佛僧袈裟法服之相。"② 这种道尊以佛教菩萨等为胁侍的布局安排，说明道教造像布局直接取法佛教造像模式③，同时，直接以二菩萨为胁侍，则更类似于景教艺术对佛教飞天的直接吸纳的做法了。对于这样的做法，甄鸾笑曰："观音极位大士，老子不及大贤，而令祖父立侍子孙，是不孝也。"④ 不过，这样的搭配或许另有深意（详后文）。

上引《造像品》所谓天尊身上的"霞帔"实际仿自菩萨的披帛；其左右真人所戴"璎珞环佩"也是仿自菩萨的佩饰——璎珞是菩萨最重要的佩饰；二真人或持经执简或持香华的做法，甚至恭肃的表情，也是仿自佛教造像中的弟子、供养菩萨或供养人。"天尊平坐"实际上采用了佛教的结跏趺坐姿。耀县药王山雕造于北魏太和二十三年（499）的刘文朗道教造像碑，布局取法佛教一佛二弟子一铺三尊式组合，天尊有头光，也当是取法佛教；天尊"平坐"，即结跏趺坐，只

---

① [唐]法琳《辨正论》卷六《十喻篇第五》引，《大正藏》卷五二，535页中。

② [北周]甄鸾《笑道论》"观音侍道者"条，收入[唐]道宣《广弘明集》卷九《辩惑篇第二之五》，《大正藏》卷五二，146页中。

③ 谢建国《从药王山造像碑看道教石刻造像的早期形态》，《中国道教》1993年第1期，43页。

④ [北周]甄鸾《笑道论》，146页中。

是双手并未按《造像品》的要求“但空而已”，而是手持笏状物；天尊所着道袍其实也是取法北朝中晚期以来佛教造像流行的褒衣博带式袈裟，二真人服式亦然，正所谓“偷佛僧袈裟法服之相”（图32）。药王山另一雕造于北魏延昌三年（514）的张乱

图32 刘文朗道教造像碑，耀县药王山，北魏太和二十三年（499）（刘睿提供）

图33 张乱国道教造像碑，耀县药王山，延昌三年（514）（采自网络）

图34 重庆大足南山道教石窟4号龛后土三圣母造像，南宋绍兴年间。圣母造型与头冠佩饰服式等与当地同时期的菩萨造像基本一致。圣母在道教中掌阴阳生育（作者自摄）

国道教造像碑的主尊则模仿了佛教的触地印（左手）和施无畏印（右手）的手势（图33）。可见实际造像中，也并未严格按照《造像品》的要求制作。对菩萨像不仅限于披帛、佩饰方面，还有对菩萨像的全方位模仿，部分女性神仙造型即是对菩萨像的全方位模仿，如重庆大足南山道教石窟中的后土三圣母造像（图34）。

二、相关问题探讨

结合以上对不同宗教之间图像母题借鉴情况的实态观察，本节拟探讨的相关问题包括：被吸收借鉴的神祇进入新的宗教万神殿后的角色转换问题、身份地位的变化，以及在新的宗教图像谱系中，其图像母题在构图方面的变化情况；被吸收借鉴的其他宗教元素进入新的宗教系统后功能角色的变化情况等。

通过对佛教对印度教神祇及其图像母题吸收情况的考察，可以看出，佛教对印度教神祇是直接吸收的，包括造型特征甚至称谓都未曾改变，从而使佛教的万神殿丰富了许多。这是一种“添加”的做法——直接将异教的神祇添加到自己的图像系统中。

但迹象表明，被佛教吸收的印度教神祇进入佛教万神殿后，身份地位发生了变化。正如巴塔恰里耶（B. Bhattacharyya）指出的那样，许多印度教神祇进入佛教的万神殿后，仅充当伴护神的角色，或成为重要的佛教神祇的骑乘，甚至还成为侮辱性的角色——被佛教的忿怒尊踩在脚下①。事实上，印度教神祇进入佛教万神殿后地位普遍有所降低，即便是印度教的最高神也是如此。如作为印度教三大主神之一的大自在天被纳入佛教的万神殿后地位明显下降，因为他的成

---

①B. Bhattacharyya, *The Indian Buddhist Iconography*, p.344.

佛因缘还未成熟，所以仅扮演着护持佛法的角色。自然，角色功能也发生了变化。

但也有例外。前文已指出，印度教神祇萨拉斯瓦蒂和伽那帕蒂是作为成就法中的重要神祇而独立存在的，因此地位并不低。而且佛教系统中，继续保留了二神的基本属性，如由萨拉斯瓦蒂转化而来的辩才天继续主智慧与福德，由伽那帕蒂转化而来的象头神继续主智慧与财富，甚至进一步被藏地民间奉为财神。可见佛教对印度教神祇的佛教化处理完全是根据自身的需要。

通过前文对祆教对印度教神祇及其图像母题吸收情况的考察，可以看出，粟特祆教对印度教神祇及其图像母题的广泛吸收，表明粟特地区对印度教艺术有着深度的借用，但正如葛乐耐指出的那样，无论如何，粟特人不是照搬印度教神像，而是将印度神的面貌注入到相对应的拜火教神祇之中，以符合粟特人自己的拜火教信仰[①]。也就是说，粟特人只是借用了印度教神祇的图像志资源，来完善自己的拜火教万神殿中诸神祇的图像系统，因此，这些印度教神祇进入粟特祆教万神殿以后，身份角色都发生了根本变化——从印度教神祇转化为粟特祆教神祇，风神或"摩醯首罗式祆神"即是其显例。因此，粟特祆教事实上只是借用了印度教的图像符号。

通过前文的考察可以看出，二郎神信仰传入灌口之后，具有灌口地方特色的二郎神形象开始形成。具体做法是，直接借用当地业已存在的祆教图像志资源建立自己的图像系统，即人们在塑造灌口二郎神的形象时直接吸收了灌口祆神的造型特征。在这一吸收转化过程中，图像容或有局部改变，但无疑保留了祆神维施帕卡的基本特征。不过显然，这种做法仅仅是对图像外在形式的借用，图像的内涵

①前揭葛乐耐《粟特拜火教神庙里的印度神祇》，131页。

在这一吸收转化过程中已发生根本变化，因为二郎神与祆神之间就信仰内涵而言没有任何交集。随着借用的完成，灌口二郎神庙中供奉的身披祆神“外衣”的主神的身份和神格已转化为二郎神。这相当于是在借用其他宗教的图像志资源创建自己的图像系统，从而实现自己的图像系统从无到有的转变。

至于敦煌祆教白画中的佛教因素，如前所述，主要表现为右侧女神的服饰高度模仿唐代菩萨的服饰，这相当于是用唐代菩萨的服饰替换女神的中亚服饰，因此这实际上是一种置换的做法，但这一改变并未影响女神的身份。

而中国本土祆教艺术对佛教因素的吸收情况与中亚祆教对印度教神祇及其图像母题的吸收情况似乎又有所不同，下面就中国本土祆教火坛构图对莲花、飞天等佛教因素的吸收情况进行综合分析。

首先，飞天出现于火坛上方，且呈飞翔状，表明它们是在空中；其次，图8安伽墓中的飞天各持乐器，表明它们的身份似乎是歌舞伎乐类天人。它们在此场景中所扮演的真正角色或许可以从中亚出土的祆教纳骨瓮上的图像中得到一些启示。

图14所示的这件出自撒马尔罕莫拉-库尔干的纳骨瓮保存基本完整，虽然其火坛造型与中土火坛有异，但值得注意的是，在纳骨瓮的锥形顶部正对火坛上方的位置，有两个女性舞者，手中持物，相对起舞，因而其主要构图元素与构图形式与图8等中土火坛基本一致。葛乐耐认为，因该纳骨瓮的顶部还有日月和繁星等象征图案，因此该瓮的顶部表现了天界，在此舞女暗示了天国的欢乐。相应地，在巴列维语文献《扎德丝帕拉姆》（*Zadsparam*）中曾描述拜火教天国是“提

供奴婢和欢乐的地方”[①]。另一件出土于吉尔吉斯斯坦境内的纳威卡特(Nawekat)遗址的纳骨瓮顶部已不存,但下部构图同图14,因此葛乐耐推测其顶部也有舞女形象[②]。如此看来,图8等中土火坛的“火坛+祭司+飞天”的构图形式应是脱胎于中亚粟特地区纳骨瓮上的“火坛+祭司+舞者”的构图形式,中国本土用飞天置换了中亚纳骨瓮上的舞者,因此这里的飞天已不再是佛教意义上的飞天,而是代替中亚纳骨瓮上的舞者,扮演着拜火教天国舞者的角色。

有学者认为,出现在我国北朝至隋时期的粟特裔墓葬或与粟特关系极为密切的人群墓葬中的这类火坛+祭司的特殊组合图像,由于佛教因素的介入,是否具有祆教属性值得怀疑;甚至更直接地认为,它仅具象征意义,不具实际意义,只能视为象征符号,反映的是一个族群的历史记忆。按我国境内发现的这类人首鸟身祭司与圣火坛组合浮雕的祆教属性已得到中外学者的广泛肯定[③],这些研究大多对整个墓葬图像内容有通盘的考量,特别是对史君墓图像的整体解

---

①参看[法]葛乐耐著,毛铭译《粟特纳骨瓮上的歌舞和神祇》,《内蒙古大学艺术学院学报》2008年第1期,103页;同氏著,毛铭译《粟特早期纳骨瓮上的拜火教主题》,原载莎拉赫·丝莕瓦特主编《永不熄灭的圣火:拜火教历史与移民》,伦敦:伦敦大学出版社,2013年,收入氏著《驶向撒马尔罕的金色旅程》,155页。

②同上注。

③参看[美]乐仲迪(Judith Lerner)著,毛铭译《中亚人在北朝:一种拜火教葬俗》,原载《古代伊朗学刊》(*Iranica Antiqua*)第30卷,1995年,收入氏著,毛铭译《从波斯波利斯到长安西市》,桂林:漓江出版社,2017年,87—100页;姜伯勤《西安北周萨保安伽墓图像研究——伊兰文化、突厥文化及其与中原文化的互动与交融》,原载《华学》第五辑,广州:中山大学出版社,2001年,此据氏著《中国祆教艺术史研究》,97—104页;韩伟《北周安伽墓围屏石榻之相关问题浅见》,《文物》2001年第1期,91—93页;荣新江《北朝隋唐粟特聚落的内部形态》,载氏著《中古中国与外来文明》,北京:生活·读书·新知三联书店,2001年,160—166页;[俄]马尔夏克(B. Marshak)著,毛铭译《Miho石棺屏风及北朝粟特艺术(550—579)》,原载《Miho博物馆研究纪要》第4号,2004年,收入氏著《突厥人、粟特人与娜娜女神》,桂林:漓江出版社,2016年,167—170页;P. Riboud(黎北岚),“Bird-Priests in Central Asian Tombs of 6th-Century China and Their Significance in the Funerary Realm”, *Bulletin of Asian Institute*, New series, vol.21, 2007, pp.1-23;葛承雍《祆教圣火艺术的新发现——隋代安备墓文物初探》,《美术研究》2009年第3期,15—16页。

读，避免了孤立地看待这类特殊图像组合，因而在研究方法上更经得起逻辑推敲。毫无疑问，就像许多研究著作指出的那样，这一组合不仅具有一种仪式意义，而且某些特殊元素，如火坛以及侍立于火坛两侧的祭司所戴的专门面罩帕达姆①，也意味着特殊的宗教传统，这一特殊的宗教传统可视为琐罗亚斯德教的中亚变异形式②。值得注意的是，图8所示安伽墓圣火坛的底座由三峰骆驼构成，表明工匠创作时遵循了中亚传统，用三峰骆驼托起的圣火坛是最高级别的圣火坛，称为“巴赫拉姆的圣火坛”③。

在前人研究的基础上，笔者根据其中保存完整的墓葬所呈现的较为特殊的葬式葬俗的综合分析，认为这些墓葬实际所呈现的葬式葬俗与中土传统仍有一定差异，其差异性只能指向祆教葬俗，否则难以作出合理解释④。这就意味着，主持这些丧葬活动的人们仍然在一定程度上践行着图像中所反映的丧葬仪式，因而这类图像仍具一定的实际意义，不能简单视其为“象征符号”或某族群的“历史记忆”，图像内容与墓葬所反映的丧葬实践并未完全脱节，可视为祆教葬俗在华的延伸，只不过它已与中土丧葬传统紧密结合在一起了。

这样看来，安伽、虞弘墓等墓出现的火坛仍具有宗教内涵和实际意义，那么，火坛形制的改变以及火坛构图中佛教因素的介入并未改

---

①拜火教祭司所戴的帕达姆，是覆盖在鼻子和嘴巴上以防头发、胡子或唾液不慎落入火中而污染圣火的面罩，至今世上仅存的祆教祭司依旧如此穿戴。参看［美］乐仲迪《中亚人在北朝：一种拜火教葬俗》，90页；［法］葛乐耐著，毛铭译《粟特纳骨瓮上的歌舞和神祇》，《内蒙古大学艺术学院学报》2008年第1期，103页；同氏著，毛铭译《粟特早期纳骨瓮上的拜火教主题》，154页。

②P. Riboud, “Bird-Priests in Central Asian Tombs of 6th-Century China and Their Significance in the Funerary Realm”, p.6.

③参看［俄］马尔夏克《Miho石棺屏风及北朝粟特艺术（550—579）》，168页。

④参看拙稿《北朝晚期至隋入华粟特人葬俗再考察——以新发现的入华粟特人墓葬为中心》，载荣新江、罗丰主编《粟特人在中国：考古发现与出土文献的新印证》，北京：科学出版社，2016年，594—620页。

变火坛原有的宗教属性。至于莲花，只是受佛教艺术的影响，添加到火坛上的佛教元素，仅起装饰作用，既未将佛教中的莲花意涵带入祆教语境中，也未重新赋予它新的意涵，更未改变火坛的性质。

关于景教吸收佛教的莲花、飞天等因素以后的情况，笔者已作分析，这里只简要提示分析结果。在“十字+莲花”构图模式中，十字架始终位于莲花之上，莲花实际上起着承托和衬托作用，那么莲花实际上就相当于十字架的“座”，这采用的是一种添加的手法；“十字架两侧对称配置二飞天”的构图模式应脱胎于早期基督教艺术中的“十字架两侧对称配置二天使”构图模式，是将这一构图模式中的天使替换为飞天的结果，这采用的显然是一种置换的手法。但形态的替换并不意味着功能也随之替换，这里的飞天虽然是天使的替代品，但在景教信徒眼中，它们仍然是天使，是“飞天化”的天使，仍然履行着天使的职能，是用佛教的飞天表达基督教天使的宗教内涵①。

既然敦煌藏经洞出景教绢画是景教圣像对佛教造像全方位的模仿，具体元素来自于佛与菩萨造型的综合，画中人物兼具佛与菩萨的造型特点，那么画中人物可视为“佛化”了的耶稣基督，已远离传统基督教美术。但这仅限于外部造型方面，圣像的基本性质并未改变。从模仿的具体做法看，既有添加，也有置换，前者如头冠、佩饰、颈部三道蚕纹等原本耶稣基督造型中没有的元素，后者如着装，即用佛装替换了耶稣基督的原有着装。当然，随着置换的完成，耶稣基督身上的“佛装”已不再是袈裟。总体上可以认为，这幅绘画综合佛与菩萨的造型重塑了耶稣形象。

至于德化瓷中圣母子像对送子观音元素的吸收，似乎存在置换和添加两种手法。

---

①参看拙稿《十字莲花》，239—254页。

圣母脚下踩饕餮的做法就是用饕餮置换天使,因为圣母脚下原本踩的是天使,这是用东方元素置换西方元素。不过,也同时存在用西方元素置换东方元素的情况,将送子观音的二胁侍善财和龙女换成两身西洋人,从而形成圣母+二西洋胁侍的构图形式,这种做法也是置换,即用两身西洋人置换了善财和龙女,可见这次是用西方元素置换东方元素。随着图25中圣子的发式完全变成了送子观音手中的男童模样,圣子与送子观音手中的男童的外在形象已无任何区别,这也相当于是一种置换,即用送子观音手中的男童置换了圣子。另外,圣母的头光由西式的变为中式水月观音的头光,也可视为一种置换,即用中式头光置换了西式头光。以上置换诸例中,除用西洋人置换善财和龙女之例外,其余的情况基本一致:即随着置换的完成,置换者的身份和性质都发生了改变,充当了被置换者的角色。

而圣母座前出现莲茎莲蕾可视为一种添加的做法,因为莲茎和莲蕾是观音座前的标配,圣母座前原无它们。圣母座前的莲茎莲蕾主要起装饰作用。

由此可见,尽管德化瓷中圣母子造型受送子观音造像的影响十分明显,将其称为“送子观音版的圣母子像”也不为过,但其表达的仍然是基督教的主题,是耶稣会士用于宣传和礼拜的圣像组合,其宗教属性未发生任何改变。

依据前文的观察,泉州晋江草庵元代摩尼光佛雕像是对佛教造像和道教造像的综合模仿,其间或稍作改变,这是根据佛的造型和天尊的造型重新建构的摩尼像,与中亚的摩尼教艺术已无任何关系[①]。这种做法相当于是直接借用其他宗教的图像志资源创建自己的图像系统,因此经历了一个从无到有的过程。在这一过程中,通过对来自

① 中亚摩尼教艺术中的摩尼形象,可参看[德]克林凯特《古代摩尼教艺术》,图10a、10b。

其他宗教的图像元素的重新整合，最终创建出自己的宗教偶像。相应地，这些来自其他宗教的图像元素的宗教意涵也发生了改变。如草庵摩尼像身后光芒四射的光线可视为摩尼教所崇拜的光明的象征①，是则这些来自佛教的元素已经发生了意义的转换。

如前文所言，两幅高昌摩尼教绘画不仅模仿了佛教的带茎莲座，还模仿了带茎莲座类造像流行的“一佛二菩萨”式构图形式，因此出现了两位具菩萨相、类菩萨装、与唐代菩萨造型高度相似的胁侍女性神灵。唯一的变化是，作为佛教造像主尊的佛在这里被置换成了象征摩尼的帽子，因而崇拜方式也就由佛教的偶像崇拜转变为摩尼教的象征物崇拜②。至于这两位胁侍身份的女性神灵，可视为外在形象“菩萨化”的摩尼教女神，而在高昌地区同时期的摩尼教艺术中，摩尼教女神外在形象“菩萨化”尚有他例③，可见在高昌地区摩尼教艺术受佛教艺术的影响是一种普遍现象。不过毫无疑问，这些女神都是披着菩萨的“外衣”而行摩尼教之实的摩尼教女神，其性质不言而喻。

根据前文的考察可以看出，道教造像经历了一个从无到有的过程，其基本动因是为了因应如火如荼的佛教造像运动，这一动因迫使道教从非偶像崇拜型宗教逐渐转向偶像崇拜型宗教。由于道教此前没有任何造像基础，这一过程均是以佛教造像为参照系的：取法佛的形象创造了天尊像；取法佛弟子的形象创造了真人像；取法菩萨的形象创造了部分女性神仙像；取法佛教的善财、龙女形象创造了金童、玉女像；取法佛教的天王、力士形象创造了金刚神王、天丁力士像；取法佛教造像的布局安排创造了道教造像布局与组合。当然，由于道教神仙系统比较庞杂，并不是所有的神仙图像都取法佛教造像，部分

---

①参看前揭林悟殊《泉州草庵摩尼像与吐鲁番摩尼画像的比较》，78页。

②摩尼教其实也是以偶像崇拜为主，但至少在这两幅绘画作品中表现的是象征物崇拜。

③参看［德］克林凯特《古代摩尼教艺术》，图14a、14b、35、37、38、39、47a等。

神仙图式来自戴冕旒的世俗帝王形象或世俗官员形象，甚至一般的世俗人物形象。但毫无疑问，在道教造像系统的初创期，道教是直接借用佛教的图像志资源创建自己的图像系统的，期间只是对佛教造型稍作局部修改。随着佛、菩萨、弟子等进入道教造像系统，它们的身份完成了“神仙化”的转变。

结　论

笔者曾指出，宗教图像之间的吸收和借鉴包括两个层次①，现在看来可以进一步完善为三个层次：一是将一种宗教的某种神祇形象完全移植到另一宗教中，并赋予其新的名称和含义，这可视为将异教的神祇直接并入本教图像志的做法，佛教、琐罗亚斯德教对婆罗门—印度教系统神祇的吸收就属于这种情况。二是一种宗教的某些图像元素局部地被另一种宗教造型艺术所吸收，造成二者局部特征的相似，但是，整体上看，并未改变吸收者的宗教性质。虞弘墓、安伽墓火坛图像中出现的莲花、飞天等佛教元素即属此种情况，莲花只起到装饰作用，飞天只起置换的作用，火坛的宗教属性并未因此而改变；景教艺术对莲花、飞天等佛教元素的吸收也属此种情况，十字+莲花构图模式的形成以及飞天的介入并未改变十字架的宗教属性，因为这里的莲花、飞天同样只起装饰、置换作用。三是一种宗教（包括民间信仰）本无自己的偶像系统，或虽有偶像系统但因故捐弃，直接借用其他宗教的图像志资源创建或重建自己的图像系统及图像志，早期道教造像对佛教造像的全方位模仿、敦煌藏经洞所出景教绢画中高度“佛化”的耶稣形象、泉州草庵雕刻的造型迥异于中亚摩尼教艺术

---

①前揭姚崇新等《敦煌三夷教与中古社会》，102—103页。

的摩尼光佛以及灌口祆神向灌口二郎神的转化等，均属此种情况，在这一过程中，图像往往稍作改变。

至于宗教图像之间吸收借鉴的具体做法，笔者曾初步归纳为“加上”和“置换”两种做法[①]。这两种做法在本文中得到更充分的呈现。“加上”，顾名思义，是指一种宗教图像母题系统中原本没有而通过对其他宗教图像母题吸收而添加部分，如佛教、琐罗亚斯德教对婆罗门—印度教系统神祇的直接吸收，十字架下的莲花座、圣母座前的莲茎莲蕾以及敦煌景教绢画中耶稣基督的头冠、佩饰等，皆可视为“加上”物。“置换”顾名思义就是“替换”，是指用另一种宗教图像中的某种母题替换该宗教图像业已存在的某种母题，如用佛教的“飞天”置换祆教的舞者、用佛教“飞天”置换基督教的“天使”、用饕餮置换圣母脚下的天使、用送子观音手中的男童置换圣母手中的圣子等。但通过本文的考察，还存在第三种做法，笔者将其概括为“通盘模仿”，所谓“通盘模仿”就是指直接借用其他宗教的图像志资源创建或重建自己的图像系统及图像志的做法，从而实现某种宗教图像系统的始创或某种宗教中某种图像志的彻底更新。

上述认识提示我们，当一种宗教吸收了另一种宗教的若干图像元素时，不能简单地认为这些新的图像元素会影响这种宗教图像的性质或内涵，这些新元素是否会对这种宗教图像的性质产生实质性影响，需要把它们纳入到这种宗教图像的“上下文”中进行具体分析，有时还要考虑图像所处的整体环境。从本文从多种宗教提取的图像吸收借鉴的实例来看，情况恰好相反，即绝大多数情况下，是被吸收者原有的性质发生了改变，而不是吸收者的性质发生了改变，而且被吸收者性质改变的方向和逻辑基本上是由吸收者决定的。可见吸

①参看拙稿《十字莲花》，260—261页。

收者始终处于主动地位，而被吸收者始终处于被动地位，在这种情况下，被吸收者试图改变吸收者的性质多少显得有些异想天开，这也或许是我们至今没有找到某种宗教吸收了另一种宗教的若干图像元素之后导致其自身性质发生了改变的实例的原因所在。

（本文原载荣新江、朱玉麒主编《丝绸之路新探索——考古、文献与学术史》，南京：凤凰出版社，2019年）

书评

楼兰研究的新起点
——侯灿《楼兰考古调查与发掘报告》读后

楼兰是汉魏时期重要的西域绿洲王国，地处西域丝路南道东端，在西域与中原王朝关系史以及东西方文化交流史上占有重要地位，因而颇受中外历史、考古、语言学界的关注。楼兰王国的消失，又与塔里木盆地的古气候环境的变迁有关，因而楼兰也是气候、环境、地理学界关注的重要课题。现代意义的楼兰地区的考古调查与发掘，始于西方探险者。1900年，瑞典探险家斯文·赫定（Sven Hedin）首次对楼兰古城遗址进行了调查发掘；1906年，英国考古学家斯坦因（Aurel Stein）又对楼兰古城遗址及其附近的墓葬进行了大规模的调查发掘；1909年，日本大谷探险队的橘瑞超也对楼兰古城遗址进行了发掘；1914年，斯坦因再入楼兰古城遗址发掘；1930、1933年，作为中瑞西北科学考查团中方成员的黄文弼先生先后两次在罗布泊北端铁板河北岸的土垠遗址进行发掘，这也是我国学者首次在楼兰地区进行的考古活动；1934年，中瑞西北科学考查团瑞方成员贝格曼（Folke Bergman）对孔雀河下游的"小河墓地"进行了发掘。此后，楼兰地区的考古活动中断了很长一段时间。

转机出现于1979年。是年，经中央有关部门批准，中央电视台与日本NHK电视台联合拍摄"丝绸之路"电视系列片，中央电视台即邀请新疆考古研究所协作，组成由王炳华为领队的考古队进入楼兰地区开展考古调查与发掘工作，侯灿为成员之一。这次的主要任务，一是确定楼兰古城的具体位置；二是寻找到一处早期墓地。1980年，新疆考古人继续配合央视的电视片拍摄。这一年的楼兰考古，根据拍摄要求，分为东西两路。东路由穆舜英率领，自敦煌西行至楼兰；西路由吐尔逊、侯灿率领，由和硕直接进入楼兰。这是我国考古工作者首次对楼兰地区进行全面系统的考古调查与发掘。考古队在极为恶劣的气候环境下，进行了近一个月的田野考古工作，调查与发掘工作自1980年3月底开始，4月下旬结束，取得了相当大的成果。田野工作结束后，侯灿先生即积极跟进后期整理工作，早在1987年，侯灿先生就完成了本次考古调查与发掘报告的编写，即《楼兰考古调查与发掘报告》，但由于种种原因，报告的出版长期受阻，直到侯先生2016年去世时，仍未付梓，成为其终身遗憾。近年，在孟宪实、朱玉麒二位先生的共同努力和积极推动下，在凤凰出版社的大力支持下，《楼兰考古调查与发掘报告》终于于2022年3月正式出版。侯灿先生为报告的编写、出版耗费了大量心血，现在终于出版，他多年的夙愿终于得以实现，他的在天之灵也终于得以慰藉。该报告虽然迟到了三十多年，但仍未过时，因为此次调查与发掘仍然是迄今为止楼兰地区唯一的一次完全科学意义上的考古调查与发掘活动。

《楼兰考古调查与发掘报告》的顺利出版，首先得到了新疆师范大学的大力支持，2019年12月，新疆师范大学黄文弼中心郑重接受了侯灿先生的遗稿，报告随即被纳入《新疆师范大学黄文弼中心丛刊》出版计划，进而得到中央财政支持地方高校改革发展专项资金的资助；其次也与出版方凤凰出版社的高度重视分不开，出版社在整理校勘文字、线图、图片方面付出了大量的辛勤劳动，从而也保证了出版的质量。

《楼兰考古调查与发掘报告》为十六开本精装，132页+59幅彩版+65幅黑白图版。主要由正文、附录、图版三部分组成，书首有荣新江先生为本书作的序,书末有孟宪实先生撰写的《一部迟到的考古报告》一文作为“代后记”,书末另附张莉博士《楼兰未了情——侯灿先生未完成的楼兰研究写作计划》一文,介绍侯灿先生的楼兰研究写作计划大纲,兼及侯灿先生的治学理念和学术抱负。

正文共分六部分:一、工作经过。介绍工作缘起、田野工作概况、后期室内材料整理和报告编写等;二、古城遗迹。内容包括楼兰古城的位置与环境、古城结构与布局以及城郊遗迹等;三、采集与试掘的遗物。内容包括石器、陶器、木器、铜器、铁器、铅器、玻璃器、骨器、皮革制品、贝蚌珠饰、骨角器、粮食作物、钱币等;四、出土木简、纸文书及其考释。内容包括释官、释地、簿书、名籍、屯戍、廪给、器物、买卖、杂释、纸文书等;五、城郊墓地发掘。内容包括平台墓地、孤台墓地、XBM墓等;六、结语。分三个时期进行归纳总结:关于史前文化时期、关于两汉时期、关于魏晋时期。

附录部分包括三个附录:附录一《碳-14标本测定报告》;附录二《楼兰出土的大麦、小麦及小麦花的鉴定》;附录三《遗址采集与试掘文物表》、《墓葬发掘清理文物表》。

综观整部报告,有以下几个突出特点。

第一个特点是对楼兰既往考古探察成果的充分掌握。

由于楼兰的早期考古探察活动主要是西方探险家主导的,所以相关成果大部分出自西方探险家之手,且有一定的数量。较重要的有斯文·赫定的《中亚与西藏》(*Central Asia and Tibet:Toward the Holy City of Lasa*)、《1899—1902年中亚考察的科学成果》(*Scientific Results of a Journey in Central Asia 1899-1902*)、《罗布泊探秘》(*Lop-Nor*)、《我的探险生涯》(*My Life as an Explorer*),斯坦因的《沙埋契丹废址记》(*Ruins of Desert Cathay*)、《西域考古图记》(*Serindia: Detailed Report of Explorations in Central Asia and Westernmost China*)、《亚

洲腹地考古记》(*Innermost Asia*)、《斯坦因西域考古记》(*On the Ancient Central Asian Tracks*),橘瑞超的《中亚探险》(一称《橘瑞超西行记》),贝格曼的《新疆考古记》(*Archaeological Researches in Sinkiang*),孔好古(August Conrady)的《斯文赫定在楼兰发现的汉文写本及零星物品》(*Die Chinesischen Handschriften und Sonstigen Kleinfunde Sven Hedins in Lou-Lan*),沙畹(E. Chavannes)的《斯坦因在东土耳其斯坦考察所获汉文文书》(*Les Documents Chinois: Découverts par Aurel Stein dans Les Sables du Turkestan Oriental*),马伯乐(H. Maspero)的《斯坦因第三次中亚考察所获汉文文书》(*Les Documents Chinois de la Troisiéme Expédition de Sir Aurel Stein en Asie Centrale*),我国学者黄文弼的《罗布淖尔考古记》,以及长泽和俊的《楼兰王国》等。

在阅读这部报告的过程中,笔者深深地体会到,侯先生在编写这部报告之前,花了大量的时间和精力来梳理和消化前人的楼兰研究成果。侯先生的外语并不是很好,但是如上所列,前人的相关成果绝大部分都是西文的,且涉及多种西文,这些西文著作在当时只有少数有中文译本,侯先生不畏艰难,克服了语言的障碍。在侯先生整理前人成果的过程中,得到过一些懂西文的学界朋友的热心帮助。但即便有人帮助侯先生翻译西文资料,获取这些资料也殊为不易。时值改革开放之初,国内获得国外学术资讯的途径极为有限,特别是西文学术资料的获取,在当时是非常困难的。可以想见,为了获取西方学者有关楼兰的资料,侯先生当时应该是想尽了各种办法。总之,侯先生对前期有关楼兰的考古调查与研究成果,包括楼兰史、考古报告、文书整理释读成果、探险纪实等的把握,以及对相关传世文献的把握,在当时的国内是无出其右的。

报告处处显示,侯先生对前人的成果是了然于胸的,对上列各种西文著作的内容熟悉到了信手拈来的程度,兹举二例以见一斑。例如,在提供了经他们重新核定的楼兰古城址的具体位置的经纬度数据之后,侯先生详细罗列了斯文·赫定、斯坦因等人测得的数据,以及日本学者长泽和俊后来所采用的数据,特别是对斯坦因不同著作中的数据差异也详细罗列,这些著作包括《沙埋契丹废址记》、《亚洲腹地考古记》、《斯坦因西域考古记》等(3—4页)。再如,侯先生在回顾斯坦因在三间房及其周围遗迹的考古发现时,详细列出了沙畹和马伯乐整理的汉文木简的编号,并进一步查检。针对斯坦因对大垃圾堆的发现所作的叙述,侯先生还发现斯坦因存在张冠李戴的问题(13—14页)。如果不是对斯坦因的有关报告以及对上文所列沙畹、马伯乐的著作都非常熟悉,是发现不了这么细微的问题的。

侯先生对梳理消化楼兰既往考古探察成果的不遗余力,除了学术逻辑的客观要求之外,还隐含了侯先生的雄心和抱负,那就是与西方争夺话语权。用侯先生自己话说,就是要把这部报告打造成"拳头产品"、"核心产品"(参看报告所附张莉文)。具体而言,他想在完全吃透既往相关成果的基础上,力争利用此次考古所获新资料、新信息,得出更准确、更新的认识,从而扭转长期以来楼兰研究所呈现的西方一边倒的局面。此外,对前人成果的精准掌握,使得侯先生在编写报告时总是通过对比、比较的视角来呈现此次考古所获新资料、新信息的学术价值,既直观,又客观,使读者容易从总体上把握此次考古新收获的学术价值。

对以往西方人所做的工作、所作的判断全面地纠偏正误,是该报告的第二个特点。

由于侯先生对以往成果已充分掌握,所以纠偏正误得心应手。在报告中,揭瑕指谬不时出现,贯穿报告始终,因此可以认为,该报告是首次对以往西方探险成果中所存在问题的全面清理。要做到这一点，必须具备两个条件，一是作者必须对这些成果非常熟悉，二是作者必须重回考古现场，复盘当年西方探险家的田野工作。这两个条件侯先生都具备了，而且当时只有侯先生具备这两个条件。

由于指谬正误在报告中并不是个别情况，所以细心的读者只要稍微翻阅报告，便不难发现。大体而言，侯先生主要指出了西方探险家以下三个方面的问题：一、测量数据的误差；二、遗迹性质判断的失误；三、遗物及遗迹编号的张冠李戴、叙述不准确不全面。

对测量数据误差的纠正，兹举三例。一是对西方探险家所提供的楼兰古城址具体位置的经纬数据的纠正。关于楼兰古城址的具体位置，西方探险家提供的经纬度都存在一定程度的误差：斯文·赫定提供的经纬度数据为东经89°40′，北纬40°30′。斯坦因则有四组数据：东经89°55′，北纬40°31′；东经89°45′，北纬40°30′22″；东经89°52′15″，北纬40°31′15″；东经90°06′，北纬40°29′。另外，日本长泽和俊的数据为东经89°50′53″，北纬40°31′34″（3—4页）。其混乱如此。楼兰古城址的具体位置，经侯灿先生他们的重新测量，核定为东经89°55′22″，北纬40°29′55″（3页）。二是对西方探险家所提供的楼兰古城址总面积数据的纠正。按照斯坦因提供的测量线图计算，古城东面长326.96米，南面长326.35米，西面长343.125米，北面长326.35米，总面积为109331.3平方米（6—7页）。侯先生的考古队以残存四面的城墙按复原线计算，作出了更准确的测量，测得的数据为东面长333.5米，南面长329米，西、北两面各长327米，总面积为108240平方米（6页）。三是对斯坦因提供的孤台墓地数据的纠正。关于孤台墓地的范围，侯先生团队实测数据为长43.4米，宽15.7米（85页）。但斯坦因所提供的墓地数据不但与侯先生团队的实测数据有差距，就连他的文字叙述和线图也存在较大差距。其文字表述为长约56码（约51.24米），宽约32码（约29.29米），而其所提供的该墓地的LC平面图，按比例尺计算，长约50.3米，宽约20.3米（85页）。

对遗迹性质判断失误的纠正，兹亦举两例。一是古城东北的小佛塔。斯坦因认为这只是一个小土包，没有什么需要发掘的。可是经过侯先生的团队清理以后，发现环形台周围残留有五彩斑斓的佛像壁画，画风朴实，墨线勾勒，以土红为主色调，与斯坦因在米兰揭走的人首双翼像相类同。侯先生由此判断此遗迹应是一座佛塔，并根据佛塔壁画风格和塑像残段观察，推断其年代为西晋时期（19页）。这在新疆早期佛教遗存中是不多见的，因此这座佛塔的发现，为丝绸之路南道东段佛教及佛教艺术的早期传播提供了很重要的依据，所以此处遗址性质的重新认定意义重大。二是古城西北郊的烽燧台。斯坦因原认定为一座废弃的佛塔，经侯先生的团队清理以后，从现存遗迹暴露的纵剖面观察，确定为烽燧台遗迹（19页）。

最后需要补充说明的是，有一些遗迹的性质西方探险家并未作任何判断，侯先生则作出了准确的判断。如对三间房遗址附近的大垃圾堆遗迹的性质，斯坦因未做任何判断，侯先生敏锐地注意到，大垃圾堆所出简纸文书的内容与三间房所出简纸文书高度相似，而且从两地所出纪年文书来看，文书年代完全一致，因此侯先生十分肯定地判断，大垃圾堆出土的这些简纸文书，应是三间房官署中倾倒的废弃之物（14页）。

对遗物的张冠李戴错误的纠正，兹举一例。前文已经提及，斯坦因在大垃圾堆发现的汉文文书，经侯先生对斯坦因《西域考古图记》、沙畹《斯坦因在东土耳其斯坦考察所获汉文文书》所记、所载内容的反复勘检，发现斯坦因所记述的文书中，有部分并不是该地所出，而该地所出的文书却有遗漏，即如侯先生所说，“经我们查检745—746、759、777—779号文书并不属于这里所出，而是在LA. III. i的地方。从沙畹《文书》里的原始编号得知，斯坦因还漏掉了910—926、

928—929号仍是出在这里的纸文书”（13—14页）。漏掉的这些文书，想必又被斯坦因安排到别的地方去了。对遗迹编号张冠李戴问题的纠正，亦举一例。经侯先生复检，发现斯坦因把三间房遗址的房间vi和vii，错编为x和xi了（13页）。对叙述不准确、不全面的补充，亦举一例。斯坦因在叙述孤台墓地的情况时说，更令他印象深刻的是，“墓穴中所表现出来的非常令人费解的混乱，其中大量被肢解了的人骨和碎木板完全杂乱无章地混在一起”。但侯先生的考古队对一座未被斯坦因挖掘而保存完好的大型丛葬墓进行了清理，从清理情况来看，并不是如斯坦因所说的“非常令人费解的混乱”（86页）。可见斯坦因的叙述并不准确、并不全面，他所看到的很可能只是部分被盗扰过的墓葬的情况。

这样的纠偏正误工作，对后来的研究者而言，无疑是非常重要的。这一点毋庸赘言。

严谨细致是这部报告的第三个特点。

此次发掘是规范的、科学的考古发掘，田野工作做得更仔细，因此在斯文·赫定、斯坦因等人反复挖掘过且他们声称所有遗物都被彻底清理干净的地方，仍有收获，有些地方甚至有很大收获。如，考古队在斯坦因一再挖掘过的大垃圾堆遗迹上开挖探方一个，重又进行清理，结果竟然又清出了残木简60枚，纸文书1枚，其中有绝对年号记载的木简4枚（14页）；再如，考古队对斯坦因挖掘过的孤台墓地iii号墓重新进行了清理，又清出了不少遗物，特别是许多珍贵的丝毛棉织品（86页）。因此如何将这些新收获精准、详细、客观地呈现给读者，考验着报告编写者的智慧。这部报告严格按照考古学的规范进行编写，对遗迹遗物的处理，尽可能做到了精准、详细、客观，严谨细致，不忽细微。如对遗物信息有详细的披露，包括规格尺寸、造型特征等；对植物的重要发现，如大麦、小麦、小麦花等，提供检测报告；对人骨标本也进行了检测；对遗物有详细的分类，比如将木器按用途分为建筑材料、生产用具、生活用具、木人以及其他木件等几大类，除木人类外，每一大类下又分若干个小类（36—41页）。再如对纺织品类遗物的整理，其精细就达到了无以复加的程度。先将纺织品分为丝、毛、棉、麻四大类，再在大类下分若干小类，如丝织品依织制情况又分为锦、绢、絁三小类，毛织品依其织制和用途的不同，又分为毛布、毛毯、毛绳、毛辫带和毡制品等小类。不仅如此，还提供了每件标本每平方厘米的经线和纬线的根数，而且无论是采集品还是墓葬所出皆如此处理（52—53、96—101页）。这样的工作，没有极大的耐心是无法完成的。

高标准是该报告的第四个特点。

这个高标准体现在侯先生在学术层面上有更高的追求。我们知道，常规考古报告的编写，只需作出客观的描述、提供客观的数据，最后适当作一些基本的判断和分析，基本上就完成了使命。但侯先生的这部报告，从严格意义上来讲，其实是“考古报告”+“学术研究”。如果说“考古报告”主要是集体成果的反映，那么“学术研究”应是侯先生个人成果的反映。这也使得这部报告的写法跟传统的考古报告的写法有些不同，在报告的不少地方，都能看到侯先生结合新旧材料、新旧发现进行的分析和研判。在阅读过程中，笔者深深感受到，侯先生在报告编写的过程中，始终是边整理考古资料边思考问题，且始终围绕着楼兰的重大问题进行思考。因此报告的问题意识非常明显，问题导向非常清晰。因此这部报告里既有新发现，又有很多新见解。

比如，考古队在调查过程中十分注意城市的用水问题，以前来此的西方探险家如斯文·赫定、斯坦因等人都未注意此问题。考古队在城中发现了一条自西北向东南延伸的古水道遗迹，水道南北两端分别与城外的干河床相连接，侯先生判断，这应是解决城中居民生活用水而开凿的人工水道（8页）。这既是此次考古的新发现，也是侯先生对有关楼兰的重大问题进行的关联性思考。城市用水问题，关涉楼兰古城的兴废，因此这一发现意义十分重大。再如，关于楼兰地区的史前文化，侯先生将前人的发现与此次考古所获石器文化标本进行比较后认为，楼兰遗址应当是石器时代孔雀河下游三角洲中人类活动的重要聚点。正如侯先生自己所说，这一认识对于研究楼兰王国的史前文化时期，具有十分重要的意义（104页）。再如，侯先生根据此次考古所获人骨的体质人类学测定的结果，推测楼兰地区居民的欧罗巴人种成分与帕米尔塞克类型的居民之间存在着密切的种族系统学关系，同时指出，个别蒙古人种头骨的存在还说明，楼兰居民的人类学成分上，不是纯粹单一的欧罗巴人种民族。毫无疑问，这样的认识既有学术意义，又有现实意义（105页）。再如，对这座古城的最后形制完成的时间，侯先生通过对楼兰古城所出简纸文书中有绝对纪年的数十枚文书的统计分析，认为这座古城的最后形制完成的时间应在曹魏两晋时期。这一认识对研究楼兰古城城建史及其兴废有重要意义（106页）。再如，侯先生通过对古城遗址区出土的大量文物，特别是钱币中的五铢、贵霜王朝铜币以及非常精美的丝毛织物的综合观察，指出这里的确是古代东西方经济文化交流的中继城市，曾在古代"丝绸之路上"起过重要作用，特别是曹魏两晋时期，从而确立了曹魏两晋时期的楼兰在东西文化交流中的地位（105—106页）。这无疑是这一问题的最新认识。楼兰古城的衰废问题也一直是侯先生思考的有关楼兰的重大问题之一，因此他一直在围绕此问题寻找相关线索，除寻找到城市用水的线索之外，侯先生还注意到，古城中出土的许多简纸文书，为分析古城的衰废提供了依据，因为不少文书中记录了当时不断缩减吏士口粮供应标准和耕地因干旱不能完成耕种任务的情况（108页）。这无疑是侯先生发现的有关此问题的又一条重要线索。

综上所述，这部考古报告确实具有里程碑式的意义，可以作为未来楼兰学研究的新的起点。因此相信随着时间的推移，其学术意义会不断显现出来。楼兰“有太多需要认识、研究的大大小小空间。唯其有鲜明、独特的个性，也就更具研究的价值”（王炳华《我所亲历、了解的罗布淖尔考古碎片》，《澎湃新闻》2022年7月11日）。因此，相信随着此书的出版，楼兰研究的空间将更加广阔。

最后有两点建议，希望该书再版时予以考虑。一是存在少量西文拼写错误，希望再版时予以纠正。如第4页“Central-Asian”，应为“Central Asian”；第10页“Handschriftenund”应为“Handschriften und”；同页“Chinoisde”应为“Chinois de”。二是建议再版时在附录部分再增加一个“参考文献目录”，这更有助于读者全面把握这部报告对前期相关成果的掌握情况。另外，还存在个别错字，如第1页“屠国垈”应作“屠国壁”。

（本文原载《丝绸之路考古》第8辑，2023年）

敦煌吐鲁番文献“最后的宝藏”
——《旅顺博物馆藏新疆出土汉文文献》评介

旅顺博物馆藏新疆出土汉文文献，总数多达26000多片，这在海内外庋藏新疆出土文献的所有公私收藏单位中可谓首屈一指。这批新疆出土文献是“大谷收集品”的重要组成部分，因此主要来源于吐鲁番地区，少量来自库车、和田等地的古城址、石窟寺和古墓葬等。自1916年正式入藏关东都督府满蒙物产馆即今旅顺博物馆以来，已逾百年，但一直未得到全面系统的整理，不能不说是吐鲁番文献整理工作的一大憾事。这批文献的主要内容，以佛教文献（包括佛经、佛经注疏等）为主，同时包括一定数量的道教文献、传统四部典籍、官私文书、寺院文书以及民间占卜文书等；时间跨度近千年，上至公元3世纪的西晋，下迄13世纪的蒙元，以写本为主，含少量印本。这批文献是迄今国内外已知敦煌吐鲁番文献唯一尚未全面公布的大宗藏品，因而又被学界誉为敦煌吐鲁番文献的“最后的宝藏”，因此它的学术价值当然值得期待。2020年11月，中华书局出版了《旅顺博物馆藏新疆出土汉文文献》（王振芬、孟宪实、荣新江主编，以下简称《旅博新疆文献》），这是对旅顺博物馆所藏的这批新疆出土汉文文献的全面整理。《旅博新疆文献》系8开本精装大型图录，共32册，全彩版印刷，是名副其实的皇皇巨著。整理者另将解题部分汇总成《旅顺博物馆藏新疆出土汉文文献总目索引》，16开本精装，共3册。

由于历史原因，相较于龙谷大学所藏“大谷文书”和新中国成立后新出土的吐鲁番文书的整理与研究，旅博所藏新疆出土汉文文书的整理与研究相对滞后，以往的研究也只是以“零打碎敲”的方式进行，涉及的内容也比较单一，因而难窥这批文书的整体学术价值。本世纪初，旅博与日本龙谷大学合作，借助计算机技术整理研究旅博藏新疆出土汉文佛经残片，并于2005年召开了“旅顺博物馆藏新疆出土汉文佛经国际学术研讨会”，从而对旅博藏新疆出土汉文佛经的整理与研究有了较大推进。这次合作的重要成果是《旅顺博物馆藏新疆出土汉文佛经选粹》（京都：法藏馆，2006年）和《旅顺博物馆藏新疆出土汉文佛经研究论文集》（京都：龙谷大学，2006年）的出版。但是，这次合作整理仅限于佛教文献，而且也未涵盖所有佛教文献，因此整理与研究的广度和深度均有限，旅博所藏新疆出土文献仍有待全面的整理与研究。

转机出现于2015年，是年，旅顺博物馆与北京大学中国古代史研究中心达成合作协议，由旅顺博物馆、北京大学中国古代史研究中心、中国人民大学国学院的部分专业人员、教师，以及北大、人大两校部分历史学在读硕博士生共同组成“旅顺博物馆藏新疆出土汉文文书整理”团队，以教育部人文社会科学重点研究基地北京大学中国古代史研究中心重大项目“旅顺博物馆藏新疆出土汉文文书整理与研究”为依托，对旅顺博物馆藏新疆出土汉文文书开始了新一轮整理与研究。众所周知，北京大学与丝绸之路因缘殊胜，在丝路文明研究、西域文明研究以及中外文化交流研究方面有百年传承，学术积累深厚，因此这次旅博选择与北大合作无疑是十分明智的选择。更何况这是一个具有丰富整理经验的团队：主要负责人荣新江教授曾领衔主持“新获吐鲁番出土文献”的整理与研究，该项目的标志性成果《新获吐鲁番出土文献》（荣新江、李肖、孟宪实主编，北京：中华书局，2008年）获得学术界的高度赞誉；团队旅顺博物馆方面的牵头人王振芬研究员，曾参与该馆与龙谷大学合作的新疆出土文书整理项目，因此也具有丰富的整理经验；团队的另一位负责人孟宪实教授是《新获吐鲁番出土文献》的主编之一，同样整理经验丰富。因此从整体上看，这是一个高起点高素质的整理团队。

与以往历次的整理相比，我认为这次整理有两个突出特点：一是整理范围全覆盖——不仅要对数量占绝对优势的佛教文献进行全面整理，而且还要对其他宗教如道教文献以及传统典籍、官私文书等进行全面整理，无论数量多寡，均纳入整理范围；二是始终坚持整理与研究齐头并进的工作范式，以研究促整理。整理范围的全覆盖，意味着这次整理能够首次从整体上探明旅博藏新疆出土汉文文书的学术价值。如所周知，对新疆出土文书特别是吐鲁番出土文书的整理，除录文、缀合困难外，对藏外佛教文献以及世俗文书的定性、定名与断代是最困难的环节，边整理边研究有助于整理者深化文书内涵与性质的认识，进而有助于文书的定性与定名，因此整理与研究齐头并进的工作范式对于该团队的意义是不言而喻的。

正因为坚持了这样的工作范式，该团队在数年的整理过程中形成了一批数量可观的研究成果，同时也训练了一批年轻学子，达到了整理研究与人才培养的双重目的。边整理边研究是唐长孺先生开创的吐鲁番文书整理的工作范式。回顾吐鲁番文书的整理历程，迄今为止，大规模的整理共有三次，每次都是以团队协作的形式完成的。第一次，也是规模最大的一次，即1974—1986年间由唐长孺先生主持的整理工作，主要是对1959年至1975年间考古工作者在吐鲁番阿斯塔那和哈拉和卓古墓群进行的十余次科学发掘所获的近万片汉文文书的整理。整理团队边整理边研究，培养了一大批优秀的学者（朱雷《唐长孺师与吐鲁番文书》，《河北学刊》2005年第5期）；第二次即2005—2007年间由荣新江教授领衔主持的“新获吐鲁番出土文献”

整理项目，此次整理工作承继了唐先生开创的工作范式，使一批学术新人崭露头角；第三次即本次仍由荣新江教授领衔主持的旅博藏新疆出土汉文文书整理工作，此次工作中整理与研究结合得更加紧密，因而研究成果更为可观，成果集中见于王振芬、荣新江主编《丝绸之路与新疆出土文献——旅顺博物馆百年纪念国际学术研讨会论文集》（北京：中华书局，2019年）以及孟宪实、王振芬主编《旅顺博物馆藏新疆出土汉文文书研究》（北京：中华书局，2020年）两部颇具分量的文集中。同样地，一批年轻学子在整理过程中得到充分锻炼。正如《旅博新疆文献》编后记所言："通过文献整理的训练和专题会议的讨论，旅博先后参加项目的八位研究人员得到了专业上的进一步培养，开展了新的研究工作；进进出出的研究生也都从中获益，掌握了中古文书研究的专长。旅博文书的整理，无疑也培养了一批历史学研究的年轻学子。"

该整理团队整理工作的主要内容，是为这些数以万计的大大小小的碎片文书定性、定名及解题，这是一项十分艰苦的创造性劳动。经济实力、专业数据库以及摄影、印刷的高技术，为整理的高质量、出版的高质量提供了有力保证。如上所述，这批文书绝大部分属于佛典，且以极度残缺者居多，所以如果没有类似CBETA这样的专业数据库，整理的困难程度是可想而知的。以上述有利条件为依托，《旅博新疆文献》的出版如果做到了后出转精似乎也应在情理之中。然而，当仔细了解了整理团队的具体工作内容之后，就会感觉到，整理团队基于科学性、严谨性、学术性的考量，在充分利用CBETA数据库的基础上，又做了大量细致的工作，使得整理的文本更具学术参考价值。事实上，CBETA数据库并不能解决所有问题，因为这批佛教文献有不少已溢出CBETA之外，属于藏外佛教文献，它们可能是凉土异经，或是部分曾经流行于世但早已亡佚的佛典注疏，抑或是仅流传于当地的本地注疏,如何对它们定性、定名、解题,非常考验整理团队的智慧,也是他们面临的最大挑战。就此而言,可以十分肯定地说,整理团队付出了巨大的艰辛与努力。兹略举整理工作的几项具体内容以见其科学性、严谨性、学术性考量及其艰辛付出之一斑。

一、佛典可确定名称者加书名号,后标卷数,不标注品名;若是异本,则在佛典题目后标注“(异本)”或“(别本)”。佛典注疏不能确定名称者,拟名“某某注疏”或“佛典注疏”等,能确定所注经名者,拟名“《某经》注疏”;戒律类残片不能定名者,拟名“佛教戒律”;其他不能定名者,拟名“佛典残片”。非佛教文献可定名者,标出所举版本信息,不能定名者,标为“典籍残片”或“残片”。

二、佛典残片中的文字与佛典或典籍原文有出入者,在解题中出校说明“某”(残片用字)作“某”(原典用字)。异文字词重复出现多次需要明确标注行数者,作“第1行‘某’作‘某’”;同一行内出现两次则用“前‘某’”、“后‘某’”方式表述。

三、佛典残存文字如不能完全勘同,但对于定名有参考价值的文献,于解题中标示“参”某文献。若与多种佛典皆契合,依据写本面貌和佛典流行状况取其一;仅与两种佛典契合,则取其一作为定名,并于解题中写明“某人译《某经》”;同一佛典中出现两处吻合者,则定名为该佛经,并于解题中写明卷次;同一佛典出现两处以上吻合者,则定名为该佛经,并于解题中写明“此段文字多处可见”;同一卷中出现两次以上者,则标明卷次,并记“此段文字多处可见”。

四、根据文书内容、书法形态及书写特征等,参照有纪年同类文书加以断代,划分为高昌郡时期、高昌国时期、唐时期、西州回鹘时期四段标注。

五、学界已有研究成果,列为参考项,在相应文献解题中,以缩略语形式予以标明,完整信息见书后所附“参考文献”。

六、已定名佛典的解题包括译(撰)者、出处、校勘记、文书年代、参考文献五部分内容。

上述整理工作的主要内容撮要摘自本书《凡例》(载《旅顺博物馆藏新疆出土汉文文献总目索引》上册,1—2页)。

这些内容,有不少是以前整理出土汉文佛典工作未曾涉及的,因此旅顺项目整理团队在这批汉文佛教文献整理的精细度方面确有不少可圈可点之处。这些前人未曾涉及的内容包括:全面的校勘、勘同,标注参考文献等。

此前,《国家图书馆藏敦煌遗书》(江苏古籍出版社,1999年)中有《条记目录》一项,被认为是编者的创举,因为在此之前出版的《敦煌宝藏》、《俄藏敦煌文献》、《法藏敦煌西域文献》以及《英藏敦煌文献》都无此项内容。《条记目录》相当于《解题》。出详细解题虽不属于旅顺项目整理团队的创举,但旅博所藏的这批出土佛教文献的完整性与国家图书馆所藏敦煌文献完全没有可比性,因此难度也不可同日而语。

此外,标注参考文献并不是出土文献整理的规定动作,纯粹是为方便读者的考量,但要额外消耗整理者大量的时间和精力。

总体上看,这些整理内容有不少地方颇考验整理者的智慧和知识储备,仅第三条的处理而言,就须如此,否则佛典定名极有可能出现张冠李戴的情况。主要原因是,很多残片太小,留存的文字极其有限,根据这十分有限的文字信息去CBETA数据库查找比对,往往会发现符合条件的有两部以上甚至多部经典。在这种情况下,要确定残片究竟属于哪部经典,至少还要考虑:这几部佛典翻译(或中土撰述)的年代;这几部佛典在古代吐鲁番地区的流行情况;写本的书法和整体面貌。只有在综合考虑了上述情况之后,才可能对残片归属的判断把握性更大一些。举例而言,如果某件残片的内容同时出现在《正法华经》、《妙法莲华经》和《添品妙法莲华经》中,即与“多种佛典契合”,那么,整理者首先要了解这三部法华类经典的汉译本在古代吐鲁番地区的流行情况,在掌握了古代该地区以《妙法莲华经》最为流行的情况之后,归属的判断会首选《妙法莲华经》,但也不能做出绝对判断,同时还要综合考虑这三部法华类经典翻译的年代,以及写本的书法和整体面貌。

依据文书书法同时参照纪年写本,对无纪年写本进行断代,是整理新疆出土汉文文书特别是汉文佛典通行的做法,就此而言,第四条的内容似乎并无特殊之处,但实际也时刻考验着整理者的智慧和专业知识。进一步了解便可知悉,整理团队显然不满足于一般的经验判断,进而关注书写工具、书写姿态以及书写目的等对于书法样式的决定性意义,试图建立基于书体及风格分析、笔画分析、部件分析、字势分析的书法断代方法,从而为旅博新疆出土汉文文书的断代提供了更多的书法理据(参看史睿《旅顺博物馆藏新疆出土写经的书法断代》,载《丝绸之路与新疆出土文献》,63—67页)。因而较之以往类似的工作,《旅博新疆文献》在依据书法断代方面,可信度更高。

《旅博新疆文献》在编辑出版方面最值得称道的是,所有文书一律全彩版印刷,且大部分保持了原大图版,这样做的成本虽然比以往同类出版物要高出不少,但考虑到这样做的学术意义,笔者仍然觉得是十分必要的。

我们知道,从1990年代开始,随着我国经济状况的初步改善,在学界和出版界的共同努力下,海内外收藏的敦煌吐鲁番文书开始以大型图录(8开本)的形式整理出版,其中较著名者有《俄藏敦煌文献》(上海古籍出版社,1992年)、《法藏敦煌西域文献》(上海古籍出版社,1995年)、《英藏敦煌文献》(四川人民出版社,1995年)、《国家图书馆藏敦煌遗书》(江苏古籍出版社,1999年)以及《吐鲁番出土文书》图录本(文物出版社,1992—1996年)等,虽然极大地方便了学人,但仍有明显不足。现在看来,一个最大的缺点是,都使用的是黑白图片,彩色图版罕见,因此很多原卷的情况还是不够清楚,如使用朱笔的情况。进入21世纪以后,随着我国经济的进一步发展,保护传统文化的意识更加强烈。在国家出版基金和一些出版单位的大力支持下,敦煌吐鲁番文献开始有了全彩版图录出版。随着对新获吐鲁番文书以及旧藏敦煌文献整理工作的推进,先后出版了彩版图录《吐鲁番柏孜克里克石窟出土汉文佛教典籍》(文物出版社,2007年)、《新获吐鲁番出土文献》(中华书局,2008年)、《甘肃藏敦煌藏文文献》(上海古籍出版社,2018年)、《首都博物馆藏敦煌文献》(北京燕山出版社,2019年)等,但与《旅博新疆文献》相比,它们的规模要小得多。因此,《旅博新疆文献》是迄今为止敦煌吐鲁番文献出版中规模最大、且大部分保持了原大图版的全彩版图录,从这一点来看,《旅博新疆文献》的出版在敦煌吐鲁番文献出版史上具有划时代的意义。

另外,针对这样的册数多、体量大的大部头文献,为方便读者,编总目索引十分必要。因此作为《旅博新疆文献》的附属性出版物,出版方同时编辑出版了《旅顺博物馆藏新疆出土汉文文献总目索引》,这是这项大规模的出版工程在编辑出版方面又一值得称道的地方。《旅博新疆文献》每一册后附有相应的解题,读者可以对照使用,但如果想跨册对照就不那么方便了。为便于读者快速浏览和检索全书内容,整理团队和出版方将解题部分汇总成《总目索引》,并编制了题名索引。《总目索引》前还单独收录了《旅顺博物馆藏新疆出土汉文文献的入藏与整理》、《旅顺博物馆藏新疆出土汉文文献的学术价值》、《旅顺博物馆藏新疆出土写经的书法断代》三篇重要的文字以及该书的编撰《凡例》,这对读者迅速了解这批文献的来龙去脉、学术价值、断代依据以及这批文献的整理方式等,实在是非常周全的考虑。

整理团队对这批文献的学术价值已进行了初步归纳总结。其中，佛典的内涵十分丰富，大大推进了人们对吐鲁番乃至整个西域地区汉文佛教典籍的认识，荣新江先生对其学术价值作了全面归纳（荣新江《旅顺博物馆藏新疆出土佛典的学术价值》，载《丝绸之路与新疆出土文献》，24—40页）。朱玉麒、孟彦弘二位先生对这批文献中的经、史、集三部文献的学术价值进行了初步归纳（朱玉麒、孟彦弘《旅顺博物馆藏新疆出土汉文文献经、史和集部概观》，载《丝绸之路与新疆出土文献》，41—50页）。游自勇先生对这批文献中的道家、占卜、医药、杂家类文献的学术价值进行了总体评估（游自勇《旅顺博物馆藏新疆出土道家、方术及杂家类文献的学术价值》，载《丝绸之路与新疆出土文献》，51—56页）。旅博所藏新疆出土公私文书数量虽然不多，但仍有较高的史料价值，孟宪实先生对其价值进行了初步归纳（孟宪实《旅顺博物馆藏西域出土公私文书的价值》，载《丝绸之路与新疆出土文献》，57—62页）。以上诸位先生的分类归纳总结，经修订后总冠以《旅顺博物馆藏新疆出土汉文文献的学术价值》之名收入《总目索引》中。

可以肯定，《旅博新疆文献》将给研究中古历史文化、丝绸之路、中国传统文化西渐等许多方面提供丰富的素材，必将大力推进西域史、丝绸之路史等方面的研究。最后，笔者拟从个人专业的角度就其中的佛教文献的学术价值再谈几点补充认识。

首先，这批佛教文献的刊布对于汉地佛教与佛教艺术的回传西域、中亚的研究应该有比较大的推动。古代吐鲁番地区不仅是梵汉翻译的第一站，也是汉地佛教和佛教艺术回传西域的第一站，因此我认为，这批佛教文献对于上述课题的研究十分重要。当然研究汉地佛教和佛教艺术回传西域、中亚这样的课题，仅仅靠文献是不够的，需要将各类材料综合起来进行研究，比如佛教造像遗存、石窟寺、寺院遗址等。但是目前我们在新疆、中亚地区发现的一些材料，以及之前发现的相关造像资料，还没有系统地加以综合研究，特别是还没有充分结合新疆出土的汉文佛典、文献进行研究。所以从这个角度来讲，笔者认为这批佛教文献的出版对于汉地佛教与佛教艺术回传西域、中亚的研究意义重大，且前景可观。

其次，我认为这批佛教文献的刊布可以进一步推动西域佛教史和西域佛教社会史的研究。西域佛教史的研究从羽溪了谛开始，到现在也一百年了，虽然也取得了不少新成果，但仍差强人意。客观原因是各方面基本的文献资料一直没有系统地整理和公布，另外一个原因是，它的研究难度较大，除了汉文文献以外，还需要对西域中亚胡语佛教文献、梵文佛典等有总体把握，因此西域佛教史号称难治。但无论如何，我认为这批佛教文献的整理刊布应该对这一课题的研究起到一定的推动作用。特别是像其中的一些疑伪经，不少是西域地区首次发现，是做西域佛教社会史研究的珍贵文献。

第三，我认为随着这批佛典的刊布，西域汉文藏经建构工作的时机已基本成熟。过去我对这一课题虽然有一些初步想法，但是西域汉文佛典整理工作一直在进行中。现在看来时机差不多成熟了。我们可以整体观察一下海内外收藏单位的整理出版情况，德国和日本收藏的比定和编目都已经做得差不多了；柏孜克里克新出的一批也整理出版了；旅顺博物馆的这批是非常关键的一批，现在也正式出版了。所以我想建构西域汉文大藏经的工作是不是可以提上日程了？

（本文原载《吐鲁番学研究》2021年第2期）

学缘与学术的养成
——《从学与追念——荣新江师友杂记》读后

最近，荣新江先生又出版了一部新著《从学与追念——荣新江师友杂记》（中华书局，2020年9月），该书名曰"杂记"，其实并不杂，主题很明确，主要收录作者二十余年以来以学术为中心、以师友为对象撰写的回忆与追念性文字，共三十篇，其中不乏一人多篇者。与荣先生近年出版的其他新著一样，是书出版之后即引起学界较多关注，目前已有评论性文字陆续见诸报端，被誉为"有故事的宝藏书"入选"世纪云朵·云上书榜"第4期榜单（《澎湃新闻》2020年12月13日）。这些单篇文章，时间跨度较大，且散在各处，笔者以往虽然也曾跟进学习，拜读过其中的大部分，但仍有遗漏，今结为一册，终窥全豹。今从整体上重新拜读之后，较之以往的单篇阅读，有了更深的体悟。是以，笔者想从个人理解的角度，再谈点阅读的心得体会。

出版此书的目的，荣先生在该书跋语中说得很清楚："当我走出校门，步入学界，在敦煌学、西域史、中外关系、中古史等领域内，接触到不少前辈学人，除了开会聊天，也让我学到很多东西。当我走出国门，在西洋、东洋寻书访学之际，也有不少如雷贯耳的大学者，给我以真诚的帮助和教导……对此，我能够报答的，只有用手中的笔，来记录他们伟大的学行和对年轻学子的关怀和友爱。……近年来学人'掌故'流行，不少写手喜欢勾连一些文人相轻、学者争斗的传说，我则更希望讲述学者之间的真情，因为学术的互助和共举，才能成就更加伟大的事业;提携年轻学者,才能后继有人。我这里记录的,就是成就了大事业的那些学者的伟大学行。"所以荣先生出版此书的目的可以归纳为这样一句话:感念教泽学恩,弘扬前辈学行,传递学术薪火。的确,只有不忘前辈的教泽学恩,不忘前辈的学品学行,时刻记得来时的路,才能继往开来,才能使学术薪火代代相传,永不熄灭。由此可见,此书立意之高远,远非那些单纯聚焦于学界"掌故"、"逸闻"、"佚事"之类的出版物可比,尽管这类出版物也有一定的学术价值。

事实上,每一位优秀的学者都有自己的"学术养成史",其内容,除了客观呈现学者的个人因素如"天资"、勤奋执着、恒心毅力等以外,学者"从学"的经历与轨迹应是其最重要的组成部分,后者又包括向前辈学者学习治学理念、治学方法以及前辈学者的学术品德、学术精神潜移默化的影响等,套用禅宗的概念,就是参禅悟道与心法授受。由此可见,一个优秀学者的"学术养成史",对后学的示范意义是不言而喻的。我认为该书对了解荣先生的"学术养成史"提供了一个绝佳的视窗。通阅全书之后,笔者首先感觉到,荣先生在"从学"以及与学界同辈的交往中,逐渐形成了自己的"学术圈",而这个学术圈对他学术的养成意义重大。因此笔者拟重点通过对荣先生"从学"的经历和特殊"学缘"的观察,尝试分析他学术性格的养成、学术视野的养成、学术方法的养成等的内在逻辑;并通过书中所收的"追念"性文字,尝试分析他学术品德养成的内在逻辑。

荣先生在回顾邓广铭先生与陈寅恪先生的交往时写道:"两位学者在多个场合不期而遇,'学术'像一条无形的丝线,把他们两位联系在一起。"(136页)邓先生与前辈学者陈寅恪先生之间的"学缘"就是这样建立的。其实,同样是由于"学缘",无数条从前辈学者那里生发的无形的"学术"丝线,连成了荣先生今天的学问、学品。

荣先生的治学理念中,"贯通"的思想占有很重要的位置,对此笔者在《学理与方法的另一种呈现》一文中已作初步归纳(《上海书评》2018年12月14日),但并没有探讨他这一理念是如何形成的。现在看来,前辈学者的影响是毋庸置疑的,而尤以饶宗颐先生的影响最大。“贯通”是饶先生最重要的学术理念之一,他说,“念平生为学,喜以文化史方法,钩沉探赜,原始要终,上下求索,而力图其贯通”(饶宗颐《文辙》小引)。荣先生十分服膺饶先生的学问,认为他的学问既博大又精深,难望涯际,同时也十分钦服饶先生强大的贯通能力。他称“饶先生研究方面之广,无有涯际”,是“百科全书式的学问”(2页);说他的“治学范围可以说是上下五千年,东西数万里,宏通古今中外”(147页);“可见方面之广,其学养之厚,简直让人叹为观止”(269页)。特别是荣先生最后用“通儒”一词来概括饶先生的学问(264页),这表明在他看来,饶先生已经集旧学新学于一身,集中学西学于一身,集学艺于一身,从未以学科为畛域,没有边际。由此不难想象,饶先生的学问对荣先生“贯通”理念的形成会产生怎样的影响。

在所有荣先生曾经受学的前辈学者中,季羡林先生是荣先生最早接触的学者之一,这主要得自季先生主持“西域研究读书班”的因缘,因此季先生是对荣先生影响较大的前辈学者之一。荣先生在回顾他的学术生涯时,经常提到这个读书班,可见读书班对他影响之大。从他上大学开始,到研究生再到青年教师,在这个读书班里都学到了很多东西(139页)。我认为季先生对荣先生的影响主要在“彻底性”理念、学术规范以及学术品格层面,而这些方面又与季先生在德国所受的训练有关。荣先生回忆道:“在读书班上,常常听到季先生讲起德国人做学问的彻底性(Gründlichkeit)。”(23页)德国学者的“彻底性”通过季先生间接影响了荣先生,且影响巨大。这一理念在荣先生的研究中得到很好的贯彻,我们只要稍微留意一下他每篇论文的研究史回顾和具体资料的掌握程度就可明了。对于以往某一具体问题的研究，无论早晚，无论中西，相关研究成果他几乎做到了"一网打尽"、"竭泽而渔"，对具体资料的掌握亦是如此。

荣先生继续回忆道："在读书班上，季先生反复强调的另一个方面，是学术规范的问题。"按照季先生的说法，按照德国大学的制度，一篇博士论文在答辩前一个小时，看到世界任何地方发表了同样的观点，此文即告作废。而最初德国的学术刊物不仅要求作者引文要注明页数，而且要注明行数（23页）。这些教诲对荣先生同样产生了深刻的影响，使他从一开始写论文，就努力遵循季先生所讲的这些从内容到形式的学术规范，有时甚至为了一个页码，要跑到图书馆去借一本刚刚换掉的书（23页）。

荣先生是一个主张"纯学术"的人，这恐怕与他早年受像季先生这样的"纯学人"的影响有直接关系。荣先生对季先生追求纯学术的精神和季先生的纯学人形象印象深刻，他说："在我眼里，季先生一方面有着根深蒂固的欧洲纯学术精神。"（98页）季先生晚年经常受到非学术的干扰、甚至被别有用心的人利用，荣先生对此深感遗憾（99页）。但无论如何，季先生给荣先生留下的最后印象"仍是一位极其纯粹的学者"（99页）。仍能"感受到他那追求学术的性格"（103页）。

荣先生的学术起点应该是从他大三时参加王永兴、张广达两位先生共同开设的"敦煌文书研究"课开始的。这在荣先生的学术生涯中，完全称得上殊胜的学缘：王、张两位先生共同为他开启了敦煌学的大门，并且一件文书（P.3016）研究使张先生为他开启了另一扇更具挑战性的学术之门——于阗研究。关于张广达先生对他的影响，稍后再谈，这里先谈谈王永兴先生对他的影响。

对于王永兴先生的研究方法，荣先生印象极为深刻，他说："王先生上课，也是按照他从陈寅恪先生那里学来的方法，强调'读书须先识字'，所以他讲敦煌文书，就是一个字一个字地认，一个词一个词地考释。"（113页）但王先生的课又往往能"从小处着手，大处着眼"，在充分理解文书基本内容的基础上，重点阐发文书的史料价值，从而能从文书包含的具体信息出发，从宏观角度，长时段地观察唐宋时期某些制度的演变、人身依附关系的变化等重大历史问题（113页）。因此我认为，荣先生从王先生那里首先学到的应是敦煌文书的基本研究方法，从这个意义上讲，王永兴先生称得上是荣先生敦煌学的入门之师。

邓广铭先生对荣先生的影响，在具体方法论方面，当然首先是邓先生治学的"四把钥匙"（130页），但更深的影响在学理层面。邓先生一直强调的治学理念是，现代史家必须将"独断之学"与"考索之功"结合起来，即"一是必须具备独到的见解，二是必须具备考索的功力"，因此"独断之学"是邓先生终生追求的目标（《邓广铭治史丛稿》自序）。即如刘浦江先生所总结的那样，邓先生"治学以考据见长，以史识出众。他的见识往往别具一格"（刘浦江《不仅是为了纪念》，《读书》1999年第3期）。这一治学理念整整影响了北大一代学人，包括荣先生，因此他对邓广铭先生为北大中古史研究中心所立的"家训"念兹在兹，无日或忘："'既要有实证性的硬功夫，也要有史家的识见'是邓广铭先生创建北大中古史研究中心以来的'家训'。"（196页）因而始终"谨守'家法'，不敢随兴趣而动"（《三升斋随笔》序）。

此外，我认为邓先生的使命与担当精神也深深影响了荣先生。从手创北大中古史研究中心、支持北大敦煌学研究、支持北大辽金史学科建设等事项上，均能看出邓先生的使命与担当精神。刘浦江先生在回顾邓先生对北大辽金史学科的贡献时说道："衡量一位学者的成就和贡献，还有一个很重要的方面，那就是对学科的推动的作用。我觉得，若是要论邓先生对辽金史的最大贡献，应当首推他为建立和传承北京大学的辽金史传统、为培养辽金史的新一代学人所做出的努力。”（刘浦江《邓广铭先生与辽金史研究》,《想念邓广铭》,新世界出版社,2012年）而晚年的邓先生使命感更加强烈,荣先生当然也感觉到了,他说:“晚年的邓先生,自有文化托命的感觉,一向视公事大于私事。”（33页）这种“使命感”最终也传导到了荣先生身上,在《重读敦煌书序　追念恭三先生》一文的最后,他的心迹表露无遗:“邓先生等一代鸿儒带走的不仅仅是他们个人的学问,而是北大在学林的许多‘第一’。今日北大的‘敦煌学’研究不容乐观。追念往哲,痛定思痛,微薄小子,岂可闲哉!”（37页）荣先生的学术担当远不只是为恢复北大往日敦煌学的辉煌而不懈努力,多年来他呼吁建立符合国际标准的学术规范并身体力行地出版相关著作,并坚持主编大型学术年刊《唐研究》二十多年,特别是后者花费了他大量的时间和精力,这些都体现了他的这种担当。

周一良先生也是对荣先生影响较大的前辈学者之一。荣先生做学问不太讲究珍本秘笈,也不刻意追求稀见版本,以可用为原则。他曾明确地说过,他藏书的主要目的是为了使用,“不讲求善本,……也基本不买线装书”（74页）。在我看来,他的这一习惯明显受到前辈学者的影响,特别是周一良先生的影响。荣先生早已注意到周先生做学问并不倚恃“珍本秘籍”,主要靠“读书得间”取胜（72页）。显然,荣先生对周一良先生的这一治学方法是深以为然的。虽然荣先生也很注意新材料,但从未完全依赖于新材料。而我们知道,陈寅恪史学的魅力之一就是“读习见之书,发未发之覆,道未尽之言”。周先生显然受到了陈寅恪先生的影响。“周一良史学”与“陈寅恪史学”的关系,荣先生已有提示（55页）。这里,我们似乎看到了一种学术传统的代际传承。

我们知道,荣先生一直很重视写书评,他撰写的大量书评,集中见于他近期出版的《三升斋随笔》(凤凰出版社,2020年6月)一书。不仅自己积极写书评,他还呼吁按照国际惯例建立严格的书评制度,把建立严格的书评制度视为建立严格学术规范的重要内容,这在他主编的大型学术年刊《唐研究》的发刊词中有清楚的表达(《唐研究》第一卷《弁言》,1995年)。在我看来,荣先生的这一学术习惯也应主要来自周一良先生的影响。周先生写书评的习惯令他印象深刻,他说因为周先生受过严格的西方学术训练,因此一直有按照西方的书评制度坚持写书评的习惯,荣先生对周先生写书评的做法表示高度认可(64—65页)。

荣先生一有新著出版,就广泛赠送,特别是送书对象还包括不少在读的研究生和年轻后学,这一习惯已广为学界所知。我觉得荣先生送书的习惯其实主要受到周一良等一些前辈学者的影响。荣先生特别提到周一良先生鼓励晚辈学生的方式是赠送自己的著作,而且他的这一习惯有来自他父亲周叔弢先生的影响,因为他父亲鼓励他的方式就是赠书(72页)。荣先生自然得到周先生的不少赠书,荣先生深情地回忆道,当他捧着周先生送的《西域南海史地考证论著汇集》和一套周先生一本一本凑齐的《西域南海史地考证译丛》时,心里“感到沉甸甸的”(73页)。当他从周先生那里获赠带有作者签名和周先生题跋的法国汉学家儒莲(Stanislas Julien)1861年出版的《汉文书籍所见梵文名称的释读和转写方法》(*Methode pour dechiffrer et transcrire les noms sanscrits qui se rencontrent dans les livres chinois*)一书后,“把它当作善本,宝之如同拱璧”(74页)。当然,荣先生深知,这是周先生用赠书的方式给予他关怀和鼓励(76页)。周先生等前辈学者的送书习惯显然直接影响了荣先生。至此,荣先生给年轻学子送书的用意已经明了——他是以前辈学者同样的方式来鼓励晚辈后学。

在田余庆先生身上，荣先生首先感受到的是他严格、严谨的治学态度。在追念田先生的这篇文字中，荣先生反复表达了这种感受："他在我心目中，既是一位严格的老师，时常鞭策我们求学上进；又是一个和蔼可亲的长者，帮助爱护我们在人生道路上稳步成长。"（180页）"田先生严肃的面容，督促着我在此后的治学道路上，不敢忽视任何一个字，不敢乱说一句话。"（181页）"田先生的著作以严谨著称。"（183页）透过这些文字，不难看出田余庆先生严谨的治学态度对荣先生的影响至深。

但田先生对荣先生更深的影响，我认为是"立足中原"的治学理念。荣先生深情地回忆道："他谆谆教导中对我影响最深的，就是让我在做学问的时候，一只脚要跨出去，一只脚要立足中原。……我曾把田先生的这番嘱咐，写在拙著《隋唐长安：性别、记忆及其他》一书的小序当中，奉为座右之铭。"（186—187页）由此可见，荣先生其实一直在他的学术研究中践行着田先生的这一理念，而且，这一理念也因此对荣先生今天的学术格局产生了较大影响。

荣先生虽然不属于考古专业，但他与宿白先生的缘分并不浅。读本科期间，"经过宿先生的严格考察和盘问"，他被允许选修宿先生开设的考古学课程。荣先生牢牢地把握了这一机会，一丝不苟地听课、笔记，收获非常大（252—253页）。此后研究生期间以及成为青年教师之后，荣先生经常利用各种机会向宿先生求教，同时，宿先生也不时关注荣先生的研究成果。在我看来，通过听修宿先生的考古学课程，荣先生得以初窥考古学堂奥，为其后来熟练运用考古材料打下了基础，所以从这个意义上说，视宿先生为荣先生考古学的入门之师，谅不为过。而且，随着荣先生对宿先生治学方法的了解，他逐渐形成了中古史研究、丝绸之路研究必须与考古紧密结合的治学理念，所以多年以来，他一直与汉唐考古界、边疆考古界甚至俄罗斯的中亚考古界保持着密切的联系。

在纪念宿先生的这篇文字中，荣先生充分表彰了宿先生在文献方面的功力，包括对版本目录、石刻文献的熟悉，并十分服膺他将考古材料与文献完美结合的研究方法（257—262页）。他不无感慨地说："翻阅宿先生的考古著作，文献材料不时跃然纸上。今天，我们拥有更好的考古工具，也有更为强大的文献数据库，但阅读才有发现，发现才有创新。……他给我们留下的研究方法，在新的条件下，必将产生更大的效力和影响。"（262—263页）宿先生对文献的重视和熟悉程度，是考古界公认的，他利用文献资料解决考古学问题的经典案例莫过于利用《大金西京武州山重修大石窟寺碑》研究云冈石窟的分期问题并与日本学者的对话，这已成为学界佳话。

在荣先生看来，宿先生是将考古材料与文献完美结合的典范，这是历史时期考古学的内在要求。但他显然也意识到，作为历史学者，也可以作反向思维，即如果站在传统历史学的立场，不也应该将文献与考古材料有机结合吗？张光直先生早就指出："考古学与历史学不能打成两截。那种考古归考古、历史归历史，搞考古的不懂历史、搞历史的不懂考古的现象，是一种不应该有的奇怪现象，说明了认识观的落后。"因此理想的境界是，"一个历史工作者，也能做野外考古工作"（王和采访稿《考古学与青铜文化及其他》，《未定稿》1988年第4期）。对此，荣先生显然从宿先生那里早已悟出了其中三昧，因此作为一名历史学家，荣先生已成为文献与考古材料结合的典范。

荣先生一路走来，所遇良师亦多，因此可以转益多师。在某些比较专门的领域，他也总有向名师学习的机会。如叶奕良先生，他的《"丝绸之路"丰硕之果——中国伊朗文化关系》一文是荣先生研究中国与伊朗关系史的指南，因此荣先生认为叶先生是他进入中伊关系史的引路人（197—198页）。再如王尧先生，荣先生早年追随他学藏文，学习的主要收获之一是撰写出了《通颊考》这篇藏学文章，之二是熟悉了国际藏学界（220—221页）。因此，王尧先生应该是荣先生进入藏学领域的引路人。

其实，荣先生的海外学术机缘也一直很好，如很早就有机会走访欧美、日本的学术中心，同时得以与国外从事汉学、中亚学、伊朗学的一流学者交往。这些国外学缘对于荣先生学术成长的意义，他自己已有所归纳，他说："1984年以来，我有机会多次走访欧美、日本各国学术中心，收集敦煌、吐鲁番、和田等地出土文献材料中的中外关系史料和国外学者的相关研究成果，同时拜访学者专家，或求学问道，或交流心得。……在与国外从事汉学、中亚学、伊朗学研究的学者交往中，扩大了眼界，熟悉了他们所研究的语言、考古、艺术史以及历史方面的课题。"（荣新江《中古中国与外来文明》后记，生活·读书·新知三联书店，2001年，469—470页）

这里仅以荣先生与贝利（Harold W. Bailey）教授交往为例，略加补充说明。贝利教授是国际知名的印欧语言学家，尤其擅长于阗语文献研究。从荣先生追随张广达先生进入于阗研究领域伊始，他就十分关注贝利教授的研究。幸运的是，他早在1985年就已利用在欧洲游学的机会前往剑桥拜访了贝利教授，贝利教授热情相待并送给了他很多著作和论文抽印本（29页）。这使得他对以贝利教授为代表的一批西方伊朗学家的相关研究成果有了更充分的掌握，从而使他与张广达先生合作的于阗研究一开始就站在了世界学术前沿，引起国际同行的广泛关注。

因此在我看来，荣先生的国外学缘的意义，除开阔眼界、拓展研究领域而外，更重要的还在于使他一开始就站在了国际学术前沿，对话国际一流学者。而随着时间的推移，这逐渐成为他的学术习惯，并最终内化为他的学术性格，即将自己的学术目标固化为追求世界一流。

分析荣先生学术的养成，不能不提他的业师张广达先生，因为张先生是直接带他进入学术殿堂的引路人，对荣先生的影响全面而深入。但限于篇幅，这里不便细致分析，仅略加说明。

毫无疑问，张先生是荣先生的启蒙导师，是带他进入学术殿堂的第一人。荣先生深情地回忆道："他手把手地教我阅读史料、熟悉研究成果、提高专业外语能力，细心地修改我的每一篇文章初稿。张先生的学术研究范围极广，他以不同的形式，为我打开一扇扇学术的门扉，从北大教室的讲坛，到塔里木盆地的考察路上；从季羡林先生的'西域研究读书班'，到巴黎国立图书馆前的小花园；话题从唐朝、敦煌、于阗，一直到遥远的西方。"（《中古中国与外来文明》后记，469页）"而且根据国际学术发展的趋势，高瞻远瞩，为我进一步的研究指明了方向。"（同上，470—471页）

张先生对荣先生的影响，我认为主要包括：宏阔的学术视野；极于高远而底于平实的学术性格；考据与义理相互为用的治学理念；不同语文、不同类型的资料综合运用的研究方法；宏观与微观相结合的研究方法；比较与对照研究方法；艺术史研究方法等。这些学术性格、学术理念、学术方法，荣先生均深得其中三昧（《三升斋随笔》，14—25、99—120页），在他自己的研究中都有充分体现，并致力于发扬光大。这里仅举他对考据与义理相互为用这一理念的重视为例。他在总结张先生的治学理念和方法时，重申了张先生的主张："考据与义理的相互为用，不仅有助于今后中西交通、中外文化交流史的研究，也将促进近代历史上的西方的概念让位于世界的概念，并为人们今天在实际生活中遇到的跨文化问题提供某种启示，打破西方某些论述话语的垄断地位。"并补充道："这既是张先生对我的训导，也是他研究中外文化交流的宏观思考。"（《三升斋随笔》，25页）

当然,张广达先生所倡导的考据与义理相互为用的治学理念,与邓广铭先生一直强调的必须将"独断之学"与"考索之功"结合起来的治学理念的内在理路其实是一致的。而周一良先生主张的敦煌学的研究方法也是由小见大、微观宏观相结合(周一良《周一良学述》,浙江人民出版社,2000年,113页)。这里,我们也由此看到了北大的学术传承以及北大学术传统之间的内在联系。

这些前辈学者对荣先生的影响是全方位的,除了治学理念、治学方法、治学态度、学术精神外,还有他们高尚的学品。因此本文的最后,再尝试对前辈学者的学术品德对荣先生的影响略加分析。

沿着学术之路一路走来,荣先生看到了太多的前辈学者在尊师重道、帮助同道、诲人不倦、提携后学等方面不遗余力,堪称表率。前辈学者的高尚学品和美德总是历历在目。如,他对张广达先生倾力帮助学界同道的往事记忆犹新,说张先生甚至把自己辛苦做的有关黑韩王朝的所有卡片都送给了从新疆来的一位先生,使这位先生写出了第一部黑韩王朝史(《三升斋随笔》,109页)。他对邓广铭先生如何终生尊敬和爱戴陈寅恪、胡适、傅斯年等对邓先生有知遇之恩的前辈学者印象极为深刻(130—136页)。他也清晰记得饶宗颐先生对他"耳提面命"、"有问必答"的情形(267页)。他说沙知先生既尊敬师长,又提携后辈,念念不忘所受学恩,思以报答(283页)。他说王尧先生身上体现的中国传统知识分子的美德最为显著的地方,就是不遗余力地奖掖后进(223页)。

前辈学者的伟大学行,时时感召着荣先生,使他常思前辈学者的教泽,常怀感恩之心。我感觉到,"教诲"一词是该书出现频率最高的一个词语,仅追念田余庆先生的文字中就出现了三次(180、185、187页)。甚至一些文章的标题直接用了"教诲"一词,如追念王永兴先生的文章、追念饶宗颐先生的文章等。这是感念前辈学恩的另一种表达。该书的跋语，感恩之心更是跃然纸上，已见前引，不再赘述。

对于一众前辈学者的教泽学恩，他都如数家珍，感激之情满满，如邓广铭先生（30页）、季羡林先生（24页）、周一良先生（76页）、叶奕良先生（208页）、王尧先生（225—226页）、沙知先生（280页），等等。他既感恩个人得到的关怀与教导，也感激那些为学科建设做出巨大贡献的前辈学人，比如他特别感激冯其庸先生在西域研究遭遇困境时对西域研究事业的巨大推动（140页）。

因此对于前辈学者的知遇之恩，只要有机会，荣先生总是倾力回报。如他曾花了很多时间为饶宗颐先生编辑书稿，一如他所说，“我对饶公的知遇之恩也倾力回报”（268页）。再如，他经常为季羡林先生收集海外研究资料，甚至包括为季先生做一些跑腿琐事，如他经常帮季先生查阅、借还北大图书馆的书籍（98—110页）。他也常以能为先生们做一些事情为荣，并把先生们的小事当自己的大事来做。如在周一良先生离世前，由于他的及时跟进，有两件事没有留下遗憾（77—79页）。

至于学界同道，得到过荣先生帮助的更多。尤其是在上世纪八九十年代，当时国内资讯还很不发达，学者出国也很不方便，海外学术研究成果难以知悉，更难获得，散藏世界各地的敦煌吐鲁番文书也尚未正式公布，中国学者的研究困难可想而知。荣先生利用出国学术交流的机会，掌握了大量的海外学术信息，辛苦复印了不少海外研究成果，并辛苦抄录了不少世界各地公私收藏的敦煌吐鲁番文书。因此，一个时期以来，国内从事敦煌吐鲁番研究的同行有不少都得到过他的帮助，只要有请求，他总是有求必应。有的人甚至得到过他的反复帮助，帮助的内容既包括提供海外研究信息，也包括海外研究成果，甚至包括部分他辛苦抄录的文书信息。是以，荣先生赢得了学界的广泛尊敬，同时也赢得了前辈学者的尊重和赏识，如施萍婷先生曾用“广结善缘”四字来表扬荣先生的学行。饶有趣味的是，我们也注意到荣先生也用“广结善缘”四字来概括饶宗颐先生的学行（268页）。我相信这并不是偶然的巧合。

荣先生秉承的前辈学者的学术品德，除了“尊师重道”、“心怀感恩”、“帮助同道”、“视学术为公器”外，还有很重要的一项内容，就是“提携后学”。

荣先生对后学的提携也做到了不遗余力，举一例即可见一斑。一般的学术期刊不太愿意刊发学生的作品，因为期刊普遍认为学生的作品比较稚嫩，同时因为新人没有什么名气，不能吸睛，从而影响刊物的引用率。但荣先生一直主张“学生可以发表文章，而且应当对自己有这样的要求和压力”（荣新江《学术训练与学术规范：中国古代史研究入门》，北京大学出版社，2011年，207页），因此他的办刊理念明显不同。他有意要把《唐研究》办成新人成长的园地，因此在荣先生任主编期间，《唐研究》几乎每卷都有在读硕、博士生的论文和书评，而且继任主编及其团队也很好地继承了这一传统。这些做法现在已见成效——许多当年《唐研究》的学生作者，现在已成长为某一领域的学术中坚。因此我曾用三句话评价《唐研究》的学术贡献：“树立了一种典范，建立了一套规范，成就了一代学人。”（《学理与方法的另一种呈现》）其中第三句话，斯之谓也。这正可以和他所说的“提携年轻学者，才能后继有人”这句话相呼应。

（本文原载《中华读书报》2021年8月4日版）

里程碑式的成果
——《龟兹石窟题记》评介

龟兹石窟现存的题记，主要是壁画榜题以及由石窟居住者、参访者乃至普通游人在墙壁上留下的墨书或刻写漫题。壁画榜题主要是吐火罗B语（实即龟兹语，吐火罗A语实即焉耆语。本文用“吐火罗语”来指称龟兹语和焉耆语只是沿用了西方学界的传统称呼，其实龟兹语和焉耆语是流行于古代龟兹、焉耆两地的两种方言，与葱岭以西真正的吐火罗人所操的所谓吐火罗语无涉，正确地称呼应称龟兹语、焉耆语——特此说明）与梵语之婆罗谜文题记，漫题则包括多种语言文字。以游人、参访者留下的漫题为例，即有婆罗谜文（用以书写龟兹语、梵语、据史德语等语言）、汉文、藏文、粟特-回鹘文、察合台文等语言文字。这些题记分布在克孜尔、库木吐喇、森木塞姆、玛扎伯哈、克孜尔尕哈、托乎拉克艾肯、温巴什、台台尔、亦狭克沟、阿艾、苏巴什等石窟内。这些题记资料的学术意义，远不限于龟兹石窟本身的研究。但遗憾的是，由于种种原因，这些题记一直没有得到系统地调查与整理，仅有部分题记的内容由西方吐火罗语专家做过整理与研究。转机出现于2010年前后，这一年，在北京大学荣新江教授的努力与协调下，由新疆龟兹研究院、北京大学中国古代史研究中心和中国人民大学国学院三家合作的“新疆现藏吐火罗语文字资料调查与研究”项目正式启动，之后该研究团队十易寒暑，调查整理工作一直持续到2020年始告结束。2020年11月，上海中西书局终于出版该项目的最终成果《龟兹石窟题记》(赵莉、荣新江主编,新疆龟兹研究院、北京大学中国古代史研究中心、中国人民大学国学院合编,以下简称《题记》),《题记》是首次对上述石窟题记的全面调查与整理,是该项目组经过十年努力,取得的标志性成果,因而是真正意义上的"十年磨一剑",其学术意义相信在今后一个时期会逐渐显现出来。笔者认为,《题记》的出版终结了龟兹语文献研究一直以来由西方人独领风骚的历史,因而对我国的龟兹学、吐火罗语研究而言,具有里程碑式的意义。

三卷本《题记》由三部分组成,分别是《题记报告篇》、《图版篇》和《研究论文篇》,每部分一卷。

《题记报告篇》是本书的核心部分,由庆昭蓉、荻原裕敏、赵莉撰写,包括四章:第一章《龟兹石窟题记与木简研究导论》,内容除了对以往西方学者对龟兹石窟龟兹语题记以及龟兹语简牍文书研究成果的概要提示,以及对龟兹石窟研究院同仁多年来对石窟题记的调查新发现和初步研究成果的概要介绍外,重点介绍了该项目团队先后六次比较集中的考察调查过程,以及该项目团队调查与研究的初步成果;第二章《龟兹石窟题记与出土文字资料概况》,包括"资料简介""前人研究""调查方式与编号、录文体例"以及"保存情况"等,特别指出此次调查的主要对象是婆罗谜文字书写者,旁及中古时期的粟特文题记等其他古文字资料;第三章《石窟题记》,毫无疑问是本卷的核心部分,主要是对克孜尔、库木吐喇、森木塞姆、玛扎伯哈、克孜尔尕哈、亦狭克沟、苏巴什等七处石窟群中的洞窟题记的著录与释读;第四章《出土文物》,是对龟兹石窟研究院等单位收藏的胡语木简、墨书陶片等出土文物文字的释读。

《图版篇》是用专业器材拍摄的题记的彩色高清图片资料,以及窟前清理出土文物的图片资料,兼及国外所藏相关资料,由庆昭蓉最后整理合成，是迄今所见龟兹石窟题记最高清、最全面的图片资料，加之高质量的印刷，已成为龟兹石窟题记最珍贵的图片资料，这必将为后来的研究者在图片资料的利用方面提供极大便利。

《研究论文篇》收录朱玉麒等项目组成员撰写的相关论文共20篇，其中重点是围绕部分题记的内容展开的专题研究，表明该项目在推进的过程中，资料的整理与研究是齐头并进的。这种做法应是沿袭了荣新江教授团队整理吐鲁番文书的传统，无论是整理“新获吐鲁番出土文献”，还是整理“旅顺博物馆藏新疆出土汉文文献”，该团队都是坚持整理与研究齐头并进的工作模式。这样做对整理工作本身的好处是，可以以研究促进整理工作，因为不少文书的内容与性质是通过研究才逐渐清晰起来的。因此我们有理由相信，《题记》项目团队成员通过对某些题记的专题研究，一定能对部分题记内容与性质的认识起到促进作用。最后需要强调的是，《研究篇》所包含的成果也能在一定程度上代表今后一个时期围绕《龟兹石窟题记》展开学术研究的方向和价值取向。

通览全书之后，我觉得可以用系统性、科学性、严谨性来概括《题记》的主要特点。

一、系统性

此次调查涵盖了龟兹石窟群中每一个包含题记的洞窟。课题组成员勠力同心，使命必达。他们不畏艰险，翻山越岭，攀援于悬崖峭壁间，对上述大小石窟群中包含题记的洞窟进行了地毯式调查。据统计，此次系统调查共获取约七百条婆罗谜文题记，其中主体是龟兹语，也有梵语，还有少量据史德语和回鹘语，同时也调查了粟特语和其他胡语题记，还对新疆龟兹研究院所藏婆罗谜文木简、残纸、墨书陶片以及库车文物局等处收藏的同类资料作了全面调查。对上述单位收藏的胡语文物文字资料的调查与整理,是该项目团队既定的工作内容(详下文)。此外,还首次对枯水季节才可进入的亦狭克沟石窟作了系统全面的勘测和记录。因此,系统性是此次调查工作的突出特点之一。

二、科学性

《题记报告篇》的编撰具有极高的科学性,这应该跟主要编撰者早年所受的科学训练有一定关系。科学性首先体现在调查项目的主要内容上,包括以下诸条:一、诸窟勘认、判定各龟兹石窟内容总录、简报等资料提到的石窟题记语种与文字,尤其是涉及龟兹语、梵语、据史德语、回鹘语、粟特语等使用婆罗谜文字书写的古代胡语;二、对婆罗谜文字石窟题记进行系统性编号与记录,判定题记现存范围,并尽可能予以释读;三、在第二项工作的基础上进行石窟题记的拍摄工作,以便及时记录其现状;四、调查龟兹研究院等单位收藏的胡语木简、陶片等出土文物;五、在必要情况下,与海外收藏石窟题记、探险队照片等研究资料进行比勘(参看《题记报告篇》第二章《龟兹石窟题记与出土文字资料概况》,33页)。按照这一方针,每条题记著录的基本信息包括:题记所在洞窟的平剖面图、题记保存情况、题记在洞窟中的具体位置、题记编号、题记高清图版、文字、语言、类型、书写方式、层次、转写(transliteration)、转录(transcription)、翻译、注释、说明等。此外,如果某条题记西方学者已做研究,则提供西方学者对该条题记的编号以及图版编号。从著录内容的丰富程度不难看出,编撰者这样做的目的是想最大限度地客观揭示与题记有关的信息,这是十分科学的态度,也是编撰考古报告应有的态度,只是《题记》在这方面表现更为彻底。通过以下略举的几项著录内容,可以充分说明这一点。

平剖面图主要采自龟兹研究院编纂的《内容总录》,虽然是资料借用,但这样做的好处是便于读者了解洞窟的空间结构,若结合题记在洞窟中的具体位置信息,就可以更准确地掌握题记在洞窟中的空间位置。题记在洞窟中的具体位置的提示,除了有上述作用外,如果是榜题文字,则有可能可以将题记内容与题记所在壁面的壁画内容结合起来考虑,因此交代题记在洞窟中的具体位置很重要。

关于“文字”,在古代龟兹地区婆罗谜文最为流行,龟兹语基本都是用婆罗谜文书写的,但是作者不用“龟兹文”泛称古代龟兹境内发现的西域北道婆罗谜文资料,因为一方面,以这种字体写成的文献分布范围很广;另一方面,龟兹盛行的地方性字体也不限于婆罗谜文西域北道变体。这样的考量是很科学的。关于“语言”,分“龟兹语”、“梵语”、“回鹘语”、“不明”、“无法特定”等几类。值得注意的是,编撰者有鉴于古代龟兹地区语言、文字使用的复杂背景情况,《题记》明确区分“语言”与“文字”,以求清晰易解。这样的区分同样是十分科学的考量。

编撰者根据题记内容和生成的背景差异,将题记分为榜题、题铭、漫题、壁书四种类型,并有清晰的区分原则:榜题是对壁画题材或内容的提示或说明,通常书写在留白的位置,此外,还包括壁面题写的说明供养者身份的文字;题铭是指记录石窟兴废过程之重大事件的文字;漫题是指参访者、游人的题记或住寺僧众的随笔涂鸦;壁书是指较为整齐地题写在空白壁面上的文学或书法作品,内容常与赞佛、修行或题写者的心境有关。显然,上述分类是基于对题记性质的区分,是科学的、有意义的。这样的分类有助于研究者准确把握题记的性质,而这是研究者首先要面对的问题。将题记做如此细的分类此前学界并不多见。

题记的书写方式一般不太受人重视,但《题记》的编撰者仍将其细分为五种形式,以期研究者注意题记书写工具和书写材料的物理特征和化学特征,这无疑是更科学的态度。这五种形式包括:墨书(以细笔或笔刷蘸黑色系墨汁书写)、涂赭(以细笔或笔刷蘸赭石色、土红色系墨汁书写)、涂垩(以细笔或笔刷蘸白灰浆等白灰色系颜料书写,或以白垩、粉笔等擦痕呈灰白色的硬物涂写)、炭书(以炭条等烧焦、干涩的硬物书写)、刻写(以炭笔或白垩状物质以外的硬物书写,包括擦痕颜色为无色、土色等的各色坚硬物质。参看前揭《龟兹石窟题记与出土文字资料概况》,38页)。这里笔者之所以不厌其烦地条列出编撰者划分书写形式的具体依据,是想强调,编撰者对题记遗迹完全是基于科学的观察。

特别值得一提的是,《题记》编撰者还注意到了题记的层位问题,这个问题在以往的研究中鲜有关注。编撰者参照各窟内容总录和简报说明,将题记层位分为岩体(主要针对窟外题记)、凿面、草泥层、白灰浆层、壁画颜料层、烟炱层等层次。我们知道,"层位"是考古学的概念,因此编撰者如此细化题记的信息其实是考古学视角的考量,是为考古学研究科学地梳理了层位信息。

综上所述,笔者认为,该项目团队确立的这一套题记著录范式可以作为今后类似工作的典范。

此外,《题记报告篇》书末还附有《参考书目》、《新旧编号对照表》以及《人名、天人名、菩萨名、佛名索引》,非常方便学者参考。《参考书目》既呈现了龟兹语研究的基本参考文献,又能感受到题记报告编者对最新的研究成果的掌握与吸收。

三、严谨性

严谨性是笔者阅读《题记》的另一突出印象，这一点在《题记报告篇》有更充分的体现。当然严谨性与科学性应该是统一的，所以二者在《题记》中相得益彰。兹略举以下数端以见其严谨性之一斑。

作者对既有研究和资料有全面的掌握，且能及时参考吸收最新的研究成果。按照作者的提示，《题记》充分参考了2009年5月以前出版的代表新图录与专业著作，其中重要者包括皮诺（G-J. Pinault）、施密特（K. T. Schmidt）、茅埃（D. Maue）等学者对龟兹石窟中的部分龟兹语题记、梵语-回鹘语婆罗谜文题记以及据史德语婆罗谜文题记的释读与编目（参看前揭《龟兹石窟题记与出土文字资料概况》，38页）。但根据笔者的观察，参考文献的下限其实一直延伸到了2018年，如对金仁成（R. I. Kim）、佩罗特（M. Peyrot）等人最新成果的参考（参看《题记报告篇》所附《参考书目・西文书目》，Kim 2018、Peyrot 2018）。

转写与转录的方式也有严谨的考量。由于国际吐火罗语学界对吐火罗语的转写、转录方式至今仍未完全统一，因而《题记》作者在确定其转写与转录方式时破费思量，基本的思考方向是，尽可能做到合理、客观、翔实，即在不偏离转写、转录二分模式的前提下，尽可能在录文中对石窟题记即木简现存内容予以翔实描述。值得一提的是，先进技术也助力了严谨成果的形成。在题记的释读、录文环节，项目团队充分利用了先进的影像技术，使得不少此前难以仔细分辨、识读的题记，其录文得以充分肯定，更有不少题记录文获得订正甚至取得突破，所以，《题记》提供的录文是目前最新的录文，也是目前最详尽的录文。

注释与说明文字也十分严谨。主要表现在，除了做到务必详尽准确外,还尽可能多地提供释读的语言学依据。如果是前人已涉及的题记,在充分吸收前人相关研究的基础上,往往不惜笔墨对前人的研究展开讨论,以便有更深入的认识。更有甚者,作者甚至对因字迹剥落今已无法识读的题记也在说明文字中加以详细讨论(如《题记报告篇》第88页对克孜尔110窟主室正壁第1排第四幅榜题的讨论)。另外,针对壁画榜题,另辟“壁画说明”一项,并提供了相关壁画的线图,这样做既科学又严谨,极便学人图文对照。总体上,注释及说明文字给我印象最深的有两点,一是在说明文字中,作者总是不厌其烦地将以往的各种解读方案逐一加以分析评述,再提出自己的意见,从而让读者能充分了解作者释读的理据,对其释读的可靠性平添了许多信心;二是不盲从权威,对于前人的研究,有错必纠。由于前人所掌握的图片资料的清晰度不够,特别是缺乏现场考察的条件(虽然有个别龟兹语专家短暂到过现场,解读了部分题记的内容,但也没有时间仔细推敲,资料往往没有掌握全面),同时也由于项目团队成员释读能力的提高,在充分参考前人成果的同时,对前人的工作重新进行评估,纠正了不少前人的释读错误,包括皮诺、施密特等学者的错误(如《题记报告篇》第90页围绕题记Kz-110-ZS-R-03.04展开的讨论)。总之,有不少说明文字宛如一篇篇考证严谨的小论文。

另外,严谨性还表现在,对因字迹模糊或残缺过甚或其他原因导致不能释读的语言,不强作解人,径在“语言”项下注以“不明”或“无法特定”字样。但《题记》对这些字迹仍尽可能做了忠实的转写转录,并拍摄高清图片,为日后他人进一步做工作保留了珍贵的一手资料。

以上几个特点充分说明,《题记》是一部完成度非常高的考古调查报告,可以预想,随着它的问世,必将对我国龟兹学、吐火罗语研究有较大推动。以笔者浅见,至少在以下几方面应有所推动。

一、对龟兹佛教史、龟兹佛教社会史研究的推动

龟兹佛教史其实是极其难治的学问，正如荣新江先生指出的那样，因为这不仅需要透彻地了解汉语文献的相关记载，还要熟悉散在世界各地的梵语、吐火罗语文献的内涵和研究成果，还要对当地的佛教石窟、寺院遗存以及从中发掘而得的各种佛教文物及其研究成果有相当程度的把握（参看荣新江《季羡林先生〈西域佛教史〉读后》，原载《敦煌吐鲁番研究》第12卷"季羡林先生纪念专号"，2011年，此据作者著《从学与追念：荣新江师友杂记》，中华书局，2020年，120页）。在笔者看来，龟兹佛教史的撰写最困难的地方在于，对于以龟兹语为主的非汉语文献资料的全面掌握，包括龟兹石窟题记中的非汉语题记的掌握。就中国学界而言，季羡林先生无疑是撰写"龟兹佛教史"最合适的人选，季先生生前也的确为之努力过，也取得了很大成绩，集中体现在季先生晚年所著《西域佛教史》（收入《季羡林全集》第16卷，北京：外语教学与研究出版社，2010年）一书，但遗憾的是，研究并没有最终完成（参看前揭荣新江《季羡林先生〈西域佛教史〉读后》，121页）。在《西域佛教史》中，季先生利用了大量吐火罗语文献来研究龟兹、焉耆的佛教史，比如对西克（E. Sieg）、西克灵（W. Siegling）、列维（S. Lévi）等人有关吐火罗语A、B两种方言写本残卷的研究成果，以及季先生本人研究焉耆语《弥勒会见记剧本》的成果等，都详尽吸收。但季先生谦虚地说，他只懂焉耆语，不懂龟兹语。无论如何，对于龟兹佛教史的研究而言，《题记》无疑提供了全新的资料，综观最新释读的题记的内容，有不少跟龟兹佛教的内涵与性质有关，也涉及当地民众的佛教信仰信息，因此，笔者以为，《题记》的面世一定能推进季先生的未竟之业。

不仅如此，《题记》的面世还可以推动龟兹佛教社会史研究。我们知道，以往出土的吐火罗语世俗文献中有不少与龟兹当地寺院有

关，内容涉及寺院经济、寺院的经营以及寺院的日常生活等，也涉及古代龟兹人信仰生活，是研究龟兹佛教社会史的珍贵资料。已有学者利用这些资料展开了相关研究，是一个良好的开端（参看庆昭蓉《吐火罗语世俗文献与古代龟兹历史》，北京大学出版社，2017年）。但我们注意到，新版的《题记》中的龟兹语题记中也有一些相关内容，因此如果将题记内容与其他龟兹语寺院文书结合起来，可以进一步助力龟兹佛教社会史的研究。当然，也可以将据史德语题记与新出的据史德语寺院契约文书结合起来研究（新出据史德语寺院契约文书的研究，参看荻原裕敏、庆昭蓉《新出据史德语寺院契约文书及其他》，《西域文史》第7辑，2012年，43—61页）。另外，题记中的韵文体文字，也是研究龟兹佛教文学的珍贵的第一手资料。

二、对龟兹石窟考古、石窟艺术的推动

特别是对龟兹石窟的年代、龟兹石窟与寺院的关系、造像的题材内容等方面的研究应有较大推动。

龟兹石窟特别是克孜尔石窟的年代问题，始终是一个比较棘手的问题，也是研究龟兹石窟的"瓶颈"问题，因为遗留的年代线索太少，但对石窟考古、石窟艺术研究而言，年代问题是必须首先考虑的问题。早年宿白先生从洞窟形制、组合和壁画内容、风格，特别是洞窟本身的改建和相互打破关系，初步考察了克孜尔石窟的类型和部分洞窟的阶段划分问题，将克孜尔石窟划分为三个阶段，但由于这些石窟没有遗留任何年代线索，因此对各阶段年代的讨论主要依靠碳十四测年数据（参看宿白《克孜尔部分洞窟阶段划分与年代等问题的初步探索》，原载《克孜尔石窟报告》第一卷，1997年，151—164页）。宿先生的工作是开创性的，其年代研究结论在学术界也产生了较大影响。但是受当时的客观条件所限，宿先生只考虑了部分洞

窟，而碳十四测年数据本身也有一定的偏差，对历史时期的年代学研究只能作辅助性参考。因此笔者以为，随着《题记》的面世，克孜尔、库木吐喇等石窟的分期研究、年代研究应当可以有所推进，因为龟兹语题记中包含了年代信息，如龟兹王名和龟兹王纪年信息，如果能合理加以利用，它们可以成为石窟断代的直接依据。这里仅举一例。克孜尔第39窟的一条编号为Kz-039-ZS-R-03的龟兹语题记中有“*Ksemārjune*王九年，鸡年……”字样，按照现行定年方案，这位*Ksemārjune*龟兹王九年为唐大历四年（769年，己酉）；另一条编号为Kz-039-ZS-R-11的龟兹语题记中有“苏伐叠王十六年，猪年……”字样，据皮诺的研究，苏伐叠王十六年应为639年（己亥）（参看《题记报告篇》，66、68页）。虽然这两条题记属于漫题，但对第39窟的开凿年代上限的判断以及该窟存续时间的判断还是有重要意义的。

一般而言，石窟并不是孤立地存在，与其附近的地面寺院存在密切的联系，因此石窟与地面寺院的关系问题也是石窟寺考古的重要议题之一。但以往，反映龟兹石窟与寺院关系的线索极为有限，而该项目团队在此次调查中有重要发现：在克孜尔石窟的龟兹语题记中发现了古代地名“耶婆瑟鸡”的龟兹语形式，为证明克孜尔石窟应当就是古代龟兹的耶婆瑟鸡寺所在地提供了核心证据。关于耶婆瑟鸡题记这一新发现及其与克孜尔石窟的关系，项目团队成员已做专题研究。

龟兹语题记的释读对龟兹石窟壁画题材内容方面研究的推动也是不争的事实。我们知道，题记中的榜题类文字根据其内容大体分为两种：一是对壁画内容的提示或补充性说明，一是供养人信息及围绕供养、礼拜活动的提示，前者无疑对壁画题材内容的识读与考证极有帮助，后者是石窟营建史、石窟供养礼拜传统研究的第一手资料。龟兹石窟题记榜题类文字主要集中在第一种，它们的学术价值随着释读工作的推进不断显现。相关研究德国学者起步较早，如施密特教授对克孜尔第110窟吐火罗语题记与壁画关系的探讨（参看［德］施密特著，彭杰译《克孜尔石窟110窟佛传故事壁画中吐火罗文题记的解读》，《新疆文物》2004年第1期，123—126页，该文1998年在克孜尔石窟召开的“唐代西域文明——安西大都护府国际学术讨论会”上首次宣读）。而随着该项目团队工作的结束，这项工作已有明显推进，如库木吐喇第50窟的四十多条婆罗谜文龟兹语榜题，随着释读工作的完成，第一次清晰完整地反映出它们与四十多幅壁画的对应关系（参看《题记报告篇》，233—250页）；再如库木吐喇第34窟的婆罗谜文龟兹语榜题，随着调查简报的刊布（参看新疆龟兹研究院等《库木吐喇窟群区第34窟现存龟兹语壁画榜题简报》，《西域文史》第9辑，2014年，1—32页），项目组成员及其他学者结合其他资料，已做过比较深入的探讨（参看荻原裕敏《吐火罗语文献所见佛名系列——以出土佛典与库木吐喇窟群区第34窟榜题为例》，《西域文史》第9辑，33—49页；霍旭初《库木吐喇第34窟图像榜题及相关问题研究》，原载《西域文史》第11辑，2017年，收入《题记》之《研究论文篇》，118—131页）。

三、对古龟兹王国历史研究的推动

尤其是，龟兹王纪年题记对龟兹王统世系研究意义重大。龟兹王统虽然汉文史籍有所记载，但较为简略，龟兹石窟中保留的若干条龟兹王及其纪年题记，虽然属漫题性质，但如果将它们与龟兹语世俗文献中的相关信息结合起来考察，也十分富有研究旨趣。事实上，该项目组成员对相关研究已经有所跟进，如庆昭蓉已做专题研究，她系统梳理了龟兹石窟题记所见的古代龟兹王、唐代龟兹王的信息，并结合汉文史籍、龟兹语世俗文献等，讨论了唐代龟兹王的定年方案（参看庆昭蓉《龟兹石窟现存题记中的龟兹王》,原载《敦煌吐鲁番研究》第13卷,2013年,此据《题记》之《研究论文篇》,21—53页)。

四、对龟兹语文献学研究的推动

吐火罗语专家很早就注意到龟兹语(即吐火罗B语)文献具有三个不同的语言层次。对于这一现象,学界有两派看法,一派认为它反映的是地域性方言的差别,一派认为它反映的是年代变迁。现在能从大量写本中找出丰富的证据证明,吐火罗B语在音韵与形态上的确存在年代变迁,进而将其分为前古代期(pre-archaic,约4世纪前—4世纪前期)、古代期(archaic,约4世纪中期—5世纪中期)、古典期(classic,5世纪后期—6世纪)、晚期(late,7世纪—10世纪)等几个阶段(参看荻原裕敏《略论龟兹石窟现存古代期龟兹语题记》,《题记》之《研究论文篇》,54—55页)。正如荻原裕敏博士指出的那样,由于石窟题记一旦写就,理论上不会有后人传抄或重新誊写的问题,多数情况下,题记反映的就是题写人使用的语言,因此题记研究可望为吐火罗语文献的整体变迁及断代问题提供新线索。龟兹石窟新发现的16道古代期龟兹语题记就充分凸显出上述议题研究方面的价值,因为以往西方学者所接触的龟兹石窟中的龟兹语题记并无具古代期语言或文字特征者,因此荻原认为,这批古代期龟兹语题记的发现是震惊学界的发现,是21世纪龟兹语文献学的重大发现之一(参看荻原裕敏前揭文,54—56页)。按照上述荻原提示的题记书写自身的特点,相信其他龟兹语题记对龟兹语发展变迁的其他几个阶段的研究也应有所助力,因为毕竟随着《题记》的出版,目前的龟兹语题记资料是最完备的。

最后有两点编辑建议:

一、图、文还是建议编排在一起,主要是考虑到方便读者,正规的考古报告都是这样编排的，至少要保证文、图在同一册中，但目前只有部分图是随文走的。

二、图与图版的编号方式还可以再斟酌。现在的编号分三个层级，层级有点多，且中间这个层级的所属关系读者不易明白。按照考古报告的惯常做法，无论插图还是独立的图版，都是用一个总图号连续编下去，原则是尽量简化图与文字之间的逻辑关系，让读者一眼就能看明白，如图1、图2……，图版一、图版二……，因此建议将图与图版分为两个层级即可：即将题记和平剖图以及其他出土文物统一编号，跨章节连续编下去，这是第一个层级；若一条题记或文物有多张图片，可用-1、-2……表示，这是第二个层级。这样主从关系一目了然。习惯上，图号的阿拉伯数字之间不用点间隔，用横杠作间隔。例如，克孜尔第20窟甬道内侧壁上部一条编号为Kz-020-YD-N-11的漫题，报告提供了两幅图片，分别编为图3.1.11、图3.1.12（《题记报告篇》，57页）。如果按照统一连续编号原则，这条题记的图号应该是第11号，那么原图3.1.11就可以改为图11-1，图3.1.12就可以改为图11-2。

（本文原载《艺术设计研究》2021年第4期）

毫端尽精微　胸中有世界
——《从张骞到马可·波罗——丝绸之路十八讲》评介

我国的丝绸之路研究与中外关系史关系密切,因而属于传统学术领域。近十几年以来,随着国家“一带一路”倡议的提出和推进,丝绸之路研究重新焕发了活力,除新创办了《丝路文明》、《丝绸之路研究集刊》、《丝绸之路研究》、《丝绸之路考古》等数种丝绸之路的学术专刊外,还涌现出不少学术论著,议题广泛。但丝绸之路研究永远是一个国际性话题,因此国内的丝绸之路热也间接推动了国外的相关研究,一批新著脱颖而出,最新的代表性论著有韩森(Valerie Hansen)的《丝绸之路新史(史料增补本)》(*The Silkroad: A New History with Documents*, London:Oxford University Press,2016)、皮特·弗兰科潘(Peter Frankopan)的《丝绸之路:一部全新的世界史》(*The Silkroad:A New History of the World*, New York:Alfred A. Knopf, 2016)以及森安孝夫的《丝绸之路世界史》(《シルクロード世界史》,东京:讲谈社,2020年)等,这些成果显示出近十几年来丝绸之路研究取得了较大进步,代表了目前研究的广度和深度,但总体而言,似乎期待着更大的突破。

2022年11月,江西人民出版社出版了荣新江先生的新著《从张骞到马可·波罗——丝绸之路十八讲》(精装16开本,473页,以下简称《丝路十八讲》),大部分基于作者的原创性研究成果,集中呈现了作者长期教学积累以及近年有关丝绸之路研究的新成果和新突破。因此此书甫一问世,即引起学术界、出版界等社会各界及海内外读者的广泛关注。

《丝路十八讲》主要由十八个专题即“十八讲”组成,大体按时间先后顺序编排,上起月氏、斯基泰时代,下至蒙古西征与马可·波罗来华。分别是:第一讲　月氏、斯基泰与丝绸之路前史;第二讲　张骞“凿空”与汉代的丝绸之路;第三讲　从贵霜到汉地——佛法的传入与流行;第四讲　纸对佛典在丝路上传播的贡献;第五讲　丝绸之路也是一条“写本之路”;第六讲　商胡、萨保与粟特贸易网络;第七讲　祆神东来与祆祠祭祀;第八讲　波斯与中国:政治声援与文化影响;第九讲　条条大路通长安;第十讲　唐代长安的多元文化;第十一讲　《兰亭序》的西传与唐代西域的汉文明;第十二讲　从波斯胡寺到大秦景教;第十三讲　拂多诞、摩尼光佛与吃菜事魔;第十四讲　唐朝的“郑和”——出使黑衣大食的杨良瑶;第十五讲　中国与阿拉伯世界的交往和“四大发明”的西传;第十六讲　归义军与东西回鹘的贡献;第十七讲　跨越葱岭东西:于阗、萨曼与哈喇汗王朝;第十八讲　从蒙古西征到马可·波罗来华。十八讲结束之后是“结语”,为全书作结,篇幅虽然不长,但要言不烦,非常重要。书前有“导论”文字一篇,方便读者了解作者的写作缘起和写作思路,书末附有“参考文献”和“图版目录”,方便读者查核图文资料和延伸阅读。

《丝路十八讲》的基本内容源自荣先生在北大历史学系多年来的“中西文化交流史”讲义,但在构建本书的写作框架时,他曾反复琢磨思考,是按照一般的教科书那样平铺直叙,面面俱到地讲述丝绸之路呢?还是更多地依据自己的研究成果而不求全面?最后他采用了后一种做法,在照顾每个时段东西交往的主要内容之外,更多地把他若干年来研究中外关系史的一些收获融入其中(7页)。从上列各讲标题的设定看，正是反映了这一思路，这使得这部著作最大的亮点在最新研究成果的呈现。当然，在呈现最新的专题研究成果的同时，作者也并没有忘记对丝绸之路所涉重大问题、重要国家以及重要民族的关照，这从各讲标题上就有所反映。

在正式评述该书的内容之前，我想就本书的书写形式略作提示。对于本书的书写形式，荣先生是有专门考虑的，他希望《丝路十八讲》在一定程度上能扮演教材的角色，但教材不能是单一的文字叙述，应当有附图，他认为附图是教材最需要包含的内容（4页）。因此本书配有大量的插图，遍及书中的每一讲，据笔者初步统计，图片总数多达180余幅，平均每一讲插图10幅左右，而且为了使图片效果最佳，均使用彩色图版，真正做到了图文并茂。本书的两位推荐专家柴剑虹先生和张西平先生在推荐语中都不约而同地用了“图文并茂”一词（见本书外封封底），可见是共识。的确，丝绸之路文化的内涵由精神和物质两方面构成，而物质文化的呈现离不开图像资料，充分利用考古资料在内的物象资料不可或缺。西方有“一图胜千言”（A picture is worth a thousand words）的说法，图片有时起到的作用可见一斑。以往这类著作的书写多以文字叙述为主，虽然也有部分著作如韩森、皮特·弗兰科潘等人的著作也使用了一些图片资料，但图片的选择比较随意，也不太注意图片的质量，图片与文字内容的关联性也不太强，因而图片的资料性不够强，且分布不均匀，如皮特·弗兰科潘的书中的插图主要集中在第6章和第20章。而《丝路十八讲》图片的资料性很强，大部分来自考古发现的遗迹遗物，其中也不乏作者多年收集积攒的比较稀见的资料照片，并注重图版质量和呈现效果（本书一律采用彩色图版应该是基于这样的考虑），说明作者对图片的选择很慎重，主要是基于学术的考虑，而不是简单的“图说”丝绸之路或“看图说话”。另外，作者还充分注意跟文字内容的对应关系以及插图在全书的均匀分布等，说明作者对插图的使用有通盘的考虑。当然，如果单从读者的阅读体验角度看，这样做无疑使本书的内容更加真实、生动，可读性更强，从而使读者的阅读体验更好。因此，本书对今后丝绸之路著作的书写具有一定的范式意义。最后特别值得一提的是，本书所用图片有不少来自作者历次走访考察丝绸之路沿线遗迹遗物时亲自拍摄的照片，如景教碑、乾陵蕃王像、云冈石窟、汉长城、玉门关、高昌佛寺、南海神庙、扬州清真寺，阿弗拉西阿卜遗址、片吉肯特遗址、沙赫里夏勃兹的卡费尔－卡拉古城、伊朗亚兹德的琐罗亚斯德寂静塔、乌兹别克斯坦国立文化史博物馆藏粟特瓮棺、意大利教堂的鄂多立克画像、威尼斯马可·波罗故宅“百万之家”等。这似乎在提示我们，丝绸之路的研究，除了“读万卷书”以外，还一定要“走万里路”，即走万里丝路，深入丝绸之路的历史现场，书斋式的丝绸之路研究似乎已成为历史。

综观《丝路十八讲》全书，不难看出作者极高的学术抱负与学术志向，那就是：以知识创新为己任，以立足世界学术前沿为目标。在理念方法上，《丝路十八讲》立足专题研究，但视野贯通，始终将专题叙事置于宏阔的历史脉络中，一如作者所秉持的“贯通”的学术理念。的确，时至今日，丝绸之路的研究应该向纵深发展，应该更准确、更深入、更具象化地把握丝绸之路的历史脉动。现在需要的不是以宏观为主的粗线条的一般性描述，而是需要更多地做宏观视野下的细致入微的观察分析，因此宏观视野下的专题研究至为重要，即便是相对通俗的读本，也要充分反映最新的研究成果和最新的认知。这似乎已成为当下中外学界的共识，如森安孝夫的《丝绸之路与唐帝国》（北京日报出版社，2020年）就采用了这种研究和写作范式。在资料运用上，《丝路十八讲》中外并举，东西并举，不拘一格，以论证需要为究竟。举凡境内域外不同类型的、不同语种的文献文字资料及金石铭文资料，境内域外不同种类的文物资料（包括遗迹、遗物等），境内域外不同种类的图像视觉资料，都能熔于一炉，成为专题研究证据链上的一环，对考古资料尤其重视，这也符合作者一贯的学术理念。

以下就《丝路十八讲》的具体内容，简要分析本书对丝绸之路研究的切实推进。

“旧学商量加邃密”，首先，对不少传统问题，或提出新解、正解，或大大推进传统问题的认知，使“推陈出新”真正落到了实处。这类例子甚多，如利用阿富汗新发现的佉卢文犍陀罗语佛教文献对早期和田所获佉卢文犍陀罗语《法句经》年代的重新研判（66页）、对入华波斯商人商贸活动的地域特征及其与海上丝绸之路关系的分析（178—185页）等。兹仅举两例略加分析。

自从1907—1908年德国学者缪勒（F. W. K. Müller）根据德国吐鲁番探险队在吐鲁番所获的一件回鹘文写本《弥勒会见记》的一则跋文中提到的“toγri”（吐火罗）语把新疆龟兹、焉耆发现的一种不知名的古代印欧语定名为“吐火罗语”，并把焉耆、龟兹两地出土的文献材料上的这种语言分为A、B两种方言以后，吐火罗语问题逐渐引起学界关注，进而引出所谓吐火罗人的问题。由于西方学界不少人对这一问题存在认识误区，使得这一问题又与古代新疆的民族及其语言联系了起来，在西方甚至出现了泛吐火罗人和泛吐火罗语思潮，因此该问题的讨论已经超出了纯学术范畴，必须引起足够重视。如果焉耆、龟兹地区流行的语言的确是吐火罗语，那么当地民众就应当是吐火罗人。但经过法国学者列维（S. Lévi）、伯希和（P. Pelliot），日本学者羽田亨，英国学者贝利（H. W. Bailey）、恒宁（W. B. Henning）等人的论证，焉耆、龟兹发现的所谓“吐火罗语”其实就是焉耆语和龟兹语，与葱岭以西的吐火罗斯坦没有任何关系，回鹘语题记中的“toγri”一词所指的范围应当在别失八里/北庭和龟兹/苦先之间，焉耆也在其中。但对于回鹘人为何用“吐火罗”一词来指称上述区域，学者们始终不得其解。荣先生通过对回鹘摩尼教文献的梳理，注意到回鹘文的“toγri”来自摩尼教概念里的“吐火罗斯坦”或“四吐火罗”，其范围对应于龟兹、焉耆、高昌、北庭一带。那么摩尼教徒为何称这一区域为“吐火罗斯坦”？荣先生进一步指出，葱岭以西的真正的吐火罗斯坦地区原本是摩尼教的一个大教区，8世纪初叶以降由于伊斯兰势力的东进，大批吐火罗斯坦的摩尼教教徒奔往对摩尼教友善的回鹘汗国领地，随着摩尼教教团在西域地区丝路北道开教成功，其原本的“吐火罗斯坦”的名称也随着“东方教区”一起移到丝路北道，这一称谓又最终被高昌回鹘摩尼教教团所继承。至此，这一问题终于得到圆满解决，荣先生对这一问题的最终定谳贡献了自己的智慧。这一问题的彻底解决，对消解西方的泛吐火罗人和泛吐火罗语思潮意义重大，其意义已超越学术本身。

唐代长安的多元文化与西域文明自向达先生以来一直是学界热衷的传统课题，因此现在的研究必须推陈出新。对这一传统课题，近年学界也有不同声音，质疑唐朝到底还有没有胡风的存在？质疑学界对唐代的“胡气”是不是强调过头了？质疑者认为《旧唐书·舆服志》关于开元天宝时流行胡曲、胡食、胡服的说法是作者的夸张，并认为唐代文献中看到的那些胡乐、胡食、胡服等胡物，主要承自魏晋南北朝以来的胡文化，或者已经消失，或者已经整编入国家制度，或者已经融化在一般民众的生活中，因此已经不具备真正意义上的胡文化内涵了。但如果我们把唐代的考古资料（包括视觉图像资料）与文献记载（包括文学作品）作全方位的对照考察的话，就会发现上述判断并不完全符合事实。唐代的胡乐、胡食、胡服不完全来自对前代的继承，有其新内容，而且既有制度层面的表现，也有日常生活的表现。而且胡乐、胡食、胡服也并不是胡文化的全部，胡人宗教不能忽视，还有胡舞、金银器等。如果没有胡人群体和胡文化做基础，就不会出现中晚唐河北藩镇的胡化现象了。在本书第十讲中，作者充分利用敦煌吐鲁番文书、新出墓志资料以及其他新出考古资料，结合文献记载，对唐代长安的多元文化重新进行了考察，内容涉及精神文化和物质文化的多个方面，对不少传统问题提出新的认识，给出新的解说，从而大大丰富了唐代长安多元文化的内涵。如在分析长安的胡人舶来品时指出，中国传统用漆器、铜器、木器、陶瓷器做饮食器皿，唐朝贵族使用金银器显然是受到西方波斯、粟特文化的影响（234页）；再如利用近年发现的炽俟弘福和炽俟辿父子墓志及吐鲁番文书，从微观层面考察胡人在唐代长安的生活实态（244—246页）。本讲最值得关注的是，通过一系列典型案例重新建构了长安胡人的社会生活，从而使我们看出西域胡人是如何逐渐融入长安社会的，同时，通过这些典型案例，也为我们观察长安社会在安史之乱后的逐渐转型，提供了一个观察视角（255页）。这些考察与分析，再次雄辩地证明，唐帝国的"胡风"是广泛存在的，唐文化受到胡文化的影响是客观事实，入华胡人呈现逐渐融入唐代社会的倾向也是客观事实。

其次，根据新材料提出新问题、探讨新问题，从全新的材料得出全新的认识。这类例子也不少，如利用阿富汗新发现的佉卢文犍陀罗语佛教文献对贵霜王朝建立之前犍陀罗地区印度—月氏小王时代佛教传播的分析（62—65页）、利用新发现的悬泉浮屠简对佛教初传敦煌地区时间的研判（67—69页）等。限于篇幅，兹仅举三例略加分析。

作者曾通过对吐鲁番新发现的一件《阚氏高昌永康九年、十年（474—475）送使出人、出马条记文书》的分析，为我们绘制了一幅5世纪后半丝路交通的宏伟画面（荣新江《阚氏高昌王国与柔然、西域的关系》，《历史研究》2007年第2期）。在本书第二讲中，为避免重复，仅对以往的研究作了概要提示（58页）。这件文书的内容是一位刘宋的使者经过高昌到柔然汗国的记录，文书还同时记录了经过高昌到柔然的其他国家的使者，包括丝路北道的焉耆国、北印度的乌苌国、印度次大陆的笈多王朝的使者。作者据以判断，通过吐谷浑道，南朝可以与中亚、北亚、南亚诸国沟通，并最终绘就5世纪后半丝路交通的一幅宏伟画面，同时还探讨了阚氏高昌王国与柔然、西域的关系，令人耳目一新。

唐朝建国初期与西域的关系，过去我们主要是通过玄奘的记录而略有了解。西安新发现的《张弼墓志》告诉我们，贞观元年（627）到贞观六年（632），唐太宗曾经派遣张弼出使西域三十国，行程四万里，应当包括塔里木盆地诸绿洲王国，以及西突厥所控制的粟特地区和吐火罗斯坦。张弼的出使西域，可以说是唐代初年丝绸之路上的一个壮举，但传世史料中没有任何记载。作者通过《张弼墓志》信息的发掘整理，揭示出唐代初年中外关系史、丝绸之路史的一项重要史实，推测贞观初年来访唐廷的西域诸国，很可能是张弼出使而促成的结果（荣新江《唐贞观初年张弼出使西域与丝路交通》，《北京大学学报》2020年第1期）。在本书第九讲中，为避免重复，同样只作了概要提示（195—196页）。

1984年在陕西泾阳发现的《杨良瑶神道碑》是近年有关唐代中外关系史、丝绸之路史最重要的史料发现。由此碑可知，唐贞元元年（785），唐朝曾派中使杨良瑶从广州出发，经海路前往巴格达，衔命出使黑衣大食。这一重要史实，传世文献未见任何记载，因而意义重大，它丰富了唐朝与阿拉伯帝国关系史以及唐代海上交通史的篇章。作者对碑文内容做了深入分析，首先结合历史背景和唐朝当时的政治军事形势，对杨良瑶出使大食的动机作了合理推测，认为杨良瑶的出使黑衣大食，是为了实施唐廷联络回纥、南诏、大食、天竺来共同夹击吐蕃的战略方针。从大食和吐蕃开始在西域争斗的时间来看,唐廷联合大食抗击吐蕃的想法是完全可能的(338—340页)。因此这一推测十分切近当时的时局。作者更多地从宏观层面揭示了杨良瑶出使的意义,他把杨良瑶誉为唐朝的"郑和",认为他的出使黑衣大食,开启了唐朝官方经海路与西方世界的交往和贸易,无疑大大促进了通过海路的东西文化交流,并由此可以看出中国从陆地大规模走向海洋的重要时点,因而在丝绸之路历史上意义重大(349—350页)。

再次,填补学术空白。在《丝路十八讲》中这类例子也很多,如对"萨保(萨宝)"与"萨薄"概念的辨析(138—139页)、对中古中国粟特聚落踪迹的追寻从而对东来粟特人迁徙路线图的建构(140—142页)等。这里一如前文,仅举一两例略加说明。

关于造纸术的西传大家并不陌生,但是纸在丝路文化传播中究竟扮演了什么样的角色,过去鲜有人关注,也难道其详,属于丝绸之路知识的空白。事实上,纸对丝路文化传播的贡献不惟佛教典籍方面,还包括其他宗教文献及其他类型的东西方典籍,但纸对佛教典籍传播的贡献在纸对丝路文化传播的贡献中无疑是最突出的。在第四讲中,作者重点揭示了中国发明的纸张对于佛教典籍作为一种文化在丝绸之路上传播的重要意义,探讨了纸对佛典传播的贡献。指出纸成为典籍的抄写材料之后,西域地区的汉文佛教经典也很快采用纸张来书写(92页);公元5世纪初叶以后,西域地区开始使用中原的纸张来书写胡语经典,梵文佛典开始用纸张来书写,但形制仍然是印度的贝叶形,与此同时,北道的龟兹语、焉耆语,南道的于阗语佛典,都采用纸张来书写了(97页)。结论指出,纸用于佛典的传抄之后,对于佛教从印度到西域,再到中国中原地区的传播,起到了决定性的推动作用。如果没有纸的介入,佛教在西域、中国,不可能流传如此之广(100页)。

当然，除书写宗教、世俗典籍之外，纸作为重要的文字载体、知识载体，早已与人们的工作、学习、出行及日常生活密不可分，那么，纸作为文字载体在丝绸之路上究竟呈现为何种样态？为奔赴于丝绸之路上的各色行人充当着什么样的工具，怎样助力他们在丝绸之路上的一切活动？其实我们知之甚少。在第五讲中，作者又对这些问题作了进一步探讨。作者根据写本的具体内容，从公验与过所、旅行指南和会话练习簿、商人的账本和记事簿、买卖契约、旅途书信、巡礼行记与诗文创作等六个方面，对上述问题作了全面检视。总结指出，丝绸之路的运营离不开纸张，大量的纸质文书方便了丝路旅人的相互联系，也为旅行者的财产提供了法律保证，写本让丝绸之路的运营更加迅捷和畅通，因此丝绸之路离不开纸张、离不开写本，从某种意义上来说，丝绸之路也是一条"写本之路"（125页）。这是"写本之路"这一概念的首次提出。

以往有关丝绸之路文化交流的研究，总体上看，对东来的西方文化关注较多，但对西渐的中国文化关注较少，成为研究的薄弱环节，但文化的交流一定是双向的。近年来，荣先生十分重视中国文化的西渐问题，曾主办"丝绸之路上的中华文明"学术研讨会并将会议成果结集出版，以期推动相关研究（荣新江主编《丝绸之路上的中华文明》，商务印书馆，2022年）。在第十一讲中，荣先生贡献了这方面的一个经典的研究个案。唐朝文化的西渐西域，从贞观十四年（640）唐灭高昌国建西州时就开始了，至长寿元年（692）唐复置安西四镇并发汉军三万人驻守西域以后，达到了一个高峰。在本讲中，作者在详细梳理了王羲之《兰亭序》和《尚想黄绮帖》唐写本在西域的流传情况之后，又进一步考察了其他汉文典籍的西渐情况，在此基础上分析其重要意义。特别指出，《兰亭序》是以书法为载体的中国文化最根本的范本，是任何一部中国文化史都不能不提的杰作，它在塔里木盆地西南隅的于阗地区传抄流行,无疑是中国传统文化西渐到西域地区的最好印证(268页)。本讲还进一步思考了上述写本及其他汉文典籍在西域的传播途径、接受对象以及在传播过程中可能遇到的阻力等问题(278—283页)。这些问题的讨论大大深化了我们对丝绸之路上的中华文明的认识,具有填补空白的意义。

以上是对《丝路十八讲》主要研究内容的简要评述。此外还需要特别指出的是,《丝路十八讲》通过各专题研究所呈现的大量翔实的证据资料,厘清了长期以来丝绸之路研究中的某些较严重的认识误区。如,不少人理所当然地认为,丝绸之路是从中国中原地区一直到地中海世界的一条贯通道路,人们可以从这一头走到那一头;于是由此推演,如果中原王朝和西域地区处于对立或闭关状态,那么丝绸之路就是断绝的;于是得出结论说,历史上的丝绸之路“通少断多”。持有这种观点的中外学者并不少,这其实是对丝绸之路的误解。荣先生指出,持这种观点的学者,是站在中原王朝的立场上,依据传统的汉文史料来思考的,这显然不能涵盖“丝绸之路”的丰富内涵。首先中原王朝在不同时期的界限是不同的,如果仅仅把中国通过丝绸之路与外部世界的沟通理解为某个时期的中原王朝与外界的沟通,则是非常狭隘的看法。比如有人认为宋朝时期,西北有西夏的阻隔,陆上丝绸之路就断了。这种观点把西夏、辽、金都当作“外国”,本身就是有问题的,其实在这个时期,西夏和外界并没有隔绝。汉文传世文献对于史事的缺漏是可想而知的,只要接触过敦煌、吐鲁番出土文书的学者,就会很容易理解这一点。事实上,由于自然和人为的原因,历史上的丝绸之路大多数时期都是分成若干段的,把这些段落联系起来,就是整体的“丝绸之路”(450页)。这些精辟论断无疑能启发我们更好地把握丝绸之路的特性及其丰富的内涵,具有很强的理论意义。

有学者在思考世界史方法论时指出:“立足于国别史的世界史,可见其深……而心怀世界史的国别史,可见其广……而融国别史与世界形成史于一炉的新型世界史,不仅根深叶茂、视野开阔,而且能超越国别,展示其跨文化的、博大的人文关怀。”(李隆国《世界史研究方法刍议》,《光明日报》2020年12月21日)这是一种全球史观。中外文化交流史或丝绸之路史既非国别史,也非世界史,但更需要这样的视野,因为超越国别、地区和民族的跨文化研究,是其最基本的人文关怀。荣先生指出,我们要承认历史上的中原王朝对于丝绸之路的贡献,但同时也要承认丝路上的每个段,也是丝绸之路的一个组成部分;这些路段上的国家和民族,也都对丝绸之路的通行和丝路贸易往来做出了贡献(450页)。《丝路十八讲》对这些路段上的主要国家和民族都有所关照,国家如波斯帝国、贵霜帝国、康居、大宛、安息、大夏、罗马帝国、印度、昭武九姓诸国、萨珊波斯、吐火罗、大食帝国、萨曼王朝、哈喇汗王朝等,民族如月氏、斯基泰、波斯、粟特、吐火罗、大食以及西域诸族等,这其实就是全球史观,说明作者在毫端尽精微时,胸中始终有世界。

“结论”部分的文字虽然不多,但非常具有前瞻性,既包括对学科建设的思考,也包括对丝绸之路研究未来发展整体的方向性把握,当然也是对来者示以努力的方向,体现了一位杰出学者的学术责任和使命担当。荣先生指出,今后丝绸之路的研究,首先需要从学科建设的角度来思考丝绸之路研究与中外关系史研究的关系问题,可以借助中外关系史的研究,来思考“丝绸之路学”建设问题;其次,有关中外关系史或丝绸之路的中外文史籍的整理工作有待加强;第三,考古发现的文物资料和文献资料,应当尽快转化为研究素材,特别是丝路沿线出土的汉语和胡语文献有待整理;第四,就国内丝绸之路史的研究而言,重汉唐时代,轻伊斯兰时代,客观原因是后者需要掌握阿拉伯文、波斯文史料，因此这些方面有大量的课题有待着手研究；最后，丝绸之路的研究也需要普及与提高相结合，但目前中文著作中，能够达到文笔优美、史实准确的畅销书还不多，有待专家学者的进一步努力（453页）。以上诸端，足以认为是精准地号到了丝绸之路研究的脉搏，对未来丝绸之路的研究具有很强的指导意义。

最后需要提示的是，《丝路十八讲》虽然印制很精美，但仍有一些错字，希望再版时予以改正。如第38页注①，"《西域传》"误作"《西哉传》"；第57页，"求那跋摩"误作"求耶跋摩"；第303页，"书录"误作"叔录"；第343页，"凛然"当作"懔然"；第413页，"公斤"当作"斤"，等等。另外，第346页注①，"苏继卿"后建议加括注"即苏继庼"。另外，在文字处理上，也存在一些技术性问题。因为本书每讲都是以专题形式出现的，内容相对独立，因此后面的专题在交代背景信息时，内容难免与前面的专题有重复，再版时建议考虑如何尽量避免重复。

（本文原载《西域研究》2023年第4期，限于篇幅，有删节，收入本书时恢复了全貌）

新疆出土文献整理与研究的新进展
——《丝绸之路与新疆出土文献》读后

本书全称《丝绸之路与新疆出土文献——旅顺博物馆百年纪念国际学术研讨会论文集》，是2017年11月值旅顺博物馆建馆百年之际在该馆召开的“丝绸之路与新疆出土文献”国际学术研讨会与会学者提交的论文的结集，由王振芬、荣新江共同主编，2019年3月北京中华书局出版，共收论文38篇，集中展现了中、日、韩等国学者对旅博藏新疆出土文献、各国藏吐鲁番文书、大谷探险队与大谷文书、丝路文献与丝路美术等领域的最新研究成果，特别是“旅顺博物馆藏新疆出土汉文文书整理与研究”学术团队的最新研究成果，该团队的成果约占论文集一半的篇幅。

就笔者目之所及，该团队的研究成果先后有两批次集中呈现，第一批次即本论文集所收的大部分论文，第二批次则是更为集中的呈现，即新近出版的《旅顺博物馆藏新疆出土汉文文书研究》（孟宪实、王振芬主编，北京：中华书局，2020年），该书收录论文36篇，内容涵盖四部古籍、佛典、道经以及世俗文书等。因此可以这样说，继“新获吐鲁番出土文献”的整理与研究之后，该团队充分发扬团队精神，通过自身的不懈努力，依托旅顺博物馆馆藏文书资源，再次掀起了新疆出土文书整理与研究的一个小高潮。

特别值得注意的是，在整理过程中，整理团队还充分利用团队优势，从传世文献中又挖掘出鲜为人知的有关高昌、西州的新史料，如从唐代张九龄的《曲江集》中发现新的西州寺院信息，同时，整理团队也十分关注团队以外学人的文献新发现，如陈晓伟从明代胡广的《胡文穆公文集》中发现的《记高昌碑》这一重要文献。这些新发现的传世文献均引起整理团队的高度重视，已经将它们融入到整个整理与研究之中，令人耳目一新。

本论文集最重要的内容之一就是全面披露了旅博藏新疆出土汉文文书的学术价值。

旅博藏新疆出土汉文文书中，无疑以佛典最多，数量超过两万片，其中主要出自吐鲁番地区，也有少量出自库车、和田等地，有的极度残碎，但整理团队都尽可能进行了比定，得以对这批佛典的学术价值有了全面的认识。这批佛典的内涵十分丰富，大大推进了人们对吐鲁番乃至整个西域地区汉文佛教典籍的认识，荣新江《旅顺博物馆藏新疆出土佛典的学术价值》一文就是对其学术价值的全面归纳。该文从凉土异经、北朝经疏、唐朝中原写经、疑伪经、禅籍、昙旷著作、版刻大藏经以及经录等几个方面对其学术价值进行了概要提示。在笔者看来，富有研究旨趣的内容的确很多，如仅就疑伪经而言，其中的大部分内容都值得深入探究，我们注意到，疑伪经已成为该团队的研究重点之一。另外，该文提出“凉土异经”的概念也值得特别关注。

旅博藏新疆出土汉文文书虽以佛典为大宗，但也包含有传统的经史子集典籍，且数量颇为可观。朱玉麒、孟彦弘《旅顺博物馆藏新疆出土汉文文献经、史和集部概观》一文对其中的经、史、集三部文献的学术价值进行了初步归纳。经部文献发现了《古文尚书》《毛诗》《礼记》《春秋左传》《论语》以及若干音义书等，均具有较高的文献学价值，如陆德明《经典释文·礼记音义》在吐鲁番是首次发现，再如《春秋经传集解》的发现，为唐代吐鲁番地区杜预注本的流行提供了具体可观的文本。史部文献最值得注意的是若干唐律或律疏写本残片的发现，其中不乏能直接缀合或可判定为属同一写本的，它们除具有校勘价值外，无疑会大大深化我们对唐律及律疏内涵的认识。部分史部文献也具有校勘价值，如新发现的《汉纪》唐写本，可正今本、明本《汉纪》之讹。此外，拟名《唐天下诸郡姓氏谱》的文献在吐鲁番文书中尚属首次发现，反映了唐前期的郡姓情况，并且可以补充敦煌本所载郡姓之缺。

旅博藏新疆出土汉文子部文献除释家类外，还有一定数量的道家、占卜、医药、杂家类文献，它们亦均有一定的学术价值，游自勇《旅顺博物馆藏新疆出土道家、方术及杂家类文献的学术价值》一文对它们各自的学术价值进行了总体评估。该文认为，虽然就整体数量和道经种类而言，旅博所藏吐鲁番出土道经不能与敦煌媲美，但其价值仍不容小觑，其价值主要表现在以下三个方面：就目前比定的结果来看，西州道教三洞经典存续完整；旅博藏西州道经有一些不见于敦煌道经；可以推进我们对西州道经传抄时间的认识。经初步研究，旅博所藏吐鲁番出土占卜书极有可能并非实际行用者，而是作为一种知识体系而被抄录的，值得进一步关注；而旅博新发现的杂家类文献《刘子》填补了其传播路线在敦煌与于阗之间的空白。

旅博所藏新疆出土公私文书数量虽然不多，但仍有较高的史料价值，在此次合作整理工作开始之前，旅博方面已做了初步梳理（郭富纯、王振芬《旅顺博物馆藏西域文书研究》，沈阳：万卷出版公司，2007年）。此次合作整理团队又做了全面细致的整理，在此基础上，孟宪实《旅顺博物馆藏西域出土公私文书的价值》一文对其价值进行了初步归纳。该文重点提示了其中的《建中四年（783）孔目司贴》、唐代物价文书、唐代户籍文书、僧籍文书、西州官牒文书以及《开元二十三年（735）张仙牒》等文献的价值，还特别指出某些写经题记中可能包含高昌国重要历史人物甚至高昌国政治史的信息，值得进一步挖掘。这里需要补充的是，还有佃田文书、给田文书、兵役文书、告身、寺观差科文书等都有一定的史料价值，如佃田文书、给田文书可以与大谷文书相呼应，丰富唐代均田制研究的史料，而寺观差科文书则提供了西州寺观需承担政府徭役的直接证据（LM20-1523-24-154号文书赫然写着“寺观两种差科”字样）。

整理新疆出土汉文文书特别是汉文佛典，依据书法断代仍然是写本断代的基本方法，但以往操作的谨严性有待进一步提高。史睿《旅顺博物馆藏新疆出土写经的书法断代》一文在书法史界最新研究成果的基础上，提出关注书写工具、书写姿态以及书写目的等对于书法样式的决定性意义，试图建立基于书体及风格分析、笔画分析、部件分析、字势分析的书法断代方法。相较于以往的书法断代方法，这篇文章在书法断代方法论上有所突破，从而为旅博新疆出土汉文文书的断代提供了更多的书法理据。作者熟谙书法且善书，因此该文的意见应该受到重视。此外，虽然新疆出土汉文文书绝大多数为写本，但也的确有少量刻本，但从书法的角度看，早期刻本与写本文字形态非常接近，以至于出现误判。陈耕《刀笔殊途——旅顺博物馆藏新疆出土佛经“单刻本”实为写本考论》一文，通过对文书字体的微形态研究，提出旅博所藏部分被日本学者定为“单刻本”的佛经残片实为写本的意见，这一意见同样应该受到重视。

上述若干重要文章外加整理团队其他成员围绕整理内容展开讨论而形成的一组文章，共同构成了本论文集第一大板块“旅顺博物馆藏新疆出土文献”的主要内容。总体上看，研究工作已经取得十分可观的阶段性成果。通过上述数篇文章的归纳总结，不难看出，旅博藏新疆出土文献的价值主要在文献学、宗教学、历史学等几个方面。充分利用电脑成图技术，将残片之间的连缀情况以及残片与传世文本之间的对接情况更加直观地呈现出来，是该团队研究成果的一大技术亮点。不过，从目前的研究成果的侧重来看，多属于文献学范畴的研究，这当然也符合文献整理与研究的基本逻辑——文献学研究是第一步，但随着文献学研究成果的递增和告一段落，如何在文献学研究的基础上，进一步将研究触角伸向史学研究层面，即汉文化西渐视域下的西域宗教史、西域文学史乃至广义的西域文化史研究，应是今后一个时期关注旅博所藏新疆出土的这一大批汉文文书的同仁们进一步努力的方向。另外，部分学术新人初涉佛教和高昌史，文字略显稚嫩，如“高昌至隋唐是佛教大发展的时期……不少高僧大德开宗立派”的表述就不太严谨。

论文集的另外两个板块分别是“大谷探险队与大谷文书”和“丝路文献、美术面面观”，前一板块毫无疑问是对整理团队整理与研究工作的呼应，后一板块则提示我们丝路研究的深度和广度，同时提示我们需要从侧面了解旅博所藏新疆出土汉文文书在丝路文献系统中的价值。

该团队的整理工作毫无疑问会再次使外界的目光投向“大谷探险队”和“大谷文书”，因此在“大谷探险队与大谷文书”板块，内容多是有关大谷探险队探险史和大谷文书流散史的文章。如所周知，发掘过程不科学、没有留下足够的考古发掘信息是大谷文书存在的主要问题，也是整理工作比较棘手的问题之一，因此这组文章无疑对整理团队以及学界更全面地了解旅博藏新疆出土汉文文献的背景信息，以及旅博所藏与大谷文书之间的关系，十分有帮助。其中庆昭蓉《第一次大谷探险队在库车地区的活动——从探险队员日记与出土胡汉文书谈起》、小口雅史《吐鲁番出土佛经资料群的调查及群外缀合》、金惠瑗《韩国国立中央博物馆收藏楼兰出土品与大谷探险队的调查》等几篇文章特别值得关注。

“丝路文献、美术面面观”板块的一大特点是大多数论文侧重于对具体历史、宗教、美术史问题的探讨，因而某种程度上与第一板块的研究似乎形成了文书文献价值发掘的一体两面，其中不乏对新材料的新认识。如孟宪实《安史之乱后四镇管理体制问题——从〈建中四年孔目司帖〉谈起》一文利用文书信息并结合文献记载，从微观史学的角度，探讨了安史之乱爆发之后，西域与中央脱离的三十六年间，在孤立无援的背景下，西域军政体制及治理方式的变化，填补了我们有关唐朝经营西域史认识的一个时间盲区。再如裴成国《俄藏阚氏高昌时期发愿文新探》一文对收藏于俄罗斯科学院东方文献研究所的一件出自吐鲁番的无纪年佛教发愿文的内容进行了分析研究，该文首先通过发愿文中的两个人名同见于吐鲁番洋海1号墓所出《阚氏高昌永康年间（466—485）供物、差役帐》中这一重要线索，确定该发愿文属于阚氏高昌时期，这是本文的一个重大贡献。我们知道，在北凉余部的控制结束之后、麴氏高昌国建立之前的这段时期（460—502），高昌地区的佛教线索非常稀少，因此这件属于阚氏高昌时期的佛教发愿文弥足珍贵。

以上仅是笔者阅读本论文集的初步心得，难免挂一漏万。

（本文原载《旅顺博物馆学苑》2022年第00期，为免重复，收入本书有删节）

闽南华侨史料之瑰宝
——《闽人墓志拓本集》评介

近代以来，以林则徐为开端，福建有识之士逐渐形成了重视海疆的传统。林则徐所编《四洲志》后经其友人魏源增补为《海国图志》，此书直接影响了此后的洋务运动，甚至影响到日本的明治维新。当然，林则徐的视野不仅限于海疆，还有陆疆乃至整个西方世界，但无论如何，对海疆的重视逐渐成为福建的地方学术传统，泉州陈盛明先生（1905—1985）于1945年创建的“私立海疆学术资料馆”（以下简称“海疆资料馆”）便是对这一传统的赓续。陈盛明先生不仅有家学传统，还具有强烈的海疆意识，他在《私立海疆学术资料馆创办缘起》中开宗明义：“我中华民族之发展，盖由西北而趋东南，由大陆而临海洋。史迹昭彰，势有必然。……开港以后，海疆实居冲要。……此后国际重心，移太平洋，……海疆问题之研究，实有不容或缓者。”资料馆一开始就站在了海疆、海洋的高度，显示出陈先生的远见卓识。是以海疆资料馆主要搜集有关东南海疆——福建、台湾、广东以及东南亚各国和地区的图书资料，以供学术研究之需。其具体内容，除传统文献外，还包括剪报、杂志、图片、墓志等资料，内容丰富，类型多样。1950年，海疆资料馆并入厦门大学，随着时间的推移，其资料价值日益显现，对这些资料进行整理出版势在必行。先前厦门大学已陆续整理出版了海疆资料馆的剪报资料（《厦门大学海疆剪报资料选编》1—2辑，厦门大学出版社，2016—2018年），最近出版的《闽人墓志拓本集》(上、下册,精装8开本,广西师范大学出版社,2023年。厦门大学《南洋文库》丛书之一。以下简称《拓本集》),是厦门大学继整理剪报资料之后,整理海疆资料馆资料的又一重要成果。

《拓本集》陈盛明先生很早已编有初稿,名《闽人志铭拓本集》,分四册装订,此次正式出版,除书名略有改动外,内容一仍其旧。共收录近代福建人(绝大多数为闽南人)墓志拓本五十种,以泉籍人士为主。其中属于闽南华侨及侨眷的有十五种,这在以往的墓志资料辑录中实属罕见,因而也成为《拓本集》主要特色。但这并不是海疆资料馆所收近代闽人墓志拓本的全部,也不是所收闽南华侨及侨眷墓志拓本的全部。据陈盛明先生介绍,海疆资料馆搜集到的近代闽人墓志拓本有一百多种,而其中华侨及侨眷墓志拓本有二十四种,他还提供了这二十四种华侨及侨眷墓志拓本的详细目录(陈盛明《闽南华侨史料一脔——华侨墓志所反映的史实》,《泉州文史》第4期,1980年。此文作为附录之一收入《拓本集》中)。经过比对,笔者发现《拓本集》所收十五种华侨及侨眷墓志拓本只包含了部分陈先生所列目录中的墓志拓本,而且也有数种不见于目录中,这意味着,海疆资料馆实际收藏的华侨及侨眷墓志拓本不止二十四种,初步估计近三十种。注意搜集华侨及侨眷墓志,当然是陈先生海疆意识的具体体现。尤其值得注意的是,这批华侨及侨眷墓志中,不乏著名华侨的,如印尼著名华侨商界领袖李功藏、菲律宾华侨巨富黄秀烺、菲律宾侨界领袖曾天眷、旅日华侨万廷璧等人的墓志,因此这批华侨墓志构成了闽南华侨史珍贵的第一手资料,堪称闽南华侨史料之瑰宝。

这批华侨墓志的史料价值,早在上世纪80年代初陈盛明先生就已做了初步归纳(前揭陈盛明《闽南华侨史料一脔——华侨墓志所反映的史实》)。总体上看,它们的内容主要包括志主的家世背景、出国动机原因、海外创业经历、回国后反哺桑梓的种种善举乃至对国家民族大义的支持、思想观念以及宗教信仰和家庭婚姻关系等,信息可谓全面。

菲律宾侨领晋江曾天眷(1841—1906)有一定的代表性,兹稍加述引,以见一斑。据其墓志,曾天眷甫冠即渡南洋到小吕宋的岷希肭(今马尼拉),小吕宋时属西班牙人殖民地,治烦苛,而我国尚未设领事官,当地华侨的权益得不到保障,曾天眷被推举为"甲必丹",他"以保护华侨为己任,削苛例,拓利权,造病室,辟坟场,凡有利于华人者,知无不为。遇交涉事,尤依然力争,不稍退让"。晚年归国后,"适值邻近乡闾斗氛甚炽,公引以为忧,则又……排难解纷,赔费縻钜金,不少吝惜。十年来附城一带无南乡之衅连祸结,戕命数百者,皆公力焉。家居近二十年,拳拳好施,济无远近、无吉凶、无缓急,造其门,皆量给之,无虚愿以去。其倡修桥梁,助筑道路,义声藉藉,挂人齿颊,一如其在岷时者。然此犹其小节也,生平卓卓大者尤在急国之义……公以贩洋起家,独眷眷祖国之心,老而弥挚,故以远而畿辅之赈捐,近而厦防之炮饷,首倡报款,动溢千金,非深明大义能若是乎?"(《浙江试用知府曾公墓志铭》,《拓本集》下册,127—130页)

曾天眷墓志所载正应了著名印尼泉籍华侨黄奕住所说"吾侨民苦异国苛法久矣"(蔡仁龙等《世界华人精英传略·印度尼西亚卷》,百花洲文艺出版社,1995年,190页),因此他的其他事迹这里不再赘言,惟甲必丹制度须略加提示。按甲必丹制度是葡萄牙、荷兰、西班牙等西方殖民者自16世纪以来在马六甲、印度尼西亚、菲律宾等地对当地不同移民族群(包括印度人、华人、阿拉伯人等)实行"分而治之"的自治性管理制度,其中以华人甲必丹制度最为重要。虽然甲必丹制度设置的主要目的是为西方殖民统治服务,但东南亚华侨对其巧妙地加以利用,成为华侨利益的制度保障。在利用此制度维护华侨利益方面，闽南华侨与有功焉，曾天眷其一也。

最可注意者，是归侨普遍重视捐资办学。菲律宾侨商杨朴庵"以乡校未立，子弟失教，捐资倡办惠群小学，被推为董事长……迄今弦歌声永"（《杨朴庵先生墓志铭》，《拓本集》下册，136—137页）。著名菲律宾华侨陈光纯"年捐钜金，为慈善教育，于是……名播海内外"（《陈母魏太夫人墓志铭》，《拓本集》下册，149页）。事例甚多，不备举。这逐渐成为一种传统，以致后来有华侨举全力办教育者，如南安斗南学校、泉州华侨女子学校、厦门集美学校、厦门大学等的创建，开华侨独资办学的先河。这种传统一直延续至今，因此在陈嘉庚、黄奕住之后，还有一串闪亮的泉籍华侨的名字：陈守仁、吕振万、施金城、黄奕聪……

值得注意的是，有的南洋华侨在经营生计的同时，也注意使侨眷接受海外西式教育者，晋江吴泽炊即是一例。据墓志，吴泽炊先世有木厂在岷，生于1861年的吴泽炊"九岁读书，十二岁往岷读西国文，精于建筑之学"（《吴君墓志铭》，《拓本集》下册，43页）。这比1846年最早赴美留学的广东人容闳仅晚了十五年，可入近代海外留学先行者之列，为我国近代留学史增添了新资料。

我们知道，孙中山先生早年的革命活动十分倚重海外华侨，特别是南洋华侨和日本华侨，这批墓志也无疑为研究孙中山的早期革命活动增添了新资料。据墓志，柔佛侨界领袖陈贻矩曾担任中国国民党柔佛邦支部执监委分部常委、中央侨委会顾问（《陈母黄太夫人墓志铭》，《拓本集》下册，172—173页）。另据菲律宾侨商施至添墓志，施至添一子曾担任中国国民党菲律宾总支部监察委员，为侨商巨擘（《寿亭施君墓志铭》，《拓本集》下册，167页）。特别是日本侨商万廷璧，据其墓志，系早期同盟会的重要人物，闻孙中山在神户组建同盟会，乃东渡日本，"营新瑞兴号，商业隆隆，然遂为同盟巨擘，海外华侨响应，如晨风郁起北林，咸知神户大有人在……后神户改盟组党，君以革命先进为之魁，总理尤倚重焉。……君曾充中国国民党神户支部委员，党政大计反覆详陈，以供采择。及任国民政府侨务委员会常务顾问，侨况商情必贡所闻无隐”（《万征君廷璧墓志铭》，《拓本集》下册，142—143页）。

我华人华侨在南洋的艰苦创业也折射出他们对南洋的开发与社会经济发展所作的贡献，这是不容否认的事实；同时也掀起了近代以来新一轮中华文化向海外传播的浪潮，这是他们对祖国文化的弘扬所作的特殊贡献。此外，他们大多有“达则兼济天下”的优良品质，他们的成功是华人在海外拼搏奋斗的缩影，具有典型意义。只要细读这批墓志，这些体会不难感受到。

《拓本集》收录的华侨以外的墓志对研究晚清近代以来的福建地方社会史也有重要参考价值。

陈庆镛墓志提到，咸丰帝即位不久，“闽境盗起，泉、漳、兴、永之间，稂蔓莠延”，陈庆镛受命回籍办理本省团练，先后平息惠安邱氏之乱、林俊之乱（《陕西道监察御史陈公暨夫人宋氏墓志铭》，《拓本集》上册，9—10页）。我们知道，此时正是太平天国运动爆发之际，因此福建地区频频出现乡民暴动当非偶然，这些记载有助于加深我们对太平天国运动爆发的社会历史背景的认识。而且，这些记载也是研究近代以来泉漳地区农民运动的珍贵的一手史料。

曾玉明墓志则提供了清道光、咸丰、同治三朝治理台湾及澎湖列岛的一手资料，同时也是研究近代闽台关系的一手资料。据墓志记载，曾玉明自道光十二年（1832）由行伍随征台湾，得功拔千总后，至同治元年（1862）调补台澎总兵官，在台三十余年，是道、咸、同三朝台湾社会历史的亲历者，也是这一时期台湾社会治理的关键人物。特别是，这一时期台湾社会动荡，民变频仍，而曾玉明平息民变事迹墓志悉载(《提督福建台澎水陆挂印总兵官曾公墓志铭》,《拓本集》上册,18—22页)。该墓志的史料价值可以想见。

黄氏家族是晚清泉州的一个典型世家,历十余世而不衰,集官、学、商于一体,在当地有着广泛的影响,因此黄氏家族的兴衰史一定程度上可视为泉州近代社会变迁的缩影。黄氏家族最具代表性的人物是黄宗汉(1803—1864,号寿臣),他官至两广总督、四川总督、兵部尚书,第二次鸦片战争期间,属主战派,于粤办理团练抗英,一时颇得民心,当时有人将他与林则徐并举,可见对他的推崇。热河政变(1861)后,遭到慈禧集团的排挤,闲居京师两年后返乡,病逝于返乡途中。值得注意的是,《拓本集》收录了黄宗汉的墓志,即《兵部右侍郎黄府君墓志》(《拓本集》上册,127—155页)。这篇长达七千字的墓志相当于黄宗汉的《传略》了,因此它不仅是研究黄氏家族的重要史料,也是研究泉州近世社会史以及晚清政治史的珍贵的一手资料。此外,《拓本集》还收录了其他黄氏家族成员的墓志多方,有男性有女性,可相互发明。陈盛明先生很早就措意黄氏家族的研究,曾整理过该家族的契约资料(陈盛明《晚清泉州世家"观口黄"置业契约选》,《中国社会经济史研究》1985年第3期),并对黄氏家族进行过全面考察(陈盛明《晚清泉州一个典型世家——黄宗汉家族试探》,《泉州文史》第8期,1983年)。这批黄氏家族墓志的集中刊布,为黄氏家族研究提供了更为详实的一手资料。

还有很多墓志显示,很多人亦官亦学,为官为学相得益彰,因此这些墓志为了解泉州近代学术文化以及官学关系提供了新资料。如,据前揭陈庆镛墓志,陈氏不仅官居高位,还精研汉学,服膺宋儒,且家富藏书,勤于著述,有《籀经堂稿》等多种著述存世(《拓本集》上册,12页)。再如资政大夫吴鲁,据其墓志,知其不但为官有政绩,而且著述颇丰,涉及蒙学、兵学、经学、史学、教育、经济、诗文、杂著、游记等

(《资政大夫吴公墓志铭》,《拓本集》上册,85—86页)。

墓志中亦不乏学兼各家之长而无任何功名、寂寂无名的大儒,然其人其学实关乎一地学术传统之赓续、一地文化文脉之赓续,故此类墓志资料之价值自不待言,吴锺善墓志即其类也。据《征君顽陀吴君墓志铭》,吴锺善清季晋江人,诗词书画无一不精,即墓志所谓“兼各家之长为一家……顽陀征君一人而已”,“其于文人艺事,殆无一不能,亦无一不精也”,著述多达十余种(《拓本集》上册,97—102页)。

此外,《拓本集》收录的女性墓志也为我们了解近代闽台地区女性的另一面提供了一个很好的视角,这些墓志完全可以作为研究近代闽台妇女史的一手资料。如《蔡母陈太夫人墓志铭》向我们呈现了一位好善乐施、深明大义的女性,即陈太夫人。她不仅“施饥于饲、寒于纩、疚于药、丧于赗”,还多次在国家社会危难之际,命其子孙共赴国难,或募乡勇平息匪患,或输巨款以济官军。诚如墓志所说,“此尤士大夫所难,而巾帼中不可多得者也”(《拓本集》上册,32—33页)。

最后需要说明的是,笔者在阅读过程中,发现《拓本集》在编辑方面也存在一些小的瑕疵,希望再版时酌予完善或复核。如有些墓志的拟名似可再准确一些,以免引起歧义。如上册第一方墓志原拟名为《陕西道监察御史陈公夫人宋氏墓志铭》,但志盖名作“诰授中议大夫颂南陈公暨德配宋淑人志铭”,因此墓志名宜拟为《陕西道监察御史陈公暨夫人宋氏墓志铭》;下册第二十方墓志原拟名为《蔡功條先生墓志铭》,但志盖名作《蔡功條先生暨德配施孺人墓志铭》,因此墓志名宜拟为《蔡功條先生暨德配施孺人墓志铭》;下册第二十五方墓志原拟名为《陈顾轩先生墓志铭》,但志盖名作《陈顾轩先生暨德配慈勤黄淑人墓志铭》,因此墓志名宜拟为《陈顾轩先生暨德配黄淑人墓志铭》。又,上册第30页与第31页之间似有脱页,因为第30页最后一行与第31页第一行不能连读。另外,《拓本集》还存在个别文字讹误，如下册第241页“治府”当作“知府”，下册第241页“贾于珉”当作“贾于岷”。

（本文原载《海交史研究》2024年第1期）

后　记

在我准备撰写这篇后记的时候，读到一篇讨论史料“陷阱”的文章，这不禁让我想起即将付梓的这本小书的一些内容，因此我想从这篇文章谈起。文章指出，史料的“陷阱”在其形成过程中就已经存在，由于主观因素的影响，史料不可避免地带有创作者的立场、观点和情绪；即便是亲历者的回忆，也可能因记忆的问题产生偏差（姚百慧《警惕史料的“陷阱”》，《历史评论》2023年第5期）。事实上，史料的“陷阱”还远不止这些，文献的使用一定要考虑文献生成的年代、生成的过程以及文献层累的问题，否则同样会落入史料的“陷阱”。因此文章进一步指出，要想避免落入史料“陷阱”，就要在尽可能多地搜集相关资料的基础上，深入了解史料的创作和流传过程，并寻找不同史料加以对比。本人通过对广州光孝寺的研究对史料“陷阱”问题深有体会。千年古刹光孝寺在岭南佛教传播史以及中外佛教文化交流史上有很高的地位，但有关它的早期记载十分稀少。最早的《光孝寺志》是明崇祯年间编纂的，属晚出文献，且只有两卷，而清乾隆年间续修的《光孝寺志》骤增至十二卷，增量惊人，文献层累的痕迹显而易见。遗憾的是，以往有关光孝寺的研究大多以乾隆《光孝寺志》为主要参考文献，误判在所难免，误判又导致长期的以讹传讹。因此，如果说本人对光孝寺的研究还有些推进的话，并不是我比前人更高明，而是没有一上来就抱着乾隆《光孝寺志》不放。光孝寺的研究给我的另一个体会是，史料“陷阱”不仅仅是为初学者准备的，只要不谨慎，任何人都会落入这样的“陷阱”，即如学养深厚的大先生亦不能幸免。

其实，考古图像资料的使用也有许多“陷阱”，稍有不慎，同样也会落入图像的“陷阱”，以致论证“跑风漏气”，经不起严密的逻辑推敲，甚至错漏百出，因此考古图像资料的使用也是要讲章法的。前不久我应中国传媒大学之邀以“使用考古图像资料的几个问题”为题做过一次讲座，根据我个人的研究经验，就考古图像资料中的“陷阱”，抑或是使用考古图像资料的注意事项有所提示，内容包括：一、变与不变：图像的借鉴问题。指出在图像的相互借鉴中，绝大多数情况下，是被吸收者原有的性质发生了改变，而不是吸收者的性质发生了改变，而且被吸收者性质改变的方向和逻辑基本上是由吸收者决定的。不变的，有时候只是图像的外在形式。二、像与不像：图像的比较问题。指出“像”是比较的基础，因此“像”可能有关系，也可能没关系，但完全不像的图像则失去了比较的基础，很难有关系。三、图像跨时空勾连的前提。指出建立图像的跨时空、跨文化勾连的前提，一是需要具体指出图像传播的过程和路线证据，二是需要说明是什么力量或媒介促成图像传播的。四、原境意识与整体观。指出所谓原境意识是指必须考虑图像所处的原境，有时其所处的原境就决定了图像的性质，因此脱离原境来分析图像资料存在的问题可想而知；所谓整体观是指对整体设计、一次性完成的三维空间内的图像遗存必须作整体观照，不能只关注局部图像；附着在同一件文物上的图像也需要作整体观。五、掌握古代名物制度知识的重要性。指出如果我们缺少古代名物制度知识，缺乏对古代传统的了解，那么我们对考古材料中的图像资料的识读往往会出错，会“认错人”，导致我们的结论可能谬以千里。

收入本书的文字是最近几年陆续完成的，未囿于时间空间和具体研究对象，皆兴趣牵引使然。正如学者指出的那样，学术研究的生命在于发展、变化，除了对某些历史事实的简单描述之外，一切观点都是可以进一步商讨的（莫砺锋《我写〈江西诗派研究〉》，《古典文学知识》1988年第1期），更何况本人的研究多是管中窥豹，因此可商之处或当更多，但无论如何，如果其中所包含的某些理念与方法对初学者有些许助益的话，幸甚至哉。就上文谈到的"陷阱"话题而言，"广州光孝寺研究"系列、《景教艺术中的珍珠元素》、《景教"十字莲花"图案来源补说》、《略论宗教图像母题之间的借鉴问题》诸篇的针对性可能更强一点。

感谢朱玉麒先生拨冗赐序，它蕴含了我与朱君三十余载的师友情谊，见证了我们一起走过的学术人生。其中的溢美，我权且视为鞭策与鼓励吧。

因内容原因，本书的出版一度受挫，书稿被京师某国家级出版社婉拒，感谢中华书局的不弃与担当！更要感谢责任编辑葛洪春先生的辛勤付出，他的一丝不苟和高效率大大降低了文本的错误率并得以如期出版。家人，特别是内子罗翠萍女史，仍然一如既往地默默支持与付出，这样的支持与付出，口头致谢已显得苍白无力了……

时维正月，序属孟春，回眸窗外，青阳萌动。马丁堂侧的杜鹃花已次第绽放，盈盈袅袅的春姑娘已悄然而至。康乐园的春天真美。

姚崇新

甲辰春正月于康乐园马丁堂